영유아 교육현장

장애유아 통합교육 전략

Strategies for Including Children with Special Needs in Early Childhood Settings

M. Diane Klein, Ruth E. Cook, Anne Marie Richardson-Gibbs 지음

유수옥·문연심·김호연·송미선·
김혜경·심성경·박주희 옮김

창지사

Cengage

Australia • Brazil • Canada • Mexico • Singapore • United Kingdom • United States

Strategies for Including Children with Special Needs in Early Childhood Settings,
First Edition

M. Diane Klein
Ruth E. Cook
Anne Marie Richardson -Gibbs

Original edition © 2021 Delmar, a part of Cengage Learning.
Strategies for Including Children with Special Needs in Early Childhood Settings, 1st Edition by M. Diane Klein, Ruth E. Cook, Anne Marie Richardson-Gibbs
ISBN: 9780827383524

This edition is translated by license from Delmar, a part of Cengage Learning, for sale in Korea only.

ISBN: 978-89-426-1071-6

Cengage Learning Korea Ltd.
14F YTN Newsquare 76 Sangamsan-ro
Mapo-gu Seoul 03926 Korea

Cengage is a leading provider of customized learning solutions with employees residing in nearly 40 different countries and sales in more than 125 countries around the world. Find your local representative at: **www. cengage.com**.

To learn more about Cengage Solutions, visit **www.cengageasia.com**.

Every effort has been made to trace all sources and copyright holders of news articles, figures and information in this book before publication, but if any have been inadvertently overlooked, the publisher will ensure that full credit is given at the earliest opportunity.

Printed in Korea
Print Number: 12 Print Year: 2024

머리말

이 책은 장애유아가 포함된 보육, 헤드스타트, 학령 전 프로그램과 같은 지역사회 유아교육기관에서 일하는 유아교사를 위해 집필되었다. 연방특수교육법 또는 IDEA상의 최근 변화는 장애유아가 또래와 상호작용하고 지역사회의 동등한 구성원으로 참여할 기회를 가질 수 있도록 자연스러운 환경에 통합되는 것을 강조하는 것이다. 이러한 교육장소의 통합은 힘겹게 쟁취한 소중한 권리이다.

지역사회기관에 장애유아의 수용이 증가되면서 장애유아의 요구에 대한 책임은 이제 더 이상 특수교사와 치료사만의 것이 아니며 점차 유아교사에게 전가되고 있다. 이 책은 유아교육을 공부하는 학생을 위한 특수교육 개론의 역할을 하고 장애유아 통합기관의 유아교육 교사와 보육교사, 그리고 보조원에게 유용한 자료이며, 문제해결을 위한 지침서로 이용될 수 있다. 또한 장애유아기관에서 일하는 치료사와 지체장애 전문가, 그리고 장애유아에게 통합지원을 제공하는 유아특수교육 순회교사 등을 위해 유용한 자료가 될 것이다.

장애유아의 통합적 환경 이용 가능성이 좀 더 확대되고(심각하고 복잡한 요구를 지닌 경우를 포함해서), 다양한 장애유아가 일반 유아교육기관에 점점 더 많이 다니게 되면서 장애 전문가와 유아특수교육 교사는 일반적인 의무를 가지게 되었다. 그들은 유아교사로 하여금 심각한 학습 및 문제 행동을 가진 유아와 함께 일하는 것에 대한 기술적 기반과 신념을 확장시킬 수 있도록 하는 훈련과 자료를 제공해야만 한다.

이 책은 독자가 이미 유아교육에 대한 충분한 지식의 기반을 갖추고, 최소한 초보적 수준의 경험은 가지고 있다고 가정한다. 이것은 중요한 가정이다. 왜냐하면 효과적인 유아특수교육은 이러한 유아교육의 기초 위에 이루어져야 하기 때문이다. 이러한 지식의 기반에는 사회정서적 발달, 언어와 인지 적응기술, 그리고 초기 문식성 등 아동발달의 모든 영역에 걸친 이해가 포함된다. 또한 발달적으로 적절한 실제에 대한 충분한 지식과 문화적으로 다양한 배경의 유아와 가족의 요구를 이해하고 충족시키는 것에 대한 확고한 의무를 포함한다. 유아교육 전문가는 이러한 근본적인 기초가 없이는 장애유아의 요구를 충족시킬 수 없다. 다양한 장애유아의 특별한 요구와 상황은 이러한 수준을 뛰어넘어 그 이상의 지식과 기술을 요구한다.

이 책은 그 내용과 범위에 있어 모든 것을 총망라하지는 못했다. 집단 환경에서 장애유아를 이해하고 적응시키는 일에 대한 입문서로서, 유아교육 현장에서 쉽게 이용할 수 있는 지침을 주고자 하였다.

이 책의 내용은 특수한 장애의 특성에 대한 소개와 유용한 교수 전략, 일과 활동에 있어서의 계획과 중재의 문제 그리고 부모, 특수교육 보조원, 전문가와 함께 일하기 위한 접근으로 구성되어 있다.

구성

이 책은 3부로 구성되어 있다. 1부 유아특수교육 기초: 특별한 요구와 일반적 교수 전략의 이해에는 장애유아와 함께 일하는 것에 관련된 기본적 정보가 포함되어 있다. 1장에서는 모든 유아의 학습을 촉진할 수 있는 몇 가지 기본적인 교수 전략을 기술하였다. 2장에서는 다운증후군, 자폐, 시각장애, 청각장애, 뇌성마비를 포함해서 가장 심각한 몇 가지 장애에 대해 기본적으로 기술하였다. 3장에서는 다양한 유형의 장애를 지닌 유아의 요구에 가장 잘 부응하도록 교실 환경을 정비하는 방법을 논하였다. 4장은 장애유아의 행동장애에 대한 기본적 이해를 돕고 문제 행동의 예방과 발생 후의 관리를 위한 실제적 전략과 기법에 대해 전반적으로 개괄하였다. 1부는 유아의 진보에 대한 모니터링을 다룬 5장으로 끝나는데, 개별화가족지원계획과 개별화교육계획에 대해 설명하고 특정한 목적 및 목표를 향해 나가는 유아의 진보에 대한 지속적인 모니터링을 위한 간단한 제안점들이 제시되어 있다.

2부 유아교육 환경에서의 장애유아 통합을 위한 일과 활동의 조성은 다양한 일과 활동에 의해 제기되는 특별한 문제들을 다루는 장들로 구성되어 있다. 여기에는 등원과 귀가 지도, 전이 활동, 자유놀이, 대집단 활동, 테이블 활동, 실외 활동, 간식, 음악과 율동, 초기 문식성 활동 등이 포함된다. 각 장에서는 이러한 활동이 장애유아에게 가장 도움이 되도록 계획하기 위한 일반적인 제안점들을 제시한다. 또한 특별한 장애를 지닌 유아를 위한 구체적 도움말이 '힌트 · Helpful Hint'라는 이름으로 제공된다.

3부는 유아특수교육 팀과 함께 일하는 것에 관련된 두 장으로 구성되어 있다. 14장은 장애유아의 부모가 직면하는 문제들에 대한 중요한 정보의 제공과 가족과의 파트너십 확립의 중요성을 다룬다. 15장은 전문가와 치료사의 역할 및 공헌, 그리고 특수교육 보조원과 일대일 보조원이 장애유아를 최적으로 지원할 수 있는 방법에 대해 기술하고 있으며, 협동적인 팀 작업과 문제 해결 과정에 대해 간단히 개괄하고 있다.

특징

각 장에는 다음과 같은 도움이 될 만한 특징적 내용이 포함되어 있다.

▶ 각 장의 요점을 부각시키는 간단한 소개

▶ 각 장에 걸쳐 제시되는 요점의 실제 사례들

▶ 각 장의 끝에 제시된 도움이 되는 자료 및 참고자료

▶ 교재 전체에 삽입되어 있는 다양한 장애 유형에 따른 특별한 문제와 그에 따른 적응방법을 다룬 힌트 · Helpful Hint

저자소개

이 책의 주 저자인 다이앤 클레인(M. Diane Klein) 박사는 Western Michigan 대학교에서 언어병리학과 청각학을 공부하였으며, Michigan 주립대학교에서 발달심리학 박사학위를 취득하였고, 다양한 중증 장애아를 포함하여 장애아 지도의 폭넓은 경험을 가지고 있다. 클레인 박사는 대학강사와 의사소통장애와 특수교육의 임상 감독관으로 몇 년간 일했으며, 현재는 Los Angeles에 있는 California 주립대학교의 유아특수교육 교수이며 특수교육학과의 과장으로 있다. 그녀는 유아특수교육의 자격 취득 프로그램과 석사학위, 연수 프로그램을 통합하였다. 이러한 프로그램들은 도시의 다문화 환경에서 일할 초기 중재 요원의 훈련에 중점을 두고 있다.

클레인 박사는 현행 Support 프로젝트를 포함해서 유아특수교육에서의 통합지원 훈련에 관련된 훈련 모형과 교재들을 개발하는 수많은 연방정부의 교원양성에 관한 프로젝트를 감독하였다. 그녀는 Mother Infant Communication 프로젝

트를 포함해서 어머니-영아 의사소통 분야의 연구를 수행했으며, 다문화 배경의 장애 위험이 높은 가족을 위한 초기 중재 프로그램들을 개발하였다.

클레인 박사는 대학교수로서의 일 외에도 장애아를 위한 의사소통기술 분야의 현직 교사교육과 유아특수교육 교육과정 개발, 그리고 통합지원전략들을 종종 수행하였다. 또한 California 주의 조기중재 서비스에 관련된 수많은 이사회의 이사와 위원회의 위원이며, Centro de Niños y Padres 조기중재 프로그램의 주 감독관으로 있다.

쿡(Ruth E.Cook) 박사는 특수교육 교수이자 지도자이며, California 주 Santa Clara의 Santa Clara 대학교 조기중재 전문요원 양성프로그램의 지도자이다.

쿡 박사는 Los Angeles의 California 대학교에서 발달심리학 박사학위를 받았다. 그녀는 Edwardsville에 있는 Southern Illinois 대학교의 유아센터와 Los Angeles에 있는 Mount Saint Marry's 대학의 아동발달 센터의 소장으로 근무하면서 장애유아의 통합에 관심을 갖게 되었다. 그녀는 몇 차례 연방정부의 유아특수교육 훈련 계획을 관리하였다. 현재는 가족—전문가 관계와 효과적 통합전략 분야에서 폭넓게 자문 활동을 하고 있으며, San Diego 대학교의 교수—학습 학부의 유아특수교육 프로그램 자문가로 일하고 있다.

깁스(Anne Marie Richardson-Gibbs)는 유아특수교육자로, 1970년대 후반부터 장애유아와 함께 일해 왔다. 깁스는 아동발달 전공 석사학위와 2개의 특수교육 자격증을 취득하였다. 현재 그녀는 동부 Los Angeles 다문화 지역의 장애유아와 가족에게 서비스를 제공하는 조기중재 프로그램인 Centro de Niños y Padres의 프로그램 감독관이다.

깁스는 지난 8년간 지역사회 중심 프로그램에서 장애유아의 통합지원을 제공해 왔으며, 지금은 장애유아 통합 훈련과 자문을 수행하고 있다. 그녀는 또한 California 교육국 산하에서 전국적인 조기중재 프로그램 전문가로 일했으며, 현재는 조기통합 지원요원을 훈련시키는 Support 프로젝트의 훈련 조정관이다.

역자 서문

긴 번역의 여정을 마치는 2006년의 여름은 무던히도 더웠다. 우리는 유아교육 현장에서의 통합교육 적용 방법에 대해 목말라하다가 한여름의 소나기처럼 이 책을 만났다. 이 책과 함께 유아교육, 유아특수교육, 특수교육을 연구하는 교수들과 영유아교육 현장 전문가들이 함께 모여 공부하면서 시작하게 된 작은 연구 모임은 서로 다른 향기를 내면서 이렇게 한 권의 장애유아 통합교육에 관한 번역서를 완성하게 되었다.

이제 유아기에 통합교육을 실시해야 하는지를 넘어서서 어떻게 통합교육을 잘 실시할 수 있는가에 대한 문제에 초점을 맞추고 있다. 우리나라에서는 1995년 「특수교육진흥법」이 개정되면서, 장애아동의 교육의 장소가 분리교육 체제에서 일반 교육 현장에서의 통합교육 체제로 전환되어 정부는 지속적으로 특수교육 대상자의 통합교육 기회 보장을 추진하고 있다. 이러한 정책은 유치원 연령의 장애유아도 예외는 아니어서 현재 많은 공·사립유치원과 보육시설에서 장애유아가 통합되어 교육을 받고 있다. 또한 특수교육 최저 연수제도를 통해 모든 유·초·중·고등학교 교사의 통합교육 교수 능력 신장을 지원하고 있다.

이러한 이유로 앞으로 장애유아의 교육 장소는 일반 유치원이나 보육시설이 될 가능성이 점차 증가되고 있다. 그러므로 이제 장애유아의 교육을 담당할 사람은 유아특수교사나 치료사만이 아니라 유치원이나 보육시설에 근무하는 유아교사나 보육교사가 이들과 함께 협력하여 교육을 제공해야만 할 것이다. 그러나 현재 유아교사나 보육교사가 장애유아의 통합을 어떻게 지원해야 하는지에 대한 정보는 현재 매우 부족한 실정이다. 이 책은 이러한 점에서 현장에 적용할 수 있는 다양하고 쉬운 통합교육 전략을 실제 현장의 예와 더불어 제시하고 있으므로 통합교육을 실시하고 있는 유아교사나 보육교사에게 실질적인 도움을 줄 수 있을 것이라 생각한다.

이 책은 크게 3부로 나뉘어 유아특수교육의 기초, 유아교육 현장 일과 운영에서의 통합교육, 그리고 유아특수교육 팀과의 협력을 다루고 있으며, 모두 15장으로 구성되어 있다. 본문 내용과 함께 관련 참고자료에 대한 안내뿐만 아니라 부록에서는 현장에서 사용 가능한 다양한 종류의 기록 양식을 포함하고 있다. 유아교육과 특수교육을 전공한 7명의 역자들은 전공 영역별로 나누어 기초 번역을 하였으며, 일관성 있고 체계적인 책의 구성을 위해 전공별 대표자가 책임을 맡아 여러 차례 검토하고 용어를 통일하는 등, 오랫동안의 진실된 수정 작업을 거쳐 완성하였다. 그러나 아직도 미흡한 부분이 많이 있을 것으로 생각되며, 앞으로 독자의 충고와 우리나라 유아교육과 유아특수교육 현장의 의견을 참고하여 더 좋은 번역서로 발전될 수 있기를 기대하고 있다. 이 책의 내용 중에는 미국과의 사회·문화적 차이로 인해 우리 현실과 다소 거리가 있는 내용적 측면도 있었으나 번역서인 만큼 가능한 한 저자의 의도를 그대로 전달하도록 노력하였다.

이 책을 번역하게 된 실질적인 동기는 유아교육을 전공하는 교수들과 유아특수교육을 전공하는 교수들이 통합교육에 관한 강의에 적합한 적절한 교재를 발견하지 못하다가 이 책이 유아교육 현장에서의 통합교육에 관하여 다른 어떤 책보다도 광범위하고 실제적으로 다루고 있을 뿐만 아니라 실제적인 해결 방안을 제시하고 있는 가치 있는 자료라는 확신을 가졌기 때문이다. 따라서 많은 사람들과 이 책의 소중한 내용을 함께 나누는 것이 의미 있다고 생각하여 함께 모여 번역을 시작하게 되었다. 통합교육은 유아기가 가장 용이하고, 또 교육적 효과가 큰 시기이므로 이 책은 성공적인 통합교육 실시를 위한 유아교육 현장에 매우 유익한 도움이 되리라고 생각한다.

이 책은 현직 유아교사와 보육교사, 유아특수교사 및 통합지원을 제공하는 치료사에게도 유용한 문제 해결의 지침서가 될 뿐만 아니라 대학의 유아교육과, 영유아보육과, 아동복지학과 및 유아특수교육과와 특수교육과의 예비교사들과 대학원생들에게도 통합교육의 실제적인 측면을 제공하는 교재가 될 것이다.

끝으로 번역서 출판에 따르는 여러 가지 어려움에도 불구하고 기꺼이 출판을 맡아 주신 창지사 사장님과 직원 여러분께 깊은 감사를 드린다.

2006년 여름

역자 일동

차례

CHAPTER 04 문제 행동의 예방과 관리 • 123

PART 03 유아특수교육 팀의 활동

미국은 1975년 공법 94~142(전장애아교육법)이 통과된 이래, 학령 전 장애영유아를 위한 교육서비스를 요구하는 법적 규정을 갖게 되었다. 또한 1986년 공법 99~457(개정된 장애인교육법)에 의해 학령 전의 영유아를 자연적 환경에 통합하고 0~3세 영아를 위한 포괄적 서비스를 개발하도록 격려하게 되었다.

1990년에는 1975년 공법 94~142(전장애아교육법)의 명칭이 장애인교육법(IDEA)으로 변경되었다. 개정안에서는 장애유아(handicapped children)라는 용어를 '사람을 우선시하는(person-first)'이라는 의미를 지닌 어구인 장애를 가진 사람(individuals with disability)으로 대치하였다. 1990년의 이 새로운 교육적 법률 제정은 미국 장애인법(ADA)의 가치를 반영한 것이며, 장애인 개개인에 필요한 편의시설 설치를 확고히 하였다. 여기에는 유아교육기관과 보육시설에서의 교육과 편의시설 설치에 관한 권리가 포함되었다.

1990년 IDEA 개정과 함께 몇 차례의 추가적 개정이 연속적으로 이루어지기 시작하였으며, 가장 최근에는 1997년 공법 105~17에 의해 IDEA가 재개정되었다. 최근 이루어진 개정은 학령 전과 학령기 유아를 '최소한의 제한된 환경'에 배치하고 영아와 걸음마기 유아가 보육시설과 같은 '자연스러운 환경'에서 서비스를 제공받을 권리를 강조하였다.

결과적으로 걸음마기 유아와 학령 전 유아는 장애의 심각성 정도와 상관없이 점차 일반 유아교육기관에서 서비스를 받게 될 것이다. 이에 따라 장애유아의 가족들은 자녀가 일반적인 지역사회 중심 환경에서 장애에 따른 요구를 다루어 줄 적절한 서비스를 받을 권리를 갖고 있음을 인식하기 시작하였다. 다음의 표는 연방정부의 법률 제정을 요약해 놓은 것이다.

장애유아에게 영향을 미치는 핵심적인 법률 제정

1968 공법 90~538: 장애아조기교육지원법(Handicapped Children's Early Education Assistance Act)

장애아 조기교육 프로그램(Handicapped Children's Early Education Program)을 통해 실험적인 유아교육 프로그램들을 설립시켰다.

1972 공법 92~424: 개정 경제기회균등법(Economic Opportunity Act Amendments)

헤드스타트에 장애유아로 인원의 10% 이상 배정하는 의무조항을 성립시켰다.

1975 공법 94~142: 전장애아교육법(Education for All Handicapped Children Act)

모든 취학 연령 유아에게 적절한 무상의 공교육을 제공하였다(학령 전 유아에 관한 서비스에 대해서는 의무조항을 명시하지 않음).

1986 공법 99~457: 개정된 전장애아교육법(Education for the Handicapped Act Amendments of 1986)

공법 94~142에 3~5세 유아를 포함하여 확장하였다. 즉, 0~3세 사이의 영아와 걸음마기의 장애유아와 가족을 위한 포괄적 서비스 체계를 확립하는 주에 대해서는 인센티브를 제공하였다.

1990 공법 101~336: 미국장애인법(The Americans with Disabilities Act: ADA)

장애인에게 유아교육기관과 보육시설에서의 교육의 권리와 편의시설 설치를 포함한 유아보육센터에의 수용과 적응을 포함해서 완전한 시민권을 보장하였다.

1990 공법 101~476: 장애인교육법(Individual with Disabilities Education Act: IDEA)

공법 94~142를 재위임하였다. '장애유아(handicapped children)'란 표현 대신 사람을 우선시 하는 '장애를 가진 사람(individuals with disability)'이란 용어를 사용하였다.

1997 공법 105~17 개정된 장애인교육법(Individual with Disabilities Education Act Amendments of 1997)

개정 장애인교육법(IDEA)을 재위임하였다. Part B에는 학령 전 유아를, Part C에는 영아와 걸음마기 유아의 서비스를 포함시켜서, 학령 전 유아에게는 최소 제한환경에의 통합, 그리고 영아와 걸음마기 유아에게는 '자연스러운 환경(natural environments)'에서의 서비스 제공에 대한 의무조항을 강화하였다.

유아에게 최소 제한적이고 자연스러운 환경에서 서비스를 제공하는 것은 전문가의 역할과 책임, 그리고 조기중재와 유아특수교육 서비스의 제공 방법에 있어 중요한 변화를 요구한다. 또한 이러한 변화는 유아교육 현장에서 심각한 요구와 문제를 가진 유아의 교육과 보육을 담당하는 유아교사와 보육교사의 책임감을 증가시키고 있다. 유아교육과 보육에 종사하는 많은 사람들의 경우, 이미 극도로 많은 것이 요구되고 있지만 자신들이 새로운 역할을 맡을 준비가 되었다고 느끼지 못할 수도 있다.

이 책의 목적은 유아교육 관련자에게 장애의 특성과 그것이 유아의 학습에 미치는 영향에 대한 기본적이고 실제적인 이해를 제공하는 것이다. 장애유아가 또래와 함께 참여할 수 있도록 유아교육 환경과 활동을 조정하는 단순한 방법들을 제안하였다. 아울러 장애 관련 분야에서 일하는 많은 전문가들에 의해 제공되는 지식과 기술을 설명하는 것 역시 이 책의 중요한 목적이다.

이 책을 통해 유아교사의 역할이 유아의 그릇된 행동을 수정하거나 유아의 모든 요구를 만족시켜 주는 것은 아님을 깨닫기 바란다. 더 정확하게 말하면 우리는 이 책의 정보가 유아교사로 하여금 장애유아가 유아교육기관에 오는 것을 환영하게 되도록 영감을 주고 격려하기를 소망한다.

우리는 이 책을 읽는 교사가 기존에 가지고 있는 많은 기술과 직관을 인식할 뿐 아니라 가족 구성원, 유아특수교사, 장애 전문가가 제공할 수 있는 정보와 지원을 얻는 것에 대해 확신을 갖게 되도록 돕고 싶다. 또한 유아교사가 다양한 장애의 특성에 대해 이해(유아 세계를 어떻게 경험하고 무엇을 좋아하는지)함으로써 각 유아의 독특함에 감탄하고, 그 특별함이 우리의 교육 환경에 가져다줄 수 있는 선물임을 알게 되길 바란다.

PART 01

유아특수교육 기초:
특별한 요구와 일반적 교수 전략의 이해

CHAPTER 01

장애유아 통합을 지원하는 일반적 교수 전략

1. 유아의 관심 파악하기
2. 근접발달지대에서 지도
3. 반복되는 일상적 일과 제공
4. 과제 분석을 통한 지도
5. 유아에게 적합한 의사소통 제공
6. 예방 전략을 사용한 문제 행동 관리
7. 경도 및 중등도 장애유아를 위한 일반적 교수 전략

정상적으로 발달하는 유아에게 사용되는 많은 일반적 전략들이 특별한 요구들을 가진 장애유아에게도 효과적으로 사용될 수 있다. 이 장에서는 이러한 일반적 전략들에 대해 논의하고자 한다.

- 유아의 관심 파악: 동기를 부여하거나 선호하는 활동 파악은 장애유아 학습 극대화에 필수적이다.
- 근접발달지대에서의 지도: 교사의 전략 사용은 꼭 필요한 지원만을 제공하도록 한다.
- 반복적으로 실시: 반복, 규칙적 일과, 예측 가능한 환경은 장애유아의 학습과 성공적인 통합교육의 주요 요소이다.
- 한 번에 한 단계씩 가르치기: 장애유아의 학습을 도와줄 수 있는 가장 잘 입증된 전략들 중 하나는 기술을 작은 단계들로 나누어 지도하는 과제 분석의 사용이다.
- 유아와 의사소통: 유아의 언어 및 인지 발달을 돕는 성인의 언어 입력과 의사소통적 상호작용의 역할은 이미 많은 연구에서 입증되었다. 이러한 전략들을 교과과정 안에 포함하여야 하며, 지속적으로 유아가 경험하도록 해야 한다.
- 문제 행동 예방 전략 사용: '긍정적 행동 지원' 전략은 문제 행동을 가진 유아에게 많은 도움이 되며, 부적절한 행동 발달을 예방할 수도 있다.

유아 교사는 유치원과 보육시설에서 점점 더 특별한 요구나 문제 행동을 가진 유아의 통합이 증가하고 있다는 것을 실감하고 있다.

이 책의 목적은 유치원과 보육시설에서 장애유아가 최적의 참여를 할 수 있도록 정보와 특별한 활동들을 제공하는 데 있다. 유아특수교육 분야에서는 장애유아에게 최소한의 제한된 환경인 통합 현장에서, 유아교육의 발달에 적절한 실제의 철학을 받아들이고 있다. 그렇지만 통합교육이 성공적이기 위해서는 유아교사와 유아특수교육가가 장애유아가 지역사회 환경에 잘 적응하도록 지원하는 데 필요한 특별한 전략과 기법을 배워야 한다.

이 장에서는 이러한 기법과 전략을 개괄적으로 살펴볼 것이다. 이 책은 장애유아의 특별한 요구를 충족시키는 데 초점을 두고 있지만, 유아교사는 이 책에 서술된 많은 실제들이 장애유아뿐만 아니라 '모든' 유아의 발달을 의미 있게 향상시킬 수 있는 실제라는 사실을 알 수 있을 것이다. 또한 유아교사는 다양한 훈련과 경험을 거치고, 유아와 그 가족을 위해 노력해 온 덕분에, 이미 이 책에서 설명하고 있는 많은 기술과 전략들을 어느 만큼은 알고 있을 것이라고 생각한다.

[그림 1-1] 유아가 활동에 참여하도록 교사가 격려하고 있다.

유아교육과 유아특수교육의 가장 큰 차이점은 유아 경험의 중재자나 사회적 매개자로서 교사의 적극적 · 직접적 역할 정도의 차이에 있을 것이다. 그러나 이러한 차이에도 불구하고 근본적으로 유아교사의 역할은 환경과 교육 자료를 조직하고 관리하며, 유아가 이러한 환경에 좀 더 참여하도록 격려하는 데 있음은 분명하다. 장애유아가 이러한 유아교육 환경에서 충분한 이익을 얻으려면 교사는 유아의 경험들을 좀 더 직접적으로 통합하여 조정해야만 할 것이다. 그러므로 통합 현장에서의 유아교사는 다른 유아교사가 하는 역할보다 좀 더 적극적인 역할을 해야 할 것이다.

1. 유아의 관심 파악

유아가 관심을 가지고 과제에 참여하지 않는다면 아무것도 배울 수 없다. 유아는 일반적으로 자신이 흥미로워하는 것에 집중한다. 장애유아를 지도하는 데 있어서 발생하는 어려움 가운데 하나는 장애유아에게 동기유발을 일으키는 것이 무엇인지 파악하기 어렵다는 점이다([그림 1-1] 참조).

1) 장애 유형에 따른 특별한 관심

자폐유아는 일반적으로 다른 유아가 전혀 흥미를 보이지 않는 것에 관심을 가질 수 있다. 자폐유아는 깜빡이는 불빛이나 앞뒤로 흔들리는 것 같은 반복적인 감각 경험에 관심을 가진다.

인지지체를 가진 유아의 경우, 영아들이 주로 하는 물건 던지기, 두드리기, 사물 입에 넣기와 같은 활동에 관심을 가질 수 있다. 또한 어떤 유아는 활동을 수행하는 데 반드시 필요한 만큼의 집중력을 가지고 있지 않을 수도 있다.

2) 단서 파악의 어려움

중도 및 복합 장애유아의 경우, 이들이 무엇에 관심을 가지고 있는지 파악하기가 매우 어렵다. 교사는 이들이 무엇에 관심을 가지고 있는가를 파악하지 못하는 경우도 있고, 또한 잘못 파악할 수도 있다.

- 주변시력(peripheral vision)을 중심시력(central vision)으로 사용하는 유아는 놀잇감이나 사건을 똑바로 쳐다보지 못할 수도 있다. 그러므로 타인에게 시각적으로 관심을 보이지 않는다는 인상을 줄 수도 있다.
- 운동장애나 시각장애유아의 경우에는 관심이 있어도 사물을 잡기 위하여 손을 뻗거나 그 물체를 지적하지 못할 수도 있다.
- 어떤 장애유아의 경우, 자주 웃지 않을 수도 있고 얼굴이 다소 무표정할 수도 있다. 이는 근육 긴장도가 낮은 유아나 시각장애유아의 특성이기도 하지만 정서장애유아의 증상일 수도 있다. 자폐유아의 경우, 사회적 미소는 없지만 갑자기 예측할 수 없이 웃기도 한다.

3) 선호 목록 조사

유아교사는 유아의 선호 목록을 만들어 서로 다른 반응들을 살펴봄으로써 유아에게 동기를 부여하는 활동, 품목, 사람을 파악할 수 있다. 선호하는 목록에 대한 정보는 양육자 면담과 기관에서 유아를 직접 관찰함으로써 수집할 수 있다(〈표 1-1〉선호 목록 기록일지의 예 참조).

〈표 1-1〉 선호 목록 기록일지의 예

활동/품목/사람	제시에 대한 반응	제거에 대한 반응
토끼노래 테이프 들려주기	아주 조용해짐	소리 내어 울기
세발자전거 위에 앉히기	미소 짓기, 몸 앞뒤로 조금 흔들기	반응 없음
할머니 방에 들어오심	팔을 들어 올림	할머니가 방을 나가자 울음
유아용 변기에 앉히기	울기	울기 멈춤

4) 흥미와 관심 표현의 독특한 방식

선호하는 목록을 작성하면 장애유아에게 동기를 유발시키는 사물들과 활동들을 파악하는 것 외에, 유아가 자신의 흥미와 관심을 표현하는 독특한 방식들을 관찰할 수 있고, 유아를 보다 잘 이해할 수 있는 기회를 제공하는 데 도움이 된다. 예를 들어, 어떤 유아는 다음과 같은 행동을 보이기도 한다.

- 어떤 것에 관심이 있을 때 아주 조용해질 수도 있지만, 반대로 쳐다보지도 않거나 심지어는 그쪽으로 얼굴을 향하지 않을 수도 있다.
- 어떤 것에 흥미가 있을 때 흥분을 감추지 못하고, 손과 발을 마구 흔들 수도 있다.
- 어떤 것에 관심이 있을 때 팔과 다리가 뻣뻣해지거나 쭉 뻗는 경우가 있다. 또는 관심이 있으면서도 고개를 다른 쪽으로 돌리기도 한다. 유아에 따라서

는 이러한 반응들이 거부나 무관심의 표시이기도 하다. 다음에 제시되는 조지의 이야기가 그 예이다.

조지(Jorge)의 음악

조지는 유난히 키가 작은 중도 지체장애아이다. 남자아이인 조지는 말을 거의 하지 못하고 얼굴 표정도 별로 없는 편이다. 교사인 무니즈 선생님은 현재 조지가 다니고 있는 어린이집에서 조지가 좋아하는 활동이 아무것도 없는 것이 매우 걱정되었다. 무니즈 선생님은 어떻게 하면 조지에게 동기 유발을 시킬 수 있을지에 대해 유아특수교사에게 도움을 청했다. 무니즈 선생님과 유아특수교사는 여러 차례 조지를 주의 깊게 관찰하였다.

두 교사는 자유놀이 시간에 누군가가 녹음기를 틀었을 때 조지의 팔이 뻣뻣해졌고, 조지가 팔을 약간 뻗는 사실을 알아차렸다. 무니즈 선생님은 이러한 행동을 조지가 불편할 때 하는 행동이라고 생각해 왔다. 두 교사는 조지의 어머니에게 이 문제에 대해 확인해 보고자 하였다.

두 선생님은 조지의 어머니로부터 조지가 팔을 뻗는 행동은 흥분이나 기쁨을 나타내는 표시라는 말을 들었다. 조지의 어머니는 조지가 집에 있을 때 누나와 함께 CD 듣는 것을 좋아한다는 이야기도 덧붙였다.

이를 통해 무니즈 선생님은 조지가 음악을 아주 좋아한다는 사실을 알게 되었다. 선생님은 조지에게 음악을 들려줄 기회를 점차 늘려 나가면서, 이전에 조지가 참여하기를 거부했던 핑거페인팅이나 다른 활동에 참여할 때 음악을 보상의 수단으로 사용하였다. 이후로 조지는 점차 더 많은 활동에 관심을 보이게 되었다.

2. 근접발달지대에서의 지도

근접발달지대에서의 지도는 장애유아 지도에 유용하다고 입증된 이론 중의 하나이다. 환경의 사회적 매개를 통하여 유아의 학습을 지원하는 것이 중요하다는 비고츠키의 근접발달지대 개념(Vygotsky, 1980)은, 간단히 설명하자면, 유아가 다른 사람의 도움을 받아 기능할 수 있는 수행 범위를 말한다. 〈표 1-2〉에서 보듯이, 영역 A는 유아가 독립적으로 수행할 수 있으므로 다른 사람의 지원이 필요 없는 범위이지만, 영역 C는 유아에게 매우 어렵기 때문에 과제 수행을 위해서는 유아가 성인의 지원을 전적으로 필요로 하는 범위이다. 영역 B는 다른 사람으로부터 약간의 지원만 받으면 유아가 성취할 수 있는 범위이다. 유아가 다른 사람의 지원을 받은 후에 독립적으로 과제를 수행할 수 있게 되면, 유아의 근접발달지대는 좀 더 어려운 수준으로 이동할 수 있다.

〈표 1-2〉 근접발달지대

A 영역	B 영역	C 영역
유아는 이미 독립적으로 수행할 수 있음	근접발달지대: 이 범위에서 성인 지원은 아주 효과적	너무 어려움

근접발달지대 내에서의 적절한 정도의 지원 제공에 대하여 설명하기 위해 사용하는 용어가 비계설정이다(Bruner, 1982). 이 용어는 원래 고층건물에서 일하는 도장공이나 창문 청소부를 지지하는 구조물에서부터 유래되었다. 비계는 노동자가 일을 성공적으로 수행하는 데 꼭 필요한 지지물이다. 유아의 단서를 읽을 수 있는 성인은 유아가 과제를 수행하는 데 있어서 꼭 필요한 만큼의 지원의 양과 형태를 결정할 수 있다. 그리고 성인은 유아가 독립적으로 과제를 수행할 수 있을 때까지 이러한 지원을 점진적으로 줄여 나가야 한다. 다음의 제이슨의 사례는 이 개념을 잘 이해하도록 도와줄 것이다.

제이슨(Jason)의 퍼즐

제이슨은 네모, 동그라미, 세모 모양의 세 도형이 있는 간단한 퍼즐을 혼자 완성할 수 있다. 나무, 집, 자동차 그림이 있는 간단한 퍼즐에 제이슨은 흥미를 가지고 있어서 모양과 색깔이 다른 여러 퍼즐 조각들을 비교해 가면서 혼자 해 보려고 이리저리 맞춰 보곤 하였다. 그러나 언제나 정확한 위치에 놓지 못하기 때문에 실패하였다. 교사는 제이슨의 이러한 좌절을 알아차리고 제이슨을 지원해 주었다.

- 교사는 제이슨이 퍼즐 조각을 조금 돌려서 맞춰 보도록 도와주었다. 이는 퍼즐을 잘 맞출 수 있도록 퍼즐 맞추기 경험에 대한 비계설정을 하여 중재를 제공한 것이다.
- 교사는 제이슨이 어떤 때 도움을 필요로 하는가를 계속 지켜보면서 퍼즐 조각을 돌려서 맞추어 보게 몇 차례 도움을 제공하였다.
- 교사는 제이슨이 새 퍼즐을 혼자서 맞출 수 있을 때까지 이러한 지원을 계속하면서 점진적으로 줄여 나갔다.

대부분의 교사는 그다지 많은 생각을 하지 않고도 매일 자연스럽게 각 유아에게 적합한 비계를 설정한다. 이미 교사는 어려운 과제를 유아가 배우도록 도와주기 위해서 이 기법을 사용하고 있다. 특별한 전략으로 비계의 중요성을 좀 더 인식하고, 유아의 현재 기술 능력에 적합하도록 주의 깊게 비계를 설정한다면 장애유아에게 매우 효과적인 지원이 될 것이다.

3. 반복되는 일상적 일과 제공

교실에서 예측 가능한 일상적 일과와 미리 계획된 전이 활동, 이 두 가지 전략을 사용한다면 장애유아에게 보다 바람직한 학습 환경을 조성해 줄 수 있다.

1) 예측 가능한 일과 계획

일관성 있는 일과 운영은 무질서하고 예측할 수 없는 일과 운영보다 장애유아의 학습을 보다 쉽게 이루어지게 한다. 또한 예측할 수 없는 환경은 안전하지 못하며 유아에게 불안감을 줄 수도 있다. 이것은 장애유아뿐만 아니라 불안정하거나 학대받는 가정환경의 유아에게도 해당된다.

활동을 여러 번 반복하는 것은 친숙함과 숙달감을 발달시킬 뿐만 아니라 유아의 자아존중감을 형성하도록 도와준다([그림 1-2] 참조).

[그림 1-2] 자신의 접시를 닦고 있는 유아

장애유아는 평소에 일관성이 있으면서 특별한 이벤트나 활동이 있을 때만 변화하는 예측 가능한 일과일 때 가장 성공적인 수행을 보일 것이다. 새로운 이벤트는 친숙한 일과와 많은 차이가 있을 때 가장 잘 이해될 수 있을 것이다. 다음은 잘 구조화된 반일제 영아 프로그램의 일과표이다.

〈표 1-3〉 반일제 영아 프로그램 일과

시간	영아 프로그램 일과표
9:00	등원과 자유놀이
9:40	정리 정돈
9:45	시작 모임과 환영 노래
10:00	동작 활동
10:10	미술 활동
10:30	실외 활동
10:50	화장실 다녀오기와 손 씻기
11:05	간식 시간
11:20	정리하기, 이 닦기
11:40	귀가 지도
11:50	귀가

2) 전이 활동 계획

활동이 바뀌는 전이는 장애유아에게 어려울 뿐만 아니라 큰 스트레스를 주는 요인이 된다. 그러므로 이들에게 한 활동에서 다음 활동으로의 전이를 알려 주는 명확한 단서가 매우 중요하다. 장애유아는 다음에 무슨 일이 일어날지에 대해 명확히 예측하지 못하는 경우가 많다. 그리고 현재 하고 있는 즐거운 활동을 중단하기 싫어할 수도 있다. 또는 한 활동이 다른 활동으로 바뀔 때의 분주함과 소란스러움에 두려움을 느낄 수도 있다.

전이에 어려움을 가진 유아의 경우, 한 활동에서 다른 활동으로 전이할 때의 규칙을 미리 계획하는 것이 도움이 될 수 있다. 다음과 같은 활동의 예들은 전이 활동 계획에 도움을 줄 수 있다.

- 자유놀이와 정리 시간의 마지막을 알리는 신호로 교실 형광등을 껐다 켰다 한다.
- 흥미 영역 활동을 마치고 대집단 활동을 하기 전에 '장난감을 치우자, 장난감을 치우자'라는 노래를 부른다.
- 실외놀이가 끝났다는 신호로 벨을 누른다.
- 귀가 준비를 위해 자신의 사물함으로 가기 전에 작별인사 노래를 부른다.

4. 과제 분석을 통한 지도

일반적인 유아에게는 매우 간단하고 쉬운 기술이나 과제라도 장애유아가 수행하기에는 매우 어려울 수 있다. 이것은 어떤 과제나 기술을 장애유아가 수행할 수 없다는 의미가 아니라, 이들에게는 한 과제를 몇 개의 작은 단계들로 나눌 필요성이 있다는 의미이다. 과제 분석 전략은 장애유아의 지도에 매우 도움이 될 수 있다. 특히 과제 분석은 관찰 가능한 일련의 순서가 있는 행동 단계로 분석될 수 있는 기술들을 지도하는 데 유용하다.

1) 순서 분석

예를 들어, 대부분의 유아는 음식을 먹은 후 컵이나 접시를 급식대에 가져다 놓고 요구르트 병이나 냅킨을 쓰레기통에 버리는 것을 배우는 게 어렵지 않다. 그렇지만 장애유아는 이러한 것을 익히는 데 많은 어려움이 있을 수 있다. 단순히 똑같은 과제를 매일 반복하는 것만으로는 장애유아에게 충분한 학습 지원이 되지 않을 수도 있다. 교사는 행동의 순서에 대한 간단한 과제 분석을 할 수 있어야 한다. 이것을 행동연쇄라고 하며, 그 예는 다음과 같다.

접시를 급식대에 가져가기의 과제 분석

단계 1: 의자에서 일어나 의자를 탁자 안으로 밀어 넣는다.
단계 2: 포크, 요구르트병, 냅킨을 접시에 담는다.
단계 3: 접시에 담긴 요구르트병과 냅킨을 쓰레기통으로 가져간다.
단계 4: 요구르트병과 냅킨을 쓰레기통 안에 넣는다.
단계 5: 접시를 들고 급식대로 간다.
단계 6: 포크와 접시를 급식대 안에 놓는다.
단계 7: 화장실로 간다.

장애가 좀 더 심할 경우에는 단계들을 좀 더 작은 단계로 나눌 필요가 있다. 예를 들어, 위의 2단계에서 포크나 냅킨 중 하나씩만 접시에 담는 훈련의 작은 단계들로 나눌 필요가 있을 수도 있다.

2) 단계별 훈련

교사는 한 번에 한 단계씩, 각 단계에 적합한 비계설정과 근접발달지대 원리를 적용하여 가르친다. 과제 분석에 의한 지도는 첫 단계부터 가르치는 것이 유용하다. 그러나 역순 과제 분석일 경우에는 제일 마지막 단계부터 시작하여 거꾸로 가르치는 것이 효과적일 때도 있다. 이 경우 1단계에서 5단계까지는 교사가 보조하거나 촉구하고, 마지막 6, 7단계인 '접시와 포크 급식대 안에 놓기'는 독립적으로 수행할 수 있도록 지도하는 것이다. 앞의 예를 참고로 하여 이러한 단계들을 설명하고자 한다.

① 첫 번째 훈련 목표: 유아가 급식대까지 접시와 포크를 가지고 가도록 교사는 완전한 지원을 제공한다. 그 다음에 유아가 혼자서 급식대 안에 접시와 포크를 놓은 후, 급식대를 떠나 화장실로 가도록 격려한다.

② 두 번째 훈련 목표: 첫 번째 행동을 배운 후에, 교사는 유아가 쓰레기통에 버려야 할 것과 설거지할 것을 구분하도록 가르친다. 그 다음 냅킨과 요구르트병은 쓰레기통에 넣고, 접시는 급식대에 가지고 가게 한다.

③ 세 번째 훈련 목표: 유아가 두 번째의 목표를 지원 없이 독립적으로 수행할 수 있다면, 유아가 교사의 도움 없이 냅킨과 요구르트병을 쓰레기통에 가져가서 버릴 수 있도록 지도한다. 그 무렵이면 유아는 첫 번째와 두 번째 목표의 단계들을 독립적으로 수행할 수 있으므로 행동연쇄는 완성된 것이다.

장애유아는 저마다 특별한 요구들을 가지고 있으므로, 어떤 유아의 경우에는 특정한 종류의 지원이나 환경 조정 없이는 행동연쇄의 어떤 단계들을 결코 독립적으로 수행하지 못할 수도 있다. 장애유아가 최소한의 교사 도움으로 최대한의 독립성을 성취하도록 과제를 수정하기 위해 유아교사는 장애 전문가와 협력해야만 할 것이다.

5. 유아에게 적합한 의사소통 제공

최근에 발견된 흥미로운 사실 가운데 하나는 유아 발달에 매우 중요한 역할을 할 수 있는 성인의 의사소통 범위에 관한 것이다. 학습에 어려움이 있는 유아의 경우, 성인이 유아에게 적합하게 의사소통을 제공할 때 유아의 학습 잠재력을 극대화할 수 있는 기회를 제공하기도 하지만, 그렇지 못할 때는 방해하기도 한다는 것이다(Grunwald & Goldberg, 1993). 다음은 유아의 언어 및 인지능력 발달에 도움이 되는 성인의 의사소통 전략들이다.

1) 유아 주도 따르기

아주 단순하고 가장 중요한 의사소통 전략은 아래의 언어적 상호작용에서 볼 수 있듯이 의사소통을 하고자 하는 유아의 시도에 반응하고, 유아가 흥미 있어 하는 것에 관하여 말하는 것이다.

유아: (교사의 소맷자락을 끌어당기면서) 소! 소!
교사: (이해하지 못하고) 뭐지, 셸리? 무슨 말을 하려고 하니?
유아는 창턱에 앉아 있는 파랑새를 가리킨다.
교사: 아! 저 새를 봤구나. 저 새는 파랑새야. 우리 교실 창턱에 앉는 것이 좋은가 봐.

2) 점진적 연결

점진적 연결은 확장이라고도 불리는 간단한 전략으로, 유아는 현재 능력보다 조금 더 높은 수준의 성인 언어 모델을 통해 가장 잘 배운다는 원칙에 기초한다. 예를 들어, 유아가 두 단어 조합 언어를 사용하기 시작하였다면, 성인은 짧은 문장과 구를 사용하여 말하는 모델을 보이는 것이다. 만약 유아가 단순한 구나 문장을 사용한다면, 성인은 그보다 좀 더 복잡한 구조를 가진 언어의 시범을 보여야만 한다. 성인은 좀 더 복잡한 구조 외에 추가적인 정보를 더해서 시범을 보일 수도 있다. 이를 자세히 말하기(expatiation) 혹은 의미론적 확장(semantic extension)이라고 한다.

유아: 새, 창.
교사: 그래. 새가 창문에 있구나!
유아: 바위가 앉아. 바위 너무 무거워.
교사: 바위가 너무 무거워서 가라앉는다고 생각해?

3) 단어와 특별한 서술어 사용

유아가 특별한 사물, 행동, 특성을 나타내는 단어에 대해서 들어 보지 못 하였다면 유아는 어휘와 개념을 발달시킬 수 없을 것이다. 다음의 두 가지 예를 비교해 보자. 두 교사는 각각 인형의 머리를 빗겨 주려는 유아의 시도에 대해 말하고 있다.

라미레즈 선생님: 어머, 이 인형은 너무 예뻐져서 누군지 모르겠다. 네가 그렇게 잘해 주었구나!
존스 씨: 네가 아기의 머리를 빗겨 주는구나. 네가 빗겨 주어서 아기 머릿결이 무척 예뻐졌다.

라미레즈 선생님의 경우, 유아가 이끄는 대로 따라 하거나 유아가 관심을 가진 것에 대해 말하면서 특별한 어휘를 쓰지 않는다는 점에 주목해 보자. 라미레즈 선생님은 중요한 행동과 사물에 대한 명칭을 말하지 않았다. 반대로 존스 씨는 유아의 활동 중 가장 두드러진 측면인 '빗겨 주다', '아기', '머릿결'과 같은 단어나 특정한 서술어를 사용한다. 이것이 바로 '경험을 언어로 표현하기'에 해당한다. 유아는 이러한 방법을 통해 중요한 어휘와 개념을 습득할 뿐만 아니라, 언어가 지도

(map)처럼 우리 주변을 둘러싸고 있는 세상을 정확하게 표상하는 방법 중 하나라는 것을 배운다. 또한 언어는 유아로 하여금 사물, 사건, 특성 간의 복잡한 관계에 대한 복잡한 내적 표상능력을 발달시킴으로써 유아의 인지 발달을 돕는다.

4) 중요한 단어와 문장 반복

유아든 성인이든 간에 모든 개개인은 새로운 과제나 단어를 학습할 때 어느 정도의 반복이 필요하다. 장애유아는 같은 연령의 또래보다 더 많은 반복이 필요하다. 따라서 교사는 유아가 들은 정보를 처리하고 기억하도록 도와주기 위해 중요한 단어와 구를 반복해 보도록 지도하는 것이 중요하다.

교사: (병아리의 신체 부분들에 대해 이야기하고 있다) 이게 병아리의 입이야. 부리라고 해. 병아리의 입은 부리라고 해.
유아: 부어?
교사: 맞았어. 부리. 부리야.

5) 적절한 속도로 말하기

교사가 좀 더 빠르거나 느린 속도로 말한다면 색다른 분위기가 조성될 것이고, 유아는 구어에 대해 좀 더 흥미를 가질 수 있다. 많은 장애유아는 청각적으로 빠르게 들어오는 정보를 처리하는 데 어려움을 가지고 있으므로, 특별히 복잡하거나 새로운 정보를 유아에게 말할 때는 느리게 말함으로써 이해와 흥미를 강화할 수도 있다.

말하는 속도는 사람마다 다르다. 어떤 사람은 아주 빠르게 말하는가 하면 어떤 사람은 느리게 말하기도 한다. 교사는 녹음기를 이용하여 교실에서 자신의 말하는 속도가 너무 빠른 것은 아닌지 스스로 평가해 볼 수 있다. 때로는 단순히 천천히 말하는 것만으로도 언어 학습에 어려움을 가진 유아에게 많은 도움을 줄 수도 있다.

6) 충분히 반응할 시간 제공

이 전략은 말하기 속도와 어느 정도 관계가 있다. 많은 장애유아는 자신들이 들은 내용을 처리하는 데 어려움이 있을 뿐 아니라 그들이 말하고자 하는 것을 조직해서 언어화하여 표현하는 데 있어 정상적으로 발달하는 유아보다 좀 더 많은 시간이 필요할 수 있다. 장애유아에게서는 학습된 무기력함을 자주 볼 수 있다. 이러한 현상은 극단적 수동성이나 주도성의 부족을 행동으로 나타내는 것이다. 장애유아가 이러한 특징을 나타내는지에 대해서는 많은 이유가 있지만, 성인이 유아가 반응하기에 충분한 시간을 제공하지 않기 때문인 경우가 많다.

7) 의사소통이 필요한 상황 고안

의사소통 기술이 부족하거나 의사소통 기술이 없는 유아는 의사소통을 할 수 있도록 동기화되어야 한다. 의사소통을 할 수 있게 하는 한 가지 단순한 방법은, 유아가 원하는 것을 얻기 위해 어떤 방법이든 의사소통을 시도해야만 하는 상황을 만드는 것이다. 예를 들어, 좋아하는 놀잇감이나 노래 테이프를 볼 수는 있지만 손이 닿지 않는 곳에 둔다. 이를 통해 유아는 자신이 원하는 물건을 요구하는 법을 배워야만 하는 것이다.

'더 요구하기' 전략이라는 아주 간단한 기제가 있다. 교사는 유아가 즐기고 있는 그네 타기나 음악 듣기와 같은 활동을 간단하게 방해한 후 유아의 반응을 기다린다. 이때 필요하다면 촉구와 단서들을 사용한다. 다음의 사례들은 이 전략을 잘 설명하고 있다.

제시카(Jessica)와 포켓몬: 의사소통 필요성 만들기

제시카는 다운증후군 유아로 말을 못 한다. 제시카는 몇 가지 소리를 낼 수 있고, 손으로 지적할 수 있고, 원하는 것을 눈으로 응시할 수 있다. 제시카의 어머니는 집에서 제시카가 TV에 나오는 포켓몬 보기를 좋아한다고 알려 주었다.

교사는 언제나 자유놀이 시간에 제시카에게 포켓몬 퍼즐을 주었다. 제시카가 포켓몬 퍼즐을 혼자서 완성할 줄 안 후, 이 퍼즐은 제시카가 좋아하는 놀잇감 중의 하나가 되었다. 교사는 제시카가 좀 더 의사소통 시도를 할 수 있도록 격려하기 위하여, 제시카가 눈으로 볼 수는 있지만 손은 닿지 않는 선반에 포켓몬 퍼즐을 놓아두었다. 처음에 교사는 포켓몬 퍼즐이 있는 선반을 제시카에게 보여 준 다음, 제시카가 그 퍼즐을 갖기 위하여 손으로 가리키거나 발성하도록 하였다. 다음번에 제시카가 포켓몬 퍼즐을 원할 때까지 교사는 제시카를 재촉하지는 않고 기다렸다.

제시카는 교사에게 걸어와서 교사의 관심을 끌기 위해 소리를 낸 후 포켓몬 퍼즐을 가리켰다. 교사는 즉각 반응하면서 말하였다. "오, 제시카, 포켓몬이 갖고 싶은가 보구나. 선생님이 퍼즐 꺼내 줄게."라고 말하였다.

그네 타기 중단하기

후안 카를로스(Juan Carlos)는 공원에서 그네 타기를 좋아한다. 교사는 카를로스를 그네에 앉히고는 밀어 주었다. 그러다가 교사는 갑자기 그네 밀기를 중단하였다. 그리고는 카를로스가 더 밀어 주기를 원한다는 표현으로 "밀어!"라는 말을 할 때까지 기다렸다. 그리고 교사는 "오, 또 밀어 달라고? 좋아, 자, 민다."라고 말하면서 다시 그네를 밀어 주기 시작하였다. 교사는 지속적으로 이 기법을 사용하여 후안 카를로스가 한 단어의 말이 아니라 다음의 짧은 문장인, "또 밀어 주세요."를 배우도록 도와주었다.

〈표 1-4〉 언어 발달을 촉진하는 의사소통적 상호작용 전략들

어휘와 개념 발달시키기

유아 주도 따르기: 유아가 흥미 있어 하는 것에 대해 이야기하고, 정교한 언어로 표현해 준다.
적절한 속도로 말하기: 어떤 유아는 빠른 속도로 하는 말을 듣고 정보를 처리하는 데 어려워한다. 말을 빨리하는 성인의 경우 조금 천천히 말할 필요가 있다.
서로 주고받는 대화 격려하기: 유아가 당신의 설명이나 질문에 대해 반응하기에 충분한 시간을 주면서 기다린다.
주의 깊게 사물과 행동에 적합한 단어 사용하기: "저것은 '택시'라고 불러, 내가 어떻게 글자를 똑같이 쓰는지 볼래?"
유아의 발달적 수준에 맞도록 주의 깊게 사물이나 사건의 특징 묘사하기: "네가 만든 탑에는 다섯 개의 커다란 블록이 있구나. 꼭대기에는 하나의 작은 블록이 있구나!"
반복과 중복 사용하기: "너의 탑에는 다섯 개의 블록이 있네. 다섯 개 블록. 하나, 둘, 셋, 넷, 다섯. 이 다섯 개의 블록을 세어 볼래?"
좀 더 발달적 수준이 높은 유아에게는 개방형 질문하기: "왜 이것이 무너졌을까?"
"어떻게 이것을 움직이지 않게 할 수 있니?"
폐쇄형 질문: "이걸 뭐라고 부르니?"
"이건 무슨 색이니?"
인과 관계를 이해하도록 격려하기: "지금 여기에 물을 부으면 어떤 일이 일어날 것이라고 생각하니? 그래, 물을 부으면 거품이 생길 거야."
"우리가 노란색에 빨간색을 넣었기 때문에 물감이 오렌지색으로 변했네."

문장구조 발달시키기

유아가 말한 것에 대해 '확장' 시범 보이기: 유아가 말하는 것보다 약간 길고 조금 더 복잡한 문장으로 만든다. 예를 들어, 유아가 "조니 공?"이라고 물으면 교사는 "그래. 그건 조니의 공이야."라고 대답한다.
복잡한 문장구조 시범 보이기: "우리가 블록을 하나 더 놓으면, 탑이 무너질 거야.", "점심을 먹은 후에, 우리는 밖에 나갈 거야.", "뚜껑을 열어 놓은 채 놔두었기 때문에 물감이 말라 버렸어."

6. 예방 전략을 사용한 문제 행동 관리

장애유아가 통합교육 환경에 배치되었을 때 실패하는 이유 중 하나는 장애유아가 교실 활동의 흐름을 방해하는 행동을 하기 때문이다(이 책의 4장에서 이 주

제에 대해 자세히 설명할 것이다). 어떤 유아에게나 문제 행동이 있을 수 있지만, 장애유아의 경우에는 더 많은 문제 행동들이 있을 수 있다. 특정 장애의 경우, 장애 특성들이 효과적으로 지도되지 않는다면 문제 행동으로 발전할 가능성이 더 있다. 예를 들어, 신경학적 손상이나 주의력 결핍장애를 가진 유아는 충동을 조절하고 공격성을 통제하는 법을 배우는 데 어려움을 가질 수 있다. 특히 자폐유아는 특정 소리나 과도한 자극 환경에 매우 민감해질 수 있고, 이러한 감각 과부하를 피하려는 시도로 괴성을 지르거나 교실 밖으로 도망칠 수 있다.

문제 행동을 예방하는 일반 전략들

특별한 예방 전략들은 어느 교실에서나 쉽게 적용하여 사용될 수 있다. 이러한 전략들이 모든 문제 행동들을 예방하지는 못하지만 문제 행동의 발달을 최소화시킬 것이다. 이러한 예방 전략들은 이미 이 장에서 논의된 많은 전략들을 포함하고 있다.

- 명백한 전이 단서가 있는 일관성 있고 예측 가능한 일과표 사용하기
- 과제를 완수할 수 있는 충분한 시간 주기
- 새로운 과제나 어려운 과제들을 작은 단계들로 나누어 제공함으로써 좌절감 감소시키기
- 큰 소리의 음악이나 다른 유아들에 의해 혼잡해지는 것과 같은 유발 자극 파악하기
- 감각 과부하 줄이기
- 자신이 원하는 것이나 필요로 하는 것을 표현할 수 없는 유아를 위해 그림이나 사인과 같은 몇 가지 대안적 의사소통 방식 제공하기
- 언제나 같은 결과를 보여 주는 일관성 있고 명백한 규칙(가급적 서너 가지가 넘지 않게 한다)을 정하고 실시하기
- 유아가 요구하거나 부적절한 행동을 하기 전에 유아에게 많은 관심을 보이

고, 성인 지원 제공하기

이러한 전략을 교실에서 실시하고 있음에도 불구하고 장애유아가 문제 행동을 발달시킬 수도 있고, 혹은 이미 심각한 문제 행동을 가지고 교육기관에 입학할 수도 있다. 이러한 유아의 경우에는 다양한 전략과 중재가 필요하다. 하지만 많은 유아에게 있어 '1온스(약 28그램)의 예방'이 '1파운드(16온스)의 치료'보다 훨씬 더 효과적이다.

7. 경도 및 중등도 장애유아를 위한 일반적 교수 전략

다음 2장에서는 비교적 적은 비율로 나타나기 때문에 흔히 낮은 발병률 장애라고 불리는 특별한 장애 유형 유아의 특성과 요구를 다룰 것이다. 이러한 유아는 '중도(severe) 장애유아'라고도 부른다. 이에 속하는 시각장애, 중도 인지발달장애, 자폐증 같은 장애는 매우 특별하고 복잡한 문제들을 가지고 있다.

일반 유아교육 현장에 통합되는 많은 장애유아는 대부분 발생률이 빈번한 경도(mild) 및 중등도(moderate) 장애를 가진 유아인 것에 주목해야 한다. 이러한 장애는 발생 비율이 높고 집중적 중재를 보다 덜 필요로 한다. 이러한 경도 및 중등도 장애에는 학습장애, 주의력 결핍장애, 경도 인지장애(정신지체), 경도 언어지체 등이 포함된다.

이 장에서 설명한 일반 전략들을 신중하고 사려 깊게 경도 및 중등도 장애유아에게 적용한다면, 유아교육 현장에서 성공적인 통합교육을 지원하기에 충분할 수 있을 것이다. 장애유아의 특별한 목적과 목표의 관점에서 유아의 행동을 항상 주의 깊게 관찰하는 것을 추가적으로 실시한다면, 유아가 통합교육 환경에 좀 더 참여하게 될 뿐 아니라 유아에게 바람직한 성과를 성공적으로 이룰 것이다.

요 약

이 장에서 다룬 일반적 교수 전략들은 '모든' 유아의 학습을 지원하고 향상시킬 수 있다. 이러한 전략들은 장애유아의 효과적 학습에 필수적인 지원이다. 경도 및 중등도 장애유아에게 이러한 전략들을 심도 있게 사용한다면 유아교실에서 성공적인 통합교육을 충분히 지원할 수 있다. 좀 더 심각한 문제를 가진, 발병률이 낮은(low-incidence) 중도의 장애유아에게도 이러한 전략들은 필요하지만, 아직 충분한 전략이 주어지지는 않았다. 2장에서는 특별한 장애 특성과 이러한 유아가 포함된 교육 현장의 교사에게 유용한 부가적인 전략들에 대해 개괄적으로 살펴볼 것이다.

사례연구

브라이언(Bryan)의 적응 돕기

잭슨(Jackson) 선생님은 자신의 헤드스타트 교실에 한 장애유아가 배치된다는 사실을 알았을 때 크게 걱정하지 않았다. 브라이언(Bryan)에 대해 '다운증후군을 가진 4세의 유아로, 최근 대리모 가정에 보호되어 있다.'라고 기록되어 있었기 때문이다. 잭슨 선생님은 이전에 다운증후군을 가진 두 명의 유아를 이미 즐겁게 가르친 경험이 있다. 그 유아는 까다롭지 않았고, 매우 사회성이 좋은 아이들이었다.

그러나 브라이언과 첫 주를 보낸 후, 잭슨 선생님은 걱정을 하기 시작하였다. 브라이언은 예상했던 것에 비해 지나치게 활동적이었고 공격적이었다. 그가 할 수 있는 유일한 말은 "안 해!"뿐이었고, 친구들이 자기 구역 안으로 들어오면 밀쳐내곤 하였다. 브라이언이 좋아하는 활동은 물 속에서 놀기, 특히 화장실에서 놀기 그리고 그릇 집어던지기였다.

잭슨 선생님은 헤드스타트의 통합 지원교사에게 도움을 요청했다. 교실과 가정에서 각각 브라이언을 관찰한 후에 잭슨 선생님, 통합 지원교사, 그리고 브라이언의 대리모가 함께 만나 실시할 수 있는 중재방법에 대해 의논하였다. 대리모는 브라이언이 자기 집에 온 지 한 달밖에 안 되었다고 말하였다. 브라이언의 친모는 최근 마약을 판 혐의로 교도소에 수감되었고, 브라이언을 돌볼 수 있는 다른 가족은 전혀 없다고 말하였다.

잭슨 선생님은 교실에서 쉽게 적용 · 실시할 수 있는 활동 몇 가지를 계획하였다. 그는 지금까지 브라이언이 여러 가지 예기치 못한 변화를 겪었다는 사실을 알았기 때문에, 첫 번째 목표를 일과표의 예측 가능성을 증가시키는 것으로 하였다. 잭슨 선생님은 하루 일과에서 중요한 활동 순서에 좀 더 일관성을 두려고 하였으며, 한 활동을 마치는 것과 다음 활동의 시작을 분명한 신호로 알리려고 많은 주의를 기울였다. 또한 브라이언과 가장 좋은 관계를 형성하고 있는 것 같은 보조원을 브라이언의 1차 양육자가 되게 하였다. 이러한 조정을 통해 브라이언에게는 좀 더 안전한 환경이 조성되었고, 브라이언의 전반적인 불안과 공격성의 수준 또한 낮아진 듯하였다.

또 다른 전략은 브라이언이 매우 선호하는 물놀이와 던지기 등의 활동들과 통합하여 실시되었다. 잭슨 선생님은 브라이언의 기록을 보고 그의 발달 수준이 2세 이하이므로 브라이언을 동기화하기 위해서는 2세 수준의 활동을 제공하는 것이 전형적인 것에서 그리 벗어나는 것이 아니라고 생각하였다. 그래서 실내와 실외 활동에서 물놀이 영역을 더 자주 사용하기 시작하였다. 그리고 좀 더 효과적인 방법으로, 물에 식용 색소 타기, 물에 비누 풀기, 녹말가루 섞은 물 사용하기 등과 같은 흥미를 불러일으키는 활동을 생각하였다. 또한 연령이 조금 높은 또래의 유아가 브라이언에게 덤프트럭 놀이를 배우도록 도와주게 하였다. 그 놀이는 커다란 덤프트럭에 레고를 가득 싣고 트럭을 밀고 가서 커다란 용기 속에 플라스틱 레고 조각들을 쏟는 놀이였다. 한 자원봉사자는 브라이언이 용기 안에 레고를 던지지 않고 트럭에 레고를 싣고, 밀고 가서, 쏟아놓는 것을 할 수 있을 때까지 여러 번 반복하도록 도와주는 또래 유아를 지속적으로 격려하였다. 처음에 브라이언은 단지 용기 속에 레고를 던지기만 하였다. 이 단계 초기에 자원봉사자와 도와주는 또래의 유아는 브라이언이 혼자서 그 활동을 해낼 수 있을 때까지 적절한 정도의 지원을 제공(활동의 비계설정)하였다.

이러한 전략들은 브라이언에게 다른 유아도 참여하는 활동 속에서 함께하는 활동에 집중하게 하는 많은 기회를 제공하였다. 브라이언은 이러한 활동들에 매우 동기화되었기 때문에 다른 유아가 자기의 구역 안에 있을 때도 덜 귀찮아하였다. 한 달이 채 안 되어 브라이언은 다른 유아에게 더 이상 공격성을 보이지 않았고, 유치원의 일상적 일과에 잘 적응하는 것 같았다. 그 후 교사는 언어 발달 영역에서 브라이언의 요구에 초점을 맞추기 시작하였다. 잭슨 선생님은 교사들에게 특별히 중요 단어를 강조하고, 브라이언이 가장 관심을 가지고 있는 사물의 명칭을 알려 주며, 짧은 문장이나 구 안에서 그 단어들을 반복하게 하였다. 브라이언은 즉시 중요 단어들을 모방하기 시작하였고, 특히 좋아하는 음식이나 놀잇감을 요청할 때 점차 그 단어들을 자연스럽게 사용하기 시작하였다.

사례연구 질문

1. 브라이언의 삶의 어떤 측면들이 헤드스타트 센터에서 브라이언이 적응하는 것을 어렵게 했는가?
2. 앞으로 잭슨 선생님의 프로그램에 새로운 유아가 들어오게 되었을 때 잭슨 선생님은 유아가 기관 중심 프로그램에 좀 더 쉽게 적응하도록 하기 위해 어떤 단계를 가져야 할 것인가?
3. 잭슨 선생님은 일반적 교수 전략 중 어떤 것을 사용하였는가? 당신은 브라이언에게 도움이 될 추가적인 전략과 조정이 있다고 생각하는가?

주요 용어

경중등도 장애(mild to moderate disabilities)
경험을 언어로 표현하기(mapping language onto experience)
과잉(expatiation)
과제 분석(task analysis)
근접발달지대(zone of proximal development)
저출현률 장애(low-incidence disabilities)
고출현률 장애(high-incidence disabilities)
더 요구하기(request for more)
선호도가 높은 것의 목록(high-preference inventory)
비계설정(scaffolding)
속도 조절(pacing)

역순 연쇄(backward chaining)

의미론적 확장(semantic extension)

점진적 연결(progressive matching)

학습된 무기력(learned helplessness)

행동연쇄(behavior chain)

참고 문헌

Bruner, J. (1982). The organization of action and the nature of the adultinfant transaction. In E. Tronick(Ed.), *Social interchange in infancy: Affect, cognition and communication* (pp. 23-35). Baltimore, MD: University Park Press.

Grunwald, L., & Goldberg, J. (1993, July). The amazing minds of Infants. *Life,* 46-60.

MacDonald, J. D. (1998). *Becoming partners with children: From play to conversation*. San Antonio, TX: Special Press.

Vygotsky, L. (1980). *Mind in Society: The development of higher psychological processes*. Cambridge, MA: Harvard University Press.

Your child: From Birth to Three(1997, Spring/Summer). Special Issue *Newsweek*.

CHAPTER 02

장애 유형별 특성 및 지도 방법

1. 인지발달지체유아: 다운증후군
2. 자폐유아
3. 뇌성마비유아
4. 시각장애유아
5. 청각장애유아
6. 출현율이 높은 장애

이 장에서는 특별한 장애를 가진 유아에게 사용 가능한 전략 및 적용 방법에 대해 논의하고자 한다.

- 경도 및 중도 인지발달지체: 인지발달지체를 갖는 가장 일반적인 장애로는 다운증후군이 있다. 다운증후군 유아는 독특한 신체적 특성을 수반하며, 전형적인 발달을 하는 일반 유아와 비교하였을 때, 비슷한 발달 경로를 거치지만 그 속도가 느리다.
- 자폐: 자폐유아는 비전형적인 사회성과 의사소통 행동 특성을 지니는 경향이 있다. 자폐유아는 대체로 사회적 상호작용에 결함을 보이거나 소리나 접촉에 심하게 반응하는 경향이 있다.
- 시각장애 및 전맹: 시각장애유아의 시각 능력은 전맹(totally blind)이나 빛을 감지하는 수준에서부터 어느 정도의 기능 시력을 가지고 있는 경우까지 다양하다. 또한 시력 이외에 시야에 문제가 있는 경우도 있다. 시각장애유아는 보행능력이 저하되거나 개념발달에 어려움을 갖게 되기도 한다.
- 청각장애: 청각장애유아는 대개 일반 학급에서 통합교육을 받는 경우가 많은데, 간단한 적용 전략이나 보청기 등과 같은 청각기구를 사용하여 손쉽게 편의를 도모해 줄 수 있다. 중증의 청각장애를 가진 유아의 경우에는 팀 접근이 필요하며, 교사는 유아가 선호하는 의사소통 수단이 수화 또는 구화인지를 파악하여 지도하는 것이 요구된다.
- 뇌성마비: 운동장애의 가장 일반적인 장애 유형은 뇌성마비이다. 뇌성마비는 유아의 수의적인 근육운동이나 자세 교정에 영향을 미치는데, 교사는 유아가 어떤 자세를 취하는 것이 가장 편안한 자세인지 그리고 교재·교구나 놀잇감, 수저 등과 같은 도구를 어떻게 적용할 수 있을 것인지에 대한 이해가 필요하다.
- 출현율이 높은 장애: 고출현 장애는 다른 장애에 비해 장애 정도는 심하지 않으나 유아에게 더 많이 나타나는 장애이다. 이에 속하는 것은 학습장애, 말 · 언어장애, 경도 인지발달지체가 있다.

1장에서는 모든 유아에게 유용한 지도 방법에 대해 알아보았다. 이 장에서는 장애유아에게 요구되는 특별한 지도 방법에 대해 알아보고자 한다. 유아교육 전문가가 장애유아의 다양하고 특별한 측면을 이해하기 위해서는 장애 전문가를 통한 서비스가 필요하다.

그러나 장애 전문가의 인력이 부족하여 쉽게 접근하기가 어려운 것이 현실이다. 그러므로 이 장에서는 유아교육 현장에서 매우 필요한 요구와 교육 방법에 대해 제시하고자 한다. 여기에서는 유아의 장애 빈도가 높거나 장애 정도가 심한 경우에 유아교사가 알아야 할 교수 방법에 대한 정보를 제시하고자 한다. 다운증후군, 시각장애, 청각장애, 뇌성마비, 자폐, 이 외에도 다양한 장애가 있으나 이러한 장애 유형이 가장 전형적이면서 일반적이다.

이 장의 첫 부분에서는 저출현 장애를 다루고자 하는데, 저출현 장애의 유아는 대개 통합교육을 받는 경우가 많다. 이러한 장애들은 생애 초기에 진단을 받는 경향이 많으며, 분명한 특성들을 수반한다. 이러한 특성으로 인해 장애유아는 많은 전문가의 지원을 필요로 한다. 학습장애, 말·언어장애, 경도 인지발달지체 등은 고출현 장애 중에 가장 일반적인 것이나 진단이 어렵고 장애 특성이 불분명한 경우가 많다. 이 장 마지막에서는 고출현 장애에 대한 논의점을 간단하게 소개할 것이다.

1. 인지발달지체유아: 다운증후군

인지발달지체를 가진 유아는 같은 또래 유아보다 발달이 늦으므로 사고능력, 언어기술, 정서 및 행동발달 그리고 독립심이 저하되어 있다. 이러한 인지발달의 문제를 갖는 장애 중 가장 일반적인 것으로는 다운증후군이 있다.

1) 신체 및 건강 특성

(1) 신체적 특성

염색체 이상의 원인으로 출현하며, 일반적으로 뚜렷한 신체적 특성을 수반한다. 모든 경우는 아니지만, 대부분의 경우 키가 작으며, 저긴장성(hypotonia), 관절 인대의 조절능력이 낮아 팔이나 다리가 늘어지는 경향이 있고, 손가락이 짧거나 손금의 유형이 비전형적인 경우가 많다.

(2) 건강 문제

다운증후군 유아는 심장 기형, 상부호흡기 감염, 만성적인 입 호흡, 경도나 중등도의 청력 손실 등 몇 가지 건강 문제를 가지고 있다. 또 많은 경우는 아니지만 일반 유아보다 다운증후군 유아에게 좀 더 많이 나타나는 위험한 건강 문제로는 척추탈구가 있다. 이 질환은 상부척추골 중의 하나가 부분적으로 이탈하는 경우로, 다운증후군 유아 중에는 대략 15%가 이 증상을 가지고 있다. 척추탈구 문제가 있는 유아 중의 1%는 척추골의 이탈로 인해 척수가 압박되어 심각한 의학적 문제를 동반하게 된다. 다운증후군 유아에게 나타나는 척추탈구 증상은 드물기는 하나 교사는 이로 인한 증상을 알고 있어야 한다.

- 머리가 한쪽으로 기운다.
- 조절능력이 저하된다.
- 한쪽 팔의 기능이 약화된다.
- 절뚝거리거나 걷지 않으려고 한다.

의료전문가는 다운증후군을 가진 모든 유아는 엑스레이를 찍어 척추탈구—척수압박 여부의 문제가 있는지 알아볼 것을 권장하고 있다(Roizen, 1997).

이에 관련한 특별한 진단결과가 학생파일에 포함되어 있지 않다면 재주넘기와 같은 신체활동은 활동에서 제외시킬 필요가 있다.

2) 발달 특성

(1) 인지

다운증후군 유아의 평균적인 인지능력은 중등도 정도이나 범위는 중도에서 경도까지 다양하다.

(2) 운동

저긴장성으로 인해 일반적으로 대근육운동 발달의 지연을 보이지만 대개 두 살 무렵에는 걷기 시작한다.

(3) 사회성

다운증후군 유아는 대개 반응적이며, 사물에 대한 관계보다는 사람과의 사회적 상호작용을 선호한다. 그러나 다운증후군 유아가 성격이 좋고, 사람을 좋아한다는 관념은 어느 정도는 일반인들이 만든 고정관념이라고 생각하는 것이 좋다. 사실 알려진 전형적인 기질에 많은 예외가 있다.

(4) 학습 방식

다운증후군 유아는 일반 유아와 동일한 발달상의 단계를 성취하지만, 학습이 느린 속도로 이루어진다. 또한 다운증후군 유아의 반응 속도는 좀 더 느리고, 과제를 수행하는 데도 많은 반복이 필요하다. 다운증후군 유아는 사물보다 사람에게 더 많은 관심을 보인다. 또한 과제를 끈기 있게 지속하는 능력이 부족하여 어려운 과제를 지속해야 할 때 쉽게 흥미를 잃게 되는 경우가 많다. 그러나 좋아하는 사람이나 자신이 중요하다고 생각하는 사람의 격려와 칭찬은 쉽게 이들의 동기를 유발한다.

3) 다운증후군 유아 지도 방법

(1) 지도 속도

교사는 교실에서 이루어지는 활동의 속도를 늦춰야 할 필요가 있다. 모든 활동을 늦출 필요는 없지만 다운증후군 유아가 습득하는 데 어려움을 보이거나 동기가 유발되지 않을 경우에는 속도를 늦추거나 좀 더 쉬운 과제를 제공할 수 있어야 한다. 여기에서 속도 조절은 말의 속도와 행동의 속도를 의미한다(얼마나 교사가 빨리 말하는지, 과제나 활동을 얼마나 빨리 수행하는지). 그리고 교사가 다운증후군 유아의 반응이나 유아가 과제를 수행할 때 얼마나 기다려 주는지에 대한 것도 포함된다. 한 교사는 다음과 같이 말했다. "유아에게 촉구하거나 지원을 제공하기 전에 마음속으로 5까지 세고는 한다. 이것이 나의 지도 속도를 늦추는 데 도움을 주었을 뿐만 아니라 유아에게 대답할 수 있는 충분한 시간을 줄 수 있도록 한 방법이다."

힌트 Hepful Hint

속도 늦추기는 다운증후군 유아뿐만 아니라 많은 유아에게 도움이 되는 지도 전략 중 하나이다. 예를 들면, 교사가 너무 빨리 말하지 않을 때, 영어를 제2외국어로 배우는 유아가 영어를 더 쉽게 이해하고 빨리 배울 수 있다. 마찬가지로, 학습장애유아나 언어발달지체가 있는 유아에게도 교사가 말의 속도를 늦추면 도움이 된다.

(2) 과제 분석

과제를 작은 단계로 나누어 제공하는 것은 중요하며(1장 참고), 유아가 한 번에 하나씩 배우도록 도와준다.

지수(Jeesu)가 간식을 먹은 후 치우는 방법의 습득

지수는 간식을 먹고 난 후에 사용한 그릇을 치우는 데 어려움이 많다. 지수는 먹고 남은 음식을 가지고 장난치는 것을 좋아하며 물놀이를 좋아하는 성향이 있다. 그래서 먹고 난 후 음식을 쌌던 종이와 냅킨 등을 쓰레기통에 버리기보다는 씽크대로 곧장 달려가는 경향이 있다. A교사는 그러한 지수를 위해 간식을 먹고 난 이후의 활동에 대한 과제분석을 실시하였다.

1. 먹고 난 접시를 쟁반에 올려놓기
2. 일어서기
3. 쟁반 들기
4. 식당 입구로 걸어가기
5. 식당 입구 퇴식대에 쟁반 놓기
6. 종이와 같이 쓰레기로 버려야 될 것들을 쓰레기통에 버리기
7. 그릇을 씽크대에 넣기
8. 쟁반을 쌓아 놓는 곳에 쟁반 놓기

힌트 Hepiful Hint

과제 분석을 통해 단계별로 나누어진 과제는 제일 처음에 가장 마지막 단계를 시행하면서 지도하는 것이 효율적이다. 위에서 지수의 경우에는 쟁반 쌓는 곳에 쟁반을 놓는 것을 먼저 지도하는 것이 좋다. 그러고 나서 그릇을 씽크대 안에 넣는 것을 지도하고, 단계를 역으로 시행하여 가장 처음의 단계를 마지막으로 지도한다. 모든 단계를 지도한 후, 이 과제를 전체적으로 잘 수행할 수 있을 때까지 수행하게 한다.

(3) 반복

가장 효율적이면서 단순한 지도 방법 중의 하나가 반복이다. 좀 더 많은 시간 동안 단순히 주제어를 반복하거나 활동을 반복하는 것을 통해 유아가 학습에 참

여할 수 있는 기회를 효과적으로 증진시킬 수 있다. 다음에 제시하는 두 가지의 예를 보면서 두 명의 교사가 밀가루 반죽에 물을 넣는 상황에서 어떻게 행동하는지 비교해 보자.

반복의 사용: 무어(Moors) 선생님과 레스턴(Reston) 선생님 방법 비교하기

무어 선생님: "애들아, 밀가루에 물을 넣으면 금방 끈적거리게 된단다. 보이지? 그래, 누가 밀가루 반죽을 한번 저어 볼래?"

레스턴 선생님: "첫 번째, 밀가루에 물을 붓는 거야. 그래, 네가 밀가루에 물을 붓는 거야. 그리고 나서 얼마나 끈적거리는지 만져 보자. 물과 밀가루가 함께 있으니 끈적거리는구나. 네가 밀가루에 물을 부어서 끈적거리는 밀가루 반죽을 만들었네."

이 두 교사가 사용한 언어는 내용 면에 있어서는 비슷하다. 하지만 레스턴 선생님의 경우 동일한 어구를 반복적으로 사용하거나 주제어의 반복을 통해 활동하는 것을 볼 수 있다.

2. 자폐유아

자폐는 교사와 가족 모두에게 많은 어려움을 주는 장애 유형 중 하나이다. 장애 출현율이 계속 증가하는 추세이고, 여아보다는 남아에게 더 많이 출현하는 경향이 있다.

자폐증은 1930년 Leo Kanner를 통해 처음 세상에 알려졌고, 자폐증의 원인에 대한 학자들의 이론은 다양하게 거론되고 있다. 자폐증이 세상에 처음 알려졌을 때에는 정서적 원인과 관련된 정신질환이라고 사료되었다. 특히, 자폐는 양육자로부터 받는 거부에 기인한 것이라고 학자들은 주장하기도 하였다. 그러나 이러한 이론은 이후에 잘못된 것으로 밝혀졌다.

근래에 자폐에 대한 다양한 학설이 있는데, 그중 하나가 신경물리학적인 원인론이다. 즉, 자폐를 뇌의 신경전달, 정보처리, 또는 이상구조와 연관되어 있다고 보는 학설이다. 그러나 중앙신경계의 이상에 대한 학설은 아직까지 검증되지 않은 학설로만 머물러 있는 상황이다.

최근 들어 자폐유아를 위한 좋은 조기중재 방법들이 소개되고 있다. 그러나 폭발적으로 증가하고 있는 다양한 방법들 때문에 오히려 부모들을 좌절하게 하는 경우가 많다. 특히 소개된 방법들이 개인의 일화에 그치는 경우가 많아, 연구나 의학적인 증거가 뒷받침되지 않는 경우가 대부분이다.

다음은 자폐유아의 일반적인 특성으로, 현재의 신경학적 기초에 근간을 이룬 학설의 영향을 받았다.

1) 자폐의 특성

자폐는 사회적 의사소통의 발달에 있어 전반적인 실패를 가져오곤 한다. 최근 미국 정신장애진단통계편람(Diagnostic and Statistical Manual of Psychological Disorders-DSM IV, 1994)은 자폐를 '전반적 발달장애'(Pervasive Developmental Disorders)의 하위 범주로 분류하고 있다. 전반적 발달장애에 속하는 모든 장애의 공통점은 사회적 기술의 취약한 발달이다. 장애 진단 기준에 대해 직접 열거할 필요는 없으나, 자폐유아가 보이는 중요한 특성은 다음과 같고, 이 세 가지 주요 특성들은 3세 이전에 나타난다.

① 상당한 언어지체 또는 부적절한 언어 사용
② 일반적 사회적 관계와 상호작용 발달의 실패
③ 집착이나 고착, 반복적 행동 및 상동행동

현재 널리 수용되는 이론에 따르면, 많은 자폐유아는 신경학적인 과잉반응을 보인다. 특히, 민감한 감각능력(청각 및 촉각)을 보이기도 하므로 이러한 감각에 과민한 반응을 보이는 경향이 있다. 예를 들면, 일반인들에게는 거의 들리지 않는 작은 사이렌 소리에도 쉽게 혼란을 겪거나 학습에 방해를 받는 경우가 있다. 유치원에서 일상적으로 들리는 적정 수준의 소리가 자폐유아에게는 심각할 정도로 큰 소리로 느껴지거나 당황스러울 정도로 불편한 소리로 여겨질 수 있다. 감각의 과민성은 촉감에도 나타날 수 있다. 옷에 붙어 있는 상표에도 쉽게 적응하지 못한다. 촉각방어의 결과로 자폐유아는 특정한 촉감을 피하는 방법을 알게 된다. 엄마가 안으려고 하면 쉽게 안기지 않거나, 성장해서도 타인이 만지거나 안으려 할 때 거부반응을 보인다. 대부분의 자폐유아는 직접적인 눈 맞춤을 하지 않으려는 경향이 강하다. 또한 중심시력보다는 주변시력을 더 선호하는 것으로 보인다. 이러한 결과로, 교사가 보기에 자폐유아는 교사나 활동에 집중하지 않는 것처럼 여겨진다.

많은 감각을 회피하면서도 심하게 밝은 빛을 응시하거나, 특정한 음악을 집착적으로 듣거나, 자기자극 또는 자해행동을 지속적으로 하는 것과 같은 특별한 욕구를 보인다는 점은 자폐유아의 역설적이면서도 신비한 특성이다.

또한 자폐유아는 심각한 운동발달의 어려움을 보이는 경향이 있다. 행동을 시도하는 데 어려움을 보이고, 한 번 시작한 행동을 바꾸는 데 어려움을 보인다. 자폐유아는 몇 가지 비언어적 의사소통, 제스처를 사용한다. 예를 들면, 가리키기, 손을 끌고 가서 요구하기, 또는 얼굴 표정 등이 그것이다.

〈표 2-1〉은 자폐의 일반적 특성이다.

〈표 2-1〉 자폐유아의 일반적 특성

자폐유아의 일반적 특성
• 사회적 상호작용의 거부나 부적절한 사회적 상호작용: 눈 맞춤 거부, 사람이 다가가면 피함, 사람보다는 사물에 대한 접근 • 사람이나 사물을 통해 주어진 정보를 동시에 한 개 이상을 참조하거나 주의를 집중하는데 어려움이 있음. • 언어의 부재, 또는 부적절하고 비기능적인 언어 사용: 반향어의 사용, 똑같은 음절이나 어구의 반복적 사용, 이상한 음의 반복적 사용 • 과민반응: 소리나 촉감에 대한 과민반응, 소리나 촉감을 피하거나 도망가는 성향을 보이고, 특정 감촉을 거부하고, 듣지 못하는 것처럼 행동하고, 특정한 소리에 민감하여 소리를 지르거나 귀를 막고, 일반인들은 듣지 못하는 작은 소리에도 반응한다. • 동일한 것에 대한 집착: 시간표가 변경되거나 물리적 환경이 변화되었을 때 극심한 걱정을 하는 경향이 있음. • 반복적이고 자기 자극적 행동: 놀잇감 차바퀴를 계속 돌리기, 몸을 앞뒤 좌우로 흔들기, 손을 계속 흔들기 등과 같은 행동을 함. • 직접적인 눈 맞춤보다는 주변시력을 선호함. • 부적응행동: 운동능력의 결함에 의하지 않은 자조능력의 저하. • 남아에게서 더 많이 나타남.

2) 중재/처치 방법

자폐유아를 위한 처치 방법은 약이나 특별한 음식을 이용하는 것부터 행동수정을 위한 특별한 청각훈련을 하는 것에 이르기까지 매우 다양하다. 그중에서도 가장 일반적인 방법을 몇 가지 제시해 보고자 한다.

(1) Lovaas의 구체적 시도 방법

전통적인 행동주의 방법으로, 구조화되어 있고 대개 강화제(사탕 또는 토큰)를 사용하여 특정한 행동(눈 맞추기, 명명하기)을 유발시킨다.

구체적 시도 방법은 대개 일주일에 30~40시간 정도가 필요하며, 일대일로 특정 반응 훈련을 하는 방법이다.

(2) 기능적 행동 분석

다른 행동주의 방법을 적용하기 위해 교사는 기능적 행동분석이라는 방법을 사용할 수 있다. 이 방법은 현재 유아가 보이는 문제 행동을 분석하고 적절한 기능적 행동을 지도하는데, 대개 언어나 사회적 기술에 초점을 두는 경향이 있다 (Koegel & Koegel, 1995).

(3) TEACCH

Treatment and Education of Autistic and Communication Handicapped Children(TEACCH)는 구조화되어 있으며 학습을 방해하는 다양한 요인을 감소시키기 위해, 그리고 학급 환경이나 활동을 변형시키기 위해 특별히 제작된 프로그램이다. 이 프로그램은 아동으로 하여금 적절한 행동과 의사소통 방법을 발달시키는데 도움이 되며, 기본적인 학습기술습득을 지원한다(Mesibov, Schopler, & Hearsey, 1994)

(4) 감각통합치료

이 모델은 원래 정상 발달을 저해하는 감각 처리 및 통합 문제의 정도를 사정하기 위해 개발되었다. 그러나 이후에 이 모델은 감각통합치료라는 이름으로 감각통합의 이상을 경감시키는 특수치료 절차로 사용되어 왔다. 이 접근방법은 훈련된 감각통합치료사를 통해 계획되어 접근되어야 한다(Williamson & Anzolone, 1997; 이 책 15장에 좀 더 자세히 제시되어 있다).

(5) Floor Time

이 접근방법은 유아심리사인 Stanley Greenspan에 의해 개발된 것으로, 자폐성향을 보이거나 자기-조절(self-regulation)에 문제를 보이는 2~3세 정도의 유아를 지도하는 유아교사들에게 널리 쓰이고 있는 방법이다. Floor time은 양육자와 유아 간의 관계에 초점을 두고 있으며, 차례를 주고받으며 반응하기를 증진시키거나 개방적인 놀이 활동을 통해 반응하는 방법을 다양화하는 것을 강조하고 있다(Greenspan & Weider, 1998).

(6) PECS(Picture Exchange Communication System: 그림 교환 의사소통 체계).

자폐유아는 중심시력보다는 주변시력을 선호하는 경향이 있기는 하지만 대개 청각을 활용한 음성적인 정보보다는 그림이나 그래픽을 통한 정보를 좀 더 쉽게 처리하는 경향을 가지고 있다. 의사소통의 성공적 방법의 하나로서 그림 교환 의사소통 체계를 사용할 수 있다(자세한 사항은 13장에 제시되어 있다). 이 방법은 단순하다. 유아가 요구하거나 표현하고 싶은 사항이 있으면 유아로 하여금 그에 상응하는 그림 카드를 선택하게 하여 의사소통하는 방법이다. 이 방법은 자폐유아에게 몇 가지 중요한 이점을 제공한다. 즉, 기능적 의사소통을 강조한다. 이는 최소한의 상호작용이 요구되는 활동이다. 또한 청각적 단서보다는 시각적 정보에 입각한다. 의사소통이 되지 않아 부적절하고 반항적인 문제 행동을 보이는 유아에게 받아들여질 수 있는 행동으로 대치하여 사용할 수 있다.

이 밖에도 다양한 방법들이 있지만 마술이나 묘책처럼 쓰이는 것은 아니다. 무엇보다 각 유아의 특성을 고려하여 사용해야 한다.

3) 자폐유아의 문제 행동 조절

자폐유아의 가장 두드러진 장애는 사회적 의사소통의 문제이다. 이러한 특성은 성공적인 통합교육을 하는 데 큰 영향을 미치며 문제 행동을 수반하기도 한다. 의사소통의 어려움과 특별한 감각 자극에 보이는 과잉반응 등으로 인하여 행동상의 다양한 문제를 보일 수 있다. 자폐유아가 일반적으로 보일 수 있는 문제는 다음과 같다.

- 반복적인, 자기자극적인 행동 - 몸 앞뒤로 흔들기, 자동차 바퀴 등과 같은 물건 돌리기, 손을 눈앞에서 흔들기(때때로 이러한 행동은 머리 부딪치기, 피부 물어뜯기 등과 같은 자해행동과 함께 나타나기도 한다.)

- 벽에 있는 모든 사진을 만지거나 반복적으로 운동장 돌기와 같은 완고하고 의식적인 행동양상
- 사회적 반응이 전혀 고려되지 않고, 순응하지 않는 완고한 행동
- 뛰쳐나가기, 좁은 곳이나 위험한 곳으로 기어들어가기, 손으로 귀막기, 소리 지르기 등과 같은 도피 행동

일부의 자폐유아 중에는 약물복용을 통해 좋은 효과를 얻기도 하지만 대부분의 경우에는 가장 보편적이고 효율적이라고 알려진 문제 행동 대처 방법으로 기능적 행동분석을 사용하거나, 긍정적 행동지원(positive behavior support)이라고 일컫는 방법을 널리 사용하고 있다(행동 관리에 관한 구체적인 방법은 4장에 자세히 제시되어 있다).

제이슨(Jason)의 설명되지 않는 행동

제이슨의 엄마와 면담한 결과 교사는 제이슨에게 특별한 불만요인이 있음을 알게 되었다. 제이슨은 선풍기 소리나 선풍기처럼 모터가 돌아가는 소리에 대해 소리를 지르며 거부하는 현상을 가지고 있다는 것을 알게 되었다. 그리고 제이슨이 교실에서 소리를 지르며 화내는 행동이 에어컨 소리와 관련이 있을 수 있음을 인식하였다. 또한 제이슨은 가볍게 몸을 터치하거나 간지럼을 태우는 등의 행동에 거부감을 보인다는 사실을 알게 되었고, 과격하게 화를 낼 경우에는 오히려 몸을 힘 있게 감싸 안는 것에서 제이슨이 안정감을 느낀다는 것도 알게 되었다.

4) 자폐유아 지도 방법

다음의 몇 가지 방법은 자폐유아를 지도하는 유아교사에게 효율적인 방법으로, 일관되게 사용되고 있는 것들이다.

(1) 유아 부모와 긴밀하게 함께 일하기

대개 자폐유아의 부모는 자폐증에 대해 세밀하게 잘 알고 있으며, 지녀의 특성에 대해 누구보다도 전문가이다.

(2) 유아가 선호하는 것에 대한 체크리스트 작성하기

유아가 매우 좋아하거나 싫어하는 물건이나 활동을 알기 위해 유아의 부모와 상담한다. 유아의 경우 부정적이든 긍정적이든 간에 이러한 물건이나 활동에 집착하는 경향이 있다. 그러므로 교사는 유아의 두려움과 갈등을 이해하기 위해 이러한 것을 알고 있어야 한다.

(3) 잘 계획되고, 예측이 가능한 교실로 만들기

이것은 자폐유아를 위한 가장 중요한 전략이라고 감히 말할 수 있다. 교실의 영역은 확실하게 표시되어야 하며, 매일매일 이루어지는 스케줄은 일관성이 있어야 하고, 한 활동에서 다른 활동으로 넘어가는 전이 활동은 분명해야 한다. 예를 들어 전등불을 껐다가 켜거나, 종을 울리거나, 전이와 관련된 특별한 노래를 부르는 등 활동이 일관적이어야 한다.

(4) 교실에서 발생할 수 있는 소음 줄이기

반향음이 울리는 교실일 경우, 바닥에 카펫을 깔거나 벽에 소리를 흡수하는 재질이나 천을 이용하여 반향음을 흡수시키는 것도 한 방법이다. 무의미한 배경음악은 없애고, 전등은 형광등보다는 백열등이나 자연광을 이용하는 것이 더 좋다.

(5) 유아를 불안이나 발작적인 부적응행동으로부터 누그러뜨리려 할 때는 가벼운 터치보다는 확실한 압력을 느끼도록 하기

유아를 누그러뜨리려 할 때 가볍게 하는 터치는 오히려 방해가 되지만, 가슴이나 등을 누르는 확실한 압력의 터치는 유아의 과잉행동이나 긴장을 줄여 줄 수 있다. 유아에게 접근할 때는 미리 알려 주거나 유아가 이러한 행동을 교사가 할 것이라는 예상을 미리 할 수 있도록 표현을 하고 누르는 것이 바람직하다. 그렇게 하지 않았을 경우 유아가 놀라게 되어 효과가 감소할 수 있다.

(6) 유아가 받아들일 수 없는 행동을 할 때, 결과에 대해 일관성 있게 반응하기

예를 들어, 한 유아가 다른 유아를 물었을 때, 모든 교사는 이러한 행동에 대해 일관되게 반응해야 한다. 가령, 이러한 행동을 할 경우에는 깨무는 행동을 한 유아를 즉각적으로 밖으로 내보내는 등과 같은 행동을 일관되게 해야 한다. 그리고 이러한 행동이 언제 발생하는지에 대해 알고 그러한 행동이 나타나지 않도록 문제가 되는 요소를 환경에서 제거하는 것이 중요하다.

(7) 시각적 의사소통 기제 사용하기

자폐유아의 경우에 목소리를 듣고 반응하기보다는 시각적 단서에 좀 더 잘 반응하므로 그림이나 사진을 이용하는 것이 효율적이다. 그림이나 사진을 통해 다음 시간에 무엇을 할 것인지를 유아에게 알려 주어 준비하게 하거나 유아가 요구하는 것을 표현할 수 있도록 한다.

(8) 조용한 목소리로 말하기

경우에 따라서 자폐유아는 특정 음성이나 큰 음성에 특히 자극을 많이 받기도 한다. 크고 거친 목소리보다는 조용한 목소리가 더 효과적일 수 있다.

(9) 전문가에게 지원 요청하기

경우에 따라서는 특별한 지원을 받는 것도 중요하다. 행동 문제 전문가는 특정 문제 행동의 원인을 분석하고 대처 방안을 제시하는 데 도움을 줄 수 있다. 또한 감각통합치료사나 작업치료사도 유아가 보이는 감각 과부하 현상이나 감각 정보 처리 능력의 문제에 대해 도움을 줄 수 있다(15장에서는 이러한 전문가와 상담하는 것에 대해 좀 더 자세히 제시하고 있다).

3. 뇌성마비유아

뇌성마비는 신경학적 장애로서 유아의 운동능력에 큰 영향을 미친다. 대개 뇌성마비는 임신 중이나 분만 시의 뇌손상에 기인하는 경우가 많다.

1) 뇌성마비유아의 특성

(1) 초기 반사의 영속성

뇌성마비유아가 수의적인 운동을 하는 데 어려움을 겪는 이유 중의 하나는, 성장하면서 수의적인 움직임에 의해서 점차 사라져야 할 초기 반사가 계속된다는 점이다. 결국 이러한 불수의 운동이나 불수의적으로 지속되는 자세가 자발적인 움직임의 저해요인이 되는 것이다. 이 반사는 아기가 볼을 자극받으면 엄마의 가슴 쪽으로 얼굴을 움직일 수 있도록 도와주기도 한다. 이러한 불수의적인 초기 반사는 신생아에게 도움이 되는 움직임이지만, 자발적 움직임이 형성되고 그 움직임이 정교화됨에 따라 서서히 없어지게 된다.

그러나 뇌성마비유아는 신생아기를 지나서도 볼에 뭐가 닿으면 머리가 옆으로 돌아가는 초기 반사가 지속되는 경향이 있다. 그래서 뇌성마비유아에게 음식을 먹이거나 반응을 보려고 할 때, 얼굴이 중심선으로 오기보다는 옆으로 움직이기 때문에 자칫 음식을 원하지 않거나 싫어하거나 거부한다고 착각하기 쉽다. 그러므로 교사나 부모는 뇌성마비유아에게 이러한 반사 현상이 지속되어 유아가 자발적 움직임을 하는 데 어려움이 있다는 사실을 잘 알고 있어야 한다.

다른 일반적인 반사 운동 양상으로는 비대칭적 근긴장 목반사(asymmetric

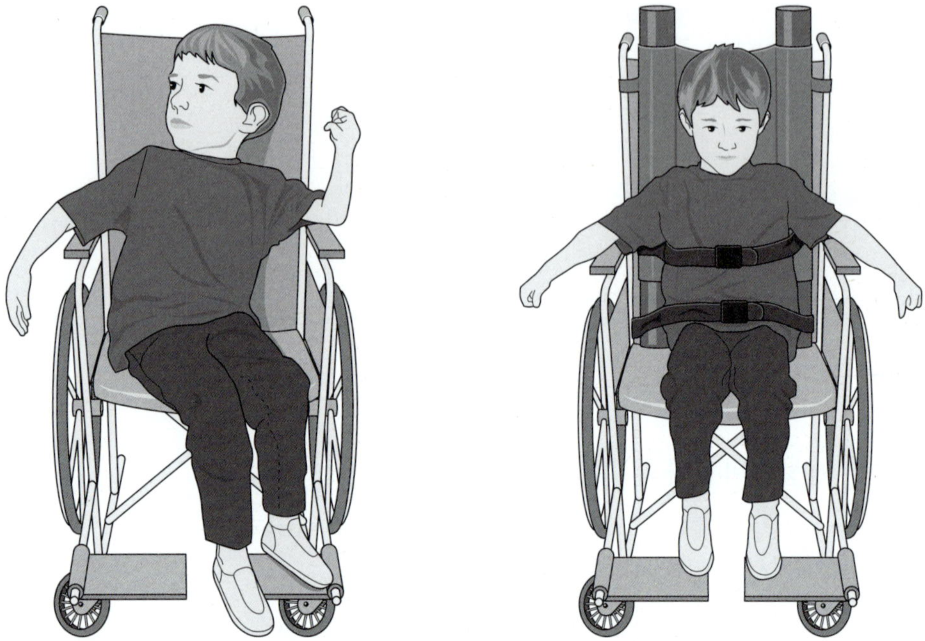

[그림 2-1] 비대칭 근긴장 목반사를 막는 자세

tonic neck reflex; ATNR) ([그림 2-1] 참조)가 있다. 이 반사는 뇌성마비유아가 머리나 목을 움직일 때, 펜싱할 때처럼 한쪽은 팔과 다리를 굽히고, 한쪽은 팔과 다리를 펴는 현상이다. ATNR은 팔과 다리의 자율적인 움직임을 방해하고, 몸통의 통제와 안정에 장애를 가져오기 때문에 이러한 반사를 막는 자세는 중요하다. 이 경우 물리치료사와 부모가 상의하여 어떠한 위치가 이러한 현상을 경감시킬 수 있는지에 대해 체크하는 것이 중요하다.

뇌성마비유아는 자발적인 움직임을 형성하거나 통제하는 데 어려움이 있으며 불수의적인 움직임을 통제하는 데 어려움이 있기 때문에 다음 예의 찰스처럼 위치를 잡아 주는 것이 필요하다.

찰스(Charles)의 반사 움직임

뇌성마비유아인 찰스는 현재 헤드스타트 프로그램에 다닌다. 그의 선생님은 찰스가 점심을 먹을 때 자꾸만 고개를 옆으로 돌리기 때문에 배가 고프지 않거나 밥을 먹고 싶어 하지 않는다고 생각하였다. 하지만 찰스의 물리치료사와 상담을 한 결과 찰스가 밥을 먹으려고 고개를 움직일 때, 반사 움직임으로 인해 고개가 중간으로 오지 않고 옆으로 돌아간다는 사실을 알게 되었다. 찰스의 물리치료사는 찰스의 앉는 자세에서 어떻게 하면 이러한 반사 움직임을 줄일 수 있는지 알려 주었고, 그 결과 찰스는 좀 더 편안한 자세로 밥을 먹을 수 있게 되었다.

(2) 근육긴장도(muscle tone)

뇌성마비유아는 고긴장성(hypertonic) 또는 저긴장성(hypotonic) 근육운동을 보인다. 근육이 축 늘어져 있는 상태를 저긴장성이라고 하는데, 이러한 현상을 보이는 유아는 근력이 떨어져서 힘을 주는 행동에 어려움을 보인다. 고긴장성 근육은 팔다리가 뻗은 상태로 있거나 극도로 수축한 경우에 나타난다. 많은 뇌성마비유아는 고긴장성, 저긴장성 근육 상태가 몸의 다른 부위에서 동시에 나타나는 경향이 높다. 또한 일부 유아는 이러한 근육 상태가 끊임없이 변하기도 하는데, 이러한 과정에서 몸이 뒤틀리게 된다. 이러한 증상을 의학 용어로 아테토시스(athetosis)라고 한다.

뇌성마비유아의 운동 발달이나 정도에 영향을 주는 것은 이러한 현상이 얼마나 심한지 또는 어느 정도의 신체 부위에 나타나는지에 따라 다르다. 뇌성마비의 정도를 살펴보면, 경도의 경우에는 소근육 운동에만 나타나지만 심하면 신체의 상부, 하부 그리고 목이나 몸통에 결쳐 나타날 수 있다. 만약 신체 상부에는 전혀 문제가 없으나 신체 하부, 즉 다리 부분에만 문제가 있는 경우를 하지마비(diplegia)라고 하고, 몸의 왼쪽 상하지 또는 오른쪽 상하지와 같이 몸 한편에서 나타나는 마비를 편마비(hemiplegia)라고 한다. 또한 몸통과 양쪽 상 · 하지 모두에 나타나는 경우에는 사지마비(quadriplegia)라고 한다. 상하지 모두에 문제가 있는 심한 뇌성마비유아는 다양한 형태의 적응 기구, 예를 들면, 휠체어, 좌석 보조구, 직립보조구 등이 필요하다.

(3) 인지 수준

뇌성마비유아의 인지 수준은 그 범위가 넓어서 다른 인지발달 장애를 수반한 경우부터 정상적 인지 수준을 보이는 경우까지 다양하다. 그러나 뇌성마비유아의 인지 수준을 정확히 평가하는 데는 어려움이 있다. 그 이유는 많은 뇌성마비유아는 언어 문제를 수반하는 경우가 많고, 또한 비언어적 의사소통인 가리키기, 고개 끄덕이기, 얼굴 표정 등의 운동발달에도 문제가 있어 표현이 원활하지 않은 경우가 많기 때문이다. 그러므로 의사소통 문제로 인해 인지 수준을 정확하게 사정하는 데 어려움이 있다. 부모가 유아의 인지 수준을 가장 잘 알 수 있으므로 부모의 도움을 받는 것도 필요하다. 또한 유아교사는 교실에서의 다양한 형태의 관찰을 통해 평가할 수도 있다. 예를 들면, 유머감각, 빠른 사회적 반응, 많은 반복 없이 쉽게 이해하기, 뭔가를 원하거나 필요로 할 때 눈동자의 움직임을 보내는 것 등 미세한 신체의 변화를 세밀하고 지속적으로 관찰하는 과정이 요구된다. 유아의 뇌성마비 정도가 심할 경우 인지 수준도 많이 낮을 것이라고 단정하는 것은 금물이다. 왜냐하면 마비가 심한 유아 중에는 정상 수준 이상으로 인지 수준이 높은 유아도 있기 때문이다. 하지만 인지 수준이 정상 범위에 있다고 하더라도 학습장애가 있는 유아도 있다. 뇌성마비유아의 학습장애는 대개 개념적 발달의 어려움, 즉 시각적 처리 과정의 어려움이나 청각 처리 문제, 시각 운동(눈—손의 협응), 신체를 통한 개념학습 발달(예, 뛰뛰기를 하면서 숫자 세기, 손가락을 이용해 셈하기) 문제로 기인하는 경우가 있기 때문이다.

(4) 의사소통 기술

뇌성마비유아의 지원과 중재에서 가장 중요하게 생각해야 할 것은 의사소통 기술이다. 음성을 만드는 안면근육이나 운동에 문제가 있어 의사소통이 곤란한 경우에는 보완 · 대체 의사소통(Augmentative or alternative communication)을 할 수 있도록 도와주어야 한다. 부모와 전문가들 중에는 보완 · 대체 의사소통을 위해 사용하는 '의사소통판'과 같은 보조기구가 오히려 언어발달에 지체를 줄 수 있다고 보는 사람들도 있는데 실은 그 반대일 수 있다. 말·언어발달은 보완·대체 의사소통 기구를 제공함으로써 더 발달할 수 있다는 많은 연구 결과가 있다.

그러므로 교사는 각 유아가 사용할 수 있는 보완·대체 의사소통판을 만들기 위해 여러 전문가들(말·언어치료사, 물리치료사, 지체장애 전문 순회 특수교사)과의 협의가 필요하다. 하지만 이러한 전문가를 활용하기 어려울 경우에는 사진 카드 등과 같이 바로 이용 가능한 단순한 의사소통 체계를 준비할 수 있다. 이러한 카드를 이용해서 눈동자의 움직임, 머리로 가리키기 등의 자발적인 움직임을 활용할 수 있도록 지도해야 한다.

(5) 운동능력 및 자세의 통제

유아의 운동능력과 관계 있는 요인에는 두 가지 있다. 즉, 운동성 그리고 자세 조설이다. 여기에서 운동성이란, 몸 전체를 움직여서 한 장소에서 다른 장소로 이동하거나 팔이나 손을 이용하여 어떤 사물을 움직일 수 있도록 조작하는 능력을 의미한다. 자세조절이란, 유아가 안정적으로 자세를 유지하는 능력을 의미한다. 뇌성마비유아는 안정적인 자세를 취하기 위해서 특별히 제작된 보조기구가 필요한 경우가 많다. 유아가 안정되고, 편안하고, 균형 잡힌 자세를 취하지 못하는 경우라면 몸을 움직이거나 주변을 탐색하는 데 주의 집중을 할 수 없게 된다. 이러한 경우 유아는 유아의 모든 에너지를 신체 균형을 잡는 데 활용하기 때문이다. 특히 ATNR 반사를 가지고 있는 유아의 경우 자세를 잡는 데 좀 더 관심을 가져야 한다. 반사로 인해 형성된 부적절한 자세는 특정 근육이나 관절에 무리를 가져오게 되므로 그대로 방치하면 해롭다.

그러므로 유아교사는 물리치료사와 함께 일하면서 유아의 자세와 필요한 보조기구에 대한 정보를 알아야 하며 그에 따른 지원을 받을 수 있어야 한다. 또한 부모도 이러한 정보를 많이 가지고 있으므로 부모와의 상담도 도움이 될 것이다.

(6) 영양

심한 지체장애가 있는 유아에게 적절한 영양을 공급하는 것은 상당히 어려운 일일 수 있다. 이는 소근육 운동의 어려움으로 인해 스스로 먹는 것이 불가능할 수 있기 때문이다. 또한 섭식이나 음식을 삼키는 데 문제가 있어 딱딱한 음식을 씹고 삼키기 어려운 경우도 있다. 또한 머리가 뒤쪽으로 틀어져 있는 경우의 유아는 삼킬 수도 없다. 그러므로 유아의 머리가 자연스럽게 위치하게 하거나 조금 앞으로 숙이는 자세를 취하도록 도와주어야 한다. 뇌성마비유아 중에는 심각한 위장장애가 있거나 심한 변비가 있는 경우도 있다.

2) 뇌성마비유아 지도 방법

다음에 제시한 지도 방법은 뇌성마비를 가진 유아나 그 밖에 운동장애를 가진 유아에게 적용 가능한 것들이다.

(1) 유아의 반응 충분히 기다려 주기

뇌성마비유아는 즉각적으로 반응하는 데 어려움이 있다. 예를 들어, 교사가 유아에게 원하는 놀잇감을 손으로 가리키라고 요구할 때, 교사가 요구하는 것을 듣고 이해했다고 하더라도 반응을 나타내기까지는 한참의 시간이 걸리는 경우가 많다. 교사가 충분한 시간을 제공하지 않음으로 인해 스스로 반응하지 못했다고 생각하는 유아는 점차 좌절하고 점점 반응하려 하지 않게 될 것이다(학습된 무기력).

(2) 불수의적인 운동에 대해 이해하기

뇌성마비유아 중에서는 본인이 원하지 않아도 불수의적으로 나타날 수 있는 자세나 행동이 있다는 사실을 명심해야 한다. 예를 들면, 뇌성마비유아가 말을 하려고 할 때마다 머리를 옆으로 돌리는 반사가 먼저 나타날 수 있다. 이러한 반사적 움직임으로 인해 얼굴이 돌아가기 때문에 자칫 말하고 싶지 않은 것으로 치부해 버릴 수 있다. 그러나 반사적 움직임일 수 있다는 사실을 이해하고, 거부의 몸짓이 아님을 인식해야 한다. 반사적 움직임은 자세를 적절하게 조절함으로써 줄여 줄 수 있다.

[그림 2-2] Stander에 의지하여 책상에서 하는 미술 활동에 참여하는 방법

(3) 최대한 참여할 수 있도록 자세 잡아 주기

유아가 활동에 좀 더 원활하게 참여할 수 있도록 취할 수 있는 자세가 어떤 것인지 물리치료사, 작업치료사와 상담하여 지원해 줄 수 있어야 한다. [그림 2-2]는 최대한 참여를 돕는 보조기 사용의 예이다.

(4) 모든 활동에 일정부분이라도 참여할 수 있도록 하기

일반적으로 좋은 앉기 자세는 엉덩이와 무릎이 90도 각도를 유지하고, 발은 발받침대에 편안하게 놓여 있어야 하며, 의자 안쪽에 엉덩이를 넣어서 앉도록 하는 것이다([그림 2-3] 참조). 유아에 따라서는 어깨나 머리도 안정되게 위치할 수 있도록 지지대가 필요한 경우도 있다.

아무리 심한 지체장애유아라도 관찰만 할 것이 아니라 가능한 부분적으로라도 유아가 참여할 수 있도록 해야 한다. 예를 들어, 스위치를 단순하게 만들어서 활동에 사용할 카세트나 전자도구를 작동하는 데 참여시킬 수 있다. 이러한 활동은 참여의 기회를 높이는 데 도움을 줄 뿐 아니라 궁극적으로는 유아가 사용하게 될

[그림 2-3] 발받침대와 같은 간단한 방법으로 유아의 자세를 바르게 하는 방법

컴퓨터나 전자의사소통기구를 작동시키는 준비훈련 단계가 될 수 있어 효과적이다. [그림 2-4]는 뇌성마비유아가 스위치를 작동시키는 모습이다.

[그림 2-4] 크고 간단한 스위치를 작동하는 유아

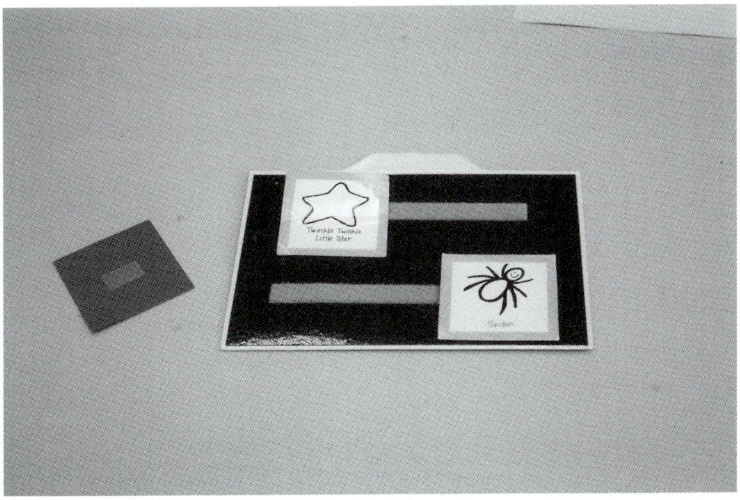

[그림 2-5] 노래 선택 판

제니(Jenny)가 좋아하는 노래

제니는 경련성 사지마비장애를 가지고 있는 유아이다. 이로 인해 팔과 다리를 수의적으로 움직이거나 자세를 교정하는 데 어려움이 있고 말도 할 수 없다. 다행히 머리는 조절할 수 있어서 시선을 통해 자신이 원하는 것을 상대방에게 전달할 수 있다.

음악시간에 교사는 벨크로가 부착된 노래 선정판에 노래의 제목과 관련된 그림이 있는 카드를 몇 장 붙여 놓고 제니가 보내는 시선을 통해 선택할 수 있는 기회를 제공한다. 특히 제니는 '아기 자동차 붕붕'이라는 노래를 좋아해서 "붕붕붕" 하는 소리를 즐기곤 한다.

지체장애 전문 순회교사는 붕붕붕 소리가 녹음된 테이프를 넣은 카세트를 제니가 작동할 수 있도록 제공하는 것도 좋겠다고 제안하였다. 스위치를 크고 넓게 제작하여 제니가 머리를 사용하여 작동할 수 있도록 제공하였고, 아기 자동차 노래를 부를 때마다 제니가 카세트를 작동하여 붕붕붕 소리를 낼 수 있도록 해 주었다.

제니는 자신도 이렇게 적극적으로 학습에 참여할 수 있다는 사실에 흥분하였고, 같은 반 아이들도 제니의 재미난 참여를 기대하게 되었다.

4. 시각장애유아

전맹(totally blind)유아의 출현율은 낮다. 그러나 저시력 또는 다른 장애를 중복적으로 가지고 있는 시각장애유아가 통합교육 상황에 배치되는 경우는 증가되고 있다. 시각장애는 전문적인 지식을 요하는 복잡하고 기술적인 장애 유형이다. 그러므로 유아교사는 다음과 같은 기본적인 정보를 알고 있어야 한다.

1) 시각장애의 특성

시각장애의 종류는 다양하다. 단순 시각장애가 있을 수 있고, 다른 장애와 중

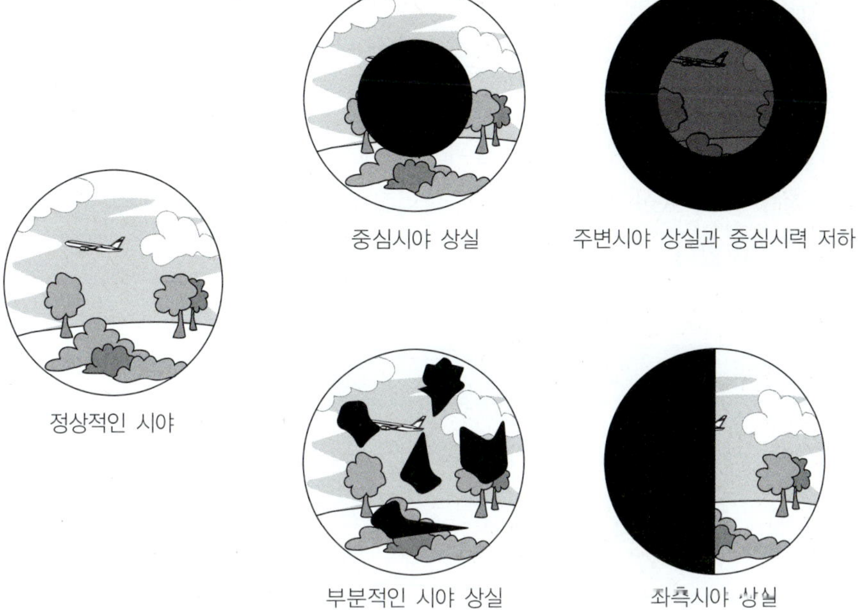

[그림 2-6] 제한된 시야의 다양한 예

복적으로 나타나는 경우가 있다. 예를 들면, 다운증후군과 뇌성마비가 있다. 눈과 시각에 미치는 영향은 시력(유아가 얼마나 정확하게 볼 수 있는지)과 시야(유아가 어디를 얼마만큼 볼 수 있는지)로 크게 나누어진다. 예를 들면, 주변시야가 손상되어 중심시야만으로 보는 유아는 [그림 2-6]과 같이 사물을 볼 때 터널에서 보는 것처럼 본다.

순회교육을 하는 시각장애 전문교사는 우선 기능적인 시각검사를 실시해야 한다. 이 검사는 유아가 어떻게 그의 시각을 사용하는지에 대한 정보를 포함한다. 기능적인 시각검사의 결과는 교사에게 사물을 볼 수 있는 거리, 선호하는 시야, 광원(light sources)의 활용, 색선호도, 색대비 등의 정보를 제고하며, 제안점을 제시한다.

전맹유아의 수는 그리 많지 않다. 대부분의 시각장애유아는 어느 정도 사용 가능한 시력을 가지고 있다. 부분시력이라고 말하기도 하고, 저시력이라고 하기도 한다. 전맹인 유아의 경우에도 그림자나 물체의 움직임을 보는 경우도 있다. 또한 청각장애유아가 남아 있는 청력을 활용하는 방법을 배우듯이, 시각장애유아도 잔존시력을 활용하는 방법을 배울 수 있다. 청각적인 정보를 지도할 때는 다른 잔존감각, 즉 촉각, 청각, 후각, 미각 등과 연결해서 지도하는 것이 바람직하다. 이러한 과정을 통해 유아는 사물에 대한 의미를 습득할 수 있다. 다음은 알버트의 예를 소개하고 있다.

시각장애인 알버트(Albert)

시각장애인 알버트는 잔존시력을 이용하는 방법을 배우고 있다. 그의 시력은 광각 수준이며, 모호하게 물체의 모양을 감지하는 정도의 심각한 시각장애를 가지고 있다.

알버트의 어머니는 교사에게 알버트가 가장 좋아하는 음식이 바나나임을 알려 주었다. 알버트의 어머니는 점심 도시락에 으깬 바나나를 조그만 통에 넣어 보내 주었는데, 교사는 알버트의 어머니에게 다음부터는 으깬 바나나보다는 껍질을 벗기지 않은 바나나를 보내 달라고 요구하였다. 알버트가 바나나를 가져왔을 때, 알버트의 선생님은 바나나의 껍질을 벗겨서 으깨기 전에 알버트에게 바나나의 모양을 보여 주었다. 처음 몇 차례는 바나나를 보여 주어도 그 의미를 알아차리지 못했으나, 바나나를 제시하면서 교사는 알버트가 바나나를 들고, 바나나를 만져 보고, 바나나의 껍질을 직접 까 볼 수 있도록 하였다. 알버트는 바나나의 냄새를 맡고, 맛을 보고, 교사가 말하는 바나나라는 단어를 들었다. 결국, 알버트는 바나나를 인식하게 되었고, 바나나의 특성에 대해 정확하게 이해할 수 있게 되었다.

2) 시각장애의 유형

모든 시각장애는 다양한 유형이 있다. 하지만 유아교사는 전맹과 저시력의 차이점, 대뇌피질성 시각장애(cortical visual impairment)의 특성 등을 분명하게 알고 있어야 한다. 시각장애인 중에 25% 이하만이 전맹이다. 전맹 중 25%는 광각이다. 나머지 50%는 확대문자 등으로 잔존시력을 이용할 수 있는 저시력인이다

(Chen & Dote-Kwan, 1995).

(1) 전맹

법적맹의 경우에는 어느 정도의 시력을 가지고 있는 경우가 많은데, 교육적인 정의의 전맹은 시력이 전혀 없는 상태나 단지 빛을 보는 정도의 시력을 의미한다(Hunt & Marshall, 1994). 이러한 시각장애인은 학습할 때 다른 잔존감각, 즉 청각이나 촉각을 활용하여야 한다.

(2) 저시력

저시력 유아의 경우에는 학습, 적응 능력 등에 사용할 수 있는 잔존시력을 가지고 있어 시력을 기능적으로 사용할 수 있다. 다른 감각을 함께 활용하면서 잔존시력의 활용을 높이는 방법을 배운다. 유아교사는 시각장애 전문가를 통해 특별한 교수 방법이나 광학적 지원, 환경적인 지원, 즉 조도 및 색대비에 관한 것들을 습득하여 유아에게 적절한 학습 환경을 제공해 줄 수 있어야 한다.

(3) 대뇌피질성 시각장애

신경학적인 문제로 나타날 수 있는 다양한 장애 유형에는 대뇌피질성 시각장애가 있다. 대개 대뇌피질성 시각장애는 다른 장애(발작성 장애, 뇌성마비)와 동반되는 경우가 많다. 대뇌피질성 시각장애는 안구의 기능이나 구조에 기인하는 것이 아니라, 뇌가 받아들이는 시각적 정보에 문제가 있는 경우가 많다. 이 시각장애는 장애의 정도가 개선될 수 없다는 잘못된 관념이 팽배하지만, 경우에 따라 예후를 예상하기 힘들다.

3) 시각장애유아 지도 방법

(1) 감각단서의 활용

전맹이거나 광각의 시각장애를 가지고 있는 유아는 사물이나 경험에 대한 정보를 얻기 위해 다른 잔존감각에 의존할 필요가 있다. 유아가 어떤 활동을 하는데 앞서, 잔존감각을 활용할 수 있는 기회를 주는 것이 중요하다. 예를 들어, 핑거페인팅을 하는 경우, 시각장애유아에게 페인트의 냄새를 맡아 보게 하거나 교사가 핑거페인팅이라는 용어를 반복적으로 들려줌으로써 유아가 더 많은 정보를 습득하도록 도울 수 있다.

일반적으로 가장 많이 사용되는 감각단서는 청각단서와 촉각단서이다. 대부분의 교사는 음성적인 단서의 필요성에 대해서는 알고 있으나, 다른 감각의 중요성에 대해서도 인식하고 있어야 한다.

① 후각단서

냄새나 향기와 관련된 단서이다. 모든 사물에는 그 사물이 가지고 있는 독특한 냄새가 있다는 사실을 아는 것이 중요하다. 교사는 유아가 어떠한 사물을 접할 때, 부가적인 정보를 습득하기 위해 냄새를 맡아 볼 수 있도록 격려하는 것이 좋다. 예를 들면, 음식, 물감, 로션의 냄새, 꽃의 향기 등을 맡아 볼 수 있도록 기회를 제공하는 것이 좋다. 또한 향기가 아닌 흙냄새, 어항 등의 냄새도 맡아 볼 기회를 주는 것이 바람직하다.

② 운동단서

이 단서는 움직임과 관련이 있다. 예를 들어, 유아를 그네에 앉힐 때, 유아가 그네에 앉아서 해야 할 움직임을 설명해 주고, 핑거페인팅을 하기 전에는 손으로 하는 움직임을 미리 연습할 수 있도록 하는 것이 바람직하다.

(2) 저시력 유아를 위한 방법

적절한 조도, 색대비, 거리, 위치를 고려하여, 저시력 유아에게 최적의 교육 환경을 제공할 수 있다.

① 조도

유아가 요구하는 적절한 빛은 시력을 좀 더 효율적으로 사용할 수 있도록 도와준다. 우선, 어떠한 광원이 유아에게 가장 바람직한지 알아야 하고, 유아의 시각적인 조건에 따라 요구되는 조도의 차이점을 인식하고, 빛에 민감한 유아인 경우에는 적절한 수준의 광원을 제공해야 한다. 이러한 문제는 시각장애 전문가와 상의한 후에 결정해야 한다. 빛에 민감하지 않은 유아인 경우에는 〈표 2-2〉에 제시한 바와 같이 조도를 높일 수 있다.

〈표 2-2〉 저시력 유아를 위한 빛 조절 방법

저시력 유아를 위한 빛 조절 방법
주의사항: 시각장애유아 중에는 빛에 민감한 유아가 있을 수 있으므로, 빛 조절 문제와 관련된 문제에 있어서는 시각장애 전문가와 상의해야 한다. 1. 유아의 얼굴을 향한 직접적인 빛이나 빛 반사는 피해야 한다. 2. 어른과 상호작용 할 때에는 유아의 등이 빛을 향해서 어른의 얼굴이 밝게 보일 수 있도록 위치해야 한다. 3. 교실 천상 등은 밝아야 한다. 4. 교실 벽은 밝은 색깔이어야 한다.

[그림 2-7] 색 대비의 예

② 색 대비

높은 색 대비는 기능적 시력을 최적화하는 데 도움이 된다. 예를 들면, 진한 색의 사물은 밝은 색의 바탕에 놓이는 것이 좋다. 또한 진한 청색 그릇을 흰색 쟁반 위에 놓으면, 유아가 좀 더 쉽게 발견할 수 있다([그림 2-7] 참조).

③ 거리와 위치

근시인 유아는 물건을 가깝게 보아야 하고, 문자는 더 크게 확대되어야 한다. 반면 시야가 좁은 터널 시야를 가지고 있는 유아는 멀리 있는 사물을 더 잘 볼 수 있고, 큰 것보다는 오히려 작은 사물을 더 쉽게 관찰할 수 있다. 사물이 놓여야 될 위치는 유아의 시력적 특성에 따라 달라진다.

(3) 손 위의 손 방법(Hand-over-Hand)

시각장애유아를 지도하는 가장 일반적인 방법 중 하나는 손-위-손(Hand-over-Hand)과 손-아래-손(Hand-under-Hand) 기술이다. 손 위의 손 방법(Hand-over-Hand Technique)을 통해 교사나 부모는 유아가 과제를 수행할 수 있도록 조작

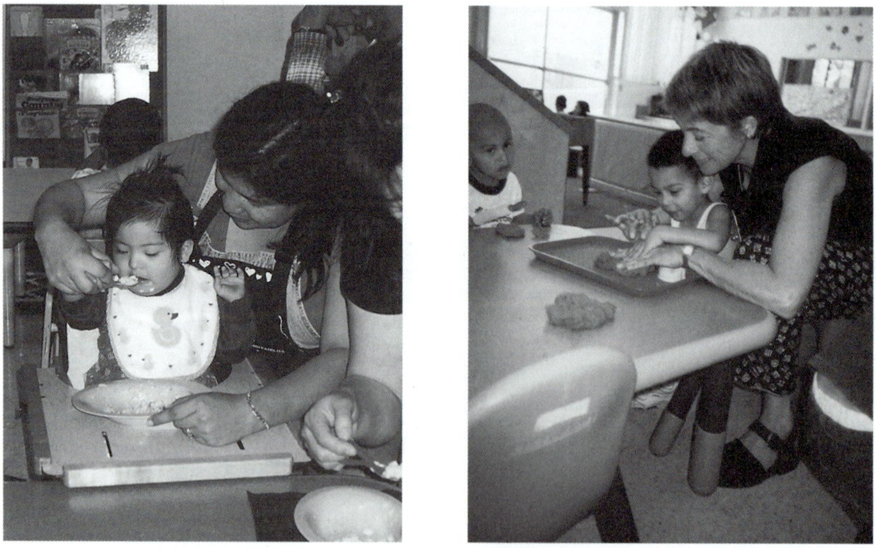

[그림 2-8] 손-위-손 방법과 손-아래-손 방법의 예

하는 방법을 아이의 손을 위에서 잡고 같이 수행하면서 알려 줄 수 있다. 반대로, 손-아래-손(Hand-under-Hand) 방법은 직접 만지는 것을 싫어하는 촉각방어 현상을 보이는 유아에게 쓰이는 방법이다. 이 두 방법은 [그림 2-8]에 나타나 있다.

(4) 의미 있는 상황에서 실제 사물 활용하여 지도하기

시각장애유아는 실제 사물의 모형을 이해하는 데 어려움이 있다는 점을 잊지 말아야 한다. 예를 들면, 실제 동물을 가르치기 위해 동물 인형을 사용하는 것은 더딘 작업이다. 즉, 실제 고양이에 대해 잘 알지 못하는 시각장애유아의 경우, 놀잇감 고양이를 이해하는 데는 더 많은 어려움이 있다는 것이다. 그리고 기능적이고 실제적인 환경은 시각장애유아에게 가장 의미가 있다. 시각장애유아에게 새로운 단어나 개념을 소개할 때에는 자연스럽고 논리적인 상황에서 제시하는 것이 바람직하다.

(5) 대뇌피질성 시각장애유아를 위한 교육 전략

대뇌피질성 시각장애유아의 교육 방법은 일반적인 저시력 유아의 방법과는 다르다. 예를 들면, 대뇌피질성 시각장애유아는 중심시력보다 주변시력을 더 잘 사용하는 경우가 많다. 그러므로 직접적으로 바라보는 것보다는 흘겨보는 것을 통해 더 잘 볼 수 있다. Chen과 Dote-Kwan(1995)은 대뇌피질성 시각장애유아 지도 방법에 대해 다음과 같이 제안하고 있다.

- 다양한 감각자극을 줄이고, 유아가 시각적 정보 입력에 집중할 수 있도록 기회를 제공한다.
- 사물을 바라볼 때, 함께 만져 볼 수 있는 기회를 준다. 사물과 사물 사이의 간격을 넓힌다.
- 시각적 혼잡을 피한다. 사물과 사물 사이의 거리를 좁힌다. 색대비를 높이기 위해 노란색이나 빨간색 등으로 강조할 수 있다. 중심시력보다는 주변시력을 잘 활용할 수 있도록 지도한다.

5. 청각장애유아

청력 손실의 범위는 경도에서 중도까지 다양하며, 손실의 유형(예: 중이의 손상에 의한 청력 손실, 청신경 손상) 또한 다양하다. 경도에서 중등도에 해당하는 손실을 가진 청각장애유아의 경우에는 통합 상황에서 간단한 방법으로 학습지원을 해 줄 수 있다. 예를 들면, 시각적 단서를 사용하거나 교사의 근처로 좌석을 배치하는 방법이다. 또한 청각장애유아가 사용하는 보청기를 매일 점검하는 방법을 미리 알아야 한다. 덧붙여 청각장애유아의 부모와 항상 가까운 관계를 유지하면서 유아를 지도하는 것이 바람직하다. 중등도 이상의 심각한 청력 손실을 가지고 있는 유아는 유아교육 상황에서 좀 더 많은 교육적 지원을 요구한다. 교사는 부모뿐만 아니라 청각사, 언어병리학자, 청각장애 전문교사의 지원을 통해 중요한 정보를 획득할 수 있어야 한다. 다음은 청각장애유아를 지도할 때, 꼭 알아야 할 몇 가지 주의사항이다.

1) 청력 손실의 유형

다양한 청력 손실 유형을 보이는 유아를 이해하기 위해 다음과 같은 사항을 고려하여야 한다.

- 데시벨(dB)로 측정 가능한 청력 손실의 정도
- 유아가 선호하는 음의 고저
- 청력 손실의 원인이 되는 청각 경로(중이골, 와우각, 청신경)

청력 손실과 관련된 정보는 유아의 부모를 통해 알거나 또는 청각사(audiologist), 유아의 파일에 기록되어 있는 청력도를 통하여 알 수 있다.

(1) 소리 크기의 역치와 음의 고저의 범위

단지 소수의 유아들만이 전농(totally deaf)일 뿐 대부분의 청각장애유아는 어느 정도의 잔존청력을 가지고 있다. 이 잔존청력이 고음인지 저음인지 아는 것이 중요하다. 〈표 2-3〉은 일반적인 환경에서 들리는 소리의 크기, 들리는 음의 고저 정보를 제시하고 있다. 예를 들면, 트럭이 웅웅대는 소리는 상당히 크고, 피치는 낮으며, 100dB 정도에 해당한다. 반면, 속삭임은 30dB 정도이면서 피치는 낮다. 록밴드 음악소리의 피치는 중간 정도에 해당하지만, 소리의 크기는 110dB 정도이다.

〈표 2-3〉 일반적인 소리의 청각적 특징

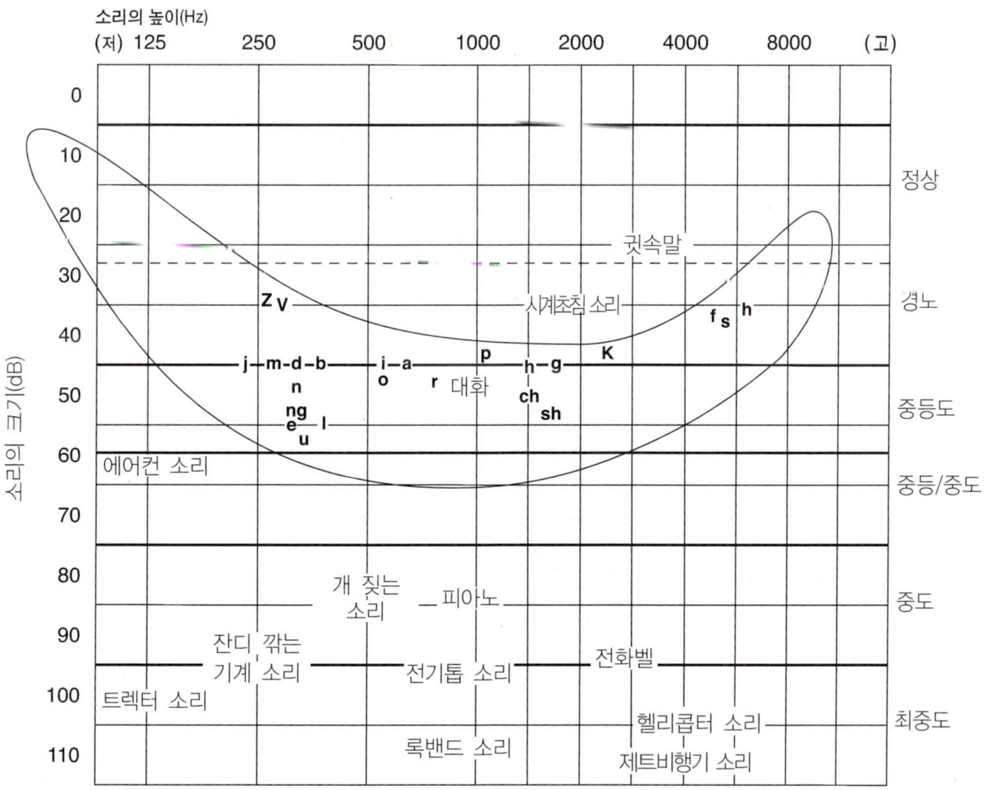

힌트 Hepiful Hint

사람들이 일상생활에서 말하는 소리의 크기는 약 50~60dB이다. 인간이 감지할 수 있는 가장 조용한 소리는 약 0~10dB 사이이고, 귀에 아픔이 느껴질 정도의 소리의 크기는 약 120dB 정도이다.

청력의 역치는 무엇인가? 다시 말해, 유아가 듣기 위해서 필요한 소리는 어느 정도 커야 하는가? 〈표 2-4〉는 어느 청각장애유아의 청력도이다. 왼쪽 귀의 가장 낮은 피치는 250Hz이고, 오른쪽 귀의 가장 높은 피치는 8,000Hz이다. 이 유아는 낮

〈표 2-4〉 고음의 청력 손실의 경우- 청력도

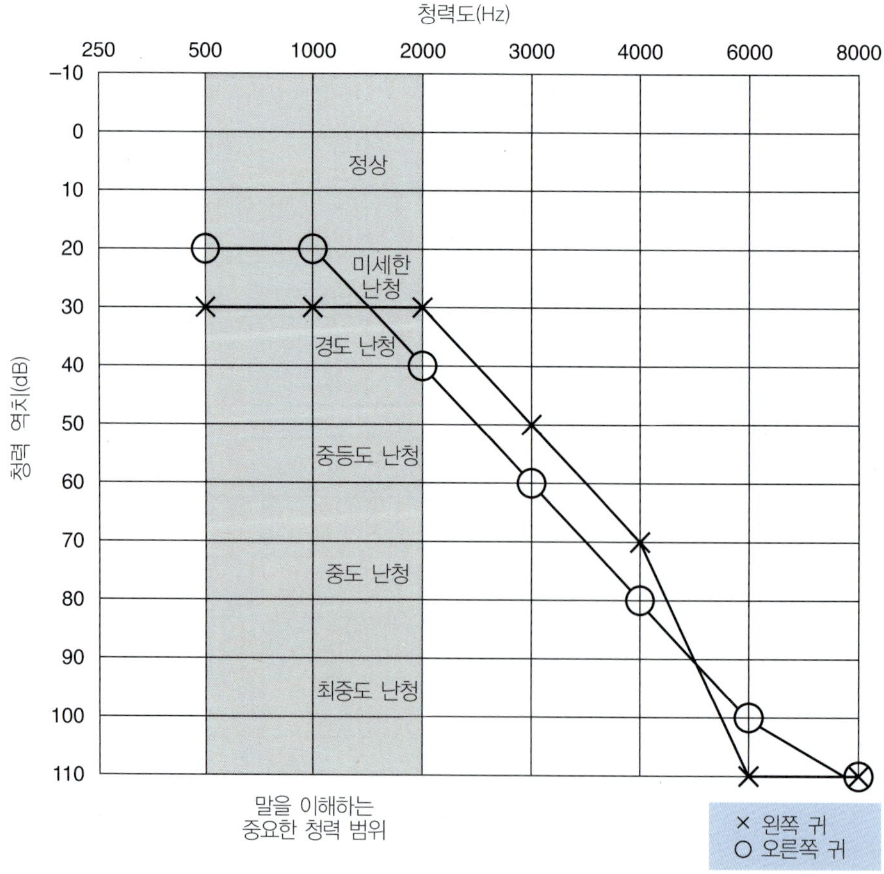

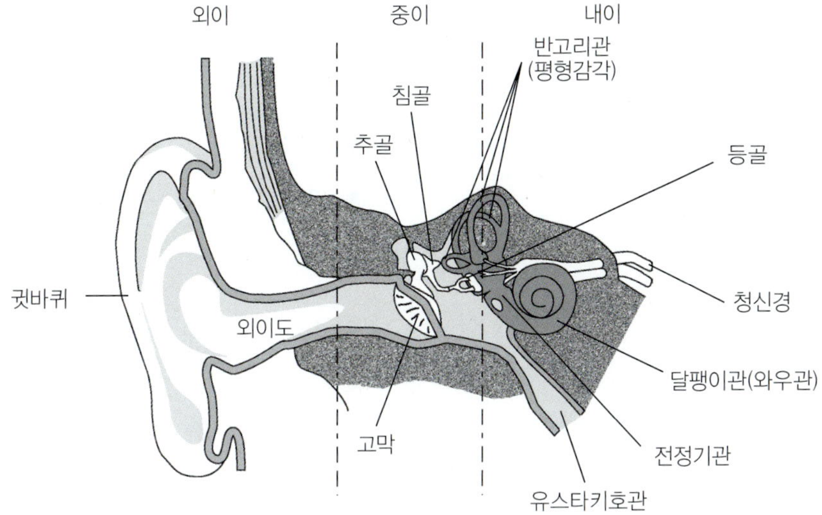

[그림 2-9] 청각계

은 음인 경우에는 정상적인 정도의 청력 수준을 보이지만, 높은 음인 경우에는 심각한 장애를 보이고, 특히 오른쪽 귀의 경우가 더 심한 것으로 나타났다(청력도에 동그라미로 표시되어 있음). 대부분의 심각한 청각장애를 가지고 있는 유아는 보청기를 착용하고 있다. 그러므로 유아의 청각 분석 자료는 유아가 보청기를 착용한 상태에서의 청각 정보를 제시하고 있다. 보청기를 착용할 경우, 유아의 소리 크기의 역치가 향상된 경우가 많으나 소리의 왜곡을 경험하는 정도 또한 많다. 고음에서 심한 장애를 보이는 경우는 저음에서 장애를 보이는 경우보다 더 심각하므로 주의해야 한다. 또한 청력 손실이 모든 피치에서 고르게 나타나는 경우보다, 높은 음에 문제를 보이는 유아의 경우가 더욱더 심각하다. 소리가 왜곡되면 소리가 크게 들리더라도 분명하게 전달되지 않는다는 사실도 명심해야 한다.

(2) 전음성 대 감음성 청력 손실

유아의 청각 분석 자료에는 청력의 손실이 전음성인지, 감음성인지에 대한 정보 또한 포함되어 있다. 이 두 차이점은 청각장애의 원인과 연관이 있다. [그림

2-9]는 청각계이다. 외이와 중이의 문제는 전음성 청력 손실의 원인이 된다. 전음성 청력 손실은 다음과 같은 원인으로 나타날 수 있다.

- 중이염
- 고막 파괴
- 중이골 경화
- 이물질 삽입
- 선천성 외이도 폐쇄

전음성 청력 손실은 그 정도가 심하지 않다. 대개 약 60dB 정도를 넘지 않는다. 또한 수술이나 중이골 교체, 약물치료 등을 통해 개선될 수도 있다.

내이의 와우각의 문제로 인한 청력 손실은 청신경과 뇌가 연결된 부분으로서, 감음성 청력 손실에 해당한다. 감음성 청력 손실의 일반적 원인은 다음과 같다.

- 뇌막염
- 유전
- 뇌신경에 영향을 주는 약물(아스피린 과다 복용 등)
- 청신경 손상을 동반한 뇌손상

대부분의 감음성 청력 손실은 지속되는 경향이 있다. 그러나 최근 들어 인공 와우각 수술을 통해 청력의 개선을 보이는 유아가 늘고 있다. 얼마 전까지만 해도 인공 와우의 기능이나 시술은 실험적이었고, 아직까지도 보편화되지는 않았지만, 시술을 받는 유아의 청력이 크게 개선되는 경우가 종종 있다(Hunt & Marshall, 1994).

2) 의사소통 방법과 관련된 쟁점: 수화 대 구화

오랫동안 청각장애인을 위한 의사소통 수단으로 수화와 구화 사이의 논쟁이 지속되고 있다. 간단히 설명하자면, 일부는 청각장애인들이 구화를 배워서 건청인과 더불어 살아갈 수 있어야 한다고 믿는다. 하지만, 또 다른 일부는 심각한 청각장애를 가지고 있는 사람들에게 기본적인 언어로 수화를 가르쳐야 한다고 강하게 믿는다. 많은 청각장애유아는 구화를 배우는 데 심각한 어려움이 있음을 호소한다. 그래서 수화를 선호하는 사람들은 청각장애인에게 효율적인 의사소통 수단을 교육하는 것이 지연되지 않아야 하고, 문법적인 요소를 강조하는 미국식 수화(American Sign Language)를 습득하는 데 시간을 지체해서는 안 된다고 한다. 그리고 청각장애인 사회에서 쓰이는 손쉬운 수화체계를 지도하여 유아가 좀 더 빨리 언어를 습득할 수 있도록 해야 한다고 주장하고 있다. 유아교사는 유아의 부모가 사용하는 접근방법이 무엇인지 알아야 한다. 부모가 구화를 사용할 경우, 말의 발달과 잔존청력을 향상시키는 절차를 교육에 포함시켜야 한다. 반면에, 부모가 수화체계를 선호한다면 유아교사는 기본적인 수화를 배워 유아를 지도할 수 있어야 한다([그림 2-10]은 유치원 상황에서 쓰이는 기본 수화를 나타내고 있다). 또 어떤 가정은 이 두 가지 접근을 함께 시도하는 통합 의사소통을 시도할 수도 있다.

3) 청각장애유아의 특성 및 학습 양식

(1) 언어발달

청각장애유아에 있어서 가장 큰 어려움은 의사소통 기술의 발달이다. 의사소통발달은 수용언어와 표현언어를 동시에 포함하고 있다. 청각장애유아는 수화에 노출되지 않는 경우, 생애 초기에 발달되는 상징적 의사소통이 상당히 지연되는 경향이 있으며 언어와 문자 해독력은 청각장애유아에게 가장 큰 어려움이다.

(2) 인지 기술

청각장애만을 가진 유아는 인지적인 능력에는 전혀 문제가 없다. 하지만 청각장애유아 중에는 다른 장애를 중복적으로 가지고 있는 유아가 종종 있다. 이러한 경우에는 청각장애로 인해 인지발달에 더 심각하게 영향을 받는다. 청각장애유아의 인지발달 능력을 검사하기 위한 비공식적인 방법에는 놀이 상황이나 문제해결 능력을 관찰하는 것으로 가능하다. 이때 언어적인 능력을 인지적인 능력과 혼동해서는 안 된다. 유아가 언어를 필요로 하지 않는 상황에서도 정상적인 놀이

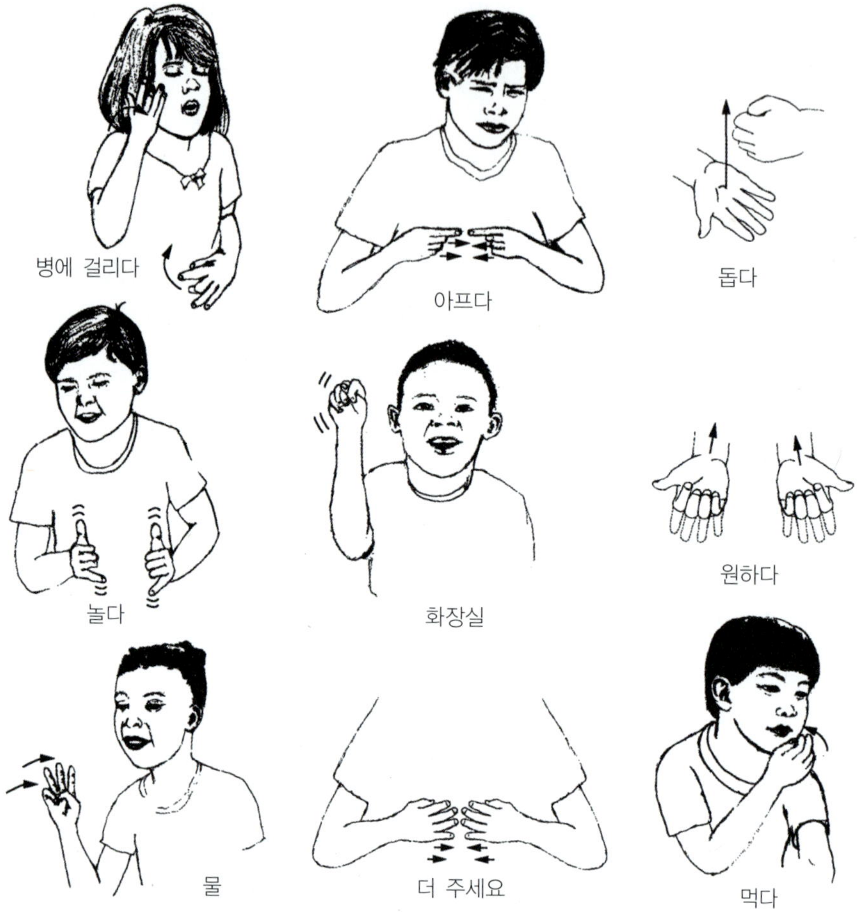

[그림 2-10] 일반적으로 사용되는 초기 수화(미국 수화)

가 가능하다면, 정상적인 인지 영역 안에 있다고 볼 수 있다.

(3) 사회적 기술

말과 언어 능력의 전형적인 발달 지체로 인해, 유아기의 유아는 사회성에 영향을 받는다. 유아교사는 건청유아에게 간단한 수화를 지도하거나 청각장애유아가 선호하는 활동에 건청유아를 포함시킴으로써 유아가 겪는 사회적 상호작용의 어

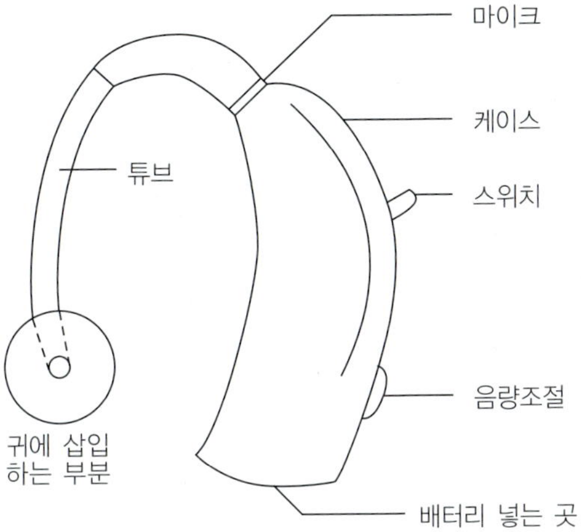

[그림 2-11] 귀걸이형 보청기의 구성

러움을 감소시켜 줄 수 있다.

4) 청각장애유아 지도 방법

(1) 음원과 가까운 곳에 유아의 좌석을 배치하기

가능한 교사, 스피커, 악기 등과 같은 음원에 가까운 곳에 유아의 좌석을 배치한다.

(2) 잔존청력 발달을 지원하기

비행기, 전화벨소리, 에어컨 소리와 같이 유아의 흥미를 유발할 수 있는 환경을 활용한다.

(3) 유아가 교사의 얼굴을 볼 수 있도록 하기

손으로 입을 가리지 않아야 하고, 빛 반사가 심한지 인식해야 하며, 유아와 얼굴을 마주해야 하고, 유아와 눈높이를 맞추어야 한다.

(4) 적절한 크기로 정확하게 말하기

정확하게 말하되 너무 과장해서 말하지 않도록 주의해야 한다.

(5) 유아의 주의를 끌기 위해 유아의 이름을 활용하기

이름을 활용함과 동시에 유아의 어깨를 살짝 두드림과 같은 행동도 필요하다. 유아가 쳐다볼 때까지 기다렸다가 지시한다.

(6) 부모와 함께 협력하기

또한 다른 전문가, 즉 청각사, 언어병리사, 청각장애 전문가 등을 통해 상담을 받는다.

(7) 시각적·촉각적 단서를 활용하기

이러한 단서는 청각장애유아의 언어이해력을 높이는 데 도움이 될 것이다.

(8) 유아가 사용하는 보청기에 대해서 숙지하기

유아교사는 유아가 사용하는 보청기에 관련된 연수를 받는 것이 중요하다. 부모는 이러한 정보를 제공하는 데 좋은 역할을 할 것이다.

- 보청기를 조작하는 방법
- 보청기의 기능과 건전지를 확인하는 방법
- 귀에 꽂는 부분을 청소하는 방법
- 보청기를 유아의 귀에 삽입하는 방법: 유아가 보청기를 독립적으로 사용할 수 있도록 지도하는 방법

(9) 유아 가까이에 위치하라

보청기를 사용하는 경우, 음원이 멀리 있으면 소리가 좀 더 심하게 왜곡되는 경향이 있으므로 유아와 가까이 위치해야 한다.

(10) 소음을 줄여라

교실의 음향효과에 대해 교사는 충분히 인식하고 있어야 한다. 보청기를 사용하고 있는 경우, 소리가 반사되면 유아가 좀 더 높은 수위의 소음에 노출되기 쉽다. 그러므로 바닥에 러그를 깔거나 벽에 천을 걸거나 천으로 된 소파 등을 사용하여 반사음을 줄이는 것이 중요하다. 가능하면 지속되는 소음, 예를 들면, 선풍기 소리나 음악소리, 거리의 소음을 제거하거나 줄여 줄 필요가 있다. 〈표 2-5〉는 대집단 활동에서 청각장애유아가 포함될 수 있도록 하기 위한 몇 가지 힌트를 제시하고 있다.

〈표 2-5〉 대집단 활동에 청각장애유아를 포함시키는 방법

대집단 활동에 청각장애유아를 포함시키는 방법
• 음악을 활용하라. 조용한 아이들도 음악시간이나 노래 부르기 시간에는 목소리를 활용하기 때문이다. • 음악을 활용하되, 두툼한 베이스음을 포함한 음악을 활용하라. 진동을 느낄 수 있을 뿐만 아니라 낮은 음은 듣고 감지하기가 쉽다. • 더 쉽게 들을 수 있도록 유아가 선호하는 곳에 자리를 배치하라. • 소음으로부터 멀리 떨어진 자리에 배치하라. 예를 들어, 히터나 전기 장비나 바깥쪽을 향한 창문 가까이에 좌석을 배치하지 않아야 한다.

6. 출현율이 높은 장애

지금까지 다룬 장애는 통합 유아교육 상황에서는 일반적으로 접할 수 있는 장애가 아닌 저출현 장애 유형들이다. 고출현 장애, 즉 학습장애, 말·언어장애, 경도 발달장애는 지금까지 다룬 장애보다는 그 심각성에 있어서는 낮지만, 현장에서 좀 더 많이 접할 수 있다. 하지만 고출현율 장애는 진단하는 데 어려움이 있고, 학령기에 도달하기 전까지는 발견하기 어렵다. 특성 또한 분명하지 않아서 정의하기도 어렵고 구분하기도 어렵다.

1) 학습장애

학습장애의 용어는 넓은 범위를 포함한다. 즉, 시각이나 청각 정보를 지각하고 그 정보를 처리하는 데 영향을 주는 뇌의 이상, 또는 신경학적 이상 등도 이에 포함된다. 특히 신경학적 이상은 읽고 쓰는 능력에 중대한 영향을 미친다. 학습장애는 학문적인 수행과 관련이 있으므로, 대부분의 전문가는 학령 이전의 유아에게 학습장애라는 진단을 내리는 것에 대해 불편하게 생각한다. 학습장애에 대한 미연방정부의 정의를 살펴보면, 지적 능력과 학업성취의 불일치(Hunt & Marshall, 1994)라는 특징을 포함하고 있다.

학습장애유아는 충동을 통제하고, 행동 규칙을 지키는 데 어려움을 가지고 있다. 또한 주의집중을 하고 지속적인 과제를 수행하는 데 어려움이 있다. 그리고 언어발달에 있어서도 지연을 보인다. 학습장애유아는 종종 과제를 수행하는 데 있어 불일치된 양상을 보인다.

예를 들면, 한 기술 영역에서는 어려움을 보이지만, 또 다른 영역에서는 훌륭하게 수행할 수 있다는 것이다. 그리고 하루는 과제를 완벽하게 수행할 수 있지만, 또 다른 날에는 과제 수행이 어려운 경우도 있다.

각각의 유아가 독특한 학습 방식, 정보처리 능력이 있다는 것을 인식하는 것은 중요하다. 유아의 부모나 전문가와의 상담을 통해 유아가 선호하는 학습기제(시각, 청각, 촉각)를 결정하는 것은 매우 중요하다. 또한 유아에게 불안감을 조성하는 감각경험에 대해서 반드시 알고 있어야 한다. 학습장애유아들 중에는 약을 복용하는 경우가 있는데, 약으로 인한 작용과 부작용에 대해서도 인식하고 있어야 한다.

2) 말·언어장애

언어기술(Language skills)은 어휘능력, 어휘를 통해 문장을 구성하는 능력, 다른 사람이 말했을 때 이해하는 능력을 의미한다. 언어장애가 있는 유아는 사회적 의사소통을 할 때 적절하고 효과적인 언어를 사용하는 데 어려움이 있다.

말기술(Speech skills)은 음(音)을 발성하고, 음소(音素)를 연결하여 단어를 발성하는 능력을 말한다. 말과 언어 모두에 장애를 가진 유아의 경우를 보면 유아 초기에는 종종 이 두 가지 기능의 장애를 구분하기 어렵다.

어린 유아이기 때문에 성장하면서 발달할 것이라고 보기도 하고, 또는 초기 단계에서의 말이나 언어치료가 요구된다고 보기도 한다.

교사는 의사소통을 시도하지만 상대방을 이해시키지 못해 좌절감을 경험하는 언어장애유아에 대해 인식하고 있어야 한다. 자기 말을 알아듣지 못하는 상대방에 대해 좌절을 겪는 유아는 자칫 문제 행동을 유발하는 경우가 많다. 유아의 말이 극단적일 정도로 이해하기 어려울 때에는 비언어적 방법을 사용하는 것도 고려해 볼 수 있다(보완·대체 의사소통의 예가 13장에 제시되어 있다).

1장에는 유아교사가 활용할 수 있는 언어지도 방법의 간단한 예가 제시되어 있다. 예를 들면, 유아가 주도적으로 하는 것을 따라하기, 유아가 더듬어 말하는 것을 확장하거나 다시 설명하기, 주제어를 반복하기 등이다. 말장애는 말 · 언어장애 전문가의 치료적 중재가 요구된다. 음소 인식 활동, 말의 속도 늦추기, 주제어의 반복, 말 따라하기, 음절 반복하기 등과 같은 간단한 방법은 말 · 언어장애를 개선시키는 데 도움이 된다.

3) 경도 인지발달지체

다운증후군과 같은 특정한 장애의 특성은 보이지 않으나, 전반적인 미성숙, 전반적인 지적 발달 및 사회적 발달을 보이는 유아가 있다. 경도 인지발달지체유아는 본인의 생활연령보다 단순히 더 어린 유아와 기능을 비슷하게 하는 것으로 쉽게 이해될 수 있다. 그들의 현재 수준을 제대로 파악하는 것으로부터 지원이 시작될 수 있고, 학습과 발달을 향상시키는 지도 방법은 1장의 일반 유아교육에 준하여 실시할 수 있다.

요 약

장애유아는 다양한 원인으로 인해 학습이나 발달에 어려움을 가진다. 이러한 원인으로 나타나는 문제들로 인해 유아는 물론 부모에게도 상당한 어려움을 준다. 이 장에서는 유아교사가 알아야 할 장애 유형 및 장애 특성에 대해 알아보았다.

사례연구

라이언(Ryan)의 학교에서의 하루

라이언은 중증의 시각장애와 뇌성마비를 가진 유아로 말과 운동발달이 많이 지연된 5세 유아이다. 라이언은 동네에 있는 유치원에 매일 다니고 있으며, 유치원에서의 활동은 일대일 보조원의 도움을 받아 모든 활동에 부분적으로 참여하고 있다.

대집단활동에서 라이언은 다른 아이들과 함께 바닥에 앉아 선생님을 향하고 있다. 오른쪽 눈의 시력이 부분적으로 남아 있어, 보조원의 왼쪽에 앉아서 활동한다. 보조원은 모든 활동에서 라이언이 자신의 왼쪽에 올 수 있도록 유의하였다. 교사가 책을 읽을 때는 책에 관련한 내용의 사물을 라이언에게 제시하기도 하였다. 가령 『쥐에게 쿠키를 준다면』 이라는 책 내용에 맞게 쿠키를 제시하고 손으로 만져 볼 수 있는 기회를 제공하였다. 같은 반 유아도 라이언이 자신이 보는 것을 손으로 만져 볼 수 있도록 기회를 제공하기도 하였다. 음악시간에는 라이언의 보조원이 손뼉을 치거나 리듬에 맞추어 다리나 몸을 흔들 수 있도록 도움을 주었다. 숫자 세기 시간에는 숫자 세기를 함께 따라 하거나 숫자 세는 소리에 맞추어 박수나 몸을 흔들기도 하였고, 미국시각장애협회에서 만든 보조공학 자료를 통해 촉각적인 자료를 이용하였다.

코너 학습 시간에 라이언은 보조원이나 또래 친구들의 도움을 받아 교실을 움직여 다닐 수도 있다. 기어다닐 수도 있고, 보조기나 보행기 등을 이용하였다. 뇌성마비와 시각장애로 인해 책상에 앉는 데에 다른 유아보다 더 많은 시간이 필요하므로 교사는 활동을 함에 있어서 라이언에게 다른 유아보다 일찍 시작할 수 있도록 배려하였다. 그리하여 적절한 자리에 라이언이 우선적으로 앉을 수 있도록 배려하였다. 시각장애 순회교사의 도움으로 유아교사는 라이언이 과제를 수행할 수 있도록 지도안을 수정하기도 하였다. 라이언이 촉각과 다른 감각을 활용하여 참여할 수 있는 수업으로 수정하기도 하였다. 잔존시력을 사용할 수 있도록 개인 조명을 이용하였다. 시각장애 순회교사는 라이언에게 적절히 도움을 줄 수 있는 방법을 시범 보이면서 한 달 동안 일주일에 몇 시간씩 라이언과 함께 시간을 보내고 유아교사에게 방법을 전하였다. 그리고 또래 친구들과 특수교육 보조원이 어떻게 라이언을 도울 수 있을지에 대한 방법도 알려 주었다. 매주 정기적으로 유아교육 교사와 만나서 교사가 요구하는 경우 수업지도안을 수정하는 방법과 다양한 지도 요령을 제공하였다. 쉬는 시간에는 여러 가지 활동을 제공하고 라이언이 선택할 수 있는 기회를 갖게 하였다. 그네 타기, 모래 쌓기, 자전거 타기 같은 실외활동이나 풀로 그림 그리기 등과 같은 실내놀이도 할 수 있었다. 라이언은 이러한 모든 활동을 즐길 수 있게 되었다. 시간이 지날수록 특수교육 보조원의 도움을 점차 줄여 가고, 라이언이 선택할 수 있는 기회를 더 많이 제공하는 것이 좋다. 점심시간은 소란스러운 환경에서 자신의 자조기술을 익히는 데 중요한 기회가 되었다. 휠체어를 스스로 작동하는 방법을 익히고, 특수교육 보조원의 도움을 받거나 또래 친구들의 도움을 받아 카페테리아에서 줄을 서는 연습을 하기도 하였다. 수저를 사용하는 방법이나 휠체어에 있는 쟁반 위에 음식을 놓는 방법 등도 익히게 되었다. 수저나 그릇을 떨어뜨리지 않기 위해 사용하는 끈끈이 매트도 활용할 수 있다. 휠체어가 들어가는 테이블 끝쪽에 다른 급우들과 함께 앉은 라이언은 매일 계속되는 일련의 점심시간 활동에 익숙해져 갔다.

사례연구 질문

1. 저시력 상태인 라이언에게 도움을 주는 특별한 전략은 무엇이 있는가?
2. 라이언의 운동장애에 도움을 주는 특별한 전략은 무엇이 있는가?
3. 휴식시간에 라이언이 사용할 수 있는 보조도구는 어떠한 것들이 있는가?

주요 용어

감각 통합치료(sensory integration therapy)
감음성 청력 손실(sensorineural hearing loss)
과제지속(task persistence)
고긴장성(hypertonic)
교실바닥에 앉아서 활동하는 시간(floor time)
그림 교환 의사소통 체계(picture exchange communication system(PECS))
기능적 행동 분석(functional behavior analysis)
끈끈이 매트(Dycem mat)
다운증후군(Down syndrome)
대뇌피질성 시각장애(cortical visual impairment)
데시벨(decibels)
말 기술(speech skills)
반신마비(hemiplegia)
보완 대체 의사소통(augmentative or alternative communication(AAC))
보청기를 이용한 청력(aided hearing)
부분시각(partial sight)
분리시도 접근(discrete trial approach)
비대칭적 근긴장성 목 반사(asymmetric tonic neck reflex(ATNR))
사지마비(quadri plegia)
상지 혹은 하지 마비(diplegia)
손-위-손 기술(hand-over-hand technique)
손 아래 손 기술 안내(hand-under-hand guidance)
조작 접근(manual approach)
아세토시스(athetosis)
언어기술(language skills)
언어적 접근(oral approach)
역치(threshold)
운동 통제(motor control)
음소(phonemes)

이동성(mobility)
자세 조절(postural control)
잔존 청력(residual hearing)
저긴장성(hypotonic)
저시력(low vision)
전음성 청력손실(conductive hearing loss)
종합적 의사소통 접근(total communication approach)
주파(frequencies)
청각적 단서(auditory cue)
촉각 단서(tactile cue)
터널 시력(tunnel vision)
학습장애(learning disability)
행동 문제 전문가(behavior specialist)
화용론(pragmatics)

참고 문헌

American Psychiatric Association (1994). *Diagnostic and statistical manual of mental disorders (DSM-IV)*. Washington, DC: Author.

Chen, D. (Ed.) (1999). *Essential elements in early intervention: Visual impairment and multiple disabilities*. New York: AFB Press.

Chen, D., & Dote-Kwan, J. (1995). *Starting points: Instructional practices for young children whose multiple disabilities include visual impairments*. Los Angeles: Blind Children's Center.

Greenspan, S. I., & Weider, S. (1998). *The child with special needs: Encouraging intellectual and emotional growth*. Reading, MA: Addison Wesley.

Hunt, N., & Marshall, K. (1994). *Exceptional children and youth*. Boston: Houghton Mifflin.

Koegel, R. L., & Koegel, L. K. (1995). *Teaching children with autism: Strategies for initiating positive interactions and improving learning opportunities*. Baltimore, MD: Paul H. Brookes.

McEachin, J., Smith, T., & Lovaas, O. I. (1993). Long-term outcomes for children with autism who received early intensive behavioral treatment. *American Journal on Mental Retardation, 98*, 359-372.

Mesibov, G. B., Schopler, E., & Hearsey, K. A. (1994). Structured teaching. In E. Schopler, & G. Mesibov (Eds.), *Behavioral issues in autism* (pp. 195-210). New York: Plenum Press.

Roizen, N. (1997). Down syndrome. In M. Batshaw (Ed.), *Children with disabilities* (pp. 361-424). Baltimore, MD: Paul H. Brookes.

Ruskin, E. M., et al. (1994). Object mastery motivation of children with Down Syndrome. *American Journal of Mental Retardation, 98*(4), 499-509.

Williamson, G. G., & Anzolone, M. E. (1997). Sensory integration: A key component of the evaluation and treatment of young children with severe difficulties in relating and communication. *Zero-to-Three, 17*, 29-36.

CHAPTER 03

장애유아 통합지원을 위한 물리적 환경 배치

물리적 환경 배치는 유아의 학습과 행동에 긍정적 또는 부정적 영향을 미칠 수 있다.
장애유아는 신체적으로나 정서적으로 안정감을 느낄 수 있어야 한다. 그러기 위해서는 쉽게 접근할 수 있고, 위험하지 않은 안전한 장소를 제공해야 한다(특히 시각장애유아나 중도 운동장애유아의 경우). 일일계획과 물리적 환경은 예측 가능해야 하며, 가능한 한 유아가 독립적으로 활동할 수 있게 해야 한다.

- 물리적 환경 배치는 독립적 접근을 지원할 수 있다. 물리적 공간은 휠체어와 같은 보조(adaptive)장비를 이용할 수 있도록 사려 깊게 배치되어야 한다.
- 교실 배치는 신중하게 고려되어야 한다. 교실 배치는 소란스러움을 최소화해야 하고, 명확하게 표시된 경계가 있어야 한다. 또한 보조장비를 이용할 수 있도록 배치되어야 한다.
- 흥미 영역의 자료들은 다양한 장애 유형의 유아에게 적합해야 한다. 발달적으로 좀 더 낮은 수준의 유아에게 흥미 있는 자료들, 또는 운동장애나 감각장애유아의 관심과 동기를 유발시키는 놀잇감과 도구들을 준비해야 한다.

기관이 이미 장애유아에게 적합하게 설계되었거나 자료들이 배치되어 있다 하더라도 장애유아에게 적합한지 결정하기 위하여 좀 더 환경을 연구하는 시간을 가지는 것이 필요하다. 여기서 물리적 환경 구성은 환경 내에서 유아의 행동을 어떻게 지도할지를 결정할 수 있다는 점을 기억해야 한다. 적절한 장소 배치와 자료 구비는 부정적인 유아의 행동을 예방하여 시간적 손실과 스트레스를 막아 줄 수 있다.

1. 안전한 환경 계획

바람직한 환경 배치는 안전성과 독립적 접근의 두 요소를 고려해야 한다.

1) 심리적 안정감

유아는 신체적, 심리적으로 안정감을 느낄 수 있는 곳에 있어야 한다. 유아교육자들은 유아의 신체적 안전 보장에는 많은 관심을 기울이나 심리적 안정감에 대해서는 주의를 덜 기울일 수 있다. 경험 있는 교육자들의 관찰에 의하면 안정감을 느끼지 못하는 유아는 환경의 구조와 제한을 이해할 때까지 계속 제한에 대해 시험을 해 본다고 하였다. 그러므로 공간과 자료의 배치에 있어 질서와 안정성을 고려해야 한다.

이러한 질서와 안정성은 안정감을 느낄 필요가 있는 유아에게 예측 가능성을 제공한다. 예를 들어, 매일 같은 장소에 물건들이 놓여 있다면, 유아는 어디에서 자료들을 찾아 사용할 수 있고, 어디에 다시 가져다 놓을지 예측할 수 있어 안정감을 느낀다. 누구나 물건들이 예상되는 곳에 없을 때 불안감을 느낀다는 점을 생각해 보고, 열쇠를 잃어버려 찾을 때의 느낌이 어땠는지 기억해 보면 쉽게 이해할 수 있을 것이다.

2) 신체적 안전성

다음은 장애유아에게 안전한 물리적 환경 계획 시 고려할 점이다.

- 몸의 자세가 불안정하고 지탱을 잘 못하는 유아가 의지할 수 있는 견고하고 안정된 가구가 필요하다. 그러므로 선반과 보관함은 튼튼해야 한다.
- 날카로운 모서리들은 고무나 스펀지로 감싸야 한다.
- 실외놀이 영역들 중 일부에는 고무매트가 필요하다.
- 걸음이 불안정한 유아와 저시력 유아를 위해서는 손으로 잡고 이동할 수 있는 난간을 설치해야 한다.
- 저시력 유아를 위해 주요 통행로의 장애물들을 분명하게 표시해야 한다. 예를 들면, 저시력 유아가 걸어다닐 수 있도록 검정색과 흰색 바둑판 패턴으로 표시를 해 놓는다.
- 저시력 유아를 위해 커브와 계단들을 분명하게 표시해 놓아야 한다.

3) 독립적 접근성

통합을 용이하게 하는 필수적인 휠체어와 같은 보조 또는 지원 장비가 다닐 수 있도록 물리적 공간은 신중히 배치되어야 한다. 그렇지만 과잉지원(overadapt)을 하지 않는 것도 중요하다. 꼭 필요한 만큼만의 지원을 하는 것은 장애유아가 가진 장애에만 초점을 두지 않도록 할 뿐 아니라 모든 유아에게 자연스러운 환경을 탐색해 나가는 학습을 하도록 격려한다.

유아가 독립적이고 적극적으로 환경에 참여하도록 공간이 설계되고 자료가 선택되어야 한다. 휠체어나 목발을 사용하는 유아가 있는 경우, 이들이 각 활동 영역에 접근할 수 있도록 통로를 충분히 넓게 설치해야 한다.

힌트 Hepiful Hint

이상적으로 중도의 운동장애유아의 경우에 교사, 물리치료사, 작업치료사, 보완의 사소통 전문가(Augmentation Communication Specialist)와 부모가 한 팀으로 공간 설계나 지원, 그리고 자료 선택과 수정에 참여해야 한다.

(1) 건축학적 고려

안전하고 독립적 접근을 보장하기 위해 출입문, 경사로, 화장실, 의자와 테이블 등의 배치에 다음에 제시된 건축학적 고려가 요구된다.

① 출입문

유아는 문 열기를 힘들어할 수 있다. 지체장애유아가 있을 경우, 문 열기, 문 닫기, 그리고 문 열어 놓기가 쉬워야 한다. 또한 문은 휠체어가 통과할 수 있도록 표준 기준의 문보다 넓어야 한다.

② 경사로

경사로는 두 대의 휠체어가 지나갈 수 있도록 충분히 넓어야 하며, 경사로는 성

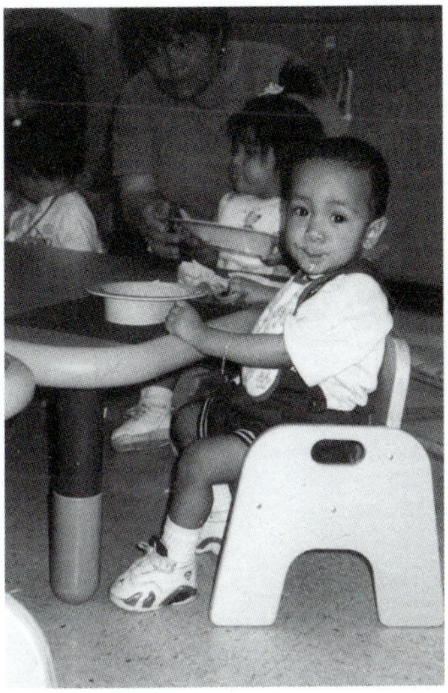

[그림 3-1] 의자와 테이블 수정(adaptation)

[그림 3-2] 간단히 수정된 의자

인을 위한 경사로보다 경사가 완만해야 한다.

③ 화장실

변기의 높이는 다양해야 하며, 화장실 칸막이는 유아가 휠체어에서 변기로 이동하기 쉽도록 36인치 이상으로 넓어야 한다. 장애유아를 위해 화장실과 유아용 변기의자에 보조가 필요할 수 있다.

④ 테이블 높이와 의자

장애유아가 적절한 자세를 잡을 수 있도록 테이블 높이를 조정하거나 의자 수정이 필요할 수 있다. 체격이 작은 유아에게는 유아의 다리가 바닥에 잘 닿을 수 있는 작은 의자가 필요하며, 근육긴장도가 낮은 유아는 팔걸이와 등받이가 있는 의자가 필요할 수 있다. 의자 수정 처음에는 특별한 노력이 요구되지만, 이것은 유아에게 편안함을 줄 뿐 아니라 유아의 참여를 높일 수 있다는 것이 장점이다. [그림 3-1]과 [그림 3-2]는 효과적인 의자 수정의 예이다.

아주 간단한 방법으로 물리적 환경을 수정하는 것은 장애유아의 독립성을 높일 수 있다. 이것은 또한 유아에게 개별적인 도움을 제공하여 교사의 부담을 감소시킨다. 장애유아에게 무엇보다 중요한 목적은 신체적 독립성이며, 이러한 독립성은 유아가 미래의 학습 환경에 성공적으로 적응할 수 있도록 돕는다.

힌트 Hepiful Hint

신체적·감각적 장애유아를 통합하기 위한 공간 구성의 방법에 대해 좀 더 배우려 한다면, 건축 및 교통위원회(Architectural and Transportation Barriers Compliance Board; 1331 F Street NW, Suite 1000, Washinton, DC 20004)에 문의해 볼 수 있다.

2. 장애유아를 위한 교실 배치

장애유아 통합을 위해서 전체적으로 특별하거나 보조적인 환경이 필요하지는 않으나, 장애유아와 관련된 특별한 요구가 있을 수는 있다. 장애유아를 위한 교실 배치 시 고려해야 할 점들은 다음과 같다.

1) 조용한 영역

장애유아는 소란스럽거나 분주한 환경을 견디는 인내력이 약하다. 유아가 얼마간 떨어져서 혼자 지낼 수 있는 조용한 영역은 유아에게 짧은 휴식을 제공한다. 그러므로 유아가 혼자 있고 싶어 할 때 그렇게 할 수 있는 안전하고 편안한 공간이 있어야 한다. 유아가 긴장감과 불안감을 느끼게 될 때 이러한 조용한 사적 영역에서 안정을 취할 수 있다는 것을 지도해야 한다. 교사는 유아가 조용한 영역에 있을 때, 항상 유아의 행동을 모니터해야 한다. 그리고 자신의 집단에 다시 참여할 준비가 되었을 때를 결정하게 함으로써, 유아가 자기 통제를 발달시키도록 도울 수 있다.

2) 영역을 작게 나누기

장애유아는 무질서하고 혼란스러워 보이는 환경에서 당황할 수 있다. 커다란 교실은 활동을 위한 특별한 흥미 영역들로 나누고 선반, 교구장 등을 이용하여 명확하게 경계를 구분한다. 이 장의 다음 부분에서는 흥미 영역 계획을 위한 추가적인 아이디어가 제공되어 있다.

폐쇄된 공간에 대한 유아의 선호도 고려

때때로 유아는 폐쇄된 작은 공간에서 놀이하기를 좋아한다. 최소한 한 개 이상의 영역을 세 면 정도로 막아 영역을 배치하는 것이 도움이 된다. 그러나 칸막이나 가리개는 교사가 영역을 쉽게 둘러볼 수 있도록 60㎝ 정도를 넘지 않아야 한다.

3) 방음 장치의 필요성

소리가 매우 높게 울리거나 시끄러운 환경은 장애유아뿐만 아니라 성인에게도 스트레스가 될 수 있다. 이러한 환경은 유아의 주의집중을 방해하며, 자극에 대한 과민성과 문제 행동, 공격성을 증가시킬 수 있다. 이러한 소음은 방음타일, 카펫, 천장 자료(materials hung from ceiling)를 사용하거나 천이나 작품을 벽에 부착함으로써 감소시킬 수 있다.

4) 시각적으로 단순한 배치

너무 소란스럽거나 무질서하게 놀잇감들과 자료들이 제시될 때, 유아는 스스로 선택할 수 없거나 어찌할 바를 몰라 서성거릴 수 있다. 유아가 쉽게 자료들을 선택할 수 있도록 하는 제안들은 다음과 같다.

- 정해진 일정한 장소에 자료들을 보관한다.
- 선반에 유사한 자료별로 함께 모아 둔다.

- 자료들 사이에 빈 공간을 둔다(시각에 문제가 있거나 저시력의 유아는 자료들이 밀집되어 있으면 잘 인식할 수 없다).
- 소근육 운동 기술의 발달을 돕는 조작물들, 또는 작은 놀잇감들과 자료들은 바구니에 담아 그림이나 사진 등을 붙여 표시해 줌으로써 정리할 수 있는 단서를 제공한다.

힌트 Hepiful Hint

환경 계획 시 부모 참여와 부모 활동을 격려하는 공간뿐만 아니라 지원서비스를 제공하는 교사진을 위한 공간도 고려해야 한다. 교사는 활동을 준비하고, 유아의 진보를 기록하는 것과 같은 필수적인 과제들을 수행할 수 있는 충분한 공간을 필요로 한다. 관련 도서와 기사, 공지사항을 볼 수 있는 게시판을 제시하는 코너가 마련되었을 때 부모들은 유익하다고 생각한다. 그러나 이 장에서는 지면상의 이유로, 장애유아에 대한 환경적 고려만을 소개할 것이다.

3. 장애유아를 위한 흥미 영역 계획

홍미 영역은 소그룹의 테이블탑(tabletop) 게임에서부터 활동적인 블록 구성하기와 가상놀이 활동까지 다양한 유형의 활동들을 쉽게 할 수 있도록 고안된 교실 내의 공간을 의미한다. 다양한 홍미 영역의 계획은 유아가 다양한 환경에서 각각 기대되는 행동이 다르며, 활동에 대한 요구가 달라지면 그에 따라 행동해야 됨을 학습하도록 격려한다. 너무 큰 열린 공간은 유아가 뛰어다니거나 돌아다니게 만들 수 있으며, 또한 매우 소란스러운 공간도 주의집중에 어려움을 가진 유아에게 문제가 될 수 있다.

교실 공간이 홍미 영역으로 명확하게 구분해 배치하게 되면 유아는 활동에 보다 쉽게 참여할 수 있다. 잘 구분된 흥미 영역은 시각적 경계, 주요 활동에 적합한 바닥재 선택, 자료의 진열과 보관을 위한 충분한 공간을 갖추고 있다. 흥미 영역들을 책장이나 교구장들로 나누는 대신에, 보다 창의적인 방법을 사용할 수 있다. 즉, 차양, 리본 장식, 모빌, 카펫, 또는 다른 색상으로 구분된 바닥재를 이용해 융통성 있게 영역을 구분할 수 있다. 흥미 영역들을 구분하는 단서가 무엇이든 간에, 흥미 영역의 경계는 명확하고 일관성이 있어야 하며, 시각장애유아의 주의를 끌 수 있도록 명확한 구분이 이루어져야 한다([그림 3-3] 참조).

한 가지 중요한 것은 모든 유아의 발달 수준, 기술과 흥미에 적절하게 균형을 이룬 흥미 영역을 구성하는 것이다. 흥미 영역의 배치는 또한 일일계획도 고려해야만 한다. 예를 들면, 유아가 여러 개의 테이블 활동에 동시에 참여하도록 계획되었다면, 테이블이 놓여 있는 몇 개의 영역들이 필요할 것이다.

물감, 점토, 악기, 블록과 같이 변형할 수 있는 개방적 자료들을 조합해서 유아에게 제공하는 것이 다양한 발달 수준에 있는 유아의 요구를 충족시킬 수 있는 폭넓고 연속적인 지원을 가능하게 할 수 있다. 자료들은 유아가 쉽게 접근할 수 있는 높이에 진열되어야 한다.

도서 영역, 미술과 물놀이 영역, 조작놀이 영역, 쌓기놀이 영역, 극화놀이 영역 등의 흥미 영역 배치 시 고려할 점은 다음과 같다.

1) 도서 영역

도서 영역은 카펫이 깔려 있고 커다란 쿠션 등이 배치되어 있으며, 다양한 문식성 자료들이 제시되어 있는 조용한 영역이다. 도서 영역에는 말 소리나는 책(talking book), 입체책(pop-up book), 그리고 대집단 이야기 시간에 사용된 책의 복사본 등과 함께 튼튼한 걸음마기 영아용 책들이 제시되어야 한다. 그리고 쓰기용 종이, 매직펜, 봉투, 스티커, 놀잇감 우편함, 칠판 등이 준비되어야 할 것이다.

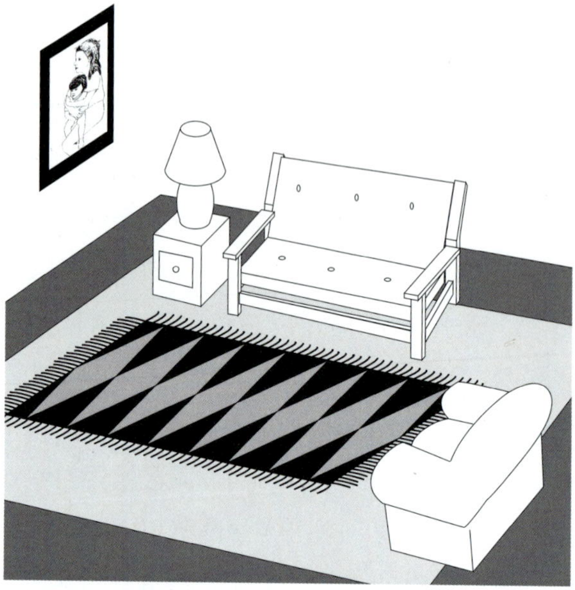

(A) 러그는 공간을 명확하게 구분하게 해 준다.

(B) 이동 선반으로 경계를 만든다.

[그림 3-3] 분명한 경계의 예시

2) 미술과 물놀이 영역

미술 활동과 물놀이를 위한 영역에는 이젤, 모래/물놀이 테이블, 종이와 미술 자료 보관 용기가 있어야 하며, 청소가 쉽게 되는 바닥재가 깔려 있어야 한다. 물놀이는 중도 장애유아도 즐길 수 있는 놀이로, 이러한 유아는 손으로 흐르는 물을 느끼고, 가득 채우고 붓는, 감정을 누그러뜨리는 활동을 좋아한다. 모래놀이 테이블에서 물체를 숨기고 찾기, 그리고 자신의 손을 모래 속에 숨기는 활동은 어린 유아도 참여할 수 있는 활동이다.

3) 조작놀이 영역

조작놀이 영역은 테이블과 선반 위에 퍼즐, 작은 놀잇감, 조작물들이 잘 표시된 바구니 안에 담아 놓는 것이 특징이다. 중도 장애유아의 경우, 대개 처음에는 조작놀이 영역에서 쏟고 채우는 것을 즐기는데, 이는 중도 장애유아는 특별한 훈련 없이는 작은 조작물을 가지고 적합하게 놀이할 수 없기 때문일 수 있다. 따라서 뚜껑이 있는 용기, 원동, 놀잇감 덤프트럭, 양동이와 같은 다양한 빈 용기들을 조작 영역에 준비해 둔다. 발달적으로 좀 더 낮은 수준의 유아의 경우, 작은 물건들을 입으로 넣을 수 있기 때문에 교사는 항상 세심하게 감독해야 한다.

4) 쌓기놀이 영역

장애유아는 사주 적목으로 탑을 쌓고 부수거나 또는 다른 유아가 쌓은 것을 부수는 활동을 즐긴다. 적목이 쓰러지는 즉각적으로 나타나는 결과는 유아에게 새로운 동기 부여를 유발할 수 있다. 쌓기놀이 활동은 유아의 운동능력 발달과 차례 지키기, 다른 유아의 창작물을 존중하는 사회성 발달의 기회를 제공한다. 쌓기놀이 영역에서의 또 다른 활동으로는 경사로를 만들어 놀잇감 자동차들을 굴려 보는 활동이나 공을 아래로 굴려 보는 활동이 있다. 공 등이 굴러 내려가서 바닥에서 나타나는 결과가 멋질수록 유아의 관심이 높아질 것이다.

5) 극화놀이 영역

극화놀이 영역에는 역할놀이 의상, 특히 고무줄 스커트, 어른용 신발들, 모자들, 지갑들을 제공해야 한다. 교사는 이러한 극화놀이 자료들을 이용하여 장애유아에게 옷 입기를 연습할 기회를 제공할 수 있다. 이때 유의할 점은 입고, 벗고, 잠그기가 쉬운 의상을 제공해야 한다는 것이다. 인형, 인형침대, 우유병, 높은 의자, 작은 흔들의자, 소꿉놀이 놀잇감(가스, 접시, 냄비와 팬, 빗자루) 등은 발달 수준이 아주 낮은 유아가 가상놀이를 시작하기에 사용할 수 있는 가장 손쉬운 놀잇감들이다.

4. 장애유아를 위한 흥미 영역 자료 제시

유아가 흥미 영역 활동에 참여하는 수준은 흥미 영역 속에 있는 자료나 공간의 배치에 의해 영향을 받는다. 명확하게 구분·정리되어 있는 깨끗한 흥미 영역들은 자료에 쉽게 접근하여 사용할 수 있도록 이끌 뿐 아니라 유아가 정리정돈에 참여하도록 돕는다.

1) 가시성과 일관성

눈으로 볼 수 있고 일관성 있는 자료 배치는 유아의 흥미를 자극하도록 돕는다. 놀잇감들과 자료들은 유아가 자료를 반복적으로 사용하여 새로운 기술들을 연습할 수 있도록 지속적으로 이용 가능해야 하며, 항상 일정한 장소에 놓여 있어야 한다. 그러나 유아의 흥미를 자극하고 새로운 기술을 촉진할 수 있도록 소수의 품목을 정기적으로 바꾸어 주도록 계획해야 한다.

큰 자료들은 개방된 선반에 놓지만, 작은 입방체 적목들과 크레용과 같은 작은 자료들은 바구니에 담아 개방된 선반에 놓아야 한다. 교사는 늘 유아가 보고 만질 수 있는 흥미 있는 자료들이 영역에 있는지, 움직임이 어려운 유아라도 사용하기 쉬운 놀잇감과 물건들이 있는지를 살펴봄으로써 유아의 발달 수준에 적합하게 환경을 배치하도록 노력해야 한다.

2) 접근성

집에서 사용하는 친숙한 물품들이 상업적인 교육 자료들과 함께 제시되어야 한다. 이는 특히, 가정의 문화와 기관의 문화가 다른 유아에게 중요하다.

접근하기 쉬운 자료는 접근이 어려운 자료보다 가져오거나 보관하기 쉬우며 더 많이 사용되고 정리도 잘 된다. 자료는 유아가 선반과 보관함에서 가져와서 사용하고 다시 제자리에 갖다 놓기 쉽도록 잘 보이게 배치해야 한다.

> **힌트** HepIful Hint
>
> 어떤 자료들은 볼 수는 있지만 꺼내기는 어렵게 해야 한다. 이는 언어지체유아에게 이러한 물품들을 요구하기 위해 의사소통 기술을 사용하도록 하는 중요한 동기를 부여하고 기회를 제공할 수 있다.

3) 그림이나 이름 표시

선반 위에 그림이나 이름 표시를 붙이는 것은 유아가 자료들의 위치를 쉽게 찾도록 도울 뿐 아니라 유아의 전읽기 기술의 발달을 돕는다. 영역별 활동을 예시하는 사진은 청각장애유아가 보다 독립적으로 이 영역에 참여하도록 도울 수 있다.

4) 동선 관리

동선은 최대한 줄여야 하며, 자유롭게 지나다닐 수 있어야 한다. 동선을 관리하기 위해 가까운 곳에 교구장을 놓고, 보조 장비를 위한 공간을 마련하고, 교차통행이 일어나지 않도록 해야 한다. 발바닥 그림이나 색깔 선으로 유아가 지나다니는 통로를 쉽게 식별할 수 있게 해야 한다. 교사는 또한 흥미 영역 계획 시, 휠체어를 타는 유아가 참여할 수 있도록 고려해야 한다. 동시에 각 영역별로 참여할 수 있는 유아의 수를 명확히 하는 것도 도움이 된다.

5) 소음 통제

소음 수준을 통제하는 방음은 중요하다. 특히 청각장애유아나 쉽게 산만해지는 유아(특히 자폐증유아)가 있을 시에는 더욱 그러하다. 보청기를 사용하거나 정보처리에 문제를 가진 유아는 자주 소리의 식별과 배경 소음의 차단에 어려움을 겪는다. 따라서 이러한 유아가 작업할 수 있도록 최소한으로 소음이 차단된 조용한 공간을 이용할 수 있도록 해야 한다. 조용하고 정적인 영역은 절대로 대근육 영역이나 극화놀이 영역 옆에 위치해서는 안 된다. 소음 발생이 높은 영역의 경우 코르크와 카펫과 같이 소리 흡음자료들을 사용하여 소음을 줄일 수 있다.

6) 조명

가까이에서 시각을 사용하는 흥미 영역을 배치할 때는 조명을 고려해야 한다. 정상시력을 가진 어린 유아도 시각적 주의가 필요한 활동을 행할 때 쉽게 피로하게 될 수 있다. 백열등을 달거나 창문과 채광창으로 자연 채광을 높임으로써 형광등으로 인해 발생하는 스트레스를 완화시킬 수 있다. 저시력을 가진 유아를 위해 밝은 곳으로 이동하거나 책상에 붙이는 램프를 사용하는 것도 도움이 된다.

5. 장애유아를 위한 특별한 흥미 영역

1) 읽기/문식성 영역

조용하고 정적인 영역은 유아에게 휴식할 수 있는 기회를 제공하고 문식성 기술(preliteracy skill)의 발달을 돕는 책들과 자료들에 접할 수 있는 기회를 제공하도록 구성되어야 한다.

읽기 영역 구성하기

- 읽기 영역은 혼란을 감소시키고 관심과 주의집중을 유도하기 위해서 교실의 조용한 곳에 위치해야 한다.
- 이 영역은 저시력의 유아(또는 나이가 많은 교직원)를 위해 조명을 잘 갖추어야 한다.
- 큰 책들, 촉각적 탐색을 할 수 있는 점자책들은 저시력 유아를 위해 중요한 자료들이다. 또한 굵고 선명한 선들로 이루어진 그림과 '문질러서 냄새 맡는' 후각책들을 권장한다.
- 가구는 안락함을 줄 수 있어야 한다. 카펫, 콩주머니, 편안한 의자는 많은 참여를 시킬 수 있다. 흔들의자는 자폐아와 같이 극도의 흥분에 어려움을 가진 유아를 진정시키는 데 매우 유용하다.
- 물리치료사는 지체장애유아를 위해 올바른 자세를 잡도록 돕는 적합한 가구를 선택하는 데 도움을 줄 수 있다.
- 책은 유아의 눈높이에 맞게, 겉장이 분명하게 다 보이도록 개방된 선반에 신열되어야 한다.
- 그 밖에 유용한 자료들로는 융판과 융판 동화자료, 잡지, 손인형, 융판이나 자석글자, 로또게임 또는 그림글자카드, 그리고 쓰기자료가 있다.
- 책을 잡고, 페이지를 넘기고, 녹음기를 켜는 보조 장비는 지체장애유아에게 필요하다.
- 융판자료나 손인형으로 동화를 들려주는 것은 그림 표상만으로 동기 유발이 잘 되지 않는, 발달적으로 좀 더 낮은 수준의 유아의 관심을 유지시키는 데 도움이 된다.

장애유아와 관련된 내용뿐만 아니라 폭넓고 다양한 문화를 묘사하는 책들을 제공해 주어야 한다.

2) 감각경험, 미술·물놀이 영역

모든 유아들 중에서 특히 감각적 손상을 가진 유아는 풍부하고 다양한 감각적 경험이 필요하다. 발달 수준이 좀 더 낮은 유아는 감각 운동적으로 탐색하는 단순한 활동들을 즐긴다. 저시력 유아에게 미술과 물놀이는 촉감이라는 대안적인 감각 통로에 대한 중요한 정보를 제공한다.

미술과 물놀이 영역은 실외 또는 청소하기 쉬운 싱크대 근처의 카펫이 깔리지 않은 영역에 위치하는 것이 적합하다. 비닐 앞치마는 소근육 운동능력에 문제를 가진 유아의 옷에 젖거나 얼룩지는 것에 대해 염려하지 않게 한다.

자료는 참여한 유아의 발달적 수준에 따라 다양하게 제공되어야 한다. 장애유아의 경우 크레용과 가위 같은 자료의 사용 방법을 잘 알지 못하며, 단순히 다른 사람을 관찰하는 것만으로는 사용 방법을 학습하기 어려울 수 있다.

[그림 3-4]는 장애유아가 독립적으로 기능하도록 돕는 보조도구를 제시해 놓은 것이다. 어떤 보조도구는 유아가 소근육 활동에 참여하는 데 더 좋은 자세를 갖도록 해 주는 것이며, 또 다른 보조도구는 미술도구들을 직접 변형하는 경우도 있다. 단순한 변형의 예는 다음과 같다.

- 운동장애유아가 쉽게 다룰 수 있도록 그림 붓 손잡이를 다른 재료나 테이프로 감을 수 있다.
- 장애유아가 크레용을 잡기 편하도록 큰 테니스 공에 크레용을 끼워 손잡이를 만들 수 있다.
- 시각장애유아는 특히 커다란 종이 또는 담이나 커다란 포장박스와 같은 생활용품 위에 붓을 크게 휘두르면서 물감을 칠하는 동작을 즐길 수 있다.
- 날씨가 좋은 날에는 엎지를 염려가 없도록 물놀이 통을 실외로 옮길 수 있다. 또는 물 대신 나뭇잎, 스티로폼 팩, 모래, 국수, 또는 비누거품 물과 같은 감각적 자료들을 사용할 수 있다. 이때 장애유아가 입 속에 자료들을 넣지 않도록 세심한 감독이 요구된다.

(A) 벨크로로 유아의 손에 부착시킨 그림붓

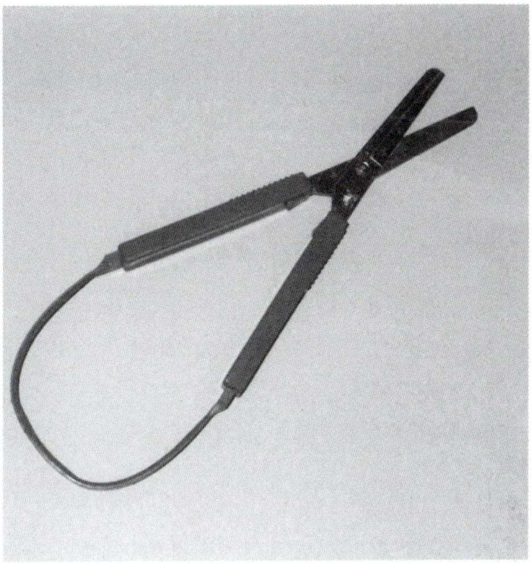

(B) 보조 가위

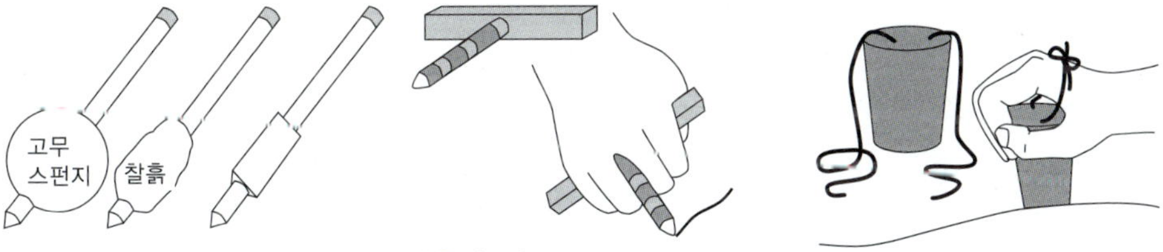

(C) 단순한 방법으로 수정한 크레용과 펜들

[그림 3-4] 미술 활동을 용이하게 하도록 특별히 고안된 장비들

3) 조작놀이 영역

조작놀이 자료들은 장애유아에게 특별한 문제가 될 수 있다.

- 장애유아가 작은 조작놀이 자료로 인해 질식하지 않도록 세심하게 감독해야 한다.
- 테이블 위에서의 조작적 활동을 특징으로 하는 영역에서는 최소한의 움직임만 가능한 유아의 경우, 유아의 체중을 감당할 수 있는 견고한 유아용 사

이즈의 책상들이 있어야 한다.

- 카펫이 깔린 바닥에 조작놀이 자료들을 놓는다면 모든 유아가 보다 더 사용하기 쉬울 것이다.
- 카펫이 깔린 곳에서 조작놀이를 할 때에는 테이프를 이용하여 작업 영역을 표시하는 경계를 만들면 도움이 될 수 있다.

다음은 지체장애유아를 위한 보조이다.

- 물리치료사나 작업치료사와 자세잡기(positioning)와 보조도구(adaptive equipment)의 필요성을 결정하기 위해 상담한다.
- 강남콩 모양이나 반원형 테이블은 유아가 휠체어나 보조의자에 앉아서 자료에 좀 더 접근할 수 있게 한다.
- 책상 모서리에 테두리를 해서 작은 자료들이 쉽게 떨어지지 않게 한다.
- 커다란 조작적 놀잇감들을 사용한다.
- 종이가 움직이지 않도록 테이프로 종이를 테이블에 붙인다.
- 구슬 꿰기에 사용하w는 끈 주위에 테이프를 두른다.
- 자석을 놀잇감 뒤에 부착하여 자석칠판 위에서 가지고 놀게 한다.
- 쉽게 잡을 수 있도록 퍼즐 조각에 나무나 플라스틱 손잡이를 붙인다.

다음은 시각장애유아를 위해 고려할 점들이다.

- 개별적 요구와 적합한 보조를 결정하기 위해 시력 전문가와 상담한다.
- 선이 잘 보이는 굵은 펜을 준다.
- 퍼즐을 쟁반에 놓아 두어 유아가 퍼즐조각을 잘 찾도록 한다.
- 손잡이가 있는 퍼즐과 끼워넣기(fit-it) 퍼즐을 제공한다.
- 자르는 선이나 윤곽선 표시에 풀을 사용한다.
- 작업 영역을 잘 알 수 있도록 다양한 촉감의 천으로 경계를 구분한다. 매트를 깔면 모든 유아가 작업 영역들을 잘 알 수 있다.

- 놀잇감에 다양한 천을 붙여서 부분들을 구별하도록 돕고 보다 홍미롭게 만든다.

4) 실외놀이 영역

실외놀이는 장애유아에게 필수적이다. 실외놀이 활동들은 실내에서는 쉽게 이루어지지 않는 독특한 기회를 제공한다. 세심한 계획과 운영을 통해 이러한 기회들을 최대화하는 것이 중요하다.

힌트 Hepltul Hint

실외환경에서 유아가 특별한 문제점과 제약을 가지고 있지는 않은지 부모들과 의논해야 한다. 왜냐하면 약물이나 치료 상태에 기인한 발작과 햇빛 민감성, 그리고 지각과 균형감각의 문제가 있을 수 있다.

실외환경은 종종 매우 바람직한 감각—운동적 환경의 변화를 제공한다.

① 실외는 실내에 비해 소음이 적게 울릴 뿐만 아니라 소리가 넓게 분산되므로 청각적으로 민감한 유아의 스트레스를 덜어 줄 수 있다.
② 직사광선은 시각적 문제를 발생시킬 수도 있지만, 햇빛은 유익하다.
③ 실외공간에서는 실내에서 하기 힘든 자전거 타기, 마차 밀기, 그네 타기와 같은 대근육 운동과 이동 활동들이 쉽게 이루어진다.

다음은 장애유아를 위한 실외놀이 활동 구성 시 고려할 점이다.

- 그네는 안전하고 견고하게 제작되어야 한다.
- 운동장 바닥은 부드럽고 탄력이 있어야 한다.

- 저시력 유아를 위해, 한 영역에서 다른 영역으로(예: 그네에서 모래놀이로) 가는 길의 바닥에 표시를 해 줄 필요가 있다. 즉, 영역 간에 융기를 두거나 몇몇 영역들에는 인조잔디를 설치한다.
- 오르기 구조물들은 쉽게 잡을 수 있는 난간이 있어야 한다.
- 페달이나 바퀴 달린 놀잇감들은 키가 작고 다리의 운동 통제력이 약한 유아를 위해 발 받침대와 벨크로로 보조되어야 한다.
- 자전거 트랙과 '통행' 경로는 분명하게 표시되고 지켜져야 한다.
- 모래 테이블, 모래상자, 물놀이 테이블 또는 작은 볼풀이 포함되어야 하고, 접근하기 쉽도록 만들어져야 한다.

요 약

물리적 환경에 대한 신중한 계획과 배치는 장애유아가 얼마만큼 통합 환경에 적응하여 즐기는지에 있어 의미 있는 차이를 가져올 수 있다. 이러한 재원들은 모든 유아에게 유익하며, 물리적 환경이 학습을 방해하기보다 지원하도록 보장하는 데 도움을 준다.

사례연구

폴(Poul)과 레이(Ray)를 위한 경계들

톰(Tom)은 유아원의 교사이다. 그의 교실은 오래된 집을 개조한 작은 교사(校舍) 안에 있다. 그는 좋은 교실 환경을 고안하기에는 공간이 충분하지 않다는 사실에 대해 실망해 왔다. 얼마 후 새로운 장애유아 두 명이 그의 반에 들어오게 되었다. 폴은 안경을 쓰며 이동을 할 수 있고 아주 안전하게 교실을 돌아다닐 수는 있다. 그러나 폴은 공간이 복잡하거나 소란스러울 때는 특정한 놀이 영역이나 좋아하는 놀잇감을 식별할 수 없었다. 공간 문제를 해결하기 위해, 톰은 이동식 카트에 놀잇감과 물건 정리함 여러 개를 싣고 어디든 편리한 곳에 가져다 놓고 사용하였다.

레이는 가만히 있지 못하고 계속해서 움직이는 산만한 유아였다. 레이의 엄마는 레이가 ADHD로 판정받았다고 한다. 레이는 교실 주변을 서성이고 좀처럼 한 가지 활동에 주의를 기울이지 못했다. 그는 흥미 영역에서 물건을 잡지만 금방 바닥에 던져 버리고는 영역에서 멀리 떨어진 교실의 저편으로 가 버렸다. 특히 레이는 집단으로 모이는 시간에 문제가 있었다. 레이는 2분 이상 앉아 있는 것이 불가능하며, 자리에서 일어난 후에는 늘 교실을 돌아다녔다.

톰은 집단활동을 위한 공간이 부족하기 때문에 매번 다른 흥미 영역들에서 집단활동을 수행해 왔다. 어떤 때는 쌓기놀이 영역에서, 어떤 때는 실외놀이 영역에서, 어떤 때는 간식 책상에서 집단활동을 수행하였다. 그러나 두 명의 장애유아가 더 들어오게 됨으로써 이제 교실의 공간은 비좁게 되었다.

톰은 폴과 레이의 특별한 요구를 충족시켜야 함에 대해 많이 염려하여 통합지원 제공자인 토마스에게 두 명의 유아를 수용할 수 있는 방법에 대해 상담하였다. 토마스 교사는 여러 번 유아를 관찰하고 톰과 긴 이야기를 나눈 후, 몇 가지 전략들을 제안하였다.

첫째, 필요할 때까지는 이동식 카트들이 한 장소에 놓여 있어야 한다는 것이나. 필요할 때마다 적합한 영역으로 카트를 이동하는 것은 예측할 수 있는 별도의 과제로서 도와줄 유아를 배정하는 일과활동 계획 속으로 통합되었다. 특히 레이는 카트를 한 곳에서 다른 곳으로 옮기는 것을 즐겼다. 이 전략은 카트로 인해 소란스러워지는 것을 막을 수 있는 교화적인 방법이 되었다.

둘째, 전략은 흥미 영역들(쌓기놀이 영역, 도서 영역, 역할놀이 영역 등)이 명확하게 표시되도록 반짝이는 색 테이프를 사용하는 것이었다(각 영역은 다른 색상으로 표시하며, 모서리는 대조적인 선 패턴을 표시한다). 또한 톰은 잘 가지고 놀지 않거나 부서진 놀잇감들을 없애서 놀잇감과 자료를 1/3로 줄였다. 이로써 놀잇감이나 자료들을 선반에 배치하기 훨씬 수월해졌다. 그리고 선반에 그림표시를 붙임으로써 일정한 장소에 정리하기 쉽도록 도울 수 있다.

마지막 전략은 집단활동에서 읽기활동을 자주 포함시킴으로 집단활동을 매일 일정한 장소인 도서공간에서 진행하는 것이다. 톰은 도서공간이 레이가 조용히 있을 수 있는 영역임을 알고 있었다. 아마도 도서공간이 닫혀진 공간이기 때문일 것이다.

이제 약간의 도움만으로도 폴은 교실 주위를 자신 있게 움직일 수 있게 되었고, 항상 일정한 장소에 새롭게 놓여 있는 좋아하는 놀잇감들을 찾기 위해 잔존시력을 이용할 수 있게 되었다. 레이는 보다 차분해졌고 블록 영역과 도서 영역을 좋아하기 시작하였으며, 이 두 영역에서는 하나의 활동에 최소 몇 분간은 주의를 기울일 수 있게 되었다.

사례연구 질문

1. 어떤 편의제공이 레이에게 가장 도움이 되었는가? 그리고 이유는 무엇인가?
2. 어떤 편의제공이 폴에게 가장 도움이 되었는가? 그리고 이유는 무엇인가?
3. 교실 환경을 개선할 수 있도록 교사인 톰에게 5,000달러를 준다면, 당신은 톰이 그 돈을 어떻게 쓰도록 조언할 것인가?

주요 용어

안정시키는 활동들(soothing activities)
동선관리(traffic management)
보완의사소통 전문가(augmentation communication specialist)
조작놀이 자료들(manipulative)
활동 영역(activity area)

CHAPTER 04

문제 행동의 예방과 관리

1. 문제 행동이란 무엇인가?
2. 장애유아의 문제 행동들
3. 부적절한 행동의 원인과 기능
4. 문제 행동의 예방과 감소를 위한 전략
5. 행동 수정과 강화기제의 사용
6. 일대일 보조원 배치
7. 긍정적 행동지원 계획

장애유아가 보이는 많은 문제 행동은 간단한 전략을 통해 예방될 수 있다.
문제 행동이란 절대적인 것이 아니다. 행동이란 어떤 상황에서는 문제가 될 수 있으나 또 다른 상황이나 다른 사람에게는 문제가 안 될 수도 있다. 문제 행동은 사회적으로, 문화적으로 결정된다. 교사는 왜 그 행동이 수용될 수 없는지 그 행동과 상태를 구체적으로 정의할 수 있어야 한다.

- 장애유아에게는 보다 많은 문제 행동 유형이 나타나는 경향이 있다. 이것은 충동 통제의 어려움, 낮은 인내력, 안절부절못함, 그리고 적절한 의사소통 기술의 부족 때문이다.
- 장애유아의 부적절한 행동은 그들이 의사소통하려는 시도를 보여 주는 것일 수도 있다. 그들은 불쾌한 상황이나 감각을 피하려는 요구, 선호하는 물건이나 활동을 획득하려는 바람, 또는 주의를 끌기 위해 신호를 보내는 것일 수 있다.
- 지속적이고 심각한 문제를 해결하기 위해서는 행동 전문가와 통합 상담가의 지원이 필요할 수 있다. 전문가는 지속적이며 심각한 문제 행동들의 선행 사건과 결과에 대해 주의 깊은 기능적 평가를 한 후, 유아의 행동을 수정할 수 있는 중재 계획을 세운다.
- 긍정적인 행동지원 전략은 의사소통의 시도를 통해 많은 문제 행동을 파악할 수 있게 한다. 이러한 경우에, 목표는 유아로 하여금 보다 적절한 방법으로 의사소통할 수 있게 하는 수용 가능한 대체행동을 제공하는 것이다. 이 접근은 또한 행동의 동기가 된 사건이나 선행 사건을 규명하는 데 주안점을 둔다.

장애유아의 통합 환경 배치에 있어 가장 일반적인 실패의 원인 중 하나는 장애유아의 문제 행동을 다루는 데 있어서의 어려움 때문이다. 장애유아는 자주 비전형적 또는 부적절한 행동을 한다. 이러한 행동은 실제로 교실 활동의 흐름을 방해한다. 때때로 이러한 행동은 위험하기도 하다. 유아교육자들은 왜 그와 같은 행동들이 발달하고, 어떤 전략과 자원들이 이러한 문제 행동을 예방하고 관리하는 데 도움이 되는지에 대해 이해해야만 한다.

1. 문제 행동이란 무엇인가?

다른 사람들에게 고통을 주거나 상처를 주는 행동은 수용되기 어려울 것이다. 대개 문제 행동에 대한 규정은 유아 주변의 지역사회에 의해 정의된다. 그 경우 문제 행동은 규칙 위반과 관련이 있을 것이다. 만일 당신이 어떤 초등학교 학급 두 곳을 방문했을 때, 퀸시 교사의 학급은 매우 조용하고, 넬슨 교사의 학급은 매우 시끄럽다는 것을 발견하게 될 것이다. 이는 두 명의 교사에 의해 설정된 규칙과 기대를 반영하고 있음을 보여 준다. 퀸시 교사는 조용한 교실이 학습에 필수요건이라고 믿고 있다. 반면 넬슨 교사는 아이들이란 반드시 능동적으로 학습과정에 참여해야 하는 존재이기 때문에 침묵 속에서는 학습할 수 없다는 신념을 가지고 있다. 따라서 넬슨 교사 학급에서 나는 유아의 소음은 능동적인 학습의 증거로 생각될 수 있다. 하지만 퀸시 교사 학급에서는 시끄러운 아이는 문제 행동이 있다고 생각될 수 있다.

또 다른 예로, 만일 당신이 유아교육기관 교실 두 곳을 방문한다고 가정해 보자. 첫 번째 교실에서 당신은 3세 된 남자아이가 놀잇감을 빼앗기 위해 다른 아이를 공격적으로 밀치고 있는 모습을 볼 수 있다. 교사는 그에게 "밀지 마!", "안 돼! 얘는 지금 이것을 가지고 놀고 있어."라고 말을 한다. 비슷한 상황이 벌어지고 있으나 두 번째 교실에서는 교사가 다른 방식으로 중재를 하고 있었다. "그건 너무 거친 행동이야. 밀면 안 돼. 네가 멋지게 놀이하고 함께 나눠 쓰는 것을 배울 준비가 될 때까지 타임아웃(time-out) 영역에 가 있어!"

첫 번째 교실의 교사는 그 유아의 행동을 연령에 적절한 것으로 간주하고 문제 행동으로 보지 않았다. 만약 적절한 모델이 있다면, 유아는 더 적절한 행동을 배우게 되리라 그녀는 믿고 있다. 두 번째 교실의 교사는 물리적으로 공격적인 행동은 어떤 종류든 수용할 수 없다고 강하게 믿고 있으며, 유아가 이것을 빨리 배우기를 원하고 있다.

첫 번째 교실에서 유아의 그러한 행동은 정상적인 것으로 간주된다. 그러나 두 번째 교실에서는 그것이 하나의 문제 행동으로 간주된다. 때때로 이와 같은 문제를 다룰 수 있는 가장 쉬운 방법은 단순히 그 규칙을 바꾸는 것이다. '조(Joe)의 신발' 이야기는 이러한 아이디어를 실제적으로 보여 준다.

조(Joe)의 신발

조는 3개월간 기관 중심 프로그램에 다녔다. 어느 더운 날, 프로그램이 시작된 후 교사는 아이들이 수영장(wading pool)을 건너가게 하기 위해 모두 신발을 벗겼다. 조는 이 활동을 즐겼다. 그러나 불행하게도, 그날 이후로 조는 매일 기관에 도착하자마자 신발을 벗는 일을 계속했다.

매일 조의 신발 때문에 전쟁이 벌어졌다. 그는 자기 신발을 벗을 때까지는 기분이 좋지 않았다. 그러나 벗고 나서는 기분이 좋아지는 것 같았다. 교사는 그의 아버지와 그 문제에 대해 이야기하였다. 아버지는 조가 신발을 계속 신고 있어야 한다고 주장하였다. 조의 아버지는 그의 발이 커져서 오래된 신발이 맞지 않기 때문에 신발을 벗고 싶어 한다고 생각하고 그에게 새 신발을 사 주었다. 그러나 조는 여전히 신발 벗기를 고집하였고, 교사가 신발을 신으라고 다시 가져오면 울면서 발길질을 하고는 하였다.

어느 날 교사는 아버지에게 혹시 조가 집에서도 신발 벗기를 고집하는지 물어보았다. 아버지는 조가 집에서는 그러지 않고 센터에서만 그러한 행동을 한다고 대답하였다. 교사는 조가 원한다면 센터에서 신발을 벗을 수 있게 하는 것이 좋겠다고 제안하였다. 이에 아버지는 마지못해 동의하였다.

일단 이 규칙이 적용되자 조의 분노발작은 가라앉았고, 그는 기꺼이 일과활동에 참여하였다. 조는 집에서는 아무 문제없이 신발을 계속 신었다. 3개월이 채 되기 전에, 조는 센터에서 신발 벗는 것을 종종 잊어버리기도 하였다. 그 해가 끝나갈 무렵, 그 문제는 사라졌다.

조의 경우, 소위 '문제 행동'을 문제가 아닌 것으로 단순히 재정의해 준 것이다. 교사는 종종 규칙이나 기대를 바꾸는 것을 주저하는데, 그 이유는 교사가 아이들에게 지는 것처럼 보일 수 있기 때문이다. 그러나 때때로 조의 경우처럼, 그것이 더 이상 화제가 되지 않으면 그 행동은 결국 사라지는 경우가 있음을 주목해야 한다.

2. 장애유아의 문제 행동들

장애의 유무를 떠나 모든 유아는 타인에게 방해가 되거나 교실에서 수용할 수 없는 행동 유형을 가지고 있을 수 있다. 그러나 어떤 장애 조건의 특성들은 유아의 문제 행동을 발달시킬 가능성을 증가시킬 수 있다.

1) 신경학적 장애

신경학적 장애를 가진 유아가 일으키는 문제 행동의 흔한 원인은 근육 통제의 어려움이다. 이러한 유아는 종종 좌절을 증가시키는 어떤 상황에 빠르게 공격적으로 반응한다. 머리 외상(head trauma)으로 고통받는 유아는 정서불안일 수 있는데, 이는 빈번하게 설명되지 않는 울음을 수반할 수 있다.

2) 자폐

자폐유아는 종종 분노발작(tantrums) 또는 뛰쳐나가기(running away)와 같은 과격한 행동을 한다. 그들은 특정한 소리나 촉감에 극히 민감하다(촉감방어). 그 결과 그들은 어떤 불쾌하거나 극심한 상황을 회피하기 위해 부적절한 행동을 하기도 한다. 일부 유아는 분노를 감소시키기 위한, 그리고 스스로 안정하기 위한 수단으로 자기자극적 행동, 예컨대 물건 빙빙 돌리기(twirling object), 찰싹 때리기(hand flapping), 흔들기(rocking) 등을 수행한다. 자기자극적 행동은 유아로 하여금 환경에서 스트레스를 주는 어떤 것을 차단시키는 데 종종 도움을 준다. 장애가 많은 유아의 경우처럼, 자폐유아는 예측할 수 없는 환경에 대처하는 데 자주 어려움이 있다. 따라서 예측 가능성이 적고 환경이 덜 구조화될수록 유아가 문제 행동을 발달시킬 가능성이 커지게 된다.

3) 의사소통장애

제한된 의사소통 기술을 가진 유아는 그들의 환경을 통제하고 그들이 필요로 하고 원하는 것을 의사소통하기 위한 원시적인 수단으로 방해가 되는 행동 유형을 보일 수 있다. 이러한 유아의 기능적인 의사소통기술(단어, 제스처, 사인, 또는 그림 등)을 돕는 것은 이들의 문제 행동들을 감소시킬 수 있게 한다.

4) 발작장애

경우에 따라 비일상적이거나 폭발적인 행동들은 발작의 결과일 수 있다. 교사는 유아와 그들의 약물치료(medication)의 발작장애에 대해서 인식하고 있어야 한다. 또한 교사는 유아가 비진단적인 발작장애를 가질 수도 있음을 인식하고 있어야 한다.

3. 부적절한 행동의 원인과 기능

만일 유아의 어떤 행동을 단순히 보아 넘기거나 무시할 수 없고, 교실의 흐름을 방해하는 행동(소리 지르기, 물건 던지기 등), 해를 끼칠 수 있는 행동(물기, 때리기, 자해행동) 등이라고 판단했다면, 그 다음 단계는 그것의 원인과 기능을 밝히는 것이다. 어떤 유아가 수용할 수 없는 행동을 하는 데에는 다음과 같은 몇 가지 이유가 있다.

- 회피하기
- 관심 끌기
- 접근하기

1) 회피하기

경우에 따라서는 유아가 자신의 내적 상태에서 도피하고자 할 수 있다. 예를 들어, 유아는 외부 조건보다는 자신의 신체적이나 생물학적 요인과 관련되어 불편함이나 극도의 스트레스, 불안감을 느낄 수 있다.

이와 같은 내적 상태는 약물, 식사, 질병, 그리고 가정 또는 교실에서의 정서적 긴장 등에 의해 영향받을 수 있다. ADHD로 인한 과잉행동 유아는 신경학적으로 움직이고자 하는 강한 충동을 경험하기도 한다. 만일 이것이 정확히 방향 지워진 것이 아니라면 이러한 과잉행동은 쉽게 문제 행동으로 전환될 수 있다.

유아는 매우 자주 스트레스나 불안, 불편함을 일으키는 환경적 조건들을 피하려고 한다. 민감한 청력을 가진 유아(예를 들어, 자폐유아의 경우)는 시끄러운 방에서 불편함을 느낄 수 있다. 스트레스 또는 불편함의 원인이 되는 일반적인 조건은 다음과 같다.

- 소음이 많거나 소리의 울림이 많은 환경
- 너무 많은 수의 유아가 있을 경우
- 아주 가까이에 있는 유아의 존재
- 산만하고 조직화되지 않은 교실 환경
- 시각적 자극이 과도한 환경
- 칸막이 없이 넓게 열린 공간

뛰쳐나가기, 또는 착석 거부하기 등은 명백한 회피 행동의 예이다. 그러나 어떤 행동들은 쉽게 해석할 수 없는 경우가 있다([그림 4-1]). 다음은 회피를 목적으로 자주 야기되는 행동 목록이다.

- 밖으로 뛰쳐나가기
- 앉아 있기 거부하기
- 닫혀진 공간 또는 탁자 밑에 기어들어 가기

[그림 4-1] 회피하기를 보여 주는 유아

- 분노발작 일으키기
- 귀 막기
- 소리 지르기
- 물건 던지기
- 때리기, 물기
- 자기 손 때리기 또는 기타 자해행동
- 머리 돌리기, 찰싹 때리기, 또는 기타 자기자극적 행동

2) 관심 끌기

장애가 있든 없든 많은 유아는 성인의 관심을 요구하며, 또한 이것을 즐긴다. 수용할 수 없는 행동의 일차적인 동기는 양육자나 의미 있는 성인으로부터의 관심 끌기와 그들과 상호작용을 하고자 하는 의도이다. 문제 행동을 의미 있게 감소시키는 하나의 효과적인 일반적 전략으로는 당신이 유아에게 적절한 개인적 관심을 주고 있음을 확신시키는 일이다. 하루 내내 자주 친밀하게 일대일로 각 유아

[그림 4-2] 유아의 요구에 관심 가져 주는 교사

와 상호작용하는 것을 분명히 해야 한다. 이것은 개별 유아의 눈높이에 맞추어야 한다는 것과 유아의 말과 감정을 모두 인내심을 가지고 듣는 것과 개인으로서 그들을 인정하는 것을 의미한다([그림 4-2]). 다음은 일반적인 관심 끌기 행동들이다.

- 뛰쳐나가기
- 교실 배회하기
- 활동 떠나기
- 또래 괴롭히기(picking on peers)
- 분노발작
- 옷 벗기
- 물건 부수기(destroying property)
- 수도꼭지나 전기 스위치 껐다 켰다 하기
- 탁자 밑에 기어들어 가기

힌트 Heplful Hint

알고 있다시피, 흔히 동일한 행동들이 회피행동 및 관심 구하기 행동 목록에 있다. 그렇다고 똑같은 행동 유형이 똑같은 기능을 갖고 있지는 않다. 즉, 두 명의 유아가 하는 동일한 행동은 완전히 다른 기능을 수행하기도 한다.

3) 접근하기

접근하기는 유아가 어떤 사물, 감각, 또는 유아가 즐거워할 만하다고 발견한 활동들에 가까이 가고자 하여 수용할 수 없는 행동을 하는 경우를 말한다. 예를 들어, 유아는 회피하거나 관심을 끌기 위해 뛰쳐나가는 것이 아니라 밖이 좋기 때문일 수도 있다. 유아가 불을 껐다 켰다 하는 것이 교사의 관심을 얻고자 하는 것이 아니라 깜빡거리는 빛의 시각적 효과를 좋아하기 때문일 수도 있다.

4. 문제 행동의 예방과 감소를 위한 전략

특별한 교실 조직 전략과 유아와 상호작용하는 방법은 기관 중심 환경에서 수용될 수 없는 행동 빈도를 의미 있게 줄일 수 있다. 이 장에서는 이러한 전략들을 요약해 놓았다.

1) 적은 수의 규칙

규칙이 많으면 많을수록 유아는 문제를 일으킬 가능성이 그만큼 더 많아지게 된다. 규칙의 수는 서너 가지 이하로 유지하는 것이 좋다. 일부 장애유아는 한두 가지 이상의 규칙은 다룰 수 없을지도 모른다. 규칙들은 명확히 규정되어야 하고,

그 집단에 나타난 발달 수준의 영역에 대해 현실적이어야 한다.

2) 주의 깊게 규칙 선택

영아에게 적용할 규칙은 그들 자신과 다른 유아에게 해를 주는 행동 예방에 관한 것을 선택하는 것이 중요하다. 따라서 때리기, 물기, 던지기, 발로 차기 등과 같은 공격적 행동은 언제나 수용될 수 없고, 카운터 위로 올라가기, 머리 돌리기 또는 실내에서 달리기와 같은 자신들에게 위험한 행동들도 마찬가지이다. 교사는 이와 같은 행동이 허용되지 않음을 유아에게 명확히 알려 주고, 주지시켜 주어야 한다. 이것은 특히 통제 문제를 가진 유아에게는 결정적이다. 자기 조절의 학습은 유아에게 중요한 도전일 수 있다. 그러나 그것은 유아의 성공에 결정적이다.

심지어 그것들이 공격적 행동만큼 심각하지는 않다 해도, 예컨대 큰 소리로 소리 지르기, 놀잇감을 선반에 던지는 일과 같은 방해행동들 역시 허용되어서는 안 된다. 이러한 행동은 다른 유아에게 스트레스를 주고 속상하게 하는 행동들이다.

3) 명료하고 일관성 있는 실시

장애유아는 규칙들이 명확히 표현되지 않고, 일관된 결과가 따르지 않으면 규칙을 배우기가 어렵다. 어떤 장애유아의 경우에는 당신이 언어로만 이야기한다면 이해할 수 없다는 것을 명심해야 한다. 그들은 확실한 시범이 필요하다. 유아에게 단순히 "우리 규칙 중 하나는 탁자 위로 올라가서는 안 되는 것이야."라고 말하는 것은 일부 유아에게는 아무런 효과가 없을 수 있다. 오로지 탁자 위로 올라가는 것에 대한 일관된 결과를 통해서만 유아는 마침내 이것이 허용되지 않는다는 것을 배우게 된다. 당신의 얼굴 표정과 억양 역시 그 행동이 허용되지 않는다는 것을 전달하는 데 도움을 준다.

"탁자 위로 올라가지 말자."라고 즐거운 얼굴 표정으로 말하는 것은 유아에게 그들이 규칙을 위반하고 있음을 이해하는 데 도움을 주지 못할 것이다. 그들은 당신의 말을 이해할 수 없기 때문에, 만일 당신 목소리의 억양이 즐겁고 당신이 웃고 있다면 그들은 바람직한 일을 하고 있다고 생각할 수도 있다.

4) 과다 자극, 비구조화된 자극

불명확한 소통 유형을 가진, 시끄럽고, 시각적으로 분주한, 흐트러진, 그리고 혼란스러운 환경들은 문제 행동을 일으킬 가능성을 높인다.

5) 예측 가능한 일과 계획

유아특수교육(ECSE) 교사는 이것이 문제 행동을 줄이는 가장 효과적인 전략 중 하나라고 주장한다. 유아는 다음에 무슨 일이 일어나는지에 대해 확신을 가지게 되고, 참여는 최대화, 피로는 최소화되도록 활동이 계획될 때, 수용할 수 없는 행동을 하지 않을 가능성이 크다(매일의 하루 일과에 대한 상세한 논의는 제1장을 보라).

6) 신중한 전이 활동 계획

한 활동에서 다른 활동으로 전이하는 것은 장애유아에게 도전일 수 있다. 주의 깊게 계획된 전이는 신호, 순서, 그리고 일관성을 고려하는 것이다.

(1) 명료한 신호

한 활동의 끝을 알리고 전이의 시작을 알리는 일련의 신호, 예컨대 불을 켰다 끄는 것, 어떤 노래를 부르거나 연주하는 것, 벨을 울리는 것 등을 개발하라. 많은 장애유아는 청각적 신호보다는 사물이나 그림에 더 잘 반응할 수 있다.

(2) 명확한 순서

다음의 예와 같이 실외놀이에서 간식으로 이어지는 전이 내에서의 규칙적인 순서를 따르도록 한다.

① 바깥 활동의 종료를 알리는 벨을 울린다.

② "자, 이제 간식시간이다."라고 교사가 말한다.

③ 유아는 물·모래상자 덮기, 놀잇감 정리 등을 한다.

④ 유아는 문 앞에 줄을 선다.

⑤ "좋아, 모두 간식 먹으러 갈 준비가 되었구나."라고 말한다.

⑥ 교사는 유아를 교실 안으로 안내한다.

(3) 일관성

전이할 때마다 동일한 단서와 동일한 순서를 사용한다.

7) 부적절한 행동 발생에 관심 보이기

성인의 관심을 끌고자 하는 목적으로 방해를 하는 유아의 경우, 그들이 관심을 요구하기 전에 무기적 관심을 제공하는 것은 부적절한 행동을 의미 있게 줄일 수 있는 방법이다.

8) 문제 행동 발생을 위한 신체적 접촉

때때로 신체 접촉은 유아가 스스로 통제력을 얻도록 도움을 줄 수 있다. 이것은 주의를 집중하는 데 어려움이 있는 유아와 과잉행동유아, 또는 언어적 단서에만 의존할 수 없는 수용언어 결핍유아에게 특별히 도움이 된다.

힌트 Heplful Hint

자폐 또는 심한 행동장애를 가진 유아에게 있어, 당신이 팔로 유아의 뒤에서 몸 전체를 껴안아 주는 것은 종종 심한 분노발작을 줄일 수 있다([그림 4-3] 참조).

[그림 4-3] 분노발작을 줄이기 위해 유아를 뒤에서 몸 전체로 껴안기

5. 행동 수정과 강화기제의 사용

문제 행동을 다루기 위해 가장 일반적으로 사용되는 전략 중 하나는 '행동 수정'이다. 지면관계상 이에 대한 자세한 내용은 서술할 수 없지만, 행동 수정의 기본적인 원리는 단순하다. 유아의 행동 다음에 무엇이 발생하는가는 유아가 그것을 좋아하거나 혹은 싫어하는 것에 의존되며, 유아의 행동을 강화하거나 약화시킬 수 있다.

- 한 행동에 뒤이어 즉각적으로 발생하는 것을 '결과'라고 부른다.
- 만약 유아가 결과가 즐거워서 그 행동이 증가하거나 강해졌다면 그 결과는 '강화제'라고 부른다.
- 만약 결과가 불쾌하다면, 그것을 '혐오자극'이라고 부른다. 만약 그 행동이

약화되거나 빈도가 줄어들게 되면, 그 결과는 '벌'로 간주된다.

만약 매번 한 유아가 개를 쓰다듬을 때마다 개가 으르렁거린다면, 그 유아는 곧 개 쓰다듬기를 그칠 것이다. 반면 개가 가까이 다가와서 그를 핥는다면, 아마도 그 유아는 개를 더욱더 많이 쓰다듬게 될 것이다.

1) 강화제 선정

긍정적 강화를 사용하는 열쇠는 물론 긍정적으로 강화하는 것을 발견하는 것이다. 만약 유아가 결과가 유쾌하다는 것을 경험하지 못한다면, 그것은 효과가 없을 것이다.

예를 들어, 한 교사가 집단활동 시간에 "선생님은 ㅇㅇ가 앉아 있는 것을 좋아한단다."와 같은 칭찬을 사용하여 유아를 강화시키려는 의도를 가지고 있을 수 있다. 그러나 만일 아이가 칭찬을 고맙게 여기지 않는다면, 앉아 있게 하는 것을 증가시키는 효과가 없다. 반면, 만약 유아가 앉을 때마다 그가 좋아하는 성인이 그 옆에 앉아서 어깨에 손을 얹어 주게 된다면(그 아이가 좋아하는 행동인 경우), 그 아이는 집단활동 시간에 기꺼이 착석하는 것을 계속하게 될 것이다.

2) 바람직하지 않은 행동 감소

몇 가지 접근방법이 이미 확립된 바람직하지 않은 행동을 감소시키는 데 도움을 줄 수 있다.

① 행동이 우연히 강화된 것인지 아닌지를 결정하고, 강화된 결과를 제거하라(엘레나의 예 참조).
② 만약 가능하다면, 보다 수용 가능한 새로운 대체 행동을 가르치라. 예를 들어, 놀잇감을 치울 때 발로 차는 아이에게는 대신 "싫어요."라고 말하도록 가르치라.

③ 대체 행동을 긍정적으로 강화하라. 이것은 특히 대체 행동이 문제 행동과 양립되지 않을 때 효과적이다. 예를 들어, 아이가 때리기보다는 "안 돼."라고 사인을 줄 때처럼 말이다.

④ 불쾌한 자연적 결말을 제공하라. 예를 들어, 공격하는 유아의 놀이 친구가 일어나서 놀이 영역에 유아를 혼자 두고 떠나게 할 수 있다.

엘레나(Elena)가 좋아하는 성인

엘레나는 자유놀이 시간에 어떤 적절한 활동에도 집중하지 못하는 유아이다. 이 아이는 교실을 이리저리 단순히 떠돌아다니는 것처럼 보이며, 때때로 멈춰 서서 다른 아이를 발로 차거나 밀고는 한다. 이러한 행동은 대체로 그녀가 좋아하는 교사인 롱이 손으로 아이를 잡아 다른 유아로부터 떨어지게 만드는 것으로 끝이 난다.

평소에 롱 교사는 엘레나에게 놀잇감을 가지고 놀게 한 다음 곁을 떠났다. 그래서 엘레나에게는 그녀가 좋아하는 성인과 상호작용하려고 발로 차고 미는 행동이 강화된 것이다. 엘레나가 놀잇감에 흥미를 보이자마자 자기가 좋아하는 성인이 곁을 떠났기 때문에 엘레나에게는 그것이 놀잇감을 갖고 노는 것에 대한 처벌을 받는 것이 된 것이다.

행동 수정 원리를 사용하여 롱 교사는 또 다른 접근방법을 시도해 보기로 결심하였다. 그녀는 엘레나가 어떤 적절한 활동에 참여하고 있는 것을 보게 될 때마다 아이에게 다가가서 아이와 함께 놀아 주었다. 엘레나가 다른 아이에게 공격적으로 행동할 때 롱 교사는 학급자원 봉사자나 엘레나에게 덜 친숙한 다른 성인이 엘레나에게 다가가서 준엄하게 "엘레나, 너는 발로 차서는 안 돼."라고 이야기하게 하였다. 그러고 나서 그 성인은 재빨리 엘레나를 교실의 다른 쪽으로 옮겼다. 이러한 식으로 엘레나는 적절한 행동에 대해서는 롱 교사를 등장시킴으로써 강화받았고 공격적인 행동은 강화받지 못했다.

3) 소거의 사용

행동의 목적이 우선적으로 주의획득에 있을 때, 그 행동을 감소시키는 또 다른 효과적인 방법은 '소거'를 통해서이다. 소거란 행동을 무시하는 것의 결과이다. 분명히 어떤 행동은 너무나 심각해서 무시하기 어려운 것도 있다. 그러나 극단적으로 파괴적이거나 위험하지 않은 행동에 있어서의 소거는 효과적인 전략일 수 있다. 이 절차를 통해 유아는 그 행동이 아무 효과도 없음을 배우게 된다. 마침내 행동의 비율이 눈에 띄게 감소하게 될 것이다. 그러나 처음 얼마 동안은 그 행동이 강화될 수도 있다. 모든 스태프가 이 결과를 기대하는 것은 중요하다. 그렇지 않으면 그들은 그 절차를 방해하게 될 것이다.

질(Jill)의 소거 절차

질은 거의 매일 레고 상자를 뒤집어엎으며 온 바닥에 레고를 흩어 놓는다. 클레이 교사는 이것이 관심을 끌고자 하는 방법이 아닐까 의심하기 시작하였다. 그의 전형적인 반응은 "또 시작이구나."라고 얘기하며 좌절을 표현하는 것이다. 그는 바로 그 아이 옆에 앉아 레고 블록을 상자 안에 넣는 것을 도와주었다.

클레이 교사는 아이가 레고 블록을 뒤집어엎을 때 전혀 질에게 관심을 주지 않음으로써 소거 절차를 수행하였다. 그는 또한 자신이 질을 모른 척할 뿐만 아니라 질을 고자질하는 아이들도 무시하였다. 약 1주 동안 질은 하루에 2, 3번 레고를 엎어 버렸다. 그러나 어떤 성인도 아이의 행동에 반응을 보이지 않았다. 넷째 주 끝무렵, 질은 더 이상 레고를 엎지 않게 되었다.

4) 벌(punishment) 사용의 문제점

문제 행동의 발생률은 행동을 처벌함으로써 감소시킬 수 있지만 대부분의 경우, 특히 어린 유아의 경우에는 벌의 사용을 금지해야 한다.

유아 프로그램에서 보편적으로 사용되는 벌의 유형 중 하나는 많이 알려진 타임아웃(time out)이다. 이 절차는 주의 깊게, 가끔씩만 사용되어야 한다. 특히 2세 미만의 영아에게는 절대로 사용해서는 안 된다. 신중하게 수행된 타임아웃 절차는 어떤 유아에게는 자기 통제를 상실한 뒤 스스로를 재조직할 수 있는 기회를 제공할 수 있다. 어떤 유아는 실제적으로 스스로 부여한 타임아웃 사용을 학습하기도 하는데, 이는 스스로를 관리하는 능력에 있어 자기 확신감을 증가시킬 수 있다(Cook, Tessier, & Klein, 2000). 만약 당신이 타임아웃 사용을 선택한다면 다음의 사항을 고려해야 한다.

- 유아에게 어떤 행동이 타임아웃을 가져오게 하는지 정확하게 이해시켜라.
- 유아에게 차분하게 단 한 번만 경고하라.
- 유아는 전 시간 동안 교사의 시야 내에 두어야 한다.
- 타임아웃은 매우 짧게 하라.
- 타임아웃이 끝나면 긍정적으로 대하라. 아이가 스스로 통제한 것에 대해 칭찬하라.
- 유아가 활동을 선택하고 참여하는 것을 도와주라.

보편적으로 사용되는 또 다른 벌은 어떤 것을 빼앗는 것, 또는 아이에게 스티커를 주지 않는 것과 같이 보상을 주지 않는 것이다. 발달적으로 어린 유아에게 있어서 이것은 비효과적이고 부적절한 방법이다. 어린 유아, 특히 인지장애가 있는 아이는 행동이 일어난 그 순간에 주어지지 않는 지연된 강화의 의미를 이해하기가 어려울 것이다. 그들은 행동과 처벌 간의 연관성을 이해하지 못할 것이다.

마지막으로 심지어 처벌이 종종 바람직하지 못한 행동을 통제하는 데 도움을 줄 수 있다 해도, 그것은 원하지 않고 불필요한 정서적 부가효과를 낳을 수 있다. 그러므로 처벌은 아주 심각한 행동장애의 경우에만 사용되어야 하고, 행동 전문가의 협력하에 사용되어야 한다.

6. 일대일 보조원 배치

만약 행동 통제가 극히 어렵다면 일정 기간 동안 유아를 보호하기 위해 일대일 보조원을 배치할 필요가 있다. 대부분의 경우, 이러한 일대일 보조원의 역할은 유아의 행동, 예컨대 도망가고, 때리고, 물건 부수고, 자신을 다치게 하는 그러한 행동들을 예방하기 위해 개입하는 또 다른 두 눈과 두 손을 제공하는 것이다. 보조원은 유아가 어떤 행동을 막 하고자 할 때 나타나는 행동 단서나 환경적 요인을 파악하는 것을 배워야 한다.

예를 들어, 방의 소음 수준이 높아질 때 어떤 유아가 자기의 손으로 얼굴을 가리고 재빨리 방을 뛰쳐나갈 수 있다. 보조원은 이러한 단서를 인식하고 아이를 좀 더 조용한 장소로 옮기거나 단순히 그를 붙잡음으로써 달아나지 못하게 하는 것과 같은 통제 절차를 사용하는 것을 배워야 한다. 분명히 이것은 유아의 행동을 관리하는 영구적인 해결책은 아니다. 주의 깊게 계획된 행동 프로그램은 일대일 보조원이 필요하지 않게 되는 목표도 수행되어야 한다.

일대일 보조원 사용과 관련된 어떤 잠재적인 문제는 부가적인 문제 행동의 원인이 될 수 있다.

- 유아는 지나치게 보조원과 밀착되어서 다른 교사나 또래 유아와는 상호작용을 거부할 수도 있다.
- 보조원이 유아에게 너무 많은 것을 해 주어서 유아가 보조원에게 지나치게 의존하게 될 수 있다.
- 교사는 보조원이 유아와 상호작용하며 거의 모든 것을 해 주리라고 기대할 수 있고, 따라서 그 유아는 나머지 교사와 다른 유아로부터 고립될 수 있다.

일대일 보조원의 역할을 명확히 규정하는 것과 유아를 관리하는 데 필요한 만큼만 보조원을 사용하는 것이 중요하다. 유아교육자는 일대일 보조원이 어떤 훈련을 받는다는 것을 결코 가정하지 않는다. 보조원이 어떻게 훈련되는지를 결정하는 것은 너무나 중요하다. 부모 또는 통합 전문가는 이러한 정보를 제공해야만 하고, 보조원에게 필요한 필수적인 훈련도 제공해야만 한다.

7. 긍정적 행동지원 계획

긍정적인 행동지원은 행동의 기능을 이해하는 데 초점을 둔 행동 관리 접근방법이며, 행동이 일어나고 난 후 행동의 결과를 통해서라기보다는 행동을 예방하려는 시도이다(Koegle, 1996). 이 접근방법은 또한 부정적인 행동을 강화하기보다는 어떤 요소들이 긍정적인 행동을 지원하게 되는지를 결정한다.

문제 행동은 종종 언어적으로 자신을 표현하기 어려운 유아에게 일어난다. 많은 장애유아는 제한된 언어 기술을 가지고 있다. 그들은 자주 비언어적인 방법으로 자신의 요구를 강하게 표현한다. 너무나 자주 행해지는 이러한 비언어적 의사소통은 대부분 부적절하며, 결과적으로 문제 행동으로 밝혀진다([그림 4-4]).

문제 행동을 줄이는 하나의 중요한 단계는 행동의 의사소통적 기능을 결정하는 것이다. 행동의 의사소통 기능을 결정하는 한 가지 효과적인 방법은 ABC 분석을 수행하는 것이다([그림 4-5]). 이 분석에서는 여러 날 동안 행동의 선행사건, 행동, 그리고 결과를 주의 깊게 관찰한다. 바람직하지 않은 행동의 원인과 결과를 결정함으로써 행동의 의도에 대해 규명하는 것이 가능하다.

일단 이것이 결정되면 보다 적절한 의사소통 행동이 훈련될 수 있다. 이것을 '대체 행동'이라 부른다.

프레드리카(Frederika)의 행동을 의사소통으로 이해하기

프레드리카는 촉감 방어가 매우 심한 유아이다. 아이는 누가 만지는 것과 다른 유아들 틈에 있는 것을 싫어한다. 어떤 유아가 가까이 다가올 때 특히 그 아이가 시끄럽고 빠르게 움직이면 프레드리카는 바로 주위의 아무 물건이나 집어서 던져 버린다. 물건 던지는 것은 아이들이 자기에게 가까이 다가온다는 것을 알려 주기 위해 그녀가 알고 있는 유일하면서 매우 효과적인 방법인 것이다.

교사는 보다 수용적인 의사소통 행동을 대체 행동으로 택하였다. 프레드리카는 자신의 손바닥을 꼭 쥐고 "그만."이라고 신호하는 것을 배웠다. 그 학급의 다른 유아도 이 의사소통을 존중하여 약간 물러서도록 배웠다. 이것은 프레드리카에게 굉장한 통제감을 주었다. 일단 이 의사소통 반응을 몇몇 놀이 상황에 일반화시키자 프레드리카는 물건 던지는 일이 거의 없어졌다. 또한 점차적으로 또래가 자기 가까이에 있는 것을 참을 수 있게 되었다.

[그림 4-4] 방해행동은 유아의 유일하고도 가장 효과적인 의사소통 방법일 수 있다. 대체 행동을 가르쳐야만 한다.

행 동 관 찰 표 ABC 분석				
유아 이름:		관찰자 이름:		
날짜	활동	행동	결과	비고
	(누가, 언제, 어디에서, 무엇을 했는가?)	(실제로 무슨 행동이 일어났는가?)	(행동 직후에 무슨 일이 일어났는가?)	

[그림 4-5] ABC 분석 양식

전통적인 행동 수정의 적용은 타임아웃과 같은 결과를 적용함으로써 비수용적인 행동을 제거하는 것에 초점을 두어 왔다. 그러나 최근 비수용적인 행동의 원인, 목적을 분석함으로써 문제 행동을 예방하는 것에 점차적으로 관심이 높아지고 있다. 이 접근방법은 행동의 의사소통 기능을 밝히고, 가능할 때마다 수용 가능한 대체 행동을 찾는 것에 강조점을 두고 있다. 이것은 체계적인 접근방법을 요구하고 있으나 발달적으로는 적절한 방법으로, 지극히 효율적일 수 있다. 이 기법의 요소는 다음과 같다.

긍정적 행동지원 절차

1단계: 일정 기간 동안(적어도 1주) 행동을 주의 깊게 관찰하여 [그림 4-5]의 양식을 사용하여 ABC 분석을 수행한다.

A는 선행 요인에 대한 것이다.

행동이 일어나기 직전에 무엇이 일어났는가?

B는 행동에 대한 것이다.

유아가 실제적으로 무엇을 하는가?

C는 결과에 대한 것이다.

행동 바로 다음에 무엇이 일어났는가?

2단계: 수용할 수 없는 행동을 주의 깊게 서술한다.

유아가 실제 무엇을 하는가? 절차를 서술하도록 한다.

- 유아는 교사를 부른다.
- 유아는 소리 지르기 시작한다.
- 교사가 다가가자, 유아는 문 밖으로 뛰어 나간다.

언제 유아는 그것을 하는가? 그 행동은 어디서 일어나는가?

그 행동이 일어날 때 누가 대체로 있는가?

3단계: 왜 이 행동이 일어나는지에 대해 가설을 설정한다.

원인은 내부에 있는가? (예: 의학적인 것, 질병, 피로, 낮은 역치)

유아는 피하려고 노력하는가? 유아는 주의를 끌고자 노력하는가?

유아는 원하는 물건이나 활동을 획득하고자 노력하는가?

4단계: 뭔가를 표현하기 위해 행동이 나타나는지를 확인한다. 행동 가능한 의사소통의 가치를 확인한다.

유아는 이 행동을 사용하여 2단계에서 어떤 것을 우리에게 말하고자 하는 것인가?

- "아파요."
- "나를 여기서 벗어나게 해 줘요."
- "제발 나를 만져 봐요(나를 봐요. 나에게 얘기해 줘요. 가까이 와요. 등)"
- "나는 그 대신 레고 갖고 놀래요. 아니면 밖에서 그네 탈래요."

5단계: 행동의 동기를 밝힌다.

선행 사건과 관련된 1단계 정보를 사용하도록 한다. 무엇이 유아의 행동을 유발시키는가?

6단계: 행동 유발을 감소시키기 위해 환경적 변화를 계획하라. 다른 말로 선행요인을 변화시킨다.

예를 들면:

- 어떤 물건은 손 닿지 않는 곳에 두라.
- 다른 유아는 일정 거리 밖에 있게 하라.
- 소리를 약하게 하기 위해 방의 음향적 특성을 변화시켜라.

7단계: 적절한 것이 있다면, 대체 행동을 정한다.

예를 들면:

- 유아가 때리기보다 "싫어."라는 신호를 사용하게 하라.
- 유아에게 덜 자극적인 영역으로 피신하고 싶을 때, '조용한 영역(Quiet

Zone)'이라고 쓰인 카드를 보여 주라고 알려 준다.

- 유아에게 음식을 버리기보다는 배가 부를 때 "다 먹었어요."라고 신호를 보내게 한다.

8단계: 만약 행동이 여전히 종종 일어난다면 어떤 결과가 있게 될 것인지를 전문가와 주의 깊게 계획한다.
만약 당신이 소거 절차를 사용하는 것을 택했다면, 행동은 아마도 한동안은 더 자주 일어나게 될 것을 유념하여야 한다.

9단계: 행동이 감소되고 있는지 확인하기 위해 행동의 빈도와 강도를 모니터하도록 한다. 교사는 이 절차를 사용하더라도 하룻밤 사이에 갑자기 행동이 사라지지는 않는다는 것을 깨달아야 한다. 따라서 하루에 몇 번이나 그 행동이 발생했는지, 또는 행동 에피소드가 얼마나 오래 지속되었는지 등 행동을 주기적으로 측정해 보는 것이 중요하다. 이것은 행동이 점차적으로 줄어들고 있는지 여부를 결정하기 위해서이다. 종종 교사는 절차가 이해되지 않았다고 생각하고 너무나 빨리 이를 포기해 버리기도 한다.

줄리안(Julian)의 수건

줄리안은 4살 된 다운증후군 유아로, 최근 헤드스타트 프로그램에 배치되었다. 줄리안은 연로한 부모의 외동아이로, 이번이 첫 번째 집단치료 경험이다. 그의 교사는 줄리안이 레고, 작은 블록, 도미노 등이 있는 조작 영역에 있을 때마다 조작교구를 빈번히 던지고 때로는 다른 아이들을 물기도 한다고 불평이다. 교사는 가끔 그 영역이 덜 붐빌 땐 그가 레고를 쏟아 붓는 등 스스로 즐기기도 하지만, 대체로 그 영역에서 그가 어떤 교구와도 적절하게 놀지 못한다고 보고하였다.

통합지원 전문가와 함께 ABC 분석을 사용하여 교사는 줄리안이 다른 유아가 그에게 가까이 다가올 때 공격적으로 될 가능성이 매우 높다는 것을 파악하였다. 그리고 다음과 같은 몇 가지 간단한 중재들을 통해 이러한 문제 행동을 감소시켰다.

1. 교사는 조작 영역에서 한 번에 놀 수 있는 유아의 수를 제한하였다.
2. 교사는 줄리안이 가장 좋아하는 디즈니 캐릭터가 들어간 비치 수건을 구입하여 그가 이 영역에서 놀 때 그 위에 앉아 있을 수 있게 하였다. 다른 유아는 이것이 줄리안의 공간임을 배웠고, 만약 그들이 줄리안과 함께 그 수건 공간을 공유하고자 한다면 허락을 받도록 가르침을 받았다([그림 4-6] 참조).
3. 줄리안은 또래 유아가 그를 밀치거나 그에게 부딪혔을 때 무는 대신 사용할 대체 행동을 배웠다. 그는 팔을 쭉 뻗어 "네가 너무 가까이 있어."라고 전달하는 것을 학습하였다.
4. 만약 줄리안이 누군가를 물거나 감정이 폭발하여 물건을 던진다면, 그는 즉시 그 영역에서 벗어나서 그가 덜 선호하는 놀이 영역으로 배치되었다.

이러한 절차를 계속하여 사용한 결과, 한 달 이내에 다음과 같은 변화가 생겼다.

- 몇몇 유아는 자신의 수건을 달라고 요청하였다.
- 줄리안은 팔 신호를 제법 빠르게 사용하는 것을 배웠다. 비록 다른 유아가 항상 따르는 것은 아니지만.
- 한 달이 끝날 무렵, 무는 행동은 사라졌고 물건 던지는 빈도도 줄어들었다.
- 어떤 또래 유아는 레고 블록 트럭으로 교구를 쏟고 채우고 하는 놀이에 줄리안을 참여시켰다.
- 다른 유아가 줄리안을 만지고 밀고 하는 것에 대한 인내심이 의미 있게 증가하였다.

[그림 4-6] 완충 공간의 예

요 약

문제 행동은 장애유아의 성공적인 통합에 있어 가장 큰 도전들을 보여 준다. 교사는 문제 행동이 출현하게 될 가능성을 줄이는 방법으로 학급을 설계하는 것이 결정적이다. 또한 문제 행동이 발생하기 전에 그것을 예방하는 효율적인 전략들이 있다. 그러나 이러한 좋은 실제를 사용함에도 불구하고, 어떤 유아에게는 주의 깊게 계획된 중재들이 필요하다. 이러한 경우에 유아교육자들은 그들이 그러한 유아를 조절하고 적절하게 관리하는 데 필수적인 전문가, 자원, 시간이 없을 수 있음을 이해해야 하고, 현실적이 되어야 한다. 그것은 최적의 해결책이 될 수 있는 부모, 전문가, 그리고 통합 자원 인력의 팀워크 내에서만 가능하다. 이것은 따를 만한 가치가 있는 한 기준이다.

사례연구

로버트(Robert)의 행동 중재 계획

로버트는 중도 언어지체를 가진 4세 된 유아이다. 그의 말은 이해하기가 어려우며, 그는 가끔씩 한두 단어로만 말을 한다. 로버트는 다른 유아를 자주 밀치곤 하는데, 로버트의 교사는 이 행동이 통제가 필요한 단순한 공격성이라고 믿고 있다. 교사는 타임아웃 절차를 사용해 왔는데, 잘 되고 있는 것 같지는 않다. 밀치는 행위가 실제적으로 증가하였던 것이다. 통합지원 교사와 행동 전문가와의 상담에서 교사는 주의 깊게 계획된 ABC 분석을 수행하기로 결심하였다.

여러 날에 걸친 행동 전문가의 신중한 데이터 수집 결과, 로버트는 하루 일과의 시작 시간에 아주 잠깐만 혼자놀이를 하는 것으로 나타났다. 그러고 나서는 교실을 이리저리 배회하기 시작한다. 그는 항상 가까이 접근해 오는 2명의 같은 유아에게 초점을 두는 것처럼 보였고, 무슨 소린지 알 수 없는 말을 한다. 그런 다음 그 유아가 자신을 바라보면 떠밀고 웃으면서 도망치는 것이다. 밀쳐진 아이는 넘어져서 울기 시작한다(로버트는 반에서 가장 작은 아이를 선택한다). 한 어른이 공격 당한 아이로 하여금 로버트에게 "나는 그것이 싫어."라고 말을 하게 중재하고는 한다. 그러고 나서 그 성인은 로버트에게 네가 잘못했기 때문에, 타임아웃 영역에 있어야 한다고 설명한다. 팀은 이러한 관찰 결과를 논의하였으며, 로버트가 밀치는 행동에 대해 성인과 또래 모두로부터 과도한 관심을 받고 있다고 결정하였다. 이것은 보상이었던 것이다! 그는 보다 적절한 방법으로 아이들에게 다가가고, 그들과 적절히 놀이하는 것에 대해서는 도움을 받지 못했던 것이다. 그들은 함께 긍정적 지원과 수정된 타임아웃 행동 계획을 수행하기로 결정하였다.

지원계획은 로버트가 혼자놀이를 하고 있을 때 한 명의 성인이 그를 지켜보도록 하는 것이다. 그리고 그가 교실을 배회하며 또래들을 보기 시작할 때, 성인은 물리적으로 더 가까이 가서 그를 보호하기 시작하였다. 그가 한 또래에게 다가갈 때 성인은 로버트의 팔을 잡으며 다음과 같이 말했다. "그에게 말로 해. 놀고 싶다고……." 그가 더 가까이 가서 그 여자 아이를 밀칠 때 성인은 물리적으로 통제시키며, 즉시 그에게 이야기했다. "나, 같이 놀고 싶어." 며칠간 계속해서 이렇게 하고 난 다음, 로버트는 어른에 의한 물리적 중재가 덜 필요하게 되었다. 자극이 주어지면 그는 "놀이."라고 말하며 밀지 않았다. 한 또래의 아이가 성인이 가까이 있는 상태에서 로버트 가까이에 머물며 놀이하도록 격려되었다.

그러나 어른이 로버트를 지키지 않으면 그가 다른 아이를 밀치는 상황은 여전히 일어났다. 이러한 일이 일어날 때 타임아웃 중재가 수행되었다. 한 성인이 즉시 다가가서 밀쳐진 유아를 토닥거리고, 다른 성인은 로버트를 가장 가까운 의자에 앉혔다. 성인은 눈 접촉을 하지 않은 채 "그만 두어야 해. 밀치면 안 돼."라고 말했다. 로버트는 성인이 그를 쳐다보지 않은 채 가까이 서 있는 동안 1분간 의자에 앉아 있었다. 끝날 무렵 성인은 그를 보며 반복해서 말했다. "너는 ○○○를 밀면 안 돼. 다른 놀이 장소를 선택해." 그는 다른 영역에서 적절한 활동에 다시 참여할 때까지 그의 옆에 머무르고 있는 유아와 성인에게로 되돌아가는 것이 허용되지 않았다.

이러한 타임아웃 시나리오가 3주 넘게 지속되었다. 마침내 로버트가 교사의 경고 소리에 반응하기 시작함에 따라 물리적인 도움이 완전히 사라지게 되었다. 한 달 후, 로버트는 아이에게 다가갈 때 교사를 자주 보게 되었다. 만약 그의 팔이 밀듯이 앞으로 향하게 되면, 교사는 그의 이름을 엄하게 부른다. 그러면 그는 자신의 팔을 내려 놓으며 "놀이하고 싶어요."라고 말하고 그 아이 옆에 앉는다.

종종 로버트가 흥분하여 또래에게 다가가기 시작하는 것이 발견되기도 하였다. 그런 다음 그는 천천히 의자에 앉으며 쳐다보았다. 그는 일어나서 전보다 잘 통제되고 적절한 방식으로 또래 유아에게 다가가기 전에 몇 초간 스스로 앉아 있었다. 로버트는 명백히 자기 조절과 충동 통제를 학습하고 있는 것이다. 그는 적절한 대체 행동이 그가 원하는 또래의 관심을 더 많이 받게 하는 경향이 있다는 것과 공격적인 밀치기 행동이 상호작용과 관심을 항상 덜 받게 하고 그러한 행동이 강화되지 않는다는 것을 배움으로써 이것을 점진적으로 학습하였다.

사례연구 질문

1. 문제 행동을 관리하는 한 전략으로서의 타임아웃 사용은 신중하게 계획되고 이행되어야만 한다. 안전과 발달적 적절성을 보증하기 위한 타임아웃 사용의 결정적 요인은 무엇인가?
2. 로버트의 경우에 이러한 요인들이 고려되었다고 생각하는가?
3. 로버트를 위해 사용된 행동 계획에서 당신이 바꿀 수 있는 것이 있는가?

주요 용어

ABC 분석(ABC analysis)
강화물(reinforcer)
결과(consequence)
긍정적 행동지원(positive behavior support)
내적 상태(internal state)
대체행동(replacement behavior)
벌(punishment)
소거(extinction)
의사소통기능(communicative function)
일대일 보조원(one-to-one aide)
자기자극 행동(self-stimulatory behavior)
촉각 방어(tactile defensiveness)
타임아웃(time out)
행동 수정(behavior modification)
혐오자극(aversive stimulus)

참고 문헌

Cook, R., Tessier, A., & Klein, M. D. (2000). *Adapting early childhood curricula for children in inclusive settings* (5th ed.). Columbus, OH: Merrill/ Prentice Hall.

Koegle, L. K., Koegel, R. L., & Dunlap, G. (Eds.). (1996). *Positive behavior support: Including people with difficult behavior in the community*. Baltimore, MD: Paul H. Brookes.

CHAPTER 05

개별 유아의 진보 모니터링

1. 개별화가족서비스계획(IFSP)
2. 개별화교육계획(IEP)
3. 통합지원 계획과 진보 모니터링

성공적인 장애유아 통합교육을 위해서는 장애유아 진보에 대한 지속적인 모니터링이 필요하다. 장애유아의 교육 목적을 설정하고, 진보를 모니터링하는 데는 특별한 문서와 절차들이 사용된다.

- 개별화가족서비스계획(IFSP)과 개별화교육계획(IEP)은 법적 문서이다. 통합 환경에 배치된 각 장애유아에게는 특별한 목적, 성과, 그리고 유아를 위한 우선순위가 포함된 개별화가족서비스계획(IFSP)이나 개별화교육계획(IEP)이 제공되어야 할 것이다.
- 교사는 이 문서들을 가지고 있어야 한다. 만일 부모나 서비스 조정자가 교사에게 복사본을 제공하지 않았다면, 교사는 복사본을 요구해야 한다.
- 교사, 부모, 전문가는 유아교육 프로그램 속에서 장애유아를 위한 목적이 어떻게 다루어질 것인가에 대해 계획해야 한다. 장애유아를 위한 특별한 목적은 IFSP와 IEP 안에 포함되어 있다.
- 장애유아의 진보는 모니터링 되어야 하고 반드시 기록되어야 한다. 유아 교사는 통합 전문가와 협의하여 각 측면의 진보 모니터링 책임자를 결정해야 한다.
- 장애유아의 진보는 정기적으로 모니터링되어야 한다. 진보 모니터링 체제는 사용하기 쉽고 기능적으로 계획되어야 한다.

개별화가족서비스계획(IFSP: Individualized Family Services Plan)이나 개별화교육계획(IEP: Individualized Education Plan)은 특수교육 지원이나 서비스를 받아야 하는 개별 유아를 위해 개발된 것으로, 특수교육 지원이나 서비스에 참여한 개별 유아 및 가족에 대한 평가와 다학문적 계획 과정으로부터 얻어진 법적 문서이다.

개별화가족서비스계획(IFSP)은 3세 미만의 유아를 위한 문서이다. 개별화가족서비스계획의 내용으로는 개별 유아의 요구를 충족시키도록 가족에게 제공되는 서비스의 목록들이 포함된다. 그리고 교사가 장애유아를 위한 활동이나 보조(adaptation)를 계획할 때 지침으로 사용할 수 있는 특별한 성과 진술들을 포함한다.

3세 이상 유아의 경우는 개별화교육계획이 사용된다. 개별화교육계획은 프로그램 계획에 지침이 되는 특별한 목적과 목표를 내용으로 포함한다. 따라서 유아교사는 이러한 문서들을 요구하여 신중하게 검토해야만 한다. 개별화교육계획은 부모, 서비스 조정자, 또는 통합 지원 교사에게서 얻을 수 있다.

장애유아가 포함된 유아교육 프로그램들은 장애유아가 개별화교육계획에 서술되어 있는 특별한 목적과 목표, 성과를 성취하도록 도와주어야만 한다. 이 장에서는 이러한 개별화 계획들과 프로그램에 대해 간단히 살펴보고, 개별화교육계획에 진술된 목적과 목표, 성과를 성취해 가는 장애유아의 진보 모니터링 방법들을 제시할 것이다.

1. 개별화가족서비스계획(IFSP)

개별화가족서비스계획은 0~3세의 영아와 걸음마기 유아를 위한 서비스 실시를 안내하기 위해서 법으로 명시한 문서이다. 개별화가족서비스계획 양식은 각 주(州)마다 다양하다. 그러나 개별화가족서비스계획에 서술된 성과들은 유아와 가족에게 서비스를 제공하고 평가 과정에 참여한 전문가들과 가족들 간의 협력적인 과정을 통해 얻어진 결과이어야만 한다. 그러므로 유아에게 서비스를 제공하는 어떤 기관이라도 개별화가족서비스계획 과정의 일부분(part)으로 포함되는 것이 바람직하다. 개별화가족서비스계획의 참여자는 유아의 부모, 부모가 원하는 다른 가족 구성원, 가족이 요청한 대변인, 유아의 서비스 조정자, 평가 과정에 참여한 사람, 그리고 물리치료사나 말·언어치료사와 같이 유아와 부모에게 직접적인 서비스를 제공하는 사람들이다. 개별화가족서비스계획에서 유아와 가족을 위한 목적들과 가장 밀접한 관련성을 가진 부분은 가족의 관심사 부분과 성과 진술하기 부분이다.

1) 가족 관심사

가족 관심사 영역에는 가족이 관심 있어 하는 자기 자녀에 대한 발전적인 진보 상황을 기술한다. 가족들은 가족 문제와 유아에 대해 관련된 관심사로 교육의 우선순위를 정한다.

가족 관심사에 대한 예는 다음과 같다.

- "우리는 심각한 뇌성마비인 우리 아이의 학습을 도와줄 수 있는 방법에 대해 관심이 많아요."
- "우리 아이가 친구들을 사귀는 것에 가장 큰 관심을 가지고 있어요."

2) 성과 진술

개별화가족서비스계획(IFSP)은 자신의 유아와 가족에게 일어나기 원하는 변화들을 가족 구성원들이 분명하게 진술한 성과 진술들을 포함한다. 다시 말해, 성과 진술은 6개월 후에 일어날 것이라고 유아와 가족들이 희망하는 것들이다. 성과 진술은 가족의 관심사를 직접적으로 반영하며 제공되어야 하는 서비스들을 선택하도록 안내하는 데 사용된다. 또한 성과 진술은 가족의 매일 생활과 적합한 실제적 활동들과 일상의 환경적 요구에 대처하는 유아의 능력을 강화하는 기술들을 나타내야 한다. 유아교사는 성과 진술 속에 목록화된 변화들을 촉진할 수 있도록 지원을 계획하며, 분명하게 계획한 활동에 유아를 참여시켜야 한다.

성과 진술의 예는 다음과 같다.

- Gomez 부부는 뇌성마비유아에 대한 자녀양육법을 좀 더 배우기 위해 집 근처에 있는 부모 지원 그룹에 참여할 것이다.
- Jose는 자신이 원하는 바를 사람들에게 알리기 위해 의사소통을 좀 더 많이 시도하고 다른 사람과 긍정적으로 상호작용을 시도할 것이다.

유아교육자들은 장애유아와 장애유아의 가족들이 서비스들을 제공받을 수 있도록 부모 지원하기, 모든 유아에게 적합한 활동 계획하기, 전략 선택하기, 환경 수정하기, 그리고 진보 기록하기 등의 지침으로 성과진술을 사용할 수 있다. Gomez 가족에 대한 성과 진술 예시를 보면, 부모에게 적절한 지원그룹에 참여할 수 있는 정보를 제공하였다. Gomez 부부는 이제 궁금해 하는 것에 대한 대답뿐 아니라 지원과 격려를 제공받을 수 있는 다른 장애부모들에게 소개될 것이다. Jose는 의사소통을 격려하는 활동에 참여할 것이고, 다른 사람들과 긍정적 상호작용을 하도록 특별한 전략들이 계획될 것이다. Jose의 의사소통을 위한 시도들은 진보 파악을 위해서 6개월 후에 그의 가족서비스계획이 검토되기 이전에 기록될 것이다.

가족서비스계획은 특수교육서비스가 처음 의뢰된 후 45일 이내에 각 유아에게 적합하게 개발되어야 하며, 6개월마다 검토되고 개정되어야 한다. 유아교사는 활동 계획에 장애유아의 가장 최근 가족서비스계획의 내용을 포함해야 한다. 또한 유아교사는 서비스 소정자가 가족서비스계획 과정에 직접적으로 참여하지 않았던 사람들에게 이 내용을 알려 주려면 장애유아의 부모에게 승낙서를 받아야 한다는 것을 알아야 한다.

2. 개별화교육계획(IEP)

개별화교육계획은 3세 이상의 유아에 관한 서비스들을 안내하는 법적 문서들로, 장애유아가 살고 있는 지역 교육청에서 실시된 다학문적 평가 과정의 결과라고 할 수 있다. 장애유아를 위해 일하는 유아교사는 가능한 한 다학문적 평가 과정에 참여해야 한다. 개별화교육계획의 참여자는 다음과 같다.

- 유아의 부모 또는 보호자
- 유아가 참여하는 정규교육 프로그램의 일반 유아교사
- 특별하게 계획된 교수를 감독할 수 있는 교직원
- 평가 결과를 해석할 수 있는 사람
- 지역 교육청과 협의할 수 있는 학교 행정가
- 가족과 유아가 원하는 전문가

개별화교육계획은 개별화가족서비스계획과 차이가 있다. 즉, 개별화교육계획은 개별화가족서비스계획에 있는 광범위하게 진술된 성과들보다는 좀 더 특별한 목적과 목표들과 관련된 진술들을 포함한다. 유아교사는 개별화교육계획에 진술되어 있는 목적과 목표에 특별한 관심을 가져야 한다.

1) 책임자 선정

개별화가족서비스계획을 법적으로 제정할 때, 미국의 연방 정부와 각 주(州)들은 장애유아의 연간 목표에 대해 누가 유아의 진보 모니터링을 책임질 것인지, 그리고 이러한 목표들의 성취를 보장하는 책임자가 누구인지를 확실히 명시하지 않았다. 유아교사는 개별화교육계획과 개별화가족서비스계획의 목표들을 충족시킬 책임자들을 결정해야만 한다. 이러한 책임 소재가 없을 때, 이 문서의 효력은 사라질 수 있다. 유아교사는 개별화교육계획과 가족서비스계획을 개발할 책임이 있는 지역 교육청과 주 정부 기관(state agency)과 함께 이것을 시작할 수 있다. 부모들도 모니터링과 목표 성취의 책임자를 결정하는 과정의 구성원이 되어야 한다.

2) 개별화교육 목표

개별화교육계획들은 목표 달성을 위한 연간 장기 목표와 단기 목표를 포함할 것을 요구한다. 유아교사는 부모 허락하에서 개별 유아를 위해 서술된 개별화교육계획의 목표들을 검토해야 한다. 또한 유아교사는 유아의 일일 활동들을 통해 개별화교육계획의 목적들과 목표들이 체계적으로 통합되도록 해야 한다. 진행되는 일일 활동과 교수 전략은 유아가 각 목표들을 달성하기 위해 꾸준한 진보를 하도록 도와주어야 한다. 다음은 목표의 예이다.

- 장기 목표: 마르티(Marti)는 또래 친구들과 협동하며 놀이한다.
- 단기 목표: 극화놀이 영역에서 한두 명의 유아와 논다.
  → 마르티는 역할놀이 의상들을 공유한다.
  → 마르티는 다른 유아의 언어적 시도에 약간의 반응을 보인다.

3) 일일 교수 목표

일일 교수 목표를 기록할 때, 교사는 전형적인 일과 활동으로 쉽게 통합될 수 있는 행동과 교수 활동을 포함해야 한다(일일 활동들을 작고 가르치기 쉬운 단계로 나누는 방법의 예는 1장에 소개되어 있다). 일일 교수 목표의 구성 요소는 다음과 같다.

① 유아가 어떤 조건들에서 행동을 나타낼 것인가? 성인의 역할은 무엇인가? 어떤 활동 속에서? 어디서?

예) "쌓기놀이 영역에서 세 명이 넘지 않는 유아가 놀이할 때……."
"두 번을 넘지 않게 언어적 촉구를 하였을 때……."
"테이블에서 싱크대로 그릇을 옮기도록 도움을 받은 후……."

② 유아가 무엇을 할 것인가? 모든 성인들이 기대하는 바를 정확하게 알 수 있도록 원하는 행동을 자세하게 기술한다.

예) "제레미(Jeremy)는 친구를 때리거나 다른 곳으로 가버리지 않고 친구들 옆에서 편안하게 놀이할 것이다."

"사라(Sarah)는 간식을 먹기 위해 '과자 먹자'라는 신호를 할 것이다."
"조슈아(Joshue)는 교사의 지원 없이 컵과 접시를 싱크대에, 냅킨을 휴지 통에 넣을 것이다."

③ 유아가 그 행동을 얼마나 잘, 또는 얼마나 자주 수행할 것으로 기대하는가? 어떻게 유아가 그 목표를 성취했는지 아는가? 그 기준이 무엇인가? 언제 다음 단계 또는 다음 수준의 수행으로 넘어갈 것인가?

예) "… 2주 동안, 5일 중에 4일, 최소 5분씩."
"… 3주 동안, 다섯 번 중에 세 번?"
"… 한 달 동안 제지받지 않고 매일 한 번 미만으로 발로 찬다."

마르티(Marti)의 장기 목적을 성취하도록 계획된 일일 활동의 예는 다음과 같다.

① 마르티는 2주 동안 4회 중 3회 이내로 극화놀이 영역에서 2명의 다른 유아와 함께 있을 수 있다. 다른 유아가 역할놀이 의상을 입었을 때, 때리거나 울지 않는다.
② 마르티는 한 번 정도의 성인의 언어적 촉구로 최소한 한 번 이상 상호작용을 시도한다. 한 달 후 최소한 한 번 극화놀이에서 다른 유아의 시도에 적절하게 반응한다.

3. 통합지원 계획과 진보 모니터링

개별화교육계획은 통합지원과 진보 모니터링에서 가장 효과적일 수 있는 전략들을 고려하게 한다.

1) 통합지원의 목적

통합지원을 위한 특별한 중재와 전략을 계획하고, 진보 모니터링 방법을 고려할 때, 중요한 문제는 무엇을 향한 진보인가라는 점이다. 가족과 전문가는 무엇이 성공적 통합을 구성하는지를 결정해야만 한다. 예를 들면, 성공적 통합은 유아가 '매일의 활동 계획 안에서 모든 활동들에 어떤 방법을 사용하여 참여할 수 있는 것'으로 정의될 수 있다. 어떤 정의는 '프로그램이 순조롭게 진행되는 가운데 혼란과 충돌이 최소화된 상태로 참여할 수 있는 것'을 덧붙인다. 그리고 또 다른 정의는 'IEP 목적들과 목표들을 향한 끊임없는 진보들을 나타내면서 참여할 수 있는 것'을 추가한다. 이것은 다른 기준들을 나타내는 것으로, 사실 다른 형태 또는 수준의 지원이 요구된다.

통합지원 유형

통합지원은 유아의 요구와 희망하는 성과에 따라 다양한 방법으로 제공되어야 한다. 일반적으로 '보소(adaptation)'와 '편의제공(accommodation)'은 장애유아가 유아교육 환경에 쉽게 접근하도록 함으로써 모든 활동에 참여할 수 있도록 하는 환경적 변화와 관련된다.

'보조'와 '편의제공'은 현재 혼용되고 있지만, 그 의미를 구분하여 살펴보면 '보조'는 주로 환경이나 활동에 맞추거나 유아가 적응할 수 있도록 사용하는 것들을 칭할 때 더 많이 사용되는 용어이다. '보조'는 보행할 수 없는 유아를 위한 보행기와 휠체어 같은 장비 사용하기, 벨크로로 특별하게 고안된 그림붓을 유아의 손에 부착하기, 그리고 유아가 의사소통할 수 있도록 보조 공학 사용하기 또는 전기로 작동하는 놀잇감 켜기 등이 포함된다. '편의제공'은 울타리를 없애고 환경에 편안하게 접근할 수 있도록 커다란 환경 내의 변화에 관련된다. 이와 같은 '편의제공'은 경사로 추가하기, 교실 내에서 공간 재배치하기, 유아가 달아나는 것을 방지하기 위해 보조원 두기, 유아가 자료들을 식별할 수 있도록 대조적인 표시를 해 두기, 인지장애유아를 위해 발달적으로 보다 단순한 과제 제공하기, 또는 보청기를 끼고 있는 유아나 어떤 소리들에 민감한 유아의 요구를 조절하기 위해 교실에서의 소음 감소하기 등이 포함된다.

'보조'와 '편의제공'은 신중히 계획되어야 한다. 통합 환경에 있는 많은 유아를 위해 필요성이 분명하게 지시되어야 한다. 접근성은 법적 권리이고 필수적인 것이지만, 많은 가족과 전문가는 단일한 접근으로는 충분하지 않다고 제안한다. 보조와 조정은 유아가 특정한 기술을 배우고 IEP 목표들을 성취하도록 하는 특별한 교수 기법과 전략들의 사용을 지지한다. 이러한 예로는 말과 언어 훈련 기술, 보행을 가르치는 물리치료 기술, 혼자 먹기 또는 배변 훈련의 단계별 전략, 자기통제가 가능한 유아를 도와주는 감각통합 기술들, 점자나 신호언어들을 가르치는 구체적인 훈련, 그리고 특별한 일상생활 기술의 순서에 있어 숙달되고 좀 더 독립적이 되도록 과제분석 사용하기가 포함된다.

2) 진보 모니터링의 이론적 근거

많은 유아교육 프로그램은 유아특수교육 프로그램과는 달리 유아의 발달적 진보를 체계적으로 기록하지 않는다. 하지만 장애유아가 프로그램에 포함된 경우라면 정기적으로 특별한 정보가 기록되어야 하며, 자료가 업데이트되어야 한다. 그리고 이러한 자료는 부모나 유아 중재 팀의 다른 구성원도 이용이 가능하도록 해야 한다. 즉, 진보는 정기적으로 모니터링되어야 한다. 진보 모니터링이 장애유아에게 중요한 이유는 다음과 같다.

첫째, 계획되고 수행된 개별화가족서비스계획이나 개별화교육계획의 성과들이나 목표를 성취한 결과는 법적으로 요구된다. 따라서 실시되고 있는 계획들은 몇 개의 문서들로 남아 있어야 한다.

둘째, 장애유아의 진보는 매우 천천히 조금씩 일어난다. 주의 깊게 자료 기록을 하지 않으면 바람직한 기술과 행동들을 유아가 배우고 있는지, 아닌지를 분명히 알 수 없다.

셋째, 특별한 중재 또는 교수 전략이 효과적인지와 목표의 성취에 있어 점진적 진보가 일어나고 있는지를 결정하는 것이 중요하다. 그렇지 않다면 교육 계획과 방법들은 바뀌어야 한다.

유아교사가 자료 기록 시스템을 이상적으로 고안하고 실시하기 위해 통합지원 교사에게 도움을 청해야 한다. 그러나 현실적으로 이러한 지원은 모든 유아를 위해 이루어지지 못하고 있다.

분명한 것은 모니터링 시스템은 대그룹에 참여하는 유아를 위해 간단하고 간편해야 한다는 것이다. 모니터링 시스템이 간편하지 않다면 교사는 이를 사용하지 않을 것이기 때문이다. 덧붙여 이 시스템은 기능적으로 고안되어야 한다. 즉, 노트와 기록은 필요할 때마다 프로그램 보조에 적합하도록 즉각적으로 사용될 수 있어야 한다. 요컨대, 개별 장애유아의 진보는 꼭 기록되어야 하며, 시스템이 매우 간단하고 간편해서 정기적으로 사용할 수 있어야 한다([그림 5-1] 참조).

3) 자료 기록의 유형

이 장에서는 지속적인 유아 진보에 대한 기록과 평가에 도움이 될 수 있는 비형식적 기록만을 설명할 것이다. 형식적 평가는 새로운 목적을 확인할 필요가 있는지, 적합한 프로그램 수정이나 장소 변화를 권고할 필요가 있는지를 결정하기 위해 특수교사와 치료사에 의해 1년 간격으로 실시된다. 다음은 자료 기록에 대한 형식뿐만 아니라 목적을 설명하는 것으로, 자료 기록의 목적은, ① 진단, ② 계획하기, ③ 진보 모니터링의 세 가지로 나누어 살펴볼 수 있다.

(1) 비형식적 진단평가(Assessment)

일반적으로 통합지원을 효과적으로 계획하기 위해서는 비형식적 평가가 필요하다. 활동/기준 목록(Beukelman & Mirenda, 1992)과 유아 행동의 체계적 관찰은 비

[그림 5-1] 행동 전문가가 유아를 모니터링한다.

형식적 평가의 두 가지 예가 될 수 있다. 다양한 활동에 참여하는 유아에 대한 세심한 관찰은 지원을 위해 가장 중요한 요구들을 결정하게 한다. 다음은 도움이 될 수 있는 체계적인 관찰 종류의 예로, 각각의 예들을 최소 3분 동안 관찰해야 한다.

- 유아가 혼자 놀이하는 것을 관찰하고 유아의 행동을 기록한다.
- 유아가 놀잇감 또는 물건들을 가지고 놀이하는 것을 관찰하고, 놀잇감을 어떻게 사용하는지를 기술한다. 또한 유아의 활동 속도를 기술한다.
- 유아가 한 가지 놀잇감을 가지고 얼마 동안 놀이하는지 관찰한다. 유아는 활동들을 얼마나 자주 (몇 번) 바꾸는가?
- 유아가 다른 유아와 함께 놀이하는 것을 관찰한다. 그동안 유아는 무엇을 하는가? 다른 유아와 상호작용을 시도하는가? 다른 유아의 시도에 반응하는가?
- 성인과 함께하는 유아를 관찰한다. 성인과 어떻게 상호작용을 하는가?

활동/기준 목록(〈표 5-1〉 참조)은 일반 유아가 어떻게 활동에 참여하는지 주의 깊게 관찰하고(이에 따라 기준이 설정된다), 장애유아의 참여와 일반 유아의 참여를 비교한다. 두 집단 간의 차이점을 기록한다. 불일치들의 원인이 되는 장애를 분석했다면 장애유아가 참여할 수 있도록 필요한 보조 결정을 계획해야 한다.

마지막으로 개별 유아에 대한 IEP 목적과 목표들을 설정하고 요약한다. IEP 목적과 목표는 자주 검토할 수 있도록 쉽게 이용될 수 있어야 하며, 다음에 나오는 계획하기 문서에 통합될 수 있어야 한다.

〈표 5-1〉 활동 기준 목록

활동/기준 목록			
유아 이름: Frankie		기록일: 2001년 9월 15일	
상황/활동	노래의 행동 또래들이 어떻게 참여하는가?	대상 유아의 행동	참여 시 방해 요인
대집단 활동시간에 노래 부르기 요구한다.	부르고 싶은 노래 이름을 큰 소리로 말한다.	손 흔들고 뭐라고 흥얼거린다.	노래 선택에 대해 청각적이고 인지적으로 교사에게 말하는 방법을 모른다.

(2) 통합지원 계획

〈표 5-2〉는 장애유아에게 필요한 보조들을 점검해 보는 목록이다.

보조와 교수 전략은 매일의 활동들에 장애유아의 성공적 참여를 지원하기 위해 사용될 수 있도록 보다 특별하게 계획되어야 하며, 쉽게 이해할 수 있는 양식으로 써야 한다. 덧붙여, 개별화교육계획 목적과 관련한 기술들을 가르치는 특별한 전략들도 계획하기 양식에 써야 한다. 이것은 일일 활동계획표 내의 일과 활동들과 특별 활동들을 위해 행해야 한다. 〈표 5-3〉은 일일 활동에 참여하고 있는 장애유아에게 제공할 지원을 기록하는 양식이다.

〈표 5-2〉 통합 보조 체크리스트

유아 이름:	기록일:
통합 보조 지원	
장애유아를 위한 보조를 체크하시오. 인력지원 ____ 특별한 인력지원 필요 없음 ____ 시간제 인력지원(하루 중 특정 시간) ____ 전일제 인력지원(일대일 보조원) 신체적 도움 ____ 신체적 도움 필요성 없음 ____ 요구 시 신체적 도움 ____ 부분적으로 신체적 도움 ____ 전체적으로 신체적 도움 교육 과정 ____ 인지장애유아를 위한 수정 ____ 시각장애유아를 위한 수정 ____ 청각장애유아를 위한 수정 ____ 신체장애유아를 위한 수정 각 활동에 대한 속도와 시간의 양 ____ 다른 모든 유아와 같은 속도와 시간 ____ 다른 유아보다 적은 시간(예: 적은 주의집중) ____ 다른 유아보다 많은 시간(예: 보다 천천히 진행됨) ____ 이해를 위해 보다 느린 속도 필요함(예: 이해나 행동을 위해 시간이 좀 더 필요함) 촉구의 위계 ____ 활동 완수를 위해 전반적인 신체적 도움 ____ 활동 완수를 위해 부분적인 신체적 도움 ____ 활동 완수를 위해 직접적인 언어적 조언(예: "앉아.") ____ 활동 완수를 위해 몸짓(예: 지적하기) 환경 ____ 의자 보조(예: 매우 높은 의자, 유아는 특별한 친구들 옆에 잘 앉는다) ____ 주의 산만과 자극 감소시키기/최소화하기 ____ 제한 정의하기(예: 신체적 또는 행동적) 행동 ____ 한계 정하기(예: 신체적 또는 행동적) ____ 긍정적 강화 사용하기 ____ ABC 사용을 통하여 행동 계획들 결정하기(antecedent(이전), behavior(문제 행동), consequences(결과))	

〈표 5-3〉 장애유아지원 계획표

<table>
<tr><td colspan="2">장애유아지원 계획표

유아 이름: J. T. 교사 이름: Martha 통합지원 교사: Anne
기록일: 2001. 9. 15
센터: Kid' s Place</td></tr>
<tr><td>계획</td><td>특별한 지원
(교직원은 장애유아가 활동에 참여할 수 있도록 돕기 위해 무엇을 할 것인가?)</td></tr>
<tr><td>등원</td><td>J.T.가 좋아하는 성인이 J.T.에게 인사하도록 한다.
정리함 찾도록 도와주고, 필요한 경우에만 그를 촉구한다.
같은 문장을 반복적으로 사용한다: "정리함을 찾아보자."</td></tr>
<tr><td>아침 활동(자유놀이)</td><td>J.T.가 또래 친구 옆에서 놀도록 격려한다. J.T.가 자기 자극 행동을 시작한다면, 그가 ○○/ 또래와 함께 다시 참여하도록 촉구한다.</td></tr>
<tr><td>정리하기</td><td>J.T.에게 한 번에 하나씩의 간단한 지시를 한다.
"상자 안에 블록들을 넣자(필요하다면 신체적 도움을 제공한다)."
"이제 박스를 선반 위에 올리자."</td></tr>
<tr><td>화장실 가기/손 씻기</td><td>기타</td></tr>
<tr><td>간식</td><td></td></tr>
<tr><td>모이는 시간</td><td></td></tr>
<tr><td>소그룹 활동(작업 시간)</td><td></td></tr>
<tr><td>실외놀이</td><td></td></tr>
</table>

〈표 5-4〉 활동별 목표 분석표

활동별 목표 분석표					
유아 이름: Rafix			기록일: 2001년 10월 30일		
목 표					
활 동	혼자 먹기	상의 벗기	요구하기	굵은 펜 사용하기	이야기 듣기
9:00 등원		×			
9:15 자유놀이			×	×	
9:30 대집단 활동			×		×
9:45 흥미 영역			×	×	×
10:15 실외		×			
10:45 화장실					
11:15 간식	×		×		
11:30 동화/ 음악					×
11:45 귀가					

〈표 5-4〉에 제시된 활동별 목표 분석표는 개별화교육계획의 목표가 일일 활동계획표의 활동들 중 어떤 활동에서 다루어지는지를 나타내기 위해 일반적으로 사용하는 계획하기 양식이다. 각각의 개별화교육계획의 목표들은 표 상단에 적혀 있다. 표 안의 기호들은 각각의 일일 활동들이 수행되는 동안 개별화교육계획의 목표들이 어디에서 어떻게 다루어지는지를 나타낸다(활동별 목표 분석표는 또한 일일 활동들을 수행하는 동안 유아가 어떻게 수행하였는지를 설명하는 주간 기록 양식으로도 사용할 수 있다).

또한 특별하고 일상적이지 않은 사건은 특별히 계획해야 한다. 새롭고 친숙하지 않거나 예측할 수 없는 활동들은 장애유아에게 스트레스가 될 수 있다. 이러한 이유로, 미리 계획을 세워 보거나 장애유아가 활동에 참여하여 즐길 수 있도록 하는 데 필요한 특별한 지원을 예상해 보는 것은 중요하다. 〈표 5-5〉는 특별 활동 계획의 양식이다.

〈표 5-5〉 특별 활동 계획

<table>
<tr><th colspan="2">특별 활동 계획</th></tr>
<tr><td>유아 이름: J.T.</td><td>기록일: 2001년 9월 30일</td></tr>
<tr><td>활 동</td><td>전 략</td></tr>
<tr><td>설명
도서관 가기
유아는 도서관의 책 읽어 주기 시간에 참여하기 위해 도서관까지 한 블록을 걷게 될 것이다.</td><td rowspan="3">또래들:
J.T. 손을 잡고 함께 걸어갈 '제일 친한 친구'를 선정한다.

성인:
1. 전날에 도서관 사진을 보여 주고 "도서관까지 걸어서 간다."라는 문장을 사용하여 J.T.에게 준비시킨다.
2. J.T.의 가까이에서 있음으로 도로 쪽으로 나가지 못하게 한다. 만약 J.T.가 말썽을 부리기 시작한다면, 다른 손을 잡는다.</td></tr>
<tr><td>목적과 목표
집단: 도서관에 대하여 배운다.
J.T.의 목적: 다른 곳으로 가지 않고, 친숙하지 않은 상황에 대처한다.</td></tr>
<tr><td>자료: 없음</td></tr>
<tr><td colspan="2">〈 평 가 〉
성과:</td></tr>
<tr><td colspan="2">추후활동을 위한 제안:</td></tr>
</table>

〈표 5-6〉 장애유아 진보 모니터링을 위한 일화기록 양식

발달적 진보에 대한 일화기록	
유아 이름: Marti	기록일: 2001년 10월 20일
목표 요약	교사 의견
사회적 기술 1. 함께 있는 유아 수가 많아져도 마르티는 함께 있을 수 있다. 2. 적절한 사회적 시도들이 증가한다.	1. 이번 주에 여러 번 샤론(Sharon)과 파비오(Fabio)와 놀았다. 2. 바비 인형들 중 하나를 선이(Sun Yee)에게 주었다.
의사소통 1. 놀이자료들을 요구할 때 신호를 사용한다. 2. 간식을 선택하도록 하기 위해 신호를 사용한다. 3. 유아가 놀잇감을 가져가려 할 때, "안 돼."라는 신호를 사용한다.	1. 촉구가 있을 때만 의사소통한다. 2. 간식에 '주스'나 '우유' 신호를 사용할 것이다. -이제 이것을 일관성 있게 행한다. 3. 아직 유아를 때린다. 학습이 효과적이지 않다.
운동 기술 적용할 필요 없음.	
자조 기술 1. 점심 후 도움을 받거나 도움 없이 정리할 수 있다.	이러한 목표가 달성되었다. -지난 2주 동안 이것을 적절하게 행했다. 겉옷 입기를 시작할 것이고 집에 갈 때 책가방을 멜 것이다.

(3) 진보 모니터링을 위한 자료 기록

개별화가족서비스계획의 성과 또는 개별화교육계획의 목적 및 목표의 성취 진보 점검 시, 일화기록은 단순하지만 매우 효과적인 자료기록 전략이 될 수 있다. 일화기록, 일지, 또는 기록들은 매일, 매주, 격주마다 기록되어야 한다. 관찰기록을 위한 간단한 전략의 하나는 개별 유아를 위한 한 장의 페이지를 만들고, 페이지의 한쪽 측면을 따라 각 영역의 성과나 목표들을 기록하는 것이다. 그리고 성과들과 목표들 옆에 코멘트를 적을 수 있는 빈 공간을 남겨 둔다. 각 성과나 목표에

대한 각 주별 진보들은 목표로 정해진 모든 성과들 또는 목적들의 전반적인 진보에 대한 현재의 이야기를 제공하면서 요약된다. 이러한 정보는 실제로 부모협의회와 팀 계획 모임에서 재점검을 하는 데 곧바로 이용될 수 있다. 기록용지 샘플은 〈표 5-6〉에 제시되었다.

보다 정확한 자료 기록의 절차는 목적을 향한 진보 과정의 어디에서 변화가 천천히 이루어졌는지, 또는 어디에서 일관성이 없었는지 모니터하기 위해 필요하다. 예를 들면, 특별한 행동 계획을 수행할지를 결정하거나 배변훈련에서 진보가 있었는지를 결정하는 것이 중요하다. 변화가 서서히 일어날 때, 비형식적 관찰과 일화기록만으로 향상이 있었는지를 객관적으로 결정하는 것은 불가능하므로 보다 정확한 기록들이 필요하다. 〈표 5-7〉과 〈표 5-8〉은 배변 훈련하기와 혼자 먹기의 목표들을 모니터링하는 자료 기록하기의 예들이다.

〈표 5-7〉 배변 훈련 진보 모니터링

진보 자료					
이름: Jon					
목표: Jon은 유아변기에 앉아 소변을 본다.					
Key: D = 마름(젖지 않음)		W = 젖음		V = 말로 표현함	
		P = 변기에 앉기			
		+ = 변기에서 소변을 봄		− = 변기에서 소변을 보지 못함	
기록일: 2001년 10월 20일					
시간	월요일	화요일	수요일	목요일	금요일
8:00	D	D	D	D	D
8:30	W	W	P−	*V P+*	*P+*
9:00	D	D	W	D	D
9:30	D	D	D	D	D
10:00	D	VP−	D	D	D
10:30	VP−	D	D	VW	*V P+*
11:00	W	W	*V P+*	D	D
11:30	D	W	D	D	D

〈표 5-8〉 혼자 먹기 진보 모니터링

진보 요약					
이름: Sung Lee			주: 1월 7~11		
목표: 점심시간에 혼자서 컵으로 마신다.					
Key: + = 두 손으로 컵을 잡고 컵을 혼자서 입으로 가져온다.					
⊕ = 팔꿈치만 들어 준다.					
A = 전체적으로 도움을 준다.					
시도	월요일	화요일	수요일	목요일	금요일
1	A	A	⊕	A	A
2	A	A	A	A	⊕
3	A	⊕	A	⊕	+
4	A	⊕	⊕	+	+
5	A	A	+	+	+
6	A	A	A	⊕	⊕
7	A	A	A	⊕	+

〈표 5-9〉 일일 활동에 참여하는 수준

이름: Sheree	주: 10월 7~11일

일일 활동들에 참여한 수준					
활동	월요일	화요일	수요일	목요일	금요일
자유놀이	돌아다님	X–A	X–A	돌아다님	X–I
대집단 활동	X–A	X–A	X–I	X–I	X–I
실외놀이	돌아다님	돌아다님	X–A	X–A	돌아다님
간식	X–I	X–I	X–I	X–I	간식 거부
화장실	거부	X–A	X–A	X–A	X–A
흥미 영역	돌아다님	돌아다님	X–A	돌아다님	돌아다님
컴퓨터 활동	X–I	X–I	X–I	X–I	X–I
귀가 지도	X–A	X–A	X–I	돌아다님	X–A
X = 참여 거부 A = 도움을 받아 참여함 I = 독자적으로 참여함					

또한 이것은 일일 활동들에 참여하는 장애유아를 간단하게 모니터하는 데 도움이 될 수도 있다. 〈표 5-9〉처럼 장애유아가 독립적으로 또는 도움을 받아 과제를 수행하는지를 기록하는 것도 매우 유용하다.

또한 정확한 자료 기록은 ABC 분석 사용과 같이, 공격적인 행동 속에서 변화를 모니터하기 위해 필요하다. ABC 분석 방법은 4장에 제시되어 있다.

계획하기 양식과 자료 기록 양식은 부록 A에 수록되어 있다(Bricker, 1998 참조).

4) 진보 모니터링을 위한 자원과 관련된 쟁점

신중한 진보 모니터링은 때때로 많은 시간과 노력이 요구되기 때문에 전형적인 유아교육기관에서는 어려운 일일 수도 있다. 아래의 전략들은 진보 모니터링 시 도움이 될 수 있다.

- 통합지원 전문가가 진보 모니터링 책임의 일부분을 담당한다.
- 교생이나 자원봉사자를 자료 기록자로 이용한다.
- 포스트 잇(post-it)을 바로 쓸 수 있도록 가까이 놓아 두고, 일과가 끝날 때 포스트 잇을 모아 기록노트에 붙인다.
- 각 활동 영역 주변에 기록표들을 둔다.

요 약

양질의 유아교육 프로그램 내에서 통합에 대한 중요성과 사회적 이점이 지나치게 강조될 수는 없더라도, 구체적인 목표들이 특별한 요구를 가진 유아에게 적합한지의 확인 여부가 보장되는 것은 중요하다. 유아가 자신의 잠재력을 성취할 수 있도록 돕기 위해, 교육자들은 설명하는 데 주의를 기울이고, 구체적인 성과를 향한 진보를 세심하게 모니터링해야 한다. 이러한 모니터링이 진보가 이루어지지 않았음을 나타낼 때, 교육 과정 안에 변화를 주고 적절한 양식의 교수 전략들을 만들 수 있다.

사례연구

라자로(Lazaro)의 배변 훈련

라자로의 엄마는 라자로가 집에서는 배변 훈련이 되었지만, 학교에는 기저귀를 채워서 보내야만 할 거라며 실망하고 있다. 교사는 여러 번 라자로에게 훈련용 팬티를 입혀 보았지만, 라자로가 전과 마찬가지로 여전히 실수를 하였기 때문에 라자로는 아직 준비가 되지 않았다고 생각한다고 말하였다. 라자로는 이제 5살이 되었기 때문에 정규 유치원으로 옮기게 될 것이다. 라자로의 엄마는 라자로가 배변 훈련이 되지 않는다면, 유치원 선생님에게 큰 어려움을 줄 것이라고 생각했다.

라자로의 교사인 사라(Sarah) 선생님은 유아특수교사와 협력하여 라자로의 배변 훈련을 실시할 것을 결정하였다. 첫 번째 단계는 라자로의 배변이 정기적인지와 라자로가 화장실을 가야 할 때 어떤 의사소통 단서들을 사용하는지를 파악할 수 있는 면밀한 자료를 얻는 것이다.

이를 위해 간단한 기록하기 방법을 고안하였다. 인근 대학의 대학생들이 자료를 수집하는 일에 자원하였다. 자원봉사자들은 라자로가 대변을 보았는지를 매시간 살펴보았고, 교사는 라자로가 대변 전에 어떤 활동을 했는지를 기록하였다. 3주 후, 자원 봉사자들은 라자로의 배변 시간이 정기적이지 않음을 발견하였다. 그런데 그들은 라자로가 몇몇 격렬한 운동을 한 뒤에 배변이 나타나는 것을 알아차렸다. 또한 그가 어떤 행동 중이든 상관없이 종종 중간에 멈추고는 자기 아랫배에 손을 올려놓는 것을 발견하였다.

이러한 자료를 평가한 후, 그들은 라자로가 어떤 활동을 수행한 후에 그를 주의 깊게 살펴보는 계획을 세웠다. 라자로가 배에 손을 댈 때마다 교사는 매우 긍정적인 말투로 "라자로야, 화장실에 갈까?"라고 말할 것이다. 그러면 곧 라자로는 교사를 쳐다보기 시작할 것이고 배설할 필요성을 느낄 때는 교사와 눈을 맞추고자 할 것이다. 모든 교사는 그가 일관성 있게 화장실에 가야 하는 그의 요구를 나타내고, 유아용 변기에 앉을 때까지 배변을 지연할 수 있게 되도록 라자로의 단서에 특별히 주의를 기울이고 민감하게 반응하였다.

사례연구 질문

1. 면밀한 자료 수집과 기록하기는 때때로 많은 노력을 요구한다. 이미 시행하고 있는 프로그램에서 이러한 문제를 해결할 방법은 무엇인가?
2. 부모의 참여가 학교에서의 라자로의 배변 훈련에 어떻게 도움이 되었는가?
3. 당신은 배변 훈련이 필요한 모든 유아를 훈련시키는 지원에 기초를 두는 보육 프로그램의 일과 구성 방법들에 대해 유념하고 있는가?

주요 용어

개별화가족서비스계획(IFSP: Individualized Family Services Plan)
개별화교육계획(IEP: Individualized Education Plan)
보조(adaptations)
서비스 조정자(service coordinator)
일화 기록(anecdotal record keeping)
자료 기록하기(data recording)
통합지원(inclusion support)
특별한 교수 기법과 전략(specialized teaching techniques and strategies)
편의제공(accommodations)
평가(Assessment)
활동/기준 목록(activity/standards inventory)
활동별 목표 분석표(objectives-by-activity matrix)

참고 문헌

Beukelman, D. R., & Mirenda, P. (1998). *Augmentative and alternative communication: Management of severe communication disorders in Children and Adults*. Baltimore, MD: Paul H. Brookes.

Bricker, D. (1998). Monitoring and evaluation child progress. In D. Bricker(Ed.), *An activity based approach to early intervention* (pp. 149-169). Baltimore, MD: Paul H. Brookes.

Cook, R. E., Tessier, A., & Klein, M. D. (1999). *Adapting early childhood curricula for children in inclusive settings* (5th ed.). Englewood Cliffs, NJ: Merrill/Prentice Hall.

PART 02 유아교육 현장 일과운영에서의 통합교육

CHAPTER 06

등원, 귀가 및 다른 전이 활동에서의 지도

1. 등원

2. 효율적인 귀가 계획

3. 전이 활동 계획

잘 지도되는 전이 활동에서는 중요한 교수 학습의 기회를 끌어낼 수 있다. 등원과 귀가는 유아의 일과에서 중요한 전이를 보여 준다.
장애유아는 가끔 전이에서의 도움을 필요로 한다. 전이 활동이 잘 계획된다면 중요한 학습 기회를 제공할 수 있다.

- 등원이 규칙적으로 행해지는 것이라 할지라도 유아에게는 여전히 새로운 경험이 될 수 있다. 장애유아는 전형적인 유아교육기관의 소란스러움에 적응하는 데 더 오랜 시간이 걸릴 수 있다. 이러한 매일의 일과에 적응하는 것은 유아가 기관에 출석하여 참여할 수 있을 때까지 긴 시간이 지속적으로 요구될 수 있다.
- 등원은 매일 부모와 기본적인 접촉의 기회를 제공한다. 지속적인 부모와의 접촉은 장애유아의 성공적인 통합 과정에 아주 중요하다.
- 등원은 부모와 헤어지는 과정에 도움을 주는 기회를 제공한다. 부모가 그들의 자녀와 기관에 머물러 있지 않는다면 헤어짐은 장애유아에게 특별한 도전을 제공할 수 있다.
- 등원과 귀가는 여러 가지 기능적인 기술을 익히는 기회를 제공한다. 이러한 기술들이란 옷 입고 벗기, 자신의 이름 알기, 사물함에 있는 자신의 물건을 알기 등과 같은 일을 독립적으로 해내기 등이다.
- 모든 전이 활동은 중요한 학습 기회로서, 신중하게 계획되고 관찰되어야 한다. 하루 일과 중에 등원과 귀가와 같은 주요 활동과 더불어 여러 가지 전이 활동들이 발생한다.

등원과 귀가는 기관생활의 시작과 끝을 의미한다. 즉, 하루의 주요 전이 활동을 의미한다. 이 두 가지 전이 활동은 장애유아를 의미 있는 도전을 하게 한다. 게다가 기관생활에서 발생되는 매일의 일과 중에 한 가지 활동에서 다른 활동으로 전이하는 것은 어린 장애유아에게 많은 어려움을 안겨 줄 수 있다. 장애유아는 잘 해 낼 수 없다는 이유로 전이 활동에서 신체적으로나 심리적으로 위축된다. 어떤 일이 일어날지 알 수 없는 경우가 많고, 소음과 활동 수준이 위협이 될 수 있으며, 편안하고 친숙한 활동이 끝나는 시간도 어려울 수 있다. 이 장은 이러한 매일의 일과에서 학습 잠재력을 최대화시키는 도전과 아이디어를 다루는 전략을 제안한다.

1. 등원

유아교육기관에서의 등원은 도전과 학습 기회, 두 가지를 제공한다. 이 부분에서는 이 두 가지를 다루는 전략을 고려할 것이다.

1) 등원을 통한 도전

(1) 새로운 경험의 도전

많은 유아에게 어린 시기의 기관생활은 새로운 경험이다. 이미 기관 중심의 생활에 참여해 온 유아도 초기 프로그램에서는 비약적인 속도, 소음 수준, 집단의 크기 같은 전형적인 유아교육기관의 소란스러움에 때로는 위축되기도 한다.

그들은 긴 시간과 즉각적인 상황 모두에 적응할 시간이 필요하다. 즉, 기관으로의 전이는 수주일이나 그 이상이 걸리는 어려움이 있을 수 있다. 더구나 유아는 규칙적인 생활에 적응하는 매일 아침에 긴 시간이 필요할 수도 있다.

(2) 환경의 변화

장애유아가 기관 중심의 환경에 익숙해져도, 기관으로 이동하여 교실로 들어가서 적극적인 다른 유아를 만나는 일은 매일 일어나는 일임에도 도전적인 전이 활동이 될 수 있다.

(3) 양육자와의 분리

헤어짐은 장애유아가 극복해야 할 중요한 일이다.

낯선 환경에서 헤어져 보는 첫 번째 경험이 될 수 있다. 일반 유아의 경우보다 더 자주 일어날 수 있으며, 장애유아에게는 양육자나 친숙하지 못한 성인과의 경험이 아주 적거나 없을 수 있다. 잘해 낼 수 없다는 이유로 부모들은 그들의 유아

[그림 6-1] 유아와 부모를 맞이하는 교사

를 보살펴 줄 사람을 찾는 데 어려움을 겪을 수 있다. 많은 부모들은 마지못해 친숙한 가족 구성원이 아닌 다른 사람에게 유아를 맡기고 떠난다.

발달적으로 유아는 헤어짐에 대한 준비가 되어 있지 않을 수 있다. 2세 수준의 능력을 가진 4세 유아는 주양육자와 헤어질 때 2세 연령 유아와 같은 어려움을 가진다.

부모들은 자신의 아이가 다른 능력 수준의 또래집단과 동일한 환경 내에서 어떻게 지낼지 다소 염려가 될 수 있다. 장애유아는 정서적으로 매우 민감하여 자신의 주양육자의 불안으로 인하여 더 불안해 할 수도 있다.

2) 등원시간의 학습 기회

등원시간은 장애유아의 발달을 지원하는 교사에게 중요한 기회를 제공한다.

- 유아의 부모와 규칙적인 접촉의 기회
- 유아를 맞이하면서 유아와 일대일로 접촉할 기회
- 집에서 기관으로의 전이 활동 격려
- 자조 기술과 읽기 능력의 습득 기회
- 유아에게 신뢰와 안정감을 주는 지속적인 등원 일정

3) 등원시간의 유용한 전략

(1) 등원시간의 일과를 일관성 있게 지속시킨다

규칙적인 패턴을 유지한다.

예를 들면,

부모가 유아를 기관에 데려온다.

교사가 부모에게 인사한다.

교사가 유아에게 인사한다.

교사가 사물함에 물건들을 놓도록 지도한다.

교사가 자유놀이 영역으로 이동하도록 돕는다.

(2) 눈높이에서 맞이한다

가능한 한 유아와는 눈높이를 맞춰 주는 것이 가장 좋다.

이러한 접근법이 장애유아와의 의사소통에 훨씬 더 좋은 방법이다. 유아가 교사의 얼굴을 보고 교사가 말하는 것을 듣는 것을 용이하게 한다. 시각과 청각에 장애가 있는 유아에게 눈높이의 의사소통은 좀 더 가까이 다가가는 표시의 강도를 증가시킨다.

[그림 6-2] 유아에게 눈높이의 의사소통

(3) 부모와 대화한다

부모와 말하고 친밀감을 형성하는 자연스러운 기회를 갖는 것은 유아에 대한 장애의 이해를 강화할 수 있다.

① 부모와의 기본적인 접촉은 중요하다

장애유아는 건강에 관련된 관심, 재정적인 문제, 가족의 일상에 영향을 미치는 다양한 서비스에 대한 요구를 가지고 있다. 게다가 불규칙적으로 먹고 자며, 가족과 유아의 생활을 복잡하게 만드는 문제 행동들을 가지고 있다. 관심과 의문을 표시하지 않아도, 부모들은 이러한 문제를 묻기도 전에 설명하고 도움을 받고 싶어 한다. 또 이러한 정보는 교사가 유아를 전반적으로 이해하는 데 도움이 될 수 있다.

② 정보를 끌어낼 수 있는 특별한 질문을 한다

단순하게 "안녕하세요?"나 "일은 잘 되세요?" 같은 질문은 크게 도움이 되지 않는다. "앤드류는 오늘 아침에 어땠어요?", "밤에 잘 잤나요?", "다른 문제는 없었나요?"와 같이 보다 상세한 정보에 대한 질문이 필요하다.

③ 긍정적인 부분을 강조한다

유아에 대한 긍정적인 것을 언급하는 것을 잊지 말라. "어제 점심을 아주 잘 먹었어요.", "신발이 정말 멋지구나.", 또 부모에게는 "어제 남겨 주신 내용에 감사드립니다.", "계속 정보를 주시는 것이 좋습니다."와 같은 말로 강화한다.

④ 친밀한 분위기를 만드는 데 노력한다

이러한 의사소통의 유형은 부모와의 분위기 형성에 도움을 주며, 부모가 지속적으로 어려운 정보와 감정을 나누는 일을 쉽게 해 준다. 다음 사항에 유의한다.

- 유아에 대해 많이 알수록 그를 지원하는 일이 용이해진다.
- 유아에 대해 부모보다 더 많이 아는 사람은 없다.
- 부모와의 의사소통이 좋을수록 교사도 자신의 직업이 더 좋아진다!

(4) 자조 기술을 지원한다

등원은 독립적으로 해내기 좋은 시간이다. 겉옷을 벗고 사물함의 위치를 찾아내고 옷을 걸고 가방을 적합한 장소에 놓는 일은 유아가 지속적인 연습과 지원으로 이미 배우고 있는 자조 기술이다.

(5) 읽기 능력의 기회를 지원한다

등원은 이름을 인식하기에 좋은 시간이다. 사물함에는 유아의 이름을 선명하게 표시해 두어야 한다. 사진도 붙여 놓는다. 매일 자신의 사물함을 찾아보도록 격려한다. 적혀 있는 이름을 가르쳐 준다. 다른 유아의 이름을 가리키며 다른 점을 식별하는 것도 도움이 된다. "봐라, 여기 로버트 이름이 있네. 로버트 이름은 네 이름처럼 R로 시작해. 여기는 앤이야. 이름이 A로 시작해. 아주 짧은 이름이야."

유아의 물건에는 다른 사물함의 이름들과 비교가 될 수 있도록 선명하고 큼직하게 이름을 써 준다. 이러한 간단한 방법들은 주요한 탐색의 시간이 아니지만 유아가 문자를 인식하는 데 의미 있는 공헌을 할 수 있다.

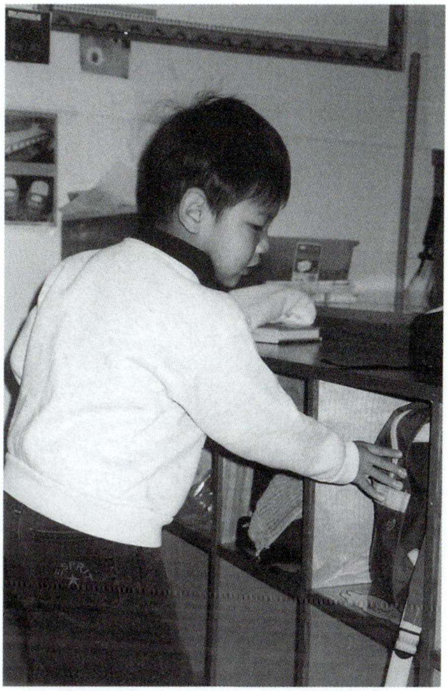

[그림 6-3] 귀가시 독립적으로 가방을 찾는 유아

(6) 자유놀이 영역에 들어가도록 돕는다

간단한 도움 없이 장애유아가 이러한 활동에 주의를 기울이고 또래들과 특별한 놀이활동에 집중하기는 어렵다. 또래 친구들과 만나거나 좋아하는 놀잇감을 가지고 있는 한 친구와 짧게 상호작용하는 것은 전이를 쉽게 해 줄 것이다.

(7) 헤어짐을 돕는다

부모가 떠날 때 "아빠가 가신다, 아빠에게 뽀뽀하자, 아빠는 점심 먹은 후에 오실 거야, '안녕히 다녀오세요'라고 인사하자."와 같은 인사시간을 포함시킨다. 유아의 부모들은 그들이 떠날 때 우는 장면을 해결해야 하는 것을 피하기 위해 몰래 도망쳐 가는 경우가 있다. 교사는 부모들에게 그렇게 하지 말라고 해야 한다. 그러한 행동은 유아로 예고 없이 부모가 사라져 버릴 것으로 믿게 만들고, 그러한 두려움은 유아의 불안을 증가시킨다. 유아는 그들의 부모가 떠날 때와 다시 돌아올 때를 아는 것을 확신하도록 배울 수 있다. 명확하게 인사를 하고 헤어지는 절차는 유아가 헤어짐에 참여하도록 돕는다. 정서적인 저항에도 불구하고 이러한 절차는 유아의 수습 능력을 증가시킨다.

2. 효율적인 귀가 계획

귀가는 기관 중심의 일과에 또 하나의 의미 있는 전이 활동이다. 대부분의 유아에게 귀가는 헤어짐이 아닌 재결합의 시간이라는 의미를 포함하기 때문에 등원만큼 긴장을 주지는 않는다. 그렇지만 귀가의 계획에도 좋은 방법들이 있다.

1) 일관성 있는 귀가 일정 계획

부모들이 각기 다른 시간에 유아를 데려가기 때문에 기관의 환경 구성 장면이 항상 같은 모습으로 끝나는 것이 아니다. 헤어지는 인사를 나누는 것과 마찬가지로 귀가와 관련된 일들이 집단으로 이루어지는 것은 아닐 것이다. 그러나 간략하게 개별적인 일과를 가질 수는 있다.

(1) 개별적인 귀가 일정의 예

① 부모님이 곧 오실 시간이라는 것을 유아에게 알린다.
② 부모가 도착할 즈음 유아에게 집으로 가져갈 그날의 작품이나 결과물들을 정리하게 한다.
③ 부모와 의사소통을 하고 교사가 기록해 둔 내용이나 소식지 같은 것들을 보

도록 한다.

④ 기관에 있는 토끼인형에게 인사하게 한다.

⑤ 유아가 스스로 자신의 사물함을 찾도록 한다.

⑥ 필요할 경우 겉옷을 입을 때 도와준다.

⑦ 다음 날에 대해 특별한 말을 해 준다. "내일은 목요일이야. 그때 보자." 혹은 "내일은 토요일이야. 다음날은 일요일이네. 월요일에 다시 보게 되겠구나."

(2) 그룹 귀가 지도의 예

① 모든 유아가 같은 시간에 일과가 끝난다면 다같이 모여서 인사를 나누는 시간을 가진다.

② 간식을 끝내고 도움이 필요한 유아에게 열중한다.

③ 정리한다. 헤어지는 노래를 연주하거나 불러 주면서 그룹으로 모이도록 신호를 보낸다.

④ 유아가 원으로 모이면 헤어지는 노래를 다시 한 번 부른다.

⑤ 간단하게 하루 일과를 평가한다.

⑥ 다음 날 일어날 일들에 대해 토의한다.

⑦ 차에 태우기 위해 유아를 줄 세울 때나 대부분의 유아를 부모가 데려갈 때, 그들의 부모가 올 때까지 유아를 그룹 안에 있도록 지도한다. 후자의 경우 교사가 부모들과 기본적인 접촉을 할 수 있도록 그룹을 지도한다.

⑧ 유아가 집으로 가져갈 작품이나 결과물을 모아서 사물함 쪽으로 가도록 한다. 필요하다면 이름이 쓰여 있는 물건들을 찾고 신발을 신고 옷의 단추를 잠그는 일에 도움을 준다.

2) 서두르지 않기

장애유아에게 가장 어려운 상황 중 하나는 떠나기 위해 서두르는 것이다. 귀가는 기관의 하루 중 가장 마지막의 일이므로 교사의 일정이 지연된다면 귀가 지도가 생략되고 무질서하게 진행될 수 있다. 교사는 규칙적인 귀가 지도가 서둘러 진행되지 않도록 이 시간을 염두에 두는 것이 중요하다.

3) 시간 개념 발달의 지원

귀가는 시간 개념과 기억력 발달을 지원하기에 이상적인 기회이다. 예를 들면 다음과 같은 것들을 해 볼 수 있다.

- 집에 갈 시간이 거의 다 되어 간다는 것을 기대하도록 돕는다.
- 대집단 활동시간에 "오늘 우리는 무엇을 했나요?, 내일은 무슨 요일이죠?" 등의 질문을 통해 오늘과 내일의 개념을 강조한다.
- "우리가 오늘 무엇을 했는지 말해 볼 사람 있나요? 내일은 무엇을 할까요?" 등의 질문으로 과거와 미래 시제를 가르친다.

3. 전이 활동 계획

우리가 알고 있는 바와 같이 등원과 귀가는 장애유아에게 중요한 전이시간의 도전을 제공한다. 주요 일과 중에서 사소한 것이라도 하루 중 다른 전이 활동에서의 도전이 발생된다. 단순히 한 활동에서 다른 활동으로 이동하는 일조차 일부 유아에게는 어렵고 긴장을 줄 수 있다. 이에는 몇 가지 이유가 있다.

1) 전이 활동에 부과된 도전

하나의 사소한 일상에서 다른 일로 이동하는 일조차 일부의 유아에게 혼란을 줄 수 있다.

- 전이 활동은 유아가 잘 적응하고 충분히 참여하고 있는 곳에서 활동의 종료를 요구한다.
- 전이 활동은 재집중을 요구하는데, 어려움을 느끼는 유아가 있을 수 있다.
- 전이 활동은 어떻게 해야 할지 망설이게 하고 다음에 무엇을 해야 하는지 알 수 없게 하기도 한다.
- 전이 활동 동안, 사건들과 다른 유아의 행동은 예측하기 어렵다. 어떤 일들이 일어날지 확실하게 알 수 없을 때 두려움을 느끼는 유아가 있을 수 있다.
- 전이 활동은 소음 수준의 증가, 많은 유아의 소란, 다른 방향으로 이동 같은 것으로 특징지어질 때가 있다. 소음에 과민해지는 유아를 통제하기 어려워질 수 있다.

2) 성공적인 전이 활동 전략

주의 깊게 계획된 전이 활동은 장애유아에게서 발생되는 문제들을 감소시킨다. 다음의 제안들은 성공적인 전이 활동 전략에 관한 것이다.

(1) 명확한 신호 사용

알기 쉬운 소리, 몸짓, 규칙 등으로 전이 활동의 시작과 끝을 알린다. 주요 전이 활동 시간에는 각기 다른 신호들이 사용되어야 한다. 가장 효과적인 신호는 유아의 특별한 요구에 따라 다양하다.

예를 들면,

- 시각에 문제를 가진 유아를 위해서는 말로 해 주면서 벨과 같이 소리나는 단서를 주는 것이 가장 효과적이다.
- 듣기 과정에 문제가 있거나 잘 듣지 못하는 유아를 위해서는 전등을 켰다 껐다 하는 것과 같은 시각적인 단서가 도움이 된다.
- 중복 장애를 가진 유아를 위해서는 다음 활동에 제공되는 물체를 만져 보도

록 하는 것과 같은 촉각적인 단서가 필수적인데, 점심시간으로의 전이를 위해서는 숟가락을 만지는 것과 같은 행동을 말한다.

(2) 특별히 연속적인 일들의 이용

다음은 자유놀이에서 간식시간으로의 전이에서 특별한 연속의 사례이다.

전이의 연결 사례: 실외놀이에서 간식시간

1. 교사는 장애유아에게 놀이시간이 곧 끝난다는 주의를 2분 동안 준다.
2. 교사는 전등을 깜빡이고 정리 노래를 부르기 시작한다.
3. 유아는 교사와 함께 놀잇감을 정리하고 다른 놀잇감을 골라 낸다.
4. 각 영역이 정리되면 교사는 유아가 손을 씻을 수 있도록 수돗가로 보낸다.
5. 교사는 간식을 탁자 위에 놓고 유아가 앉기를 기다린다.
6. 교사는 유아에게 간식을 보여 주고 나누어 준다.

(3) 복합적이고 다양한 단서의 사용

"좋아, 이제 씻을 시간이야."와 같은 말로만 하는 신호는 장애유아에게 효과적이지 못하다. 언어적인 신호와 함께 지속적으로 여러 가지 단서들을 짝지워 사용하는 것은 말로 가르치는 것들을 이해하는 데 도움이 된다. 예를 들면, 말하기 전에 벨소리를 사용하는 것이다.

(4) 일관성

매시간 동일하고 연속적인 신호를 사용하는 것은 전이의 용이성을 증가시킨다. 가능하다면, 그 신호를 듣고 유아가 다음의 활동에 어떤 것이 이어질지 전달받을 수 있도록, 주요 전이 활동마다 다른 신호를 사용하도록 시도한다.

(5) 효과적인 전이 신호의 예

다음은 중증의 장애를 가진 유아가 포함된 프로그램에서 가장 효과적인 전이 신호의 몇 가지 사례들이다.

- 활동 영역으로 이동하기 위한 신호로 "히호 히호 끝내고 가야 할 시간이야!"라는 노래를 부르는 것
- 활동의 시작이나 끝을 알릴 때 차임이나 벨을 사용하기
- 자유놀이를 끝내는 신호로 "치우자, 치우자, 다 같이 치우자." 같은 챈트 부르기
- 휴식시간의 끝을 알리기 위해 전등을 켰다 껐다 하기
- 다음에 어떤 활동을 하게 될지 알려 주기 위해 하루 일과의 주요 활동의 순서를 표시해 놓은, 게시판에 붙여 놓은 커다란 그림 가리키기
- 청각과 시각의 문제를 가진 유아에게 점심시간으로의 전이를 알려 주기 위해 숟가락이 유아의 손 안에서 만져지도록 하기

요 약

전이 활동은 학습에 중요한 기회를 제공한다. 장애유아에게 도전의 기회를 제공한다. 핵심은 주의 깊은 계획이다. 등원 시에는 양육자와의 헤어짐에 많은 어려움이 있고, 유아교육기관에 유아가 적응하기 위해서는 등원부터 지원이 필요하다는 것을 고려해야 한다. 하루 동안 무의미하게 보이는 전이 활동도 유아에게는 긴장을 줄 수 있다는 것이다. 귀가 시간은 긴장감이 적다 해도 학습의 기회로 삼아 가치를 최대화할 수 있도록 주의 깊게 계획되어야 한다.

사례연구

마르타(Marta)의 후식

마르타는 수줍음이 많고 조용한 4세의 시각장애유아이다. 마르타는 앞을 볼 수 없기 때문에 보행 훈련 전문가의 도움으로 방 안에서 독립적으로 이동하는 것을 학습하고 있었다. 마르타가 가장 즐겨 하는 활동은 먹는 일이었다. 특별히 후식을 좋아하였다. 마르타는 후식을 먹을 때 가끔 화를 내고 울기 시작했다. 교사는 마르타가 매우 속상해 하며 운다는 것을 알아차렸다. 마르타는 다른 유아가 테이블을 정리하고 간식대를 치울 때까지 화를 내고 있으며, 가끔은 귀가 지도를 위해 대집단으로 인사를 나누는 시간에 안정적으로 적응할 때까지 진정되지 않았다.

자말(Jamal) 선생님은 처음에는 후식의 맛이나 마르타의 식기에 뭔가 문제가 있다고 생각하였다. 주의 깊게 관찰해 가면서 점심시간이 끝날 때 조금은 무질서하다는 것을 알게 되었다. 유아는 후식을 다 먹고 나면 테이블을 아무렇게나 번잡하게 두고 남은 쓰레기를 버리기 위해 쓰레기통 주변으로 몰려들었다.

마르타는 아직 이러한 과업을 습득하지 못했던 것이다. 그녀는 자신이 행동을 끝낸 것에 대해 성인이 주의를 기울여 줄 때까지 앉아 있었던 것이다. 그런 다음 교사가 이끌어야만 이후의 집단활동에 참여하였다. 자말 선생님은 마르타에게 있어 이 시간이 혼란스럽고, 심지어 두려울 수도 있다는 사실에 의아하였다. 점심시간 이후 교실 안에서는 많은 활동들이 진행되지만 마르타는 종종 혼자 남겨져 있었다. 그렇기 때문에 후식을 받자마자, 이후에는 곧바로 혼란스러움이 이어진다는 것을 인지한 것일 수도 있었다. 자말 선생님은 마르타가 이 후식 시간 동안에 자신이 이후의 시간들에 대해서는 잘할 수 없다는 것을 느끼기 때문에 부정적으로 반응한다고 믿었다.

결론적으로, 자말 선생님과 보조 교사는 "정리하고 쓰레기 버리는 시간이야, 벌써 다 먹은 사람 있니? 제이슨(Jason), 네 탁자 치우고 쓰레기를 버리겠니?"와 같은 말로 명확하게 행동을 지시해 주는 전이 활동을 고안하였다. 점심 후 각자 알아서 할 때보다 유아는 일시에 자신들의 쓰레기를 버렸고, 교사들이 누가 무엇을 하는지 말해 줌으로써 마르타도 어떤 일들이 일어나고 있는지를 이해하였다. 또한 자말(Jamal) 선생님은 보행 훈련 전문가에게 마르타가 접시를 치우는 일에 독립적으로 참여해 보도록 지도를 요청하였다. 몇 주가 지난 후, 마르타는 이러한 전이 활동에서 훨씬 안정되었다.

사례연구 질문

1. 마르타에게 이 전략이 시도되는 동안 불이익이나 문제 해결에 문제점을 볼 수 있었는가?
2. 이제 막 보장구의 사용을 학습하는 유아가 있다고 가정할 때, 마르타와 같은 상황에서 그러한 유아는 어떻게 반응할까?
3. 이 연구에서 말하는 전이 활동 동안 보행보장구를 사용하는 유아에게 어떤 적응방식이 가장 도움이 되겠는가?

주요 용어

전이(transition)

전이 활동 전략(transition strategy)

헤어짐(separation)

CHAPTER 07

장애유아의 자유놀이 참여

1. 자유놀이 시간에 장애유아가 가질 수 있는 어려움
2. 자유놀이에서 학습을 돕는 특별한 기회
3. 자유놀이에 적합한 놀잇감과 자료 선택

구조화되지 않은 놀이는 많은 장애유아에게 커다란 도전을 제공한다.
장애유아의 경우 자유놀이 활동을 하는 데 특별한 도움을 필요로 할 수 있다. 자유놀이는 유아가 주도할 수 있고, 자신에게 흥미 있는 것을 선택할 수 있고, 탐색할 수 있는 중요한 기회들이 많지만, 구조화되어 있지 않고 예측 가능성이 낮으므로 장애유아에게는 도전을 주는 어려운 시간일 수도 있다.

- 자유놀이는 장애유아의 발달을 촉진할 수 있는 기회를 제공한다. 자유놀이는 일대일의 비계설정과 유아 주도 따르기 기회들이 있으며, 명명하기, 반복하기, 그리고 또래 상호작용 지원 등을 통해 언어 지도를 할 수 있는 기회를 제공한다.
- 자유놀이 동안에 장애유아 참여를 지원하기 위해 많은 전략들이 사용될 수 있다. 예를 들면 시행착오적 탐색에 참여하도록 유아 지도하기, 특별한 방법으로 물리적 환경 구성하기, 유아에게 놀잇감 사용법 또는 또래와 게임하는 법 가르치기, 또래 훈련하기, 놀잇감을 적절히 변형하여 사용하는 방법에 대해 장애 전문가의 도움 요청하기 등이 포함된다.
- 자유놀이에서 사용할 수 있는 놀잇감에 대한 신중한 고려는 장애유아의 참여를 증진시킬 수 있다. 어떤 놀잇감들은 다른 놀잇감들에 비해 다양한 능력과 흥미를 가진 유아에게 쉽게 적용하여 사용할 수 있다. 교사는 발달적으로 어린 유아에게 적합한 놀잇감들이 놀이에 포함되도록 해야 하고, 어떤 놀잇감은 특별히 장애유아에게 적절하게 변형하여야 할 필요가 있다.

구조화되지 않은 자유놀이 시간의 비율은 유아교육 프로그램들마다 차이가 있더라도, 자유놀이는 모든 유아교육 프로그램의 중요한 구성요소이다. 그러나 자유놀이는 장애유아에게 매우 어려운 시간이 될 수 있다. 어떤 유아는 자유놀이의 소란스러움을 견디기 어려워서 오히려 문제 행동을 증가시킬 수도 있다. 어떤 유아는 구조화가 되어 있지 않아 무엇을 어떻게 할 줄 몰라 아주 위축될 수도 있다. 또 어떤 유아는 자기가 하고 싶은 놀이에 다른 유아와 함께 참여하는 데 도움을 필요로 할 수도 있다. 다양한 전략들이 자유놀이에 장애유아를 참여시키는 데 도움을 줄 것이다.

1. 자유놀이 시간에 장애유아가 가질 수 있는 어려움

장애유아의 경우, 구조화되지 않은 유아 주도 놀이에 특별히 어려움을 가질 수도 있다. 장애유아는 적어도 처음에는 다음과 같은 이유로 자유놀이 동안 자주 도움을 필요로 한다.

- 놀잇감과 자료에 친숙하지 않을 수도 있고, 이것을 가지고 무엇을 해야 할지 전혀 모를 수도 있다.
- 선택해야 할 놀잇감이 너무 많아 압도당할 수도 있다.
- 과세 지속성이 낮다.
- 쉽게 산만해지고 집중하는 데 어려움을 가지고 있다.
- 자유놀이 시간에 많은 유아가 시끄럽게 떠드는 소리가 장애유아에게는 커다란 스트레스가 될 수 있다.
- 교실에서 자신의 흥미에 맞는 놀잇감이나 자료들을 발견하지 못할 수 있는데, 이는 놀잇감들이 장애유아에게 발달적으로 적합하지 않기 때문이다.
- 시행착오적 탐색을 할 능력을 가지고 있지 않을 수도 있다.
- 교실에서 각기 다른 놀잇감들로 예측할 수 없는 놀이를 하는 너무 많은 수의 또래 유아가 자기 가까이 있는 것에 대하여 두려움을 느낄 수 있다.

2. 자유놀이에서 학습을 돕는 특별한 기회

자유놀이에서는 1장에서 설명된 많은 일반적인 촉진 전략들을 서로 통합하여 성인과 또래들이 장애유아의 학습을 도와줄 수 있는 많은 중요한 기회들을 제공하도록 한다.

1) 자기 주도적 탐색 기회

유아가 자기 스스로 흥미로운 것들을 발견하고, 문제를 해결할 수 있다고 느끼는 것은 매우 중요하다. 자기 주도적 시행착오 탐색 능력과 과제 지속성이 어느 정도 발달된 유아의 경우 자유놀이를 통해 많은 도움을 받을 수 있을 것이다. 그러나 많은 장애유아는 이와 같은 중요한 인지 과정을 처리해 나가기 위해 도움을 받아야만 한다. 제이슨의 예처럼 교사는 유아가 시행착오적 탐색을 하고 과제 지속성을 기르도록 지도할 필요가 있다.

시행착오적 탐색 지도하기

제이슨(Jason)은 자유놀이를 하는 동안 자주 정신없이 멍하니 서 있곤 한다. 제이슨은 잠시 놀잇감을 들어서 힐끗 보고서는 곧 놀잇감을 바닥에 던지고는 교실 구석을 멍하니 쳐다보고는 한다. 몬손 선생님은 제이슨 옆에 앉아서 그에게 작은 카세트 라디오를 보여 주었다. 그리고는 "나는 이것을 어떻게 켜는지 잘 몰라."라고 말하였다. 몬손 선생님은 카세트를 흔들어 보이고는, 제이슨에게도 흔들어 보라고 격려하였다. 그리고 버튼처럼 생긴 어떤 것을 누른 후에 다시 제이슨에게도 그것을 눌러 보게 하였다. 선생님은 카세트 라디오에서 무슨 소리가 나올 때까지 계속해서 켜기/끄기 버튼을 돌렸다. "오, 이렇게 켜고 끄면 되는구나!" 몬손 선생님은 카세트 라디오를 끈 후에 제이슨에게 건네주었다. 제이슨은 즉시 켜기를 누른 다음 다시 끄기를 눌렀다. 선생님은 제이슨을 혼자 두고 그 자리를 떠났다. 제이슨은 몇 분 동안 카세트 라디오 켜기와 끄기를 누르고, 결국 소리를 크게 하는 방법도 알게 되었다. 제이슨의 이러한 발견을 모든 사람이 기뻐하였다.

2) 유아에게 놀잇감 사용법 지도

장애유아는 다른 유아와 함께 놀이하는 능력이 부족한데, 이는 장애유아가 특별한 놀잇감들을 가지고 노는 법을 모르기 때문이다. 자유놀이를 하는 동안 교사는 특별한 기술들을 직접적으로 가르칠 수 있다. 이러한 교사의 지도를 통해 유아 혼자서도 놀이를 할 수 있거나 혹은 다른 유아와의 놀이에 참여할 수 있는 가능성을 높일 수 있다. 특히 유아에게 블록과 조작물을 어떻게 가지고 노는가를 직접 가르치는 것은 매우 도움이 될 것이다.

3) 일대일 상호작용의 기회

자유놀이는 유아의 현재 동기와 관심을 이용하는 유아 주도 따르기와 유아를 다음의 기술 수준으로 나아가게 하도록 비계실징할 수 있는 전략들을 교사가 사용하게 하는 기회들을 제공한다. 장애유아는 일반적으로 쉽게 동기 유발이 되지 않을 수 있다. 따라서 유아가 현재 한 활동에 참여하고 있으며, 그 활동에서 유아의 진보와 학습을 지원하기 원한다면, 유아의 관심을 다른 활동으로 돌리도록 시도하기보다는 유아의 주도를 따르면서 그가 현재 흥미를 느끼는 것을 중심으로 교사가 지도하는 것이 중요하다.

유아를 관찰함으로써 유아가 현재 수준보다 조금 높은 수준에서의 과제를 수행하기 위해 필요로 하는 지원의 종류를 결정할 수 있다. 이것이 바로 '비계'이다. 다음의 예는 이러한 일대일 전략들을 설명하고 있다.

유아 주도 따르기와 비계설정하기

미리암(Miriam)의 교사는 미리암이 인형 드레스를 벗기려고 하는 것을 보고 있었다. 미리암은 인형의 드레스 자락만 자꾸 반복적으로 잡아당기고 있었다. 그리고 드레스가 벗겨지지 않자 미리암은 좌절하기 시작하였다. 교사는 미리암에게 다가가서 "너 인형 드레스 벗기려고 하니? 그렇지? 내가 도와줄까?"라고 말하였다. 교사는 인형의 손을 가리키면서, "팔을 먼저 빼내야 해."라고 말한 후 소매 밖에서 인형의 팔을 어떻게 잡아당기는지 시범을 보였다. 교사는 다른 쪽 팔을 중간 정도까지 빼내고 나서는 미리암에게 나머지 팔을 빼내 보도록 격려하였다. 그리고 드레스를 인형의 머리 반까지 벗기고는 미리암에게 남은 부분의 옷을 어떻게 잡아당겨서 벗기는가를 보여 주었다.

그 다음에 교사는 미리암이 인형 드레스를 벗기려고 하는 것을 주의 깊게 살펴보았다. 교사는 인형의 팔을 가리키며 "기억나니? 팔을 먼저 빼내야 해."라고 이야기하였다. 미리암은 드레스에서 각각의 팔을 잡아당겨 빼내었다. 그러나 인형 머리 밖으로 드레스를 빼내지는 못하였다. 교사는 다시 드레스를 머리 반쯤까지 벗겨 내고는 미리암에게 남은 부분을 당겨 보도록 하였다.

며칠 지나지 않아 미리암은 인형 드레스를 어떻게 벗기는지를 익혔다. 미리암은 이제 교실 안의 모든 인형 드레스를 벗기느라 분주하다. 교사는 이제는 미리암에게 다시 옷을 입히는 방법을 가르쳐 주기 위하여 같은 전략을 사용하기로 하였다.

4) 언어기술의 발달

어휘, 개념, 문장구조를 가르치기 위한 특별한 언어 입력 전략들은 유아의 의사소통 발달을 크게 증진시킬 수 있다. 자유놀이를 하는 동안 일대일 혹은 소집단 상호작용은 유아에게 적합한 언어 입력을 제공할 수 있는 이상적인 기회를 제공한다. 유아가 관심을 보이는 것과 관련된 핵심 단어와 구 사용하기, 이러한 핵심 단어들 반복하기, 유아 자신이 말한 단어 확장하기가 매우 중요한 전략들이다.

로저(Roger)의 언어 중재

로저가 블록들을 쌓아올리고 그것들을 무너뜨리고 있었다. 교사는 로저에게 다가가 "로저야, 너 블록 쌓고 있구나."라고 말하였다. 교사는 각각의 블록을 늘어놓으면서 갯수 세기를 시작하였다.

"블록 하나, 블록 둘, 블록 셋…."

로저는 이러한 교사의 참여를 즐거워했고, 다른 블록을 올려놓기 전에 교사의 갯수 세기를 기다리기 시작했다. 곧 로저는 교사의 갯수 세기를 따라하기 시작했고, 반복하였다. 꽤 높이 쌓았을 때 로저는 그것을 무너뜨렸다. 교사는 "오, 블록들이 쓰러졌다."라고 말했다. 로저는 교사의 이 말을 따라하지 않았다. 그러나 며칠 후 교실에서 빈 상자 더미들이 쓰러졌을 때 로저는 이것을 보고는 교사에게 "오, 쓰러졌다."라고 말하였다.

시각장애유아 힌트 Hepiful Hint

시각장애유아에게 언어적 입력을 하기 위해서는 촉각적, 청각적 심지어는 후각적 단서들을 함께 사용해야 한다는 것을 기억해야 한다.

로저의 예를 살펴보자. 교사가 로저의 손을 잡고 꼭대기 블록 위에 유아 손을 놓은 후에, 블록을 함께 올려놓음으로써 시각장애유아가 그것을 촉각으로 느끼도록 도와준다. 교사는 로저가 다음 블록을 어떻게 놓을지 판단하는 것을 배울 때까지는 로저가 교대로 하도록 도울 수 있는 비계를 설정할 수 있다.

블록은 쌓을 때 소리가 나는 것이 더 좋다. 이러한 활동은 양탄자보다는 딱딱한 바닥 위에서 하는 것이 시각장애유아에게 더 좋다. 왜냐하면 블록이 쓰러질 때 더 큰 소리가 나기 때문이다. 블록들이 부서지고 난 후에 마루 전체에 지금 블록들이 흩어져 있다는 것을 유아가 손으로 더듬어 봄으로써 느끼도록 도와준다.

청각장애유아 힌트 Heplful Hint

청각장애유아와 수화를 사용하는 유아의 경우 중요 단어를 손짓이나 몸짓을 통해 알려 주어야 한다. 그리고 유아의 가까이에서 말함으로써 말을 강조한다(이것은 집단 활동에서 일대일 상황의 유리한 점이다). 유아의 보청기 가까이에서 말함으로써 가장 최적의 음향적 신호를 제공할 수 있다. 또한 유아가 블록이 무너졌을 때 발생하는 소음에 반드시 주의를 기울이도록 한다. 그렇지 않으면 청각장애유아는 블록이 무너지는 소리를 알아채지 못할 수도 있다.

5) 부모에게 상호작용과 교수 전략 시범

만일 부모가 유아교육기관을 방문하거나 자녀들과 함께 교실에 있다면, 자유놀이에서 배울 수 있는 유아의 기회를 증진시키기 위해 어떻게 비계를 설정하고, 어떻게 유아 주도를 따르고, 어떻게 언어를 사용하는가를 부모에게 시범 보이는 기회가 될 수 있다.

6) 또래 유아와의 놀이 격려

일반적으로 장애유아는 정상적으로 발달하는 유아보다 성인들과 상호작용하는 것을 더 선호하는 경향이 있다. 일반 유아교육기관에서 장애유아가 가질 수 있는 어려움들 중 하나는 많은 수의 또래가 자기 주변에서 왔다 갔다 하는 것으로, 장애유아는 이것에 압도당하기도 하고, 위협을 느끼기도 한다. 장애유아는 주변에 많은 유아가 있는 것과 자기 주변에서 계속적으로 변화하는 활동들을 잘 처리하지 못해 어려움을 가지기 때문에, 자유놀이는 장애유아에게 특히 스트레스를 주는 상황이 될 수도 있다. 그러므로 장애유아가 다른 유아로부터 안전감을 느낄 수 있게 하는 방법들을 찾아보는 것이 도움이 될 것이다.

(1) 또래 상호작용을 격려하는 전략들

① 여러 명보다 한 명의 또래와 상호작용 시작하기

만일 장애유아가 특별히 어떤 또래를 좋아한다면 그 또래가 놀이 파트너가 되도록 격려한다. 놀이에 성공적인 패턴이 자리잡을 때까지는 같은 파트너와 놀이를 하도록 한 후, 점차 새로운 놀이 친구들을 소개해 나가는 것이 좋다. 그리고는 점차적으로 또래 수를 증가시킨다.

② 병행놀이로 시작하기

만일 장애유아가 또래가 자기 옆에 있는 것을 거부한다면 또래와 직접적인 상호작용을 하는 놀이보다는 병행놀이에 또래가 참여하는 것으로부터 시작한다. 그리고 또래를 장애유아로부터 어느 정도 떨어져 있게 한다.

③ 유아가 이미 참여하고 있는 활동에 또래 참여시키기

또래가 하고 있는 활동에 장애유아를 참여시키려고 하기보다는 장애유아가 이미 하고 있는 활동에 관심을 보이는 또래에게 참여하라고 초대한다. 이러한 접근은 초기에는 매우 신중하게 시작되어야 한다.

또래와의 상호작용을 촉진할 수 있는 하나의 간단한 방법으로, 유아 활동에서 순서 지키기 기회가 있는 게임을 계획하는 것이다. 예를 들어, 유아가 북 치기에 참여하고 있다고 하자. 또래들은 자기 순서가 아닐 때도 마구 북을 쳐서 친구의 북 치기를 방해할 수도 있다. 장애유아는 이러한 형태의 상호작용에 재미를 느낀다.

왜냐하면,

- 유아는 이미 북 치기 경험이 있기 때문에 분명히 흥미 있어 한다.
- 유아는 북 치기 활동을 이해한다.
- 북 치기 활동을 예측할 수 있다. 유아는 무엇을 해야 하는지를 안다.
- 유아는 북 치기 활동을 이해할 수 있고, 그러므로 북 치기 활동이 두렵지 않다.

정신지체유아 힌트 Hepiful Hint

다음의 전략은 낮은 인지 능력을 가진 유아에게 특히 유용하다. 매우 인지적으로 낮은 발달 수준에 있는 유아가 좋아하는 찾기 활동은 교사와 다른 또래 유아에게는 좌절감을 갖게 할 수도 있다. 유아가 이미 참여하고 있는 단순한 활동을 순서 교대하기 게임으로 만든다면 서로 간의 상호작용을 형성하는 데 도움을 줄 수 있다.

④ 상호작용이나 협동을 필요로 하는 단순한 활동들 선택하기

공 잡기와 공 던지기가 가장 좋은 놀이다. 또한 협동을 요구하는 좋은 활동으로, 성공 가능성이 있는 것은 무거운 것 운반하기나 탈 것 함께 타기이다.

운동장애유아 힌트 Hepiful Hint

운동장애유아에게 적합하도록 활동을 수정하기 위해서는 치료나 장애 전문가에게 도움을 요청한다. 어떠한 종류의 간단한 활동 수정을 통해 유아를 어느 정도까지 활동에 참여할 수 있게 하는지를 파악하도록 하라. 예를 들어, 손과 발을 사용할 수 없는 유아의 경우 다리나 머리를 사용하여 작은 비치 공을 칠 수 있을 것이다. 공을 잡을 수 있는 바구니를 휠체어 앞에 붙여 놓을 수도 있다.

7) 유아가 소란스러움을 인내하도록 지원

장애유아는 교실에 다른 또래 유아가 많이 있을 경우 매우 힘들어 할 수 있다. 또한 장애유아는 다른 또래들이 자기 옆에 가까이 있는 것에 대해서도 위협감을 느끼곤 한다. 다음의 전략들은 이들에게 도움이 될 수 있을 것이다.

(1) 조용한 영역 마련하기

이곳은 도서 영역처럼 어느 정도 칸막이로 둘러싸여진 공간이어야 하며, 비교적 조용하고 한 번에 두세 명의 유아들만 들어올 수 있는 곳이어야 한다. 유아가

[그림 7-1] 완충 공간의 예

환경의 소음이나 너무 많은 유아나 너무 다양한 활동 때문에 압도 당하는 느낌을 가질 때는 언제나 이 장소에 와서 머물도록 해야 한다. 비록 혼잡함과 같은 외부적 원인이 아닐지라도, 유아가 내부적으로 스트레스를 느낄 때면 이 조용한 환경에서 지낼 수 있게 한다.

(2) 놀이 파트너 수와 접근을 점진적으로 늘리기

유아의 물리적 자기 구역 안에서 한 번에 한 명의 놀이 파트너와 놀게 하는 것은 도움이 될 수 있다. 이 구역 안에서 놀이하는 유아의 수를 점진적으로 증가시켜 감으로써 장애유아는 점진적으로 인내력을 발달시켜 갈 수 있다.

(3) 넓고 개방된 공간 피하기

장애유아는 넓고 개방된 공간에 있는 것에 대해 특별히 어려움을 가질 수 있으며, 이러한 넓은 공간에서 소리 지르며 자기 주위를 돌아다니는 또래에게 특별히 두려움을 느낀다. 자유놀이 활동 동안 이러한 유아는 적어도 선반과 같은 부분적 경계나 칸막이가 있는 영역 안에서 좀 더 편안하게 놀이할 수 있을 것이다(3장 참조).

(4) 완충 공간 마련하기

예를 들어, 유아를 자신이 좋아하는 수건이나 담요 위에 앉게 한다([그림 7-1] 참조). 장애유아가 허락하지 않는 한 다른 유아는 담요 안에 앉거나 가장자리를 건너가지 말아야 한다는 것을 알려 준다.

3. 자유놀이에 적합한 놀잇감과 자료 선택

다른 유아와 마찬가지로, 장애유아가 어떤 놀잇감을 가장 흥미 있어 하고 가장 잘 가지고 놀 것이라고 예견하는 것은 불가능하다. 그러나 유아특수교육 분야에 경험 있는 교사는 장애유아가 좋아하고 쉽게 가지고 놀 수 있는 특별한 놀잇감 유형들을 알고 있다.

이러한 놀잇감들은 다양한 발달 수준에 있는 유아에게도 적합하다는 사실을 알고 있는 것이 중요하다. 유아가 좋아하고 쉽게 접근할 수 있는 놀잇감들의 목록은 이 장의 뒷부분에 목록화되어 있다.

일반적으로 유아교육 프로그램에서는 유아의 흥미를 유지시켜 주기 위해 놀잇감들을 자주 교체한다. 하지만 장애유아의 경우, 놀잇감들이 언제나 같은 위치에 있어야만 한다. 장애유아는 대체로 놀잇감 사용법, 활동, 그리고 기술 습득을 위해 아주 많은 연습을 필요로 한다. 또한 장애유아는 놀잇감(또는 책이나 노래)에 한번 익숙해지면, 그것을 계속 가지고 노는 것에 대하여 별로 지루해 하지 않는다. 오히려 장애유아는 어떤 것을 많이 연습한 후에 얻어지는 숙달감과 능력감을 좋아한다. 사실 우리들도 대부분 새로운 것들을 숙달하기 위해 노력하는 것보다는 자기가 아주 잘하는 것을 하고 싶어 하지 않는가?

그렇다고 장애유아에게 새로운 것을 경험하는 기회를 제공하지 않아도 된다는 것은 아니다. 중요한 것은 장애유아가 어떤 것들을 예측 가능하고, 친숙하게 느끼고, 그리고 편안해 하는가이다. 안전한 기반이 확립된 상황에서만 장애유아는 어렵고 익숙지 않은 것에 대해서도 시도하는 자신감을 충분히 가질 수 있을 것이다.

1) 다양한 발달 수준에 적합한 놀잇감

어떤 놀잇감들은 다른 놀잇감보다 가지고 놀 수 있는 수준을 익히기가 더 쉽다. 예를 들어, 아주 단순한 컴퓨터 게임은 최소한의 운동, 지각, 그리고 인지 기술을 요구한다. 그렇지만 커다란 칠판이나 이젤은 무엇인가를 끄적거리기 시작한 유아뿐만 아니라 도시와 풍경을 그리고자 하는 성숙한 화가인 유아에게도 도전이 될 수 있다.

놀잇감을 가지고 노는 방법이 오직 한 가지밖에 없는 것이 아니라면, 이러한 놀잇감은 개방적 놀잇감이다. 예를 들어, 깨꿍놀이 상자(jack in the box)를 가지고 노는 방법은 몇 가지 방법으로 제한되어 있다. 이것을 성공적으로 가지고 놀기 위해서 유아는 태엽이 돌아가는 방향으로 정해진 횟수만큼 돌려야만 한다. 그렇지만 브리스틀 블록(Bristle Block)과 같은 놀잇감은 무한히 창의적으로 사용할 수도 있으면서, 단순히 쌓아 올리거나 늘어놓거나 혹은 색 맞추기만을 하려는 유아에게도 즐거움을 제공하는 아주 단순한 놀잇감이기도 하다. 또한 점토도 모든 연령의 유아가 사용할 수 있고, 장애와 상관없이 재료의 변형이 가능한 놀잇감이다.

자유놀이보다는 실외나 대집단 활동 시간에 조금 더 적합한 콩주머니와 파라슈트도 다양한 발달 수준에 있는 유아에게 적합하다. 콩주머니는 모든 유아에게 여러 용도로 사용될 수 있는 많은 가능성을 가진 단순한 놀잇감이다. 콩주머니는 잡기와 손에 들고 있기가 쉽다. 콩주머니는 난폭하게 던지기를 했을 때에도 다칠 위험이 적다. 콩주머니는 필요한 공놀이의 하위 기술인 던지기와 받기와 같은 대근육 운동 능력을 강화한다. 콩주머니는 커다란 바구니 안에 던지기와 작은 구멍 속을 통과하기와 같은 경쟁적 게임을 쉽게 할 수 있는 기회를 제공한다.

보편적으로 유아가 좋아하는 다른 놀잇감으로 파라슈트가 있다. 파라슈트는 모두 함께 파라슈트를 올렸다 내렸다 하면서 구성원으로 참여할 수 있게 한다. 파라슈트는 텐트와 담요같이 안과 밖에 숨거나 기어 들어갔다가 기어 나올 수도 있으므로 유아가 매우 좋아하는 놀잇감이다. 그리고 유아가 파라슈트 안에서 돌 때 재미있는 운동 근육 감각 경험을 익힐 수 있는 기회를 제공한다.

피셔프라이스(Fisher-Price)의 카센터는 여러 발달 단계의 유아가 사용하기에 적합한, 잘 알려진 상업용 놀잇감이다. 비장애유아는 주로 기름 넣기, 주차하기, 자동차 수리와 관련된 가상 시나리오와 순서를 만든 후에, 피셔프라이스의 사람 도형들을 하나, 둘 포함시켜 가면서 놀이의 복잡성을 증가시켜 나간다. 그러나 인지 능력이 낮은 유아의 경우에는 크랭크를 돌려 차 들어올리기, 경사로 아래로 차 굴러가는 것 지켜보기, 그리고 내려가다가 신호등 앞에서 정지하기와 같은 인과 관계의 특징을 즐길 수 있다. 대상영속성과 같은 인지적 성취를 겨우 습득한 유아는 차고 안에 차 넣고 문 닫기를 즐길 것이며, 문을 다시 열었을 때 차가 여전히 거기에 있다는 것을 발견하고는 매우 기뻐할 것이다.

마지막으로, 비눗방울 놀이는 특히 장애유아가 좋아하는 놀이이다. 비눗방울은 바라보기에도 매우 흥미로우며, 천천히 이동하므로 어디로 가는지 눈으로 추적하기 쉽고, 잡기도 쉽다. 그리고 나타났다가 사라진다. 비눗방울 놀이는 "터졌다!"라고 사건을 설명함으로써 "비눗방울 더."와 같은 의사소통적 요구들을 가르칠 수 있고, 원인과 결과를 이해하고, 비눗물 담은 용기 열기, 빨대 비눗물에 살짝 담그기, 불기와 같은 소근육 운동 기술들의 발달을 이끌 수 있다.

2) 발달적으로 어린 유아를 위한 고려점

때때로 유아는 이제 막 습득한 특별한 인지 기술들을 활발하게 자극하는 활동들과 과제들을 매우 흥미 있어 한다. 대상영속성을 막 습득한 발달적으로 어린 유아(예를 들면, 다운증후군과 같은 정신지체 유아)들은 특별히 숨겨진 물체들 찾기를 좋아한다. 인지적으로 낮은 수준의 유아는 물이나 모래놀이와 같이 감각적 경험들을 제공하는 단순한 느낌을 더 좋아할 수도 있다.

반면에 다소 인지적 수준이 높은 유아의 경우, 차 마시기, 설거지하기, 낮잠 자기, 침대에 아기 재우는 엄마 되기와 같은 자동 상징 놀이의 상징적 표상 즐기기를 시작할 수도 있다. 장애유아가 어떤 활동에 참여할 수 없다고 생각되면 유아의 발달적 수준에 맞도록 활동을 수정하거나 더 적합한 활동들을 선택해야 할 것이다.

3) 일반적인 놀잇감과 활동 범주

이 부분에서는 유아가 가지고 노는 놀잇감과 활동들의 일반적 유형들을 고려해 보고, 장애유아의 이러한 놀잇감 사용과 관련하여 제안을 하고자 한다.

(1) 극화놀이 자료들

장애유아는 때때로 가장놀이에 참여하는 데 어려움을 보인다. 정신지체유아, 시각장애유아, 정서장애유아는 특히 가장놀이에 어려움을 겪는다. 인지지체는 없더라도 운동능력에 문제를 가진 유아의 경우, 신체적 제한에 맞게 적절히 놀이 수정을 해 준다면 가장놀이를 즐길 수 있다.

다음의 가장놀이 자료들은 일상생활에서 자주 반복적으로 접할 수 있고, 친숙하기 때문에 장애유아에게 특별히 흥미로울 수 있다.

- 전화
- 셔츠와 윗옷들(혼자 옷 입기 연습에 적합한 것)
- 아기 젖병
- 인형침대와 침구
- 그릇(접시 세트)
- 플라스틱 도구들

- 식사용 높은 의자
- 주전자와 냄비
- 알기 쉬운 브랜드 로고가 있는 식품 포장 상자
- 모자
- 구두
- 쇼핑할 때 밀고 다니는 수레
- 지갑
- 빗자루와 대걸레
- 싱크대와 레인지
- 인형

유아가 극화놀이 활동에 참여할 때, 초기에는 지원이 필요할 것이다. 교사가 조금 도와준다면, 장애유아는 그들의 발달 수준에 적합한 방법으로 또래와의 놀이에 참여할 수 있다.

힌트 Hepiful Hint

차 마시기와 인형 밥 먹이기와 같은 단순한 가장놀이는 장애유아에게 가장놀이를 소개할 때 가장 잘 참여하게 할 수 있는 두 가지 방법이다.

또한 짧은 극본을 개발하는 것도 도움이 될 수 있다. 이러한 극본에는 인형 침대에 눕히기나 차 마시기와 같은 반복되는 순서를 포함하는데, 교사는 유아가 이러한 순서를 익힐 때까지 매번 똑같은 방법으로 여러 번 시범을 보여야만 한다. 유아가 이러한 각본을 익혔다면 또래 유아가 각본에 따라 똑같이 놀이를 하지 않더라도 이미 또래들과 놀이에 참여하는 법을 어느 정도 알고 있는 것이다(이 장의 마지막에 있는 사례연구를 참조하라).

(2) 블록

장애유아는 삼차원의 구조를 만들거나 자동차, 트럭, 동물, 사람 모습과 같은 물체들을 추가적으로 포함시켜 가면서 블록놀이를 잘 하지 못한다. 장애유아를 블록놀이에 참여시킬 때, 어린 영아들이 블록으로 무엇을 하고 노는지에 대해 알고 있다면 도움이 될 것이다. 〈표 7-1〉은 블록놀이에서의 발달적 단계들을 나타낸다.

〈표 7-1〉 블록놀이에서의 발달 단계

블록놀이에서의 발달 단계	
1~1.5세	유아는 블록을 입에 넣거나 바닥에 내려치거나 블록들끼리 서로 부딪쳐 소리를 내게 하거나 떨어뜨리거나 블록이 떨어지는 것을 쳐다본다.
1.5~2세	블록을 자기 주변에 가지고 다니거나 블록을 용기 안에 넣거나 떨어뜨린다.
2~2.5세	블록을 높이 쌓아올리거나 바닥에 한 줄로 늘어 놓는다.
2.5~3세	'도로'를 만들기 위해 블록을 사용할 줄 알고, 길을 따라서 자동차를 밀고 간다.
3~3.5세	블록으로 울타리를 만든다. 동물들을 울타리 안에 넣는다.
3.5~4세	다리, 차고, 추상적인 디자인 등과 같은 삼차원의 구조물을 만든다.
4~4.5세	점점 더 복잡한 구조물을 만들고, 구조물들을 집단화하고, 놀이 주제를 구조물들에 적합하게 구체화한다. 때때로 극화놀이에 적합한 환경을 제공하기도 한다.

비록 유아가 또래들과 같은 개념적 수준에서 놀이를 하지는 못할지라도, 블록은 꽤 동기를 유발하는 놀잇감이다. 다음은 매우 재미있는 블록놀이 활동의 예이다.

- 블록을 높이 쌓은 후 무너뜨리기
- 블록 한 줄로 길게 늘어세우기(교사는 자동차와 트럭을 소개하고 블록으로 고속도로를 만듦으로써 유아가 이 활동을 좀 더 정교하게 놀이하도록 도울 수 있다.)
- 블록으로 울타리 쌓기(울타리 안에 동물을 놓음으로써 유아가 좀 더 정교화된 놀이를 하도록 돕는다.)
- 유아가 도미노 형태로 블록을 늘어놓도록 도와주고, 그것을 손으로 건드려서 연속적으로 넘어뜨리게 하기
- 경사로를 만들고 자동차가 경사로 아래로 달려 내려가게 하기

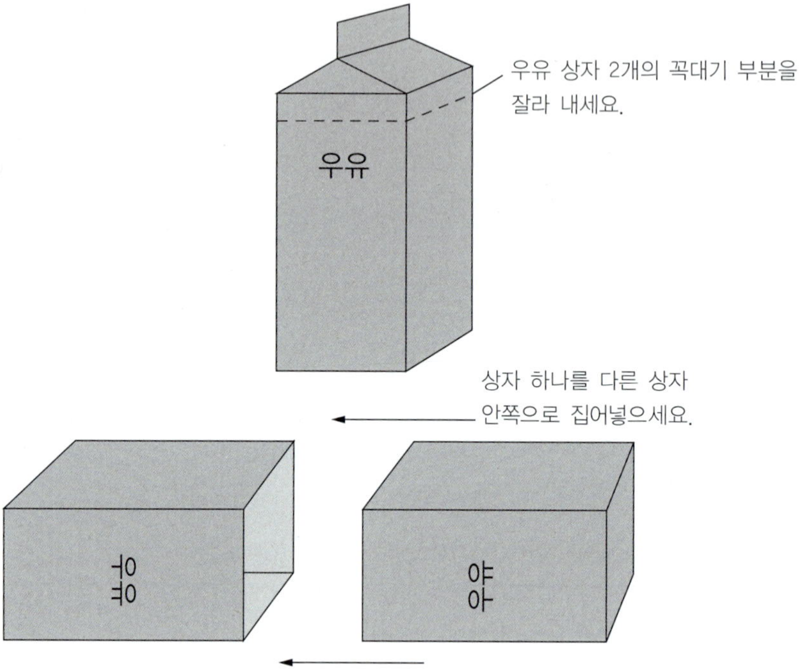

[그림 7-2] 자신의 종이 상자 블록 만들기

- 색깔이나 모양별로 블록 분류하기, 정리시간에 적절한 큰 통이나 선반 위에 블록 정리하기

어떤 유아를 위해서는 블록을 선정할 때 고려해야 할 점들이 있다. 예를 들어, 전통적인 나무 블록은 던지거나 높게 쌓은 블록들을 무너뜨리기를 좋아하는 유아들에겐 위험할 수 있다. 부드러운 재질의 블록은 많은 이점을 가진다. 조작하기에 아주 가볍고 용이하며, 이러한 블록들은 위험하지도 않다. 그리고 물에 뜨기 때문에 물 속에서도 사용 가능하다. 한 가지 단점이 있다면 장애유아가 블록을 물어뜯거나 씹을 수 있다는 점이다.

커다란 종이 블록은 값이 싸고 쌓기에도 좋다. 커다랗거나 높은 구조물을 만들 수 있으며 안전하다. 교사와 유아는 우유 상자 속에 다른 우유 상자를 넣어서 그들만의 종이 블록을 만들 수 있다([그림 7-2] 참조).

(3) 점토놀이

어른이나 또래가 도움을 주고, 반복적으로 사용할 수 있는 기회를 제공함으로써 점토는 장애유아에게 동기부여의 매개체가 될 수 있다. 만약 여러분의 교실에 뇌성마비유아나 낮은 근긴장도 유아가 있다면 점토가 너무 딱딱해서는 안 된다는 것을 기억해야 한다. 어떤 유아의 경우 자기 손으로 반죽을 가지고 노는 데 어려움을 느낄 수 있으므로, 다양한 도구들을 준비해서 사용하도록 하는 것이 도움이 될 것이다.

① 밀대 굴리기

밀대를 처음으로 밀어 볼 때 유아는 교사에게 도움을 요청할지도 모른다. 그러나 유아가 일단 밀대 사용법을 익히게 되면, 밀대를 미는 것이 뱀을 만들기 위해 반죽을 손으로 둥글게 미는 것보다 쉬울 것이다. 근긴장도 저하나 근육 통제에 문제가 있는 유아가 점토를 굴려서 뱀을 만드는 것은 어렵기 때문이다.

② 과자틀 놀이

과자 모양 만들기는 유아가 순서 개념을 배우는 데 사용될 수 있다.

1. 반죽을 편평하게 밀기
2. 과자틀로 눌러 찍은 후 집어올리기
3. 찍힌 모양 살펴보기
4. 남은 반죽 손으로 떼어내기

③ 플라스틱 칼과 가위

유아는 밀가루로 만든 뱀을 여러 토막으로 자르기를 좋아한다. 이 활동은 유아가 가위와 칼을 사용하여 종이나 음식물 자르기보다는 자르기가 쉬운 이러한 활동들을 연습할 수 있는 기회를 제공한다.

운동장애유아 힌트 Heplful Hint

심각한 운동장애가 있는 유아의 경우 어른의 도움 없이 반죽을 손으로 밀고 과자를 손가락으로 집어 올리는 것은 불가능할 수도 있다. 그러나 장애 전문가의 도움으로 과자틀 모양 찍기를 활동 수정함으로써 과자틀이 유아의 손에 붙어 있도록 개조할 수 있다(그렇게 함으로써 과자 모양틀을 손으로 잡을 필요가 없다). 이를테면 과자 모양틀을 유아의 손이나 손목에 벨크로 접착포로 붙인다. 이러한 방법은 유아가 모양틀을 팔로 누른 후 찍힌 모양을 보기만 하면 된다. 만약 유아가 어느 정도 손으로 잡을 수 있는 능력이 있다면 과자 모양틀에 커다란 나무 손잡이를 붙여 사용하게 하는 방법도 있다.

[그림 7-3] 스위치로 작동하는 놀잇감 자동차를 가지고 노는 유아

④ 작은 머핀이나 컵케이크틀

유아는 점토를 작은 머핀 그릇이나 다른 작은 용기에 채우는 것을 좋아할 수 있다.

⑤ 양초들

점토로 만든 컵케이크를 만들고 그 안에 양초를 꽂는 것은 재미있는 가장놀이 활동이다. 생일 축하 노래를 부르는 것을 잊지 말기 바란다.

(4) 인과관계 놀잇감들

유아는 많은 인과관계 놀잇감들을 가지고 노는 데 대해 쉽게 무관심해지거나 흥미가 빨리 사라진다. 하지만 다음은 인과관계 놀잇감들의 흥미를 어느 정도 유지시키는 데 도움이 된다.

- 튀어나오는 아기용 놀잇감과 만물상자(busy box)는 중도의 정신지체유아에게 매우 흥미를 줄 수 있다.
- 까꿍놀이 상자는 유아가 흥미를 가지지만, 많은 장애유아의 경우 몇 번 손잡이를 돌리는 법을 배워야 하므로 특별한 도움을 필요로 한다. 어떤 유아의 경우 학습 지속성을 발달시킬 필요가 있을 수 있다.
- 특별하게 개조되었거나 혹은 스위치로 작동하는 상업용 놀잇감에는 많은 유아가 흥미를 보인다. 예를 들면, 커다란 버튼을 누름으로써 작동되는 자동차나 카세트, 장난감 컴퓨터, 뮤직 박스 등이 있다([그림 7-3] 참조).

운동장애유아 힌트 Heplful Hint

Marble mazes와 같은 놀잇감은 장애유아에게 흥미로울 수 있다. 이러한 놀잇감들은 몇 초간 흥미를 지속시키는 결과를 가져오며, 유아에게 물체가 어디로 갈지에 대해 예측하게 한다. 그렇지만 불행히도 이러한 놀잇감들은 일반적으로 한 가지 결과만을 볼 수 있고, 한 가지 작동 방법만이 있다. 이러한 놀잇감들은 결과가 천천히 나타나고 유아에게 어느 정도의 부가적인 진행 과정을 가지게 하므로 좋은 인과관계 놀잇감이 될 수 있다.

(5) 물놀이

많은 장애유아는 물놀이를 좋아한다. 또한 유아는 테이블 위나 더러운 자전거와 같은 물건을 닦는 것을 아주 좋아한다. 유아가 물을 가지고 다양한 방법으로 놀며 탐색해 볼 수 있도록 도와주어야 할 것이다. 그렇지 않으면 어떤 유아의 물놀이 활동은 물을 용기 밖으로 부어 버리고, 다시 채우고, 그리고는 다시 물을 계속 붓는 마치 최면술에 걸린 듯한 매우 반복적인 놀이가 될 수 있다.

물놀이 활동에 많은 흥미를 가지게 하는 제안들

- 큰 용기를 채우는 데 몇 개의 물컵이 필요한지 세어 보기
- 종이배 만들기: 파도를 만들어 배 가라앉게 하기
- 분무기에 물 채우기: 마른 콘크리트나 벽에 물을 뿌려서 무늬 만들어 보기
- 물로 벽이나 울타리에 그림 그리기
- 양동이에 비누와 물을 채우고 거품이 있는 비눗물을 만들어서, 자전거와 같은 실외 놀이 기구, 테이블, 창문, 미끄럼틀 등과 같은 더러운 물체 닦기
- 인형 옷 벗기기와 입히기가 포함된 인형 목욕시키기
- 간식이나 미술 활동 후 테이블 닦기
- 접시 닦기
- 플라스틱 볼풀장에서 놀이하기

정신지체유아 힌트 Hepiful Hint

정신지체유아의 경우, 물놀이 활동들은 인과관계를 설명하는 데 도움을 줄 수 있다. 이러한 개념을 언어로 강화시킬 수도 있다.

"네가 물을 출렁거리면 배가 가라앉을 거야."

"우리가 물로 자전거를 닦았지. 그래서 지금 자전거가 깨끗하지."

지체장애아 힌트 Hepiful Hint

물놀이는 운동지체를 가진 유아가 습득하기 어려운 자조 기술인 이쪽 그릇에서 저쪽 그릇으로 물을 붓는 연습을 할 수 있는 아주 재미있는 기회이다. 이러한 상황에서의 이점은 물 엎지르기 같은 부정적인 결과가 없다는 것이다.

(6) 다른 감각 활동들

자유놀이 시간 동안 모래놀이판, 쌀놀이판, 또는 여러 가지 색깔의 가벼운 플라스틱 공이 있는 볼풀장과 같은 다른 감각 활동들을 할 수 있다. 이러한 자료들은 기분 좋은 감각적 경험을 제공한다. 어떤 유아는 이러한 활동을 통해 매우 차분해지기도 한다([그림 7-4] 참조).

발달적으로 어린 유아는 모래나 쌀, 볼풀장 속에 물체 숨기기를 상당히 흥미있어 한다. 숨겨진 물체를 찾도록 유아를 격려하는 것은 유아의 대상영속성의 개념, 시행착오적 탐색, 과제 지속성 습득을 도와줄 수 있다.

(7) 책

장애유아는 책 보기에 특별히 어려움이 있다. 발달적으로 어린 유아는 그림들을 보고 이야기하지 못할 수도 있다. 충동 억제 문제가 있거나 과다행동유아의 경우에는 책이나 이야기의 청각적·시각적 특성에 집중하는 데 어려움을 가진다. 시각적 손상이나 지각에 어려움을 가진 유아도 책의 그림들을 이해하지 못할 수 있다.

장애유아에게 적합한 책은 다음과 같은 특성을 가지고 있어야 한다.

- 반복되는 구절과 그림
- 견고한 디자인과 쉽게 넘길 수 있는 종이
- 문 열기와 손잡이 잡아당기기 등을 통한 행동이 유발되는 상호작용적 요소가 있는 책

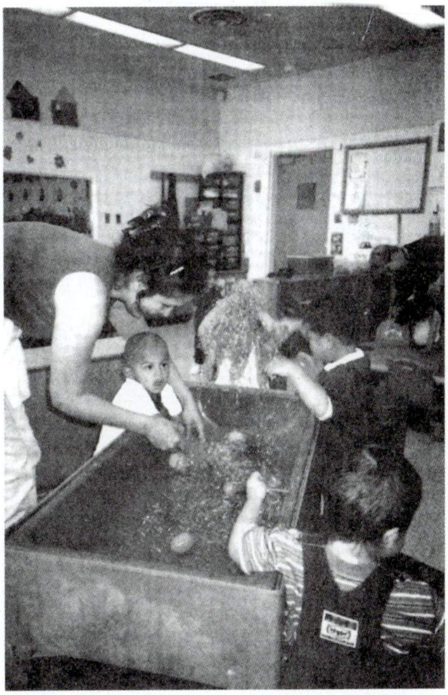

[그림 7-4] 물 테이블의 활용

- 전경과 배경 구별이 확실하게 되는 단순하고 명확하게 그려진 그림
- 유아가 잘 알고 있는 일상생활 활동이 잘 묘사된 그림
- 머리에 신발을 쓴 사람과 같이 우스꽝스럽고 불합리한 그림(Theodore Lesieg가 쓴 『괴상한 수요일』은 그런 불합리의 좋은 예이다.)
- 대집단 활동을 하는 동안에 교사가 자주 읽어 주는 책의 사본
- 운과 리듬
- 문답식 참여가 가능한 이야기 구조

시각장애유아 힌트 Hepiful Hint

시각장애유아에게 의미 있는 촉감과 작은 상징적 물체를 그림에 추가함으로써 책을 개조하여 활용할 수 있다. 시각장애를 가지고 있지만 인지 능력이 어느 정도 있는 유아를 위해 시각장애 전문가가 유아가 좋아하는 책을 점자본으로 만들 수도 있다.

다음은 장애유아에게 흥미를 줄 수 있는 책들의 예이다(13장 마지막의 목록들에서 더 많은 정보를 다루도록 한다).

- 『갈색곰』(Bill Martin): 리듬감이 있고, 명확하고, 단순한 그림이 반복적으로 나온다. 이야기책 내용으로 손가락 인형놀이 활동들도 가능하다.
- 『점이 어디 있을까?』(Eric Hill): 대상영속성 습득 지원하기(숨기기 주제가 효과적), 문 열기, 깃발 올리기와 같은 직접 조작과 친숙한 동물에 간단한 이름 붙이기가 있다.
- 『배고픈 애벌레』(Eric Carle): 밝은 그림, 간단한 개념(먹기), 반복적이다(이 책은 어떤 유아에겐 너무 길 수도 있다).
- 『다섯 마리 아기 원숭이』(Eileen Christelow): 리듬, 손가락 인형놀이, 단순한 수 개념, 친숙하고 재미있는 동물, 간단한 그림들이 있다.

(8) 비눗방울

대부분의 유아가 비눗방울을 좋아하지만 특히 장애유아는 더 좋아한다. 그 이유는 다음과 같다.

- 시각적으로 흥미롭다.
- 천천히 움직이기 때문에 다가가서 잡으려고 손을 뻗기도 쉽다.
- 눈앞에 나타났다가는 사라지기 때문에 인과관계를 보여 준다.
- 의사소통의 요구를 가르치는 데 활용되고(비눗방울 더), "팡!"이라고 말하면서 사건을 묘사하는 데에도 활용된다.
- 비눗방울 불기는 용기를 열고, 빨대를 담그고, 풍선을 불어야 하므로 소근육 운동 기술 발달에 사용될 수 있다.

(9) 조작물

조작물은 장애유아에게 어려울 수 있다. 작은 레고 크기의 조작할 수 있는 놀잇감은 장애유아의 신체 여건상 조작하는 것이 복잡하며, 너무 복잡해서 흥미를 유지하기가 어려우므로 장애유아에게 많은 도전이 될 수 있다.

작은 조작 놀잇감이 담긴 커다란 통은 유아를 압도할 수 있고, 유아에게 통을 뒤집어서 비우거나 던지고 싶은 충동을 주기도 한다. 발달적으로 어린 유아의 경우 사물을 입에 넣어 질식하는 상황이 일어날 가능성이 있다.

일반적으로 조작할 수 있는 놀잇감은 심각한 장애가 있는 유아에게는 이상적인 놀잇감은 아니다. 다음의 제안은 이러한 종류의 놀잇감을 가지고 노는 유아의 성공을 증진시킬 수 있다.

- 크기가 커서 잡기에 쉽고, 쉽게 끼워지는 조작물은 유아가 좀 더 많이 가지고 놀 것이다. 저자들의 경험상 최고의 조작적 놀잇감은 브리스틀 블록과 커다란 듀플로 블록이다.
- 작은 자동차, 태엽을 감아 작동하게 하는 작은 놀잇감, 피셔프라이스 사람

들, 패스트푸드 레스토랑이나 디즈니 영화의 상업적 기념품 등과 같이 덜 추상적인 것을 더 흥미 있어 한다. 예를 들어, 이러한 작은 사물들의 조합은 유아에게 추상적인 조립식 놀잇감인 블록보다 훨씬 더 친숙함과 흥미를 제공할 수도 있다.

- 조작할 수 있는 놀잇감들을 보관하는 하나의 전략은, 열기 어려운 용기 위에 유아가 분명히 이해할 수 있는 그림 라벨을 붙이는 것이다. 예를 들면, 놀잇감 자동차들을 큰 런치박스나 도구상자에 넣어둔다면 상자를 여는 방법을 좀 더 생각하게 만들 것이다.
- 시각적, 촉각적으로 흥미로운 것들을 이러한 박스에 넣어 두는 것 또한 유아의 흥미를 끌 수 있다. 예를 들어, 다양한 색깔의 조개껍질이나 돌들을 넣어 둘 수 있는데, 어떤 것은 뾰족하고 거친 것, 어떤 것은 반짝거리고 매끄러운 것들끼리 모아 둘 수 있다.

(10) 공

장애유아에게 공은 많은 도전들을 제공한다.

- 장애유아는 공 던지기와 공 받는 것을 배우는 데 많은 도움을 필요로 한다.
- 공 받기가 공 던지기보다 배우는 데 훨씬 더 어렵다.
- 장애유아는 딱딱한 재료로 만들어진 공을 손으로 잡고 있기가 어려울 수 있다.
- 장애유아는 던지려는 강도와 방향을 조절하는 데 어려움을 가지고 있을 수 있다.
- 장애유아가 처음 던지기를 배울 때, 아무 곳에나 던지기, 그리고 공격적으로 던지는 것을 좋아할 것이다.

다음 추천 사항들은 유아가 성공적으로 공을 가지고 놀 수 있도록 해 줄 것이다.

- 몇몇 다른 종류의 공들을 제공해 준다.
- 비치볼을 손으로 잡고 있게 한다. 비치볼은 크고, 잡기 쉬우며, 크고 가볍고

공이 천천히 움직이기 때문에 받기에도 더 쉽다.

- 너프공, 콩주머니, 탁구공을 제공하라. 이들은 잡기에 좋고 여기저기 던졌을 때라도 피해가 덜하다.

요 약

자유놀이는 다른 활동이 제공할 수 없는 많은 기회들을 장애유아의 학습을 지원하는데 제공한다. 자유놀이가 커다란 학습 활동으로서의 잠재력을 성취하기 위해서는 교사가 다양한 유형의 놀이에 다양한 장애를 지닌 유아를 참여시킬 수 있는 기술들을 발달시켜야만 한다. 또한 교사는 전형적인 유아용 재료들과 활동들을 어떻게 장애유아에게 적합하게 변형시킬 것인가에 대해 알아야만 한다.

사례연구

라울(Raul)을 위한 쇼핑하기에 대한 짧은 대본

라울은 하지마비유아이다. 라울은 보행 보조기를 사용하는 법을 배웠다. 소근육 운동은 느리고 정확하지 않지만, 양팔과 양손은 꽤 잘 쓴다. 라울은 맥도날드의 금색 로고와 같은 것을 아주 잘 식별하며, 엄마와 함께 식품 가게에 가는 것을 좋아한다. 라울은 극화 놀이 영역에서 자신이 할 수 있는 것은 거의 없더라도 다른 유아와 함께 있는 것을 좋아하며, 극화놀이에 강한 흥미를 느낀다. 그러나 라울은 역할놀이 의상을 입을 수 없고, 인형에게 옷을 입히거나 음식을 먹이는 것도 할 수 없다. 그리고 작은 플라스틱 찻잔은 라울이 가지고 놀기엔 너무 작다.

라울의 교사인 줄리아는 라울이 쇼핑 가장놀이를 즐길 수 있도록 해야겠다고 결심하였다. 물리치료사의 도움을 받아, 라울이 극화놀이 구역에서 보행 보조기 대신에 체중을 쇼핑카트에 싣게 하여 이동할 수 있도록 하였다. 친구들은 가족들이 필요로 하는 식료품들, 계산대, 그리고 금전 등록기 등을 빈 통으로 진열하도록 가게를 계획하였고, 크기가 큰 모형 돈을 준비하였다. 줄리아 교사는 물리치료사에게 어떻게 라울이 지폐와 동전을 집도록 도와줄 수 있는지, 그리고 라울이 돈을 허리에 두르는 가방 안에 넣도록 어떻게 도울 수 있는지에 대해 알려 달라고 부탁하였다. 이것은 라울에게 있어서 훌륭한 소근육 운동 경험이 되며, 라울은 모형 돈을 넣는 것을 연습하는 것과 모형 돈에 대해 이야기하는 것을 무척이나 좋아하는 것처럼 보였다. 라울은 쇼핑카트를 밀면서 짧은 거리를 이동한 후에, 필요한 식료품들을 요청하여 카트 안에 넣고 돈을 꺼내 계산원에게 주고는 다시 카트를 밀고 간다. 가끔씩 카트를 돌릴 때 부딪히기도 했지만, 라울을 돕기 위해 유아 한 명이 그곳에 있었다. 라울은 이러한 놀이 순서를 익히는 데 아주 열심이었다.

줄리아 교사는 짧은 대본을 쓰는 것이 좋을 것이라고 생각하여, 유아에게 연극 대본을 쓰라고 하였다. 완성된 대본은 다음과 같다.

계산원: 안녕하세요? 무엇을 도와드릴까요?

손 님: 안녕하세요? 저는 오렌지 주스와 시리얼과 비누 한 박스를 사고 싶어요.

계산원: (품목들을 카운터에 올려놓으며) 5달러 50센트입니다.

손 님: 네. (지폐와 동전을 꺼내 카운터에 올려놓으며) 여기 있어요.

계산원: (금전 등록기에 돈을 올려놓으며) 고맙습니다. 좋은 하루 되세요.

손 님: 고맙습니다. 좋은 하루 되세요. 안녕히 계세요.

유아는 대본 외우기를 즐겼으며, 며칠 동안 반복 연습하였다. 유아가 이 대본에 싫증이 나서 스스로 대본을 만들기 시작할 때, 라울은 많은 반복의 결과로 대사를 익히게 되었다. 유아가 다른 순서로 바꾸기 시작한 후에도 라울은 많은 핵심 단어들을 적절하게 사용하며 계속해서 참여하였다. 또한 이 과정에서 라울의 소근육 운동 기술이 향상되었고, 지폐를 다섯 장까지 세기 시작했으며, 훨씬 더 잘 이동하게 되었다.

사례연구 질문

1. 라울을 위해 이루어진 놀이 수정의 모든 목록을 작성해 보라. 놀이 수정 지원을 통해 각각 어떤 기술이 습득되었나?
2. 라울이 가지고 있는 관심과 그의 약점을 동기화할 수 있는 또 다른 놀이 시나리오는 무엇이 있는가?
3. 이 사례연구에서 사용된 짧은 대본이 라울의 또래들에게도 재미있었을 것이라고 생각하는가? 아니라면 그 이유를 말해 보라.

주요 용어

과제 지속성(task persistence)

병행놀이(parallel play)

스위치로 작동되는(switch-activated)

시행착오 탐구(trial-and-error exploration)

짧은 대본(mini-scripts)

CHAPTER 08

대집단 활동 시간

1. 대집단 활동 시간의 기회와 전략
2. 대집단 활동 시간의 모델
3. 활동 계획의 예

대집단 활동을 세심히 계획하는 것은 장애유아의 성공적 통합을 보장할 것이다.
대집단 활동 시간은 장애유아를 위한 중요한 학습기회를 제공해 줄 수 있다. 하루를 시작하거나 마치는 활동에 구조를 제공해 주며, 집단활동에 주의를 집중하고 다른 유아의 이름을 익히도록 도움을 줄 수 있다.

- 성공적인 대집단 활동 시간을 높이기 위해 특정한 전략들이 정규적으로 사용될 수 있다. 예를 들어, 일정하게 정해진 형식에 따라 실시하며, 자리 배치를 세심하게 계획하고, 차례를 기다리게 하는 일이 없도록 하고 전이의 신호를 명확하게 하는 것 등이다.
- 대집단 활동 시간에 나타날 수 있는 문제 중의 하나는 배회하는 유아를 다루는 일이다. 특별한 전략들이 도움이 될 수 있다. 가령 장애유아를 원으로 모여 앉은 다른 유아의 바깥쪽에 앉도록 하거나 처음에는 짧은 시간만 앉아 있도록 하고, 점차 시간을 늘려 가는 것이다. 그리고 안정감을 갖게 해 주는 물건을 대집단 활동 시간에 가지고 있도록 하는 등의 방법이 있다.
- 대집단 활동 시간에 유아를 더 잘 모이도록 하는 활동들이 있다. 예를 들면, 리더 따라하기, 상자 속에 무엇이 있을까?, 낙하산 놀이 등이 포함된다.

예측이 가능하고 구조화된 학습 및 기본적인 일과는 장애유아가 주변 세계를 감지하고 개념 및 특정한 행동 양식을 학습하는 능력을 발달시키는 데 효과적이다. 또한 중요한 것은 이러한 구조가 유아에게 숙달감과 안정감을 갖도록 해서 정서적 발달을 돕는다는 것이다.

1. 대집단 활동 시간의 기회와 전략

대집단 활동 시간은 장애유아에게 많은 학습 기회를 제공한다. 그러나 몇몇 문제 행동이 발달될 가능성도 있다. 이 장에서는 대집단 활동 시간의 학습을 최대화하고 문제 행동을 예방할 수 있는 방법을 설명할 것이다.

1) 대집단 활동 시간의 학습 기회

대집단 활동 시간은 유아가 대집단으로 모여서 교사, 다른 유아와 함께 이야기를 듣고 함께 공유하는 짧은 시간으로, 하루 일과의 시작이나 끝을 나타내는 등 중요한 표시를 제공할 수 있다. 하루를 시작하는 대집단 활동 시간에 이루어지는 일정한 절차들은 개념 발달을 돕는 좋은 기회를 제공한다. 특히 달력 보기 시간에는 시간 개념(예: 어제와 오늘), 그리고 출석한 유아 알아보기에서는 사회적 발달(예: 오늘 안 온 친구는?)의 좋은 기회가 제공된다. 또한 유아에게 대집단 활동 시간은 수 개념(예: 오늘 몇 명의 친구들이 왔나?)과 초기 문식성 발달(예: 이름 카드의 인식)을 위한 이상적 기회가 된다.

(1) 집단 정체감과 자아 개념의 발달 기회

사회적 절차를 포함하는 대집단 활동 시간은 장애유아에게 긍정적 자아 개념과 집단 정체감을 생성하도록 도움을 줄 수 있다. 매일 일상적으로 함께 모이는 과정과 그 과정을 통해 다른 유아와 성인의 이름을 알게 되는 것은 집단 정신에 대한 감각을 발달시킬 수 있게 한다. 게다가 이러한 활동은 학부모들이 즐기게 될 수도 있으며, 매력적인 음악이 포함될 경우에는 더욱 그렇다.

(2) 초기 문식성을 지원하고 강화하는 기회

장애유아는 종종 문식성 발달을 위한 선행조건의 숙달을 위해 많은 반복이 필요하다. 대집단 활동 시간은 다음과 같이 초기 문식성 발달을 지원하고 연습할 수 있는 특별한 기회를 제공할 수 있다.

- 노래를 나타내는 그림카드 선택하기
- 이름/사진(유아 자신과 친구의) 인식하기

[그림 8-1] 집단 활동에서 유아와 가까이 앉아 있는 보조원

- 간식/점심 메뉴 읽기
- 대집단 활동 시간에 들려주는 짧은 이야기(융판이나 자석 동화)는 유아에게 자주 반복되어야 하는데, 소품도 제공하고 오디오로 들어 보는 활동도 제공하며, 도서 영역에 같은 책을 여러 권 제공한다.

2) 대집단 활동 시간 운영 전략

대집단 활동 시간은 장애유아를 위해 중요한 활동이 될 수 있으나, 특수한 문제가 발생될 소지도 있다. 문제 행동을 가진 많은 유아의 경우 대그룹 활동에의 참여가 특히 어렵다는 것을 발견할 것이다(4장 참조).

다음과 같은 전략을 사용하면 대집단 활동 시간이 장애유아가 즐길 수 있는 학습 활동이 될 가능성을 증가시킬 수 있다.

- 대집단 활동 시간에 있어 다음의 측면들을 일정한 절차로 진행한다.
  인사 나누기 / 출석 부르기 / 환영노래 하기 / 몇몇 선택의 기회 제공하기 / 다음 활동으로 전이하기 / 일관성 있게 핵심단어와 문장 사용하기
- 대집단 활동을 너무 길게 실시하지 말아야 한다.
- 유아와 성인 모두를 위해 자리 배치를 세심하게 계획한다. 이때 보조원과 유아들 간의 근접성과 장애유아와 일반 유아 간의 간격을 좁힐 필요성의 차원을 고려한다([그림 8-1] 참조).
- 대그룹에서 유아가 불필요하게 기다리는 일이 없게 한다.
- 대집단 활동 시간에 모이고 흩어질 때의 전이를 세심하게 계획한다.

예를 들면, 대집단 활동 시간 다음에 테이블 활동이 이루어진다면 아직 원으로 모여 있을 동안 간단히 시범을 보일 수도 있다.

> 대집단 활동 시간에 배회하거나 거부하는 유아를 위해서는 아래와 같은 방법을 시도해 본다.
> - 원으로 모여 앉은 일반 유아의 바깥쪽에 장애유아가 앉도록 허용한다.
> - 처음에는 아주 짧은 시간만 참여하도록 격려하고 점차 시간을 늘려 간다.
> - 유아를 보조원 등 성인의 무릎 위에 앉힌다.
> - 유아가 안정감을 갖게 하는 물건(레고 등 교구의 조각이나 좋아하는 놀잇감 같은 친숙한 애착물)을 가지고 있도록 허용한다.
> - 유아를 완전히 동그란 원 모양으로 서로 간격을 좁혀 붙여서 앉힌다.

3) 다양한 특징의 고려

대집단 활동 시간을 계획할 때 유아의 특성과 선호에 따라 아래 사항에 대한 고려가 이루어져야 한다.

- 대집단 활동 시간의 일정한 절차에 덧붙여서 부가적 활동을 실시할지의 여부(예: 낙하산 놀이, 비눗방울 놀이, 상자 속에 무엇이 있나?)
- 유아를 의자에 앉힐지 또는 카펫 위에 앉힐지의 여부
- 동작과 춤을 포함시킬지의 여부와 포함시킬 방법

4) 최상의 대집단 활동

특정한 대그룹 활동들은 장애유아의 주의집중과 참여를 더 잘 유지시킬 가능성이 있다.

(1) 물건 감추기

어떤 활동이든 물건을 발견하는 활동은 이제 막 사물의 영속성을 숙달해 가는 중인 유아나, '발견하기'의 도전을 좋아하지만 뭔가를 체계적으로 찾는 방법을 학습시킬 필요가 있는 유아에게 매력적인 활동이다. 유아는 발달적으로 상자나 가방 안에서 뭔가를 발견하는 단순한 활동을 즐긴다. 시각장애나 중도의 주의집중 장애를 가진 유아에게 문제 해결과 발견 전략의 사용은 어렵지만 체계적인 탐색 기술을 숙달하도록 보상을 제공해 준다.

(2) 비눗방울

일반적으로 비눗방울 놀이는 장애유아에게 매력적인 활동으로 보인다(토론을 위해 7장을 참조).

(3) 모방게임

'~ 가라사대'와 '리더 따라하기' 같은 모방게임은 많은 유아에게 자극적인 학습 기회가 될 수 있다. 모방게임은 주의집중과 관찰기술을 가르치고, 특정한 신체 동작과 발성 기술을 연습할 기회를 제공할 수 있다.

[그림 8-2] 낙하산 활동

(4) 작은 낙하산

큰 낙하산을 이용한 활동은 보통 넓은 공간과 많은 사람의 참여를 요구하지만, 작은 낙하산은 대집단 활동 시간에 여러 가지 흥미롭고 창의적인 방법으로 사용될 수 있다([그림 8-2] 참조).

(5) 춤과 동작게임

대집단 활동 시간을 자극적이고 재미있게 만드는 최상의 방법 중 하나는 얼음게임, 리듬 또는 마칭 밴드, 록 앤 록 또는 살사댄싱같이 음악과 리듬을 포함시키는 것이다. 영아부터 노인까지 나이 구분 없이 매력을 끄는 활동 중의 하나는 얼음게임으로, 참여자들이 음악에 맞추어 움직이다가 음악이 그치면 멈춰서 다시 음악이 나올 때까지 그대로 움직이지 않고 있는 게임이다. 아무렇게나 마음대로 춤추다가 어설픈 자세로 얼어붙은 것처럼 하는 것은 심지어 과도하게 활동적인 유아에게도 좋은 활동이다.

힌트 Heplful Hint

자폐유아와 과잉 행동적인 유아에게는 유산소 운동이 유익할 수 있다.

2. 대집단 활동 시간의 모델

대집단 활동 시간에 일정한 절차를 사용하는 것은 유아를 더 쉽게 주의집중하고 오래 참여하도록 해 줄 것이다. 아래의 형식은 하루를 시작하는 대집단 활동 시간을 위해 효과적인 본보기가 될 만한 예이다.

1) 전이 신호

벨 울리기, 불을 켰다 껐다 하기, 또는 "대집단 활동 시간이다!"라는 언어적 단서와 함께 인사 노래 부르기 등의 방법이 있다.

2) 자리배치

유아는 자기 이름이나 좋아하는 동물 그림으로 표시된 개인용 방석을 들고 와서 원 모양으로 앉는다. 장애유아에게 어떤 모양의 원으로 앉아서 활동하는가는 매우 중요하다.

경우에 따라 장애유아를 교사 가까이에 앉힐 필요가 있다. 소그룹일 때는 전통적인 반원 모양으로 앉는 것이 효과적이다. 그러나 대집단의 경우에는 반원으로 앉힐 때 어떤 유아는 활동의 초점으로부터 너무 멀리 떨어져 앉게 되므로, 이러한 경우에는 한 무더기로 모여 앉거나 두 줄 반원으로 앉는 것이 더 효과적일 수 있다.

반원이 아니라 원으로 앉히는 것은 방해를 줄일 수 있다. 그러나 다른 유아와 가까이 앉아 있는 것은 사람과 근접해 있기를 거부하는 장애유아에게는 어려울 수 있다. 교사는 전략적으로 각 유아의 참여를 극대화하도록 교실 내의 교사진과 다른 성인의 자리를 배정해야 한다. 어떤 유아는 성인의 무릎에 앉히는 것이 효과적일 수 있으며, 또 어떤 유아는 성인을 옆 또는 뒤에 앉힐 필요가 있다([그림 8-3] 참조).

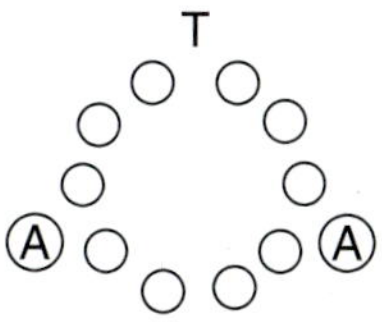

소그룹 원형
(T=교사, A=보조원)

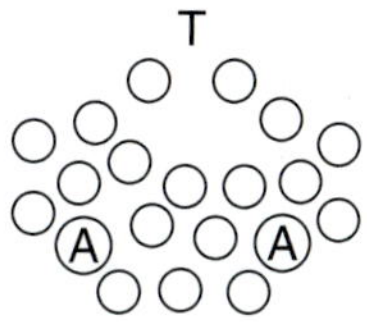

대집단 원형
(T=교사, A=보조원)

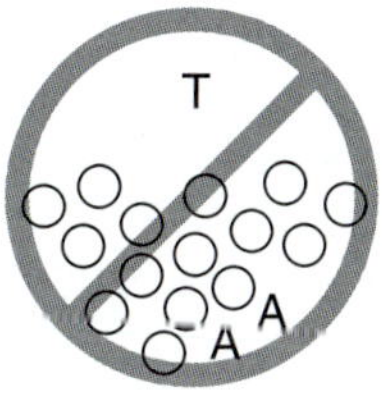

바람직하지 않음

성인 자리배치가 고려되지 않은 무작위 자리배정

[그림 8-3] 집단활동 시간의 자리배성의 에

힌트 Hepiful Hint

방석에 앉는 것은 중도 지체장애유아에게는 부적절할 수 있으며, 성인의 무릎에 앉히는 것이 해결책이 될 수 있다. 만일 유아가 보조의자나 휠체어에 앉아야 한다면 다른 유아도 모두 바닥보다는 의자에 앉도록 해서 신체적 장애를 가진 유아와 일반 유아 간에 눈높이가 동일하게 되도록 한다.

인지 능력이 낮은 유아의 경우에는 방석을 가져와서 원 모양이 되게 놓고 앉도록 학습시키기 위해 과제 분석이 필요할지 모른다. 운동 기술과 과제의 순서화 측면에 있어서 장애유아의 독립성을 점차 증진시켜 나가도록 한다.

시각장애유아를 돕기 위해 개인 방석에 흑백의 대조적 디자인으로 표시하거나 큰 고딕체로 유아의 이름을 붙여 준다. 또는 방석의 뒷면에 촉감으로 구별되도록 모래종이나 고무 같은 특이한 재질을 붙인다.

3) 아침인사 나누기

모든 유아가 모여 앉으면 교사는 "안녕, 친구들. 오늘 누가 누가 왔는지 보자." 라고 말한다. 유아가 집단으로 반응하는 인사 나누기 활동을 포함하는 것도 도움이 된다. 혼자 반응하는 것이 어려울 수 있는 유아는 활동에 점점 친숙해지면서 결국 집단으로 반응하기에 참여할 수 있게 된다. 예를 들어, 교사가 "친구들 안녕?" 하고 말하면 "선생님 안녕하세요?" 하고 유아가 답한다.

4) 출석 부르기

출석 부르기는 다양한 방법으로 이루어질 수 있다.

- 인사 노래로 각 유아의 이름을 부르면 출석한 것으로 인정한다.
- 교사가 돌아가면서 유아와 악수한다. 또는 모든 유아가 다섯까지 세는 동안 교사가 돌아가면서 유아와 "다섯 번!" 하고 말하며 손바닥을 다섯 번 마주친다. 이렇게 하이파이브를 할 때 "두 번!" 또는 "네 번!"으로 숫자를 바꾸어서 할 수 있다.
- 교사는 이름 카드를 하나씩 고르면, 해당 유아가 개별적으로 반응한다. 변형한다면, 다른 유아가 이름 카드의 주인을 알아맞히게 할 수 있다.

힌트 Heplful Hint

시각장애유아를 위해 카드 위에 큰 점자로 이름을 쓴다. 자기 이름을 만져서 느끼도록 돕고, 점자가 없는 다른 카드도 느껴보게 한다. 저시력유아를 위해서는 흰색 또는 노란색 배경에 검은색으로 크게 고딕체로 이름을 쓴 카드를 사용한다.

- 유아가 나와서 자기 이름 카드를 고른 후 출석판에 건다.
- 집단으로 함께 반응하는 대신 각 유아가 공식적 인사 연습을 할 수도 있다.

교사가 각 유아에게 "~야, 안녕?" 하고 말하면 유아는 "선생님 안녕하세요?" 하고 답한다.

힌트 Hepiful Hint

청각장애유아는 신호로 인사할 수 있다. 뇌성마비와 같은 운동장애를 가진 유아는 "네, 좋아요."라는 녹음된 말소리가 나오는 대체 의사소통 기구를 사용할 수 있다.

5) 노래 부르기

아침의 시작 모임 시간에 정해진 한두 개의 친숙한 노래를 늘 부르게 한다.

6) 달력 보기

유아의 경우 아침의 시작 모임 시간에는 종종 달력을 보고 날짜 알아보기가 일상적 활동으로 포함된다. 그러나 이 달력 보기 시간은 대개 적질치 못하게 진행되기 쉽다. 장애유아는 대부분 시간 개념에 대한 어려움이 있기 때문에 달력 보기가 특히 문제될 수 있다. Cook, Tessier과 Klein(1996)은 인지발달지체를 가진 유아를 위해 달력 보기 활동의 효과적 절차를 기술하였다. 이 절차를 적용한 예는 [그림 8-4]와 같다.

7) 대집단 활동

아침의 시작 모임 시간에는 인사 나누기나 달력 보기 이외의 집단 활동이 포함될 수도 있다. 일정하게 정해진 활동 이외에 새로운 활동이 제공될 경우 장애유아에게 특별한 도전을 줄 수 있다. 대그룹으로 이루어지는 친숙하지 않은 활동에 주의를 집중하는 것은 주의집중에 문제가 있는 유아나 몇 분 이상 앉아 있을 수 없는 유아에게 문제가 될 수 있다.

그러나 아침의 시작 모임 시간에 별도의 활동을 포함하는 것은 다양성과 흥미를 부가한다는 이점이 있다. 또한 새롭고 친숙하지 않은 경험에 대해 유아가 인내심을 형성하도록 돕는 기회를 제공한다. 아침의 시작 모임 시간의 처음과 끝에 똑같은 활동을 제공하는 것은 장애유아로 하여금 새롭고 홍미로운 활동을 인식하고 예측할 수 있게 하며, 일정하게 이루어지는 친숙한 절차와 새로운 활동을 구별할 수 있게 한다.

힌트 Heplful Hint

자폐유아는 종종 유아교사에게 돌발 상황을 일으킨다. 그들은 동일한 것에 대해 집착하는 소위 동일성 고착(insistence on sameness)이라는 강박적 특성을 가질 수 있어서, 환경이 예측 불가능하고 혼란스러울 때 극단적으로 흥분하거나 동요하게 된다. 자폐성 유아 중에는 심지어 일과나 환경 배치가 아주 조금만 바뀌어도 극단적 스트레스를 나타내는 경우가 있다. 자폐유아는 일반적으로 고도로 구조화된 환경 안에서 더 주의집중을 잘하며 조용하다. 그와 동시에 자폐유아에게는 변화에 대처하고, 기대하지 않거나 친숙하지 않은 사건과 환경에 대처하는 전략을 발달시킬 수 있도록 지도하는 것이 중요하다. 대집단 활동 시간의 구조적인 체제 내에서 활동을 다양화하는 것은 변화에 대한 자폐증 유아의 인내를 점차 증진시키는 하나의 방법이 될 수 있다.

[그림 8-4] **수정된 달력 시간**

수정된 달력 보기 활동

여기 제시된 달력 보기 활동의 절차는 장애유아가 이 활동에 내재된 비교적 추상적인 시간 개념을 다루는 데 도움을 줄 수 있다.

수정의 특징
- 달력을 일주일 단위로 축소시킨다.
- 일주일의 각 날을 특별한 활동과 특별한 색깔로 연결시킨다.
- 날짜가 지나는 것과 어제, 오늘, 내일을 나타내도록 돕기 위한 시각적 장치를 사용한다.

1. 다른 색으로 일주일의 각 날을 표시한 큰 판을 만든다.

일요일	월요일	화요일	수요일	목요일	금요일	토요일

2. 일주일의 각 요일마다 그 날에만 이루어지는 각각의 다른 활동의 그림 자료를 만든다. 사진이나 그림을 이용하며, 뒤에 끈끈이를 붙인다.
아래의 예: 월요일은 도서관 가는 날, 화요일은 발견하기 산책의 날, 수요일은 팝콘의 날 등

3. 한 주를 시작할 때 유아에게 그날의 특별한 활동이 무엇인지 묻는다.
한 유아를 선정해서 판에 그림을 붙이게 한다. "오늘은 월요일이야."라는 말로 강화한다. 심각한 인지적 장애를 가진 유아에게는 각 그림이 무엇을 나타내는지 연결 지을 수 있도록 그림에 해당하는 활동을 실제로 진행할 때 그림을 제시해 준다.

일요일	월요일	화요일	수요일	목요일	금요일	토요일
	월요일  도서관 가는 날					

4. 하루 일과가 끝나갈 때 다시 달력을 보여 주면서 "내일이 무슨 요일인지 아는 친구 있니? 내일은 화요일이야. 화요일에는 우리가 무엇을 하지?" 하고 묻는다. 교사는 화요일 그림자료를 보여 줄 수 있지만, 화요일이 되기 전까지는 달력에 붙이지 않는다.

5. 화요일에 앞서 제시한 관례적 절차를 반복한다. 한 유아에게 화요일 그림자료를 선택해서 달력에 붙이도록 한다. 그리고 그 유아에게 "어제는 무슨 요일이었지? 어제는 월요일이었어. 어제는 무엇을 했었지?"라고 묻고 "우리는 도서관에 갔었지."라고 말한다.

일요일	월요일	화요일	수요일	목요일	금요일	토요일
	월요일  도서관 가는 날	화요일  발견하기 산책의 날				

6. 같은 방식으로 매일 계속한다. 이때 언제나 요일뿐만 아니라 어제, 오늘, 내일의 개념을 복습시킨다. 결국 유아는 어휘에 따라 필요한 시간의 개념을 숙달하기 시작할 것이다. 적절한 때가 되면 교사는 주일을 모아 한 달 단위의 달력에 붙일 수 있다.

대집단 활동 시간에 포함할 영유아를 위한 활동들은 이 장의 끝에 제시되어 있다. 상자 안에 무엇이 있나? 낙하산 놀이, 리더 따라하기의 세 가지 활동이다. 제시된 예들은 성공적 통합을 보장하기 위해 활동을 어떻게 계획해야 하는지를 자세히 보여 준다. 이 활동들은 잘 검증된 것이며, 장애유아에게 폭넓게 성공적으로 실시될 가능성을 갖고 있다. 또한 이 활동들은 정상적으로 발달하는 유아에게도 도전이 될 수 있도록 수준을 높여 적용할 수 있다.

8) 다음 활동 소개

대집단 활동 시간의 마무리는 다음 활동으로의 전이로 진행되어야 한다. 다음 활동으로는 흥미 영역 활동이나 미술 활동이 될 수 있다. 흥미 영역들이나 작업 테이블에서 할 활동의 시범을 보이는 것이 도움이 된다. 이것은 장애유아에게 다음에 일어날 일에 대한 기대나 마음가짐을 형성시키는 기회를 제공한다. 또한 교사에게는 핵심 어휘와 개념을 소개하고 반복할 기회를 제공한다. 통합 환경에서 또래 유아의 모델링과 보조원으로부터 교육적 효과를 얻을 수 있는 장애유아의 경우는 도우미 친구와 짝을 지어 줄 수 있다.

다음은 대집단 활동 시간 동안 미술 활동을 소개하는 방법의 한 예이다.

대집단 활동 시간에 밀착지를 이용한 가을 콜라주 활동 소개하기

① 유아는 그 전날 나뭇잎, 막대, 풀을 수집하러 발견하기 산책을 다녀왔다. 수집물들은 각 유아별로 이름이 쓰인 가방에 들어 있다.

② 달력 보기 시간 동안 교사는 유아에게 그 전날의 산책에서 많은 멋진 것들을 수집하였음을 상기시킨다.

③ 대집단 활동 시간이 끝날 즈음에 교사는 수집물의 샘플이 든 가방과 쟁반을 보여 준다. 가방에는 교사의 이름이 잘 보이게 쓰여 있으며, 쟁반에는 사각형의 밀착지(접착제가 묻혀진 종이)를 담았다.

④ 교사는 모든 재료의 이름을 말해 주고 반복한다. "여기 어제 발견하기 산책 갈 때 가져갔던 선생님의 가방이 있어. 여기 보렴. 가방에 선생님 이름이 있네." "선생님 가방에는 막대 몇 개와 나뭇잎들 그리고 푸른 꽃 한 개가 있어. 그리고 이것은 종이인데, 끈끈이 종이라고 해. '끈끈이 종이'라고 말할 수 있겠니? 이 끈끈이 종이는 매우 끈적끈적해!" 유아에게 발달적으로 적절하다면 어느 정도이든 끈적거리는 종이의 촉감을 느껴 보고, 각 수집물의 이름을 말하거나 각 품목에 대해 묘사해 보도록 격려할 수 있다.

⑤ 교사는 몇몇 수집물을 가방에서 꺼내 밀착지에 붙이는 것을 간단히 시범 보인다.

9) 대집단 활동을 마치는 노래나 동작

장애유아에게 대집단 활동 시간의 끝을 표시하는 정해진 노래, 찬트 또는 문장을 사용하는 것이 도움이 된다. 예를 들어, 만일 다음이 자유선택 활동 시간이라면 교사와 유아는 모두 "자, 이제는 자유선택 활동을 할 시간이야."라고 몸짓으로 표시하며 말할 수 있다.

10) 전이

유아는 자기 방석을 치우고 미술 테이블, 선택한 흥미 영역, 또는 실외 유원장 등 다음 활동 영역으로 이동한다.

3. 활동 계획의 예

앞에서 언급했던 것처럼 참여하는 유아의 특별한 요구에 맞추어 활동을 고안할 수 있기 위해서는 세심한 계획이 필요하다. 다음 예들은 대집단 활동 시간을 위한 적절한 활동을 제안한 것으로, 어느 정도의 계획이 필요한지를 보여 준다.

1) 영아기 유아를 위한 대집단 활동: 상자 안에 무엇이 있나?

영아기 유아는 가린 것을 치우고 숨긴 물건을 찾는 것을 매우 좋아한다. 늘 사용할 수 있는 한 가지 품목은 안에 뭔가를 넣은 큰 상자이다. 영아기 유아는 상자 안에 뭔가 들어 있다는 것을 안다. 그들은 그 전날 상자 안에 무엇이 있었는지 기억할 수 있으며, 같은 상자에서 새로운 무언가가 나올 때마다 놀라워한다. 다음의 계획은 대집단 활동 시간의 모든 유형의 활동을 소개하는 데 사용될 수 있다. 상자가 극적으로 사용될 때, 대그룹 활동에 대한 영아기 유아의 흥미와 주의집중을 증진시킬 수 있다. 활동 계획에 이어서 상자 안에 넣을 수 있는 물건을 제안해 놓았다.

(1) 자세한 활동 계획

1단계: 상자를 소개한다.

① 교사가 영아기 유아와 함께 원으로 둥글게 앉는다. 가능한 한 교사가 각 유아에게 쉽게 다가갈 수 있도록 유아를 가까이에 앉힌다.

② 교사가 원의 안쪽으로 자기 앞에 상자를 놓는다. 상자에는 게임이나 활동을 위한 소품들이 담겨 있어야 한다. 유아가 상자에 익숙해진 후에는 상자를

교실 안 어딘가에 감출 수도 있다. 교사는 "내 상자가 어디 있지?", "그 상자가 어디 있지?"라고 말할 수 있다. 유아에게 상자가 어디 있는지 말해 보거나 찾게 한다. 그리고는 외친다. "오! 여기 있구나! 여기 내 상자가 있네!"

③ 영아기 유아의 주의를 끌기 위해 상자 윗면을 두드리기 시작한다. 교사와 상자에 모든 유아가 주의집중할 때까지 두드린다. "들어 봐, 무슨 소리가 들리니?"라고 말하면서 유아의 머리 위로 들고 흔들면서 시작할 수도 있다.

④ 매우 천천히 노래하듯이 말한다. "똑, 똑, 똑, 상자 안에 무엇이 있을까?"

⑤ 두세 번 반복한다.

⑥ 두드리고 말하는 것을 멈추고 유아에게 "상자 안에 무엇이 있을까?" 하고 묻는다.

- 몇 가지 유형의 반응이 나오도록 기다린다.
- 영아기 유아는 상자에 접근할 수도 있다. 상자 위를 두드리게 해 주거나 유아가 자기 자리에 그대로 앉아서 만질 수 있도록 상자를 가까이로 밀어 준다.
- 교사가 준비될 때까지는 아무도 뚜껑을 열 수 없도록 상자 뚜껑을 잠가 놓는다.

⑦ 뚜껑의 한구석을 열고 안을 들여다본다. "와~ 보인다."라고 극적으로 말하고 긴장감을 느끼게 한다.

⑧ 교사가 상자를 열거나 한 유아를 골라 열게 한다. 모든 유아가 안을 볼 수 있도록 상자를 든다.

⑨ 감춰진 물건을 꺼내서 과장된 몸짓으로 연관된 활동을 지속한다.

2단계: 상자의 내용물과 연관된 활동을 시작한다. 예를 들어, 낙하산을 상자에서 끌어내어 사용법을 시범 보인다.

3단계: 활동을 마친다.

① 상자를 다시 가져온다.

② 상자를 원의 가운데에 놓는다.

③ 교사가 상자 속에 물건을 다시 넣거나 유아에게 다시 넣게 한다.

④ "우리는 활동을 모두 다 마쳤어요." 이때 활동을 자세히 묘사한다. 뚜껑을 덮는다.

⑤ 다음 활동이나 수업에 대해 암시하거나 또는 정식으로 소개한다.

상자 안에 넣을 수 있는 물건의 예

- 낙하산: 유아는 상자 안의 낙하산을 만져서 느낄 수 있고, 그런 다음 모두 함께 꺼내는 것을 도울 수 있다.
- 악기: 우선 악기를 상자 안에 넣고 흔들면 재미있으며, 유아에게 소리를 듣고 무슨 악기인지 맞추도록 한다. 상자를 열고 악기를 나누어 준 후에는 음악 활동을 계속한다.
- 콩주머니나 공: 대집단 활동 시간의 다양한 활동에 사용한다.
- 인형: 특정한 노래에 특정한 인형을 정해서 사용하거나 모든 유아를 위해 여러 개의 인형을 사용한다.
- 포장해서 제시하는 것: 유아마다 하나씩 물건을 티슈에 싸거나 작은 개별 백에 넣어서 주면 유아는 한 번 더 숨긴 것을 찾게 된다. 가령, 그날 바깥으로 산책 갈 계획이 있다면 선글라스나 과자 같은 것을 사용한다.
- 다양한 유형의 소근육 손동작을 요구하는 작은 용기들: 지퍼백, 플라스틱 양념통같이 돌려서 여는 뚜껑이 있는 용기 안에 걸음마기 유아가 열어 보고 보상받을 수 있도록 작은 즐길거리를 넣어 놓는다.
- 노래 소품: 예를 들면, '동물농장' 노래에 맞추어 사용할 플라스틱 동물 인형 등 노래와 함께 사용할 소품을 활용한다.

(2) 장애 유형에 따른 특별한 제안

'상자 속에 무엇이 있나?' 활동이 장애유아에게 성공적인 활동이 되도록 하기 위해 장애 유형에 따라 다음의 전략을 활동 계획에 반영한다.

① 시각장애유아

- 장애유아를 원 활동의 리더인 교사 가까이에 앉힌다.
- 장애유아에게 활동에 제공되는 모든 물건들을 만져 보게 허용한다.
- 큰 상자를 좀 더 작게 복제한 상자에 물건 한 가지를 넣어 주어서 그 상자를 탐색할 시간을 갖게 하고, 상자라는 것에 대해 인식하게 되도록 그리고 안에 든 것을 탐색하기 위해 상자를 열어 볼 수 있도록 한다.
- 모든 일반 유아는 사물을 보고 원하면 만질 수 있지만 시각장애유아는 만져 보는 것만이 그 물건이 무엇인지 알 수 있는 유일한 방법이기 때문에 상자 속의 물건들에 대해 약간 겁을 먹을 수 있다는 점을 명심한다.
- 시각장애유아가 새로운 물건을 탐색하도록 돕기 위해 먼저 유아의 손을 교사의 손 위에 놓게 하는 손—아래—손(hand-under-hand) 접근을 사용한다. 이는 유아가 우선 성인의 손을 통해 안전하게 물건을 탐색하도록 한 후 점차 준비가 되면 물건을 더 많이 만져서 느낄 수 있도록 하는 것이다.

② 행동장애나 주의집중장애유아

- 가능하면 장애유아를 다른 성인과 함께 앉힌다.
- 물건을 보기에 충분히 가깝고, 주 교사로부터 멀지 않은 옆쪽 자리에 장애유아를 앉힌다.
- 경우에 따라 어떤 유아에게는 의자에 앉을지 또는 집단의 주 교사나 좋아하는 다른 성인 옆에 앉을지를 선택하게 하는 것이 원하는 자리를 결정할 수 있도록 도울 것이다. 그러나 만일 유아가 선택한 자리에 잘 앉아 있지 않고 통제가 안 된다면, 그때는 좋아하지 않는 자리에 앉히는 것이 순서이다.
- 장애유아에게 상자를 두드리거나 제일 먼저 볼 수 있게 허용해 주어서 기다리는 시간을 줄일 수 있도록 한다. 그러나 만일 그때 유아가 잘못된 행동을 한다면 그것을 허용해서는 안 되며 바람직한 행동을 할 때 긍정적 강화 기제로 이용한다.

- 장애유아가 예를 들어 "다 됐다."나 "가자."라는 말로 정당하게 요구한다면 먼저 대집단 활동에서 떠날 수 있게 허용한다. 점차로 대집단 활동에 참여하는 시간의 양을 늘려 가도록 돕는다.
- 장애유아에게 대집단 활동 시간이 끝나는 것을 나타내는 구체적 행동을 보인다. 가령 '자전거 노래'를 부르면 대집단 활동 시간에서 떠날 수 있게 한다.

③ 지체장애유아

- 가능하면 장애유아를 다른 유아와 같은 높이가 되도록 앉힌다. 예를 들면, 교사의 무릎에 앉히거나 좌식 보조의자 등을 활용하는 방법이 있다. 만일 장애유아가 휠체어에 앉을 필요가 있다면, 대집단 활동 시간에 다른 유아를 바닥보다는 의자에 앉히도록 한다.
- 도움이 필요하다면 상자 속의 물건을 다루도록 돕는 도우미 유아 또는 성인 보조원을 배정한다. 예를 들어, 도우미가 된 유아는 악기나 인형을 장애유아와 함께 공유할 수 있다.
- 도우미 유아에게 도움이 필요한지를 장애유아에게 물어본 후 상자에서 나온 포장된 물건을 펴보게 도와주라고 격려한다. 유아가 도와달라고 대답하면 도와주고, 싫다고 하면 몇 분 후에 다시 물어보게 한다. 장애유아는 다른 유아가 하는 것을 먼저 보고 나서 풀어 보고 싶어 할 수도 있다.
- 장애유아가 열기에는 너무 힘든 포장용기라면 장애유아에게는 좀 더 열기 쉬운 용기에 물건을 넣어 준다.
- 상자 안에 악기를 넣고 '얼음게임'을 한다. 다른 유아가 춤추거나 악기를 가지고 행진하는 동안 장애유아에게 CD플레이어의 스위치를 이용해서 음악을 켰다 껐다 할 수 있게 한다. 음악이 멈추면 유아는 장애유아가 스위치를 다시 켜서 음악이 나올 때까지 얼음이 되어 움직이지 않고 기다려야 한다.

④ 정신지체유아

- 상자 활동을 자주 실시하고, 매 활동 시 비슷한 순서로, 비슷한 수준으로 한다.
- 친숙하고 좋아하는 물건, 놀잇감을 이용하고, 상자 속에 간식류를 포함한다.
- 친숙하지 않은 품목의 경우에는 장애유아로 하여금 대집단 활동 시간에 사용했던 상자와 물건을 후에 자유선택 활동이나 실외놀이 시간 같은 때 탐색할 수 있게 하는 기회를 제공한다. 이렇게 함으로써 다양한 사물에 친숙해지고, 또 성공적으로 사용할 기회를 갖게 될 것이다.

벤(Ben)을 위한 상자 활동: 상자 속에 무엇이 있나?

탐(Tom)은 로스앤젤레스 유아발달센터의 걸음마기 유아반의 교사이다. 그의 학급에는 12명의 2~3세 유아가 있고, 보조원이 1명 있다. 유아 중 한 명인 벤은 심각한 시각장애를 갖고 있다. 벤은 밝은 빛을 지각할 수 있고 왼쪽 눈으로 밝은 배경의 대조적인 어두운 색 물체를 지각할 수 있을 뿐, 그 외에는 다른 감각에 의존해서 주변 세계를 인식한다. 사물에 좀 더 쉽게 초점을 맞추게 하고 자기 눈을 찌르지 않도록 벤은 안경을 쓰고 있다. 그러나 벤은 안경 쓰기를 정말 싫어하고 상기시켜 주지 않으면 종종 안경을 벗어 버린다.

탐 선생님은 '상자 속에 무엇이 있나?' 활동을 이용해서 반 유아에게 모자와 선글라스를 소개해 주려고 하였다. 유아가 상자에서 자기의 안경과 모자를 발견한 후에는 모두 함께 발견하기 산책을 나갈 계획을 세웠다. 선생님은 유아를 대집단으로 모이도록 하고, 보조원이 다른 유아를 돕느라 바쁜 동안 벤을 자기 옆에 앉혔다. 그리고 탐 선생님은 상자를 소개하였다. 상자 안에는 12개의 종이봉투가 들어 있고, 각각에는 유아용 플라스틱 안경과 작은 야구모자가 들어 있었다. 탐 선생님은 이전에 대집단 활동 시간에 상자를 사용했었고, 벤은 상자를 만져 보고 상자 위를 기어 올라가거나 안으로 들어가 볼 기회를 많이 가져왔다(대집단 활동 시간 이외의 시간 동안에). 그러나 상자 안에 뭔가 들어 있는 종이봉투가 소개되는 것은 오늘이 처음이었다.

탐 선생님은 활동을 진행해 나가고, 상자 뚜껑을 열 때 벤의 손을 상자 위에 놓도록 하였다. 탐 선생님은 상자 안에서 종이봉투들을 꺼내면서 하나를 벤에게 주고 만져 볼 수 있게 했다. 선생님은 벤과 자신의 사이에 종이봉투를 놓고 벤에게 봉투가 어디 있는지 말해 주고 벤의 손을 봉투에 닿도록 인도하였다. 탐 선생님이 나머지 종이봉투들을 다른 유아에게 나누어 주고 유아가 열어 보는 동안 벤은 봉투를 조심스럽게 만졌다. 탐 선생님은 유아가 봉투를 열 때 어느 정도 시간이 걸리도록, 그리고 필요하다면 또래와 성인이 도와주도록 종이봉투의 입구를 꼭 닫아 돌돌 말아 놓았다.

그러는 동안 탐 선생님은 벤에게 돌아와서 종이봉투 여는 것을 도와줄지를 물었다. 선생님은 벤의 손을 자기 손 위에 놓고, 벤이 자기 손가락을 통해 원하는 만큼 만져 보도록 하였다. 종이봉투가 열릴 때 선생님은 벤에게 봉투 속에 만져지는 것이 무엇인지 물었다. 벤은 천천히 자기 손을 조금씩 안으로 넣어서 자기 것과 똑같은 안경(!)을 만져서 느껴 보았다. 벤은 미소 짓고 안경을 봉투에서 꺼내었다. 탐 선생님은 "친구들이 벤과 똑같은 안경을 갖고 있네."라고 유아에게 말하면서 벤의 주의를 이끌었고, 벤은 다시 미소를 지었다.

후에 탐 선생님은 벤의 친구 중 몇 명에게 안경을 쓰고 벤에게 만져서 느껴 볼 수 있게 해 주라고 요청하였다. 선생님은 벤의 종이봉투에서 모자를 꺼내어 벤에게 만져 보게 했다. 그리고는 머리에 써 보고 싶은지를 물었다. 벤은 자기 머리를 두드리고 "머리 위에 모자."라고 말했다. 유아가 안경을 끼고 모자를 쓰고 산책하러 나가는 것으로 대집단 활동 시간을 마쳤다.

2) 걸음마기 유아를 위한 대집단 활동: 낙하산 놀이

낙하산 놀이는 걸음마기 유아에게 흥미로운 활동이다. 낙하산은 음악이나 소품과 함께 사용할 수도 있다. 낙하산은 앞서 기술된 것처럼 상자를 이용하거나 유아들 앞에서 보관용 가방에서 꺼내 놓는 방법으로 대집단 활동 시간에 소개할 수 있다. 낙하산 활동은 유아가 단순한 지시 따르기를 시작하도록 도와주는 좋은 교육 기회이다. 심지어 아주 작은 낙하산이라도 때로 유아가 깜짝 놀랄 수 있으므로 처음 소개할 때는 유아의 반응을 자세히 살펴보도록 한다. 만일 겁내는 유아가 있으면 집단에서 떨어져서 거리를 두고 관찰하도록 허용한다.

(1) 자세한 활동 계획

이 활동은 최소한 세 명의 성인이 참여해서 낙하산의 1/3씩을 맡아 줄 때 가장 성공적이 된다.

1단계: 낙하산을 소개한다.

① "상자 안에 무엇이 있니?" 활동을 이용해 낙하산을 소개한다. 낙하산은 보관용 가방에 넣어 두었다가 대집단 활동 시간에 가져온다.

② 유아에게 가방을 차례로 돌리고 유아마다에게 "상자 안에 무엇이 있니? 무엇이 들어 있는 것 같니?"라고 묻고 가방을 껴안아 보도록 격려한다. 가능하다면 말로 표현해 보도록 격려한다.

③ 유아에게 돕도록 해서 천천히 가방에서 낙하산을 꺼내기 시작한다. "이 안에 무엇이 있는지 아는 사람?", "이건 낙하산이네!", "낙하산을 꺼내자."라고 말한다.

2단계: 활동을 시작한다.

① 낙하산을 가방이나 상자에서 완전히 꺼내면 다른 성인에게 유아가 낙하산 주위에 간격을 맞추어 원으로 앉아 낙하산의 가장자리를 잡게 도와주라고 지시한다. 어떤 유아는 성인의 무릎 위에 앉히고 낙하산 가장자리를 잡을 수 있게 도와줄 때 활동을 더 잘할 수 있다.

② "흔들흔들 낙하산을 흔들자."라고 말하면서 천천히 낙하산을 흔들기 시작한다. 반드시 모든 유아가 낙하산의 꼭대기를 볼 수 있도록 천천히 그리고 낮게 흔든다.

③ 속도를 높인다. 그런 다음 "그만!"하고 말한다.

④ 모두 멈출 때까지 충분히 쉰 다음, 천천히 하나, 둘, 셋을 세고 "시작!"이라고 말한다.

⑤ 이것을 같은 형식으로 몇 번 반복한다. 어떤 유아는 '시작'과 '정지'를 주도할

수 있게 될지도 모른다. 그런 유아의 리드를 따르도록 한다.

⑥ 1분쯤 후에 아직 앉아 있는 성인들에게 낙하산을 높이 들어올리도록 요청하고 유아에게 말한다. "친구들, 낙하산 아래로 들어가도 돼!" 교사와 다른 성인들은 낙하산 아래로 들어가기에 대해 계획을 잘 세워야 한다. 왜냐하면 들어가는 행동의 모델을 제공하고 도움이 필요한 유아를 돕기 위해, 또는 실수로 서로 발로 차거나 낙하산의 가운데 여는 곳을 잡지 않도록 하는 등 유아의 안전을 감독하기 위해 세심한 계획이 필요하다. '우리 모두 다같이 들어가'와 같은 노래가 낙하산 아래로 들어가는 활동을 더 원활하게 촉진시킬 수 있다.

⑦ 일단 유아가 낙하산 아래로 들어가면, 노래나 찬트를 이용해 낙하산을 유아들 몸 위로 들어올릴 수 있다. 가령 친숙한 노래에 '위로 위로 위로 올려, 맨 꼭대기까지/ 아래로 아래로 아래로 내려오네/ 머리 위에 멈췄네' 같은 노랫말을 붙여서 부르거나 특정한 멜로디 없이 찬트로 부른다.

⑧ 1~2분 활동한 후에 유아에게 "이번이 마지막이야. 그리고는 끝이다."라고 미리 알려 준다.

⑨ 유아를 모두 나와 다시 낙하산 주위에 간격을 맞추어 앉도록 한다.

3단계: 활동을 마친다.

① 마지막 순서 후에 성인들에게 낙하산을 "하나, 둘, 셋" 하면 내려놓으라고 지시한다. 어떤 유아는 셋을 센 후에도 낙하산을 계속 들고 있을 수 있으므로 보조하는 성인들이 도와야 한다. 낙하산을 이렇게 놓는 것은 보통 연습이 필요하지만, 만일 교사를 빼고 모두 함께 동시에 놓는다면 극적인 결과를 볼 수 있다. 그러한 경우에 낙하산은 혼자만 들고 있는 사람에게 재빠르게 그리고 자연스럽게 물결쳐서 모아지기 때문이다.

② 낙하산을 얼른 작게 접어 옆으로 치우고 말한다. "낙하산 놀이를 다 했어. 다 없어졌네."

③ 다음 활동이나 수업에 대해 암시하거나 소개한다.

낙하산 놀이의 변형

① 유아가 낙하산에 익숙해지기 시작한 후에는 성인들이 바닥에서 약간 위로 들고 있고, 유아가 위로 기어오르거나 걸어서 올라갈 수 있다. 한 번에 한두 명씩의 유아가 하면 가장 좋다.

② 유아를 차례로 낙하산에 태워서 흔들어 주는 것은 매우 재미있는 놀이지만, 다른 유아가 차례를 기다려야 하므로 문제가 될 수 있다.

- 낙하산을 바닥에 놓고 한 유아를 위로 기어올라가서 앉거나 눕게 한다.
- 최소한 두 명의 성인이 유아의 양옆에 서서 낙하산을 꼭 잡고 있어야 한다.
- 성인들은 유아를 올려놓고 낙하산을 바닥에서 들어올려야 한다. 바닥에서 2~3인치 정도면 된다. 그 이상 높을 필요가 없다.
- '자장 자장~' 같은 노래로 각 유아에게 자기 차례가 시작되고 끝나는 것을 알려 주는 것이 도움이 된다.
- 끝에는 천천히 "다 됐다."라고 말하면서 바닥에 내려놓는다.
- 유아가 내려오는 것을 도와주고 처음 시작할 때 어떻게 하기로 했는지, 그리고 기다리고 있는 유아의 수가 몇 명인지에 따라 한 번 더 기회를 줄 수 있다.

③ 풍선이나 가벼운 공을 낙하산 위에 놓고 유아가 잡고 흔드는 것은 재미있는 활동이 될 수 있다.

(2) 장애 유형에 따른 제안

장애유아를 위해 낙하산 놀이를 적용할 때 다음의 전략들을 사용하도록 한다.

① 시각장애유아

- 장애유아를 주 교사나 믿을 만한 성인 가까이에 앉힌다. 유아가 낙하산 가방이나 상자를 만지고 안에 들어 있는 것을 만져 보도록 허용한다. 유아가

낙하산을 꺼내는 것을 돕도록 허용하되 만일 만지는 것을 주저한다면 손—아래—손(hand-under-hand) 전략을 사용한다.

- 장애유아가 낙하산 활동에 어느 정도 친숙함을 갖도록 대집단 활동 시간 전에 미리 낙하산을 소개한다.
- 장애유아가 낙하산에서 나는 소리와 바람이 나는 것에 놀랄 수 있음을 알고 있어야 한다.
- 교사가 어떤 일이 일어날지를 말해 주어서 미리 예측하게 해 준다. 가령 "우리가 낙하산을 흔들면 얼굴에 시원한 바람이 느껴질 거야."라고 말해 준다.
- 앞을 못 보는 유아는 촉감으로 느낄 수 있는 것만 알 수 있다는 것을 기억한다. 장애유아에게 전체 낙하산에 대해 개념화하는 것은 다른 유아가 없을 때 미리 탐색할 기회를 갖기 전에는 너무 어려울 수 있다.
- 장애유아에게 낙하산 아래로 들어가거나 위로 올라가고 싶은지 선택하도록 허용한다. 장애유아는 이 활동에 좀 더 친숙해질 때까지는 원하지 않을 수도 있다.

② 행동장애나 주의집중장애유아

- 장애유아를 다른 성인과 함께 앉힌다. 낙하산 놀이 같은 활동은 유아를 흥분시키거나 뛰어다니거나 낙하산 위로 기어다니거나 친구를 발로 차거나 또는 극단적으로 겁을 내도록 만들 수 있다.
- 만일 장애유아가 겁을 내면 낙하산으로부터 원하는 만큼 멀리 떨어져 있도록 허용하고, 거기에서 활동을 관찰하도록 돕는다.
- 핵심 단어만을 사용해서 간결하게 말한다. 장애유아에게 일어날 일에 대해 이야기를 들을 시간을 허용한다.
- 만일 장애유아가 흥분하고 낙하산 위로 기어오르거나 밑으로 기어 들어가려고 하기 시작하면, 낙하산 밑으로 들어가기 전에 유아의 신발을 벗겨서 발로 차더라도 다른 유아가 다치지 않게 한다.

- 다른 성인이 계속 함께 있어 줄 수 없다면 장애유아를 이 활동에 참여하게 하지 않는다.
- 장애유아가 과도하게 자극받기 시작했다면 낙하산으로 그네를 태워 주는 것이 진정시키는 역할을 할 수 있다. 단, 장애유아가 자기 차례가 끝나도 낙하산에서 내려오지 않으려고 할지 모른다. 이러한 경우를 대비해서 다른 유아가 기다릴 필요가 없도록 장애유아를 맨 마지막으로 태워 준다.
- 장애유아가 "다 됐다." 또는 "간다."라고 말하면서 적절하게 요청하면 먼저 대집단 활동에서 떠나도록 허용한다. 점차로 대집단 활동 시간의 활동에 참여하는 시간의 양을 늘려 가도록 돕는다.

③ 지체장애유아

- 가능하면 장애유아를 다른 유아와 같은 높이에 앉힌다. 예를 들면, 교사의 무릎이나 좌식 보조의자 등이다. 만일 유아가 휠체어에 앉아야 할 필요가 있다면 대집단 활동 시간에 다른 유아가 바닥보다는 의자에 앉도록 고려한다.
- 성인 한 사람이 장애유아가 낙하산 위로 가거나 낙하산 흔들기에 참여하도록 도와줄 수 있게 한다.
- 장애유아가 낙하산 밑에 있을 때 성인이 붙들어 주게 한다. 그렇지 않고 낙하산 밑에 있게 하면 무서워할 수 있으며, 자유롭게 움직이는 일반 유아로부터 극단적으로 감정적인 상처를 받을 수 있다. 성인이 장애유아를 뒤에서 안고 받쳐 주고, 무서워하는지 또는 활동을 즐기는지 살피게 한다.

샐리(Shelly)와 겁나는 낙하산

로라(Laura)는 3세에 가까운 2세 반 걸음마기 유아 학급을 맡고 있는 교사이다. 그중 샐리는 자폐증으로 진단받은 유아이다. 샐리는 어떤 유형의 집단 상황에도 머물러 있기를 어려워한다. 집단에서 떠나고 싶을 때 샐리는 "다 됐다. 다 됐다."라는 말을 반복하기 시작하지만 때때로 그 말은 뜻을 알 수 없는 말처럼 들리므로 성인들이 그 말을 듣고 늘 반응해 주는 것은 아니다. 샐리는 집단 속에 계속 있게 되면 종종 울기 시작하고 분노 발작을 일으킨다. 또한 자기 세계의 일상에서 벗어난 주변의 변화에 의해 놀랄 때도 분노 발작을 일으킨다. 로라 선생님 학급에는 샘이라는 보조원이 한 명 있는데, 샐리는 대집단 활동 시간을 포함한 오전의 좀 더 구조적인 시간 동안 이 보조원의 일대일 도움을 받는다.

오늘 로라 선생님은 몇 달 만에 처음으로 대집단 활동 시간에 낙하산을 사용하려고 한다. 샐리는 전에 낙하산을 본 적이 없다. 로라 선생님은 가방에 든 낙하산을 보조원인 샘에게 주고 대집단 활동 시간 전에 샐리가 낙하산을 보고 만져 보게 해 주라고 요청하였다. 샘은 낙하산을 샐리 가까이 바닥에 놓고 샐리가 외면해도 샐리의 손으로 낙하산을 만지게 도왔다. 대집단 활동 시간에 로라 선생님은 낙하산 놀이를 계획대로 진행하였다. 샘은 로라 선생님 맞은편에 앉아 샐리를 무릎에 앉히고 있다. 로라 선생님이 낙하산을 가방에서 꺼내기 시작하자 다른 유아는 가방 입구가 벌어지게 해서 꺼내는 것을 도왔다. 샐리가 뒤로 물러가자 샘은 샐리를 붙들어 무릎에 앉혀서 보게 하였다. 낙하산이 펼쳐질 때 샘은 가장자리를 잡고 샐리는 무릎 위에 앉아서 무의미한 손짓으로 낙하산을 건드렸다. 샐리는 로라 선생님과 다른 유아가 낙하산을 흔들다가 멈추고 하는 것을 보았다.

유아가 낙하산 밑으로 들어갈 때 샘은 샐리를 무릎에 앉힌 채 앉은 걸음으로 앞으로 가 샐리가 낙하산 바로 밑에 들어가게 하였다. 샐리는 낙하산으로부터 고개를 돌리고 낙하산이 위아래로 흔들리자 "다 됐다."라고 말하기 시작했지만 샘은 다른 유아들 때문에 샐리의 말을 듣지 못하였다. 샐리는 급속히 흥분하고 발로 차고 비명을 지르기 시작하였다. 이때 샘이 샐리를 잡고 낙하산으로부터 멀리 떨어졌지만 샐리는 이미 자신을 진정시키기 어려운 지경에 도달해 있었다. 샘은 대집단 활동 시간이 끝나고 샐리가 조용해질 때까지 샐리를 바깥으로 데리고 나가 있는 것으로 상황은 끝났다. 로라 선생님과 샘은 무엇이 잘못되었는지 논의하고,

샐리가 하고 싶은 정도까지만 활동을 하게 주도권을 허용할 필요가 있다는 데에 합의하였다. 또 한 가지는 샘이 샐리가 흥분하기 시작할 때 보이는 사인(머리를 돌리고 "다 됐다."고 말하는 것)을 알아챌 필요가 있다는 것이다. 두 선생님은 낙하산이 위아래로 흔들리고 낙하산 밑으로 들어갈 때까지는 샐리가 괜찮았다는 점에 동의하였다. 로라 선생님은 다음 주 동안 원하는 유아를 위해 실외에서 낙하산 놀이를 더 하기로 하였다. 샘은 샐리가 낙하산 놀이 하는 것을 보도록 돕지만 활동에 참여시키지는 않을 것이며, 샐리가 선택하도록 할 것이다. 며칠이 지난 후 대집단 활동 시간에 낙하산 놀이를 다시 시도할 것이지만 낙하산을 가방에서 꺼낼 때 샘이 샐리를 데리고 방의 반대편 쪽으로 가서 멀리에서 볼 수 있게 할 것이다. 샘은 이 활동에 있어서 샐리의 주도를 따를 것이다.

3) 학령 전 유아를 위한 대집단 활동: 리더 따라하기

학령 전 유아는 여러 상황에서 리더 따라하기 놀이를 즐긴다. 유아는 실외놀이를 하면서, 역할놀이 영역에서 그리고 적목놀이를 하면서 다른 유아의 리드를 따를 것이다. 원으로 모이는 대집단 활동 시간이나 다른 대집단 활동 시간 동안 리더 따라하기 활동은 유아의 흥미를 끌고 주의집중을 유지시키기 위해 사용될 수 있다.

리더 따라하기 게임은 유아의 주의가 산만해지기 전에 끝내야 한다. 5~10분을 넘기지 않도록 하되, 필요하다면 변화를 주면서 며칠 동안 지속적으로 실시한다. 유아는 이 게임의 원리에 친숙해질 것이고, 주도적으로 자신의 제안을 내놓기 시작할지도 모른다. 다음은 리더 따라하기 활동을 진행하는 한 가지 방법을 예로 든 것이다. 그 다음으로는 변화를 주기 위한 제언을 제시하였다.

(1) 자세한 활동 계획

1단계: 리더 따라하기 활동을 소개한다.

① 교사가 머리에 양손을 얹어 유아의 주의집중을 유도한다.

② "선생님을 보렴. 똑같이 할 수 있겠니?" 하고 말한다. 매우 천천히 시작하고 "머리 위에 손을 올리고"와 같이 언어적 단서와 시각적 단서를 제공한다.

③ 거의 모든 유아가 따라 할 때까지 기다린다.

- 보조원, 부모, 그 밖의 보조자를 활용해서 신체적 단서를 필요로 하는 유아를 도와주도록 한다.
- 보조자들에게 언어적 단서는 사용하지 않도록 지시한다. 교사 한 사람만 유아에게 어떻게 하라고 말한다. 만약 모든 사람이 교사의 말을 따라서 반복한다면 너무 많은 소음이 발생하게 될 수 있다.
- 유아의 행동을 강화한다. "루이스 잘 따라 했구나. 손을 머리 위에 얹었네!"

④ 손을 다른 위치로 천천히 움직인다. 즉, 다리 위나 배 위 또는 의자 위에 손을 놓고 "너희들 손을 발 위에 놓을 수 있니?" 하고 말한다. 유아의 주의집중을 유지시키기 위해 과장해서 동작을 하고 말한다. 언제나 대부분의 유아가 교사의 리드를 따라 할 때까지 기다리고, 유아에게 개별적으로 칭찬하고 인정해 준다.

2단계: 활동을 계속한다.

① 위와 같이 반복한다.

- 대상과 행동에 관련된 핵심적 단어를 강조한다.
- 유아의 반응에 따라 동작의 속도를 조절한다.
- 언어적 지시만으로 따라 하지 않는다면 신체적으로 언어적 지시의 모델링을 제공한다. 유아가 게임에 좀 더 친숙해지기 시작하면 점차 신체적 단서를 없앤다. 즉, 처음에는 동작의 본을 보이지만 끝까지 그렇게 하면 안 된다.
- 활동에 참여하려면 특별한 도움이 필요한 유아는 반드시 보조원 등 성인이 도와주도록 한다.

② 유아가 활동에 더 익숙해지기 시작하면 변화를 준다.

- 손 대신 다른 부위를 사용한다: "발을 구르자.", "코를 의자 위에 놓자."
- 더 많은 동작을 요구하는 지시를 사용한다: "손을 문에.", "배를 바닥에.", "쉬~ 조용히 선생님을 따라 하자."
- 주의집중과 흥미를 유지하기 위해 유머러스한 지시를 사용한다: "머리를 코 위에."

③ 대부분의 유아가 참여하는 한 활동을 계속한다. 단, 7~10분을 넘기지 않는다.

3단계: 활동을 마친다

① 게임을 끝낼 거라고 미리 알려 준다: "이번이 마지막이야. 한 번만 더 하고 끝낼 거야."

② 마지막 지시로 게임을 마친다.

③ "이제 다 끝났다."라고 말하고 표시한다.

④ 요약 · 정리한다: "친구들 참 잘했어. 정말 잘 따라 하더라! 그런데 우리 좀 웃기는 행동도 했지, 그렇지 않니?"

⑤ 다음 활동이나 수업을 암시하거나 정식으로 소개한다.

리더 따라하기 활동의 변형

① 몸동작보다는 말과 얼굴 표정을 사용한다. 자모음의 조합과 웃기는 소리를 강조한다. 이 활동은 모든 유아의 음소인식 발달을 위해, 그리고 언어장애를 가진 유아의 경우에는 말하기 연습을 위해 탁월한 가치가 있다.

② 언어적 지시 없이 시각적 단서만을 사용한다. 만일 유아가 소리를 내기 시작하면 손가락을 입술에 대고 조용히 하기를 강화한다. 흥미를 유지하기 위해 동작을 과장되게 한다.

③ 다양한 유형의 음악에 맞추어 다양한 속도로 소리내지 않고 리더 따라 하기를 한다.

④ 교사가 몇 번 리더가 되어서 활동의 모델이 된 후에는 유아에게 차례로 리더

가 되어 보도록 격려한다.

- 하고 싶은 유아가 하도록 요청한다: "누구 리더 하고 싶은 친구?"
- 리더를 따라 하는 게임의 원리를 강화시키기 위해 리더가 하는 행동(언어적인 또는 신체적인)의 모델링을 제공한다.
- 유아가 하는 조용한 행동을 이름을 불러 주면서 언어적으로 강화한다: "주디가 발을 흔들고 있네."
- 계속해서 흥미를 유지시키기 위해 소품(인형, 벨, 장식 리본, 스카프 등)을 사용한다.
- 인형을 이용해서 활동을 '리드'할 수 있다.
- 스카프와 깃발같이 조용한 소품은 소리 내지 않고 하는 리더 따라 하기를 위해 사용될 수 있다.
- 벨과 마라카스 같은 소리 나는 소품은 음악과 함께 사용할 수 있다.

(2) 장애유아를 위한 특별한 제언

장애유아를 리더 따라 하기에 참여시키기 위해 다음의 전략을 사용한다.

① 시각장애유아

- 리더 따라 하기 활동에서는 시각적 손상을 가진 장애유아를 위해 언어적 지시를 사용할 수 있다. 소리 내지 않고 따라 하기 활동을 할 경우, 보조자가 장애유아에게 속삭이듯 작게 말로 지시를 해 주도록 한다.
- 시각장애를 가진 유아 중 어떤 유아는 보조하는 성인이나 또래 유아의 신체적 단서 제공을 필요로 할지 모른다. 예를 들어, "손을 머리에!"의 경우 한 유아가 장애유아의 머리를 건드린다.
- 각각의 언어적 지시 후에 어떻게 할지에 대해 유아가 생각해 볼 시간을 허용한다. 신체적 단서를 제공하기 전에도 역시 잠깐 멈추고 여유를 준다.
- 신체 동작보다는 웃기는 소리와 음절을 사용한다.

② 청각장애유아

- 리더 따라 하기는 청각적 손상을 가진 유아에게 굉장한 기회이다. 왜냐하면 종종 청각적 과정이 필요하지 않아서 쉽게 성공할 수 있기 때문이다.
- 핵심 단어의 학습을 강화하기 위해 신호를 사용하거나 장애유아에게만 보조 신호를 사용한다.
- 장애유아라고 해서 앞서 기술한 재미있고 웃기는 소리를 이용한 따라 하기 활동을 피하지는 않는다. 오히려 장애유아에게 정말로 소리를 듣도록 격려할 것이다.

③ 주의집중을 할 수 없는 행동장애유아

- 장애유아를 교사 옆에, 또는 다른 성인과 함께 앉힌다.
- 장애유아의 주의를 끌기 위해 촉감적 단서를 제공한다.
- 장애유아가 반응하도록 돕고 리더를 따라 하도록 상화한다.
- 앞서 기술한 소리 내지 않고 하는 따라 하기 활동을 사용한다. 소음이 줄면 유아가 집중하는 데 도움이 될지도 모른다.
- 부적절한 행동이 증폭되기 전에 장애유아가 스스로 집단에서 떠날 것을 요구할 수 있도록 허용한다.

④ 지체장애유아

- 가능하면 장애유아가 다른 유아와 똑같은 높이에 위치할 수 있도록 앉힌다. 예를 들면, 교사의 무릎이나 좌식 보조의자 등이다. 만일 장애유아가 휠체어에 앉을 필요가 있다면 대집단 활동 시간에 다른 유아를 바닥보다는 의자에 앉혀서 똑같은 눈높이가 되도록 한다.
- 유아가 게임의 규칙을 이해한 후에는 장애유아가 리더가 되어 보게 한다. 장애유아는 눈 깜빡이기, 머리 흔들기, 소리 내기 같이 자기가 할 수 있는 동작으로 리더의 역할을 할 것이다(이 장 끝의 사례 참조).
- 장애유아에게 언어적 지시가 녹음된 녹음자료를 작동할 수 있도록 녹음기 사용법을 가르친다. 예를 들면, “너의 손을 배 위에.”나 “깡총 뛰고 한 바퀴 돌

고."라고 말하는 소리가 나오도록 녹음기의 스위치를 누를 수 있을 것이다.

요 약

대집단 활동 시간은 장애유아를 위해 중요한 기회를 제공할 수 있다. 하루 일과의 구조에 즐겁고 눈에 띄는 기여를 한다. 장애유아가 주의집중과 자기통제를 발달시킬 수 있는 즐거운 상황을 제공해 주는 것이다. 사려 깊게 선정한 대집단 활동 시간의 집단 활동은 많은 기술의 발달을 촉진시키도록 고안될 수 있다.

사례연구

매기(Maggie)와 스탠리(Stanley)

디아즈(Diaz) 선생님은 하루를 시작하는 대집단 활동 시간의 시작을 알리는 춤곡을 틀었다. 모든 유아가 매트 위로 모이자 디아즈 선생님은 뇌성마비유아인 매기를 위해 보조의자를 가져왔다. 그 보조의자는 매기의 등을 받혀 주도록 고안된 것으로, 다리가 없는 좌식 의자이며 매기는 그 의자에 혼자 앉는다.

유아를 맞이하고 정규적으로 부르는 아침 노래를 부른 후에 디아즈 선생님은 유아에게 오늘은 리더 따라 하기라는 새로운 게임을 할 거라고 말해 주었다. 선생님은 간단히 설명하고 시작하였다. 유아는 처음에 소란했지만 디아즈 선생님은 단순한 지시를 계속하면서 따라 하는 유아의 주의를 이끌었다. 그녀는 매기가 친구들이 하는 것을 보고 웃고 있지만 어떤 지시 사항들에 대해서는 뒤떨어지고 있다는 것을 알아챘다. 예를 들어, 매기에게 있어서 두 손을 빨리 올려 머리를 만지는 것은 어렵다. 디아즈 선생님은 매기가 보조 의자에 등을 대고 앉아 발을 매트 위에 놓고 위아래로 까닥거릴 수 있다는 것을 알고 그 동작을 활동에 소개하였다. 그리고 매기를 칭찬해 주었다. 디아즈 선생님은 매기에게 좀 더 쉬울 것 같아 보이는 지시들을 포함시켰다. 또한 때때로 좀 더 어려운 지시를 내리며 그렇게 어려운 신체적 동작일 때는 매기를 도와주었다.

디아즈 선생님은 흥미를 유지하도록 변화를 주면서 며칠 동안 연속적으로 이 활동을 실시하였다. 세 번째 날 선생님은 리더가 되어 보고 싶은 친구가 있는지를 물었다. 자주 문제 행동을 보이는 스탠리가 지원하였다. 처음에 스탠리는 모든 사람이 자기를 보고 있다는 것을 의식하고 장난치며 웃기게 행동했지만 디아즈 선생님이 규칙을 상기시키자 리더 역할을 하기 시작하였다. 유아는 돌아가며 리더가 되어 보면서 스스로 활동에 변화를 도입하기 시작하였다. 디아즈 선생님은 매기에게 매일 혼자 할 수 없는 게임을 부분적으로 도와줄 도우미 친구를 한 명씩 선택하도록 했다. 매기가 좋아하는 도우미 친구는 스탠리였으며, 스탠리는 도우미라는 특별한 지위를 아주 좋아했다! 디아즈 선생님은 다른 유아에게 매기를 도와줄 때와 도와주지 않아야 할 때를 알려 줘서 매기가 혼자 움직일 기회를 갖도록 하였다.

매기는 다섯 번째 날 리더가 되기를 자원하고 유아가 매기가 하는 동작을 따라 하였다. 매기는 말을 하는 데 어려움이 있지만, 이 게임은 언어적 지시를 할 필요가 없으므로 다른 사람의 도움 없이 리더 역할을 할 수 있었다. 이것은 매기에게 정말 좋은 느낌을 갖게 해 주었다. 왜냐하면 매기는 보통 거의 모든 것에서 도움을 필요로 했기 때문이다! 이 활동은 다음과 같이 많은 긍정적 결과를 가져왔다.

- 매기는 집단의 진정한 한 구성원이 된 것처럼 느끼기 시작하였다.
- 매기는 이 활동에서 부분적으로 진정 독립적일 수 있으며 명령을 내릴 수도 있었다.
- 집단의 다른 유아가 매기를 이해하고 수용하기 시작하였다.
- 매기와 스탠리는 특별한 우정관계를 발달시켰다.
- 스탠리는 리더가 되었을 때 책임감을 느꼈고, 이것은 매우 활동적인 스탠리의 행동 수준에 맞는 적절한 배출구를 제공하였다.
- 활동 자체가 유아로 하여금 주의를 집중하고 관찰 기술을 발달시키도록 격려하였다. 정말이지 매우 성공적인 대집단 활동 시간이었다!

사례연구 질문

1. 이 사례연구에서 기술한 대로 교사가 실행하기에 문제가 될 만한 것은 어떤 것일까?
2. 만일 당신이 교사이고 당신의 기관에 보조원이 단지 1명이라면 이 사례연구에서 기술된 절차를 어떻게 사용할 것인가? 누가 무엇을 할 것인가? 어떤 점을 바꿀 것인가?
3. 심각한 문제 행동을 가진 유아를 지도하는 데 도움이 될 것 같은 이 사례연구를 보고 어떤 생각이 떠올랐는가?

주요 용어

대집단 활동 시간(circle time)

동일성 고착(insistence on sameness)

안정감을 갖게 하는 물건(security object)

얼음게임(Freeze game)

출석 부르기(call and response routine)

참고 문헌

Cook, Tessier, & Klein (2000).

CHAPTER 09

미술 및 테이블 활동

1. 미술 및 테이블 활동의 가치
2. 미술 활동을 통한 목표 학습의 지원

소근육 운동 기술 발달에 문제가 있는 장애유아는 테이블에 앉아서 하는 활동에 특별한 도움이나 보조를 필요로 할 것이다.
테이블 활동은 장애유아의 많은 기술 발달에 도움을 줄 수 있다. 예를 들어, 소근육 운동 기술, 과제 순서화, 인과관계의 이해, 언어 기술, 개념과 표상 기술 등의 발달을 목적으로 할 수 있다.

- 테이블 활동을 장애유아에게 의미 있고 가능한 활동으로 조정하기 위해 특별한 전략들을 사용할 수 있다. 예를 들어, 유아의 흥미를 끌도록 활동을 바꾸어 주거나 필요하다면 교재와 교구를 물리적으로 변형시키고, 과제의 순서를 분석하며 학습시킬 개념과 어휘를 계획하는 방법들이 있다.
- 어떤 종류의 미술 활동은 특히 더 매력적일 수 있다. 장애유아를 더 잘 참여하게 만드는 활동은 대부분 원인과 결과를 볼 수 있는 단순한 활동이다. 미술 활동은 흥미로운 감각적 경험을 제공해야 하며 반복하기 쉬워야 한다.
- 테이블 활동과 미술 활동은 IEP의 목표 성취를 위한 중요한 상황이 될 수 있다. 이러한 활동들을 통해 장애유아는 여러 발달 영역에 걸쳐 교육 목적을 달성할 수 있다. 소근육과 학교 준비도 기술 외에 의사소통, 인지, 자조 그리고 사회적 기술 또한 발달시킬 수 있다.

테이블 활동과 미술 활동은 장애유아에게 중요한 소근육과 학교 준비 능력을 발달시킬 뿐 아니라, 창의적이고 표현적이며 즐거운 활동에 참여할 놀라운 기회들을 제공할 수 있다. 그러나 이러한 활동들은 어떤 유아에게는 특정한 도전거리를 제시하며 복잡하고 어려울 수 있다. 이 장에서는 장애유아를 위해 즐거움과 교육적 가치를 최대화시키도록 테이블 활동과 미술 활동을 특별히 조정하는 방법을 제안하고자 한다.

1. 미술 및 테이블 활동의 가치

미술 활동은 재미있고 창의적인 것 외에 장애유아에게 많은 잠재적인 이익을 준다. 다음은 그중 가장 중요한 측면들을 간단히 살펴본 것이며, 이어서 좀 더 자세한 예들이 제시될 것이다.

1) 학교 준비를 위한 소근육 운동 기술

장애유아는 종종 학교에서의 성공에 필요한 소근육 운동 기술의 학습에 특별한 도움을 요구한다. 여기에는 물감 붓과 필기도구의 사용 및 풀칠하기와 접기, 가위질하기 같은 것이 포함된다. 이러한 활동들은 특히 뇌성마비와 같이 신체적 장애를 가진 유아와 근육 긴장도가 낮은 유아에게 있어서 도전거리가 된다. 근육 긴장도가 낮은 것은 다운증후군 유아의 일반적 특징이다. 교사는 유아가 현재 이러한 활동들을 어떻게 하는지를 관찰해서 종종 도전적인 이러한 과제를 점차 숙달해 가도록 도와야만 한다.

2) 과제 순서화

발달지체와 정보처리 과정의 장애를 가진 유아는 과제의 순서화, 즉 한 가지 활동을 구성하는 행동과 사건들의 순서를 학습하고 이해하는 데 어려움이 있다. 활동의 단계를 설명·시범·검토해 주는 것이 이러한 유아의 인지적 과정 발달에 중요한 도움을 제공할 수 있다.

3) 원인과 결과의 시범

극적인 변형을 보여 주는 활동은 특히 인지발달지체 유아가 인과관계를 이해하도록 돕는 데 효과적이다.

4) 핵심 어휘와 개념 학습

장애유아에게 테이블 활동과 미술 활동은 어휘와 개념 발달을 위해 중요한 기회이다. 만일 유아가 제대로 활동에 참여한다면 사건을 관찰하면서 그에 맞추어 교사가 몇 차례 들려주는 핵심 단어들을 듣는 것이 유아의 어휘와 개념 발달에 주요한 기폭제를 제공한다.

5) 표상 기술의 발달

미술 활동은 표상 기술 발달에 장애를 가진 유아에게 도움을 주는 집중적인 기회를 제공한다. 일반 유아는 이미 그림에 의한 이차원적 표상에 대한 이해를 발달시켰을 것이다. 그러나 장애유아는 이러한 기술에 대해 심지어 기본적인 수준조차도 성취하지 못했을 수 있다. 시각적 주의집중의 문제, 인지적 지체, 그리고 시각적 예민함의 감소가 그림과 사물을 표상하는 데 방해가 될 수 있다. 이러한 이해는 명확히 상징적 기술과 문식성 발달의 결정적인 선행 조건이다. 또한 유아와 양육자 간의 즐거움을 공유할 수 있는 잠재적 근원이며 언어 발달 촉진의 기회를 제공한다.

6) 장애유아를 위한 미술 활동 계획

미술 활동(그리고 요리 활동)은 다른 활동들에 비해 더 조심스러운 준비를 요구한다. 특히 장애유아가 학급에 있을 때 교사는 어떠한 교재를 준비해야 할지뿐만 아니라 어떤 조정이 필요할지를 생각해야만 한다.

힌트 Heplful Hint

주의를 집중하고 유지하는 데 어려움을 가진 유아와 문제 행동을 가진 유아는 교재를 테이블에 나누어 줄 때까지 앉아서 기다리는 것을 극히 어려워할 수 있다. 교사는 유아가 자리에 앉기 전에 작업 테이블 위에 교재를 제공해 주거나 교사의 팔에 닿는 가까운 곳에 자료를 준비해 놓고 있어야 한다.

7) 명확한 전이 제공

미술 활동으로의 명확한 전이를 제공하는 것이 극히 효과적이다. 사용할 자료, 활동의 순서에 따른 주요한 단계들, 그리고 활동의 가능한 결과들을 보여 주는 것은 유아가 무슨 일이 일어날 것인지를 이해하고 더 쉽게 집중하도록 도움을 줄 수 있다.

일관성 있는 과정에 따라 활동을 진행하는 것이 유아의 스트레스 수준을 낮추고 활동 테이블이나 센터로 쉽게 이동하도록 돕는다. 다음은 그 한 가지 예이다.

1단계: 보조원이 미술 테이블 가까이에 모든 교재를 가져다 놓음으로써 준비를 마친다.

2단계: 교사는 미술 활동이 하나의 선택으로 포함된 영역 활동이나 모든 유아가 참여할 테이블 활동 시간이라는 명확한 단서를 제공한다. 가령 교사가 '따르릉 따르릉 작업하러 가요'라는 노래를 부르기 시작하면 유아는 함께 노래하면서 자동적으로 미술 테이블의 의자로 간다.

3단계: 유아는 옷을 버리지 않도록 작업복이나 앞치마를 입는다.

4단계: 교사는 활동에 사용될 교재들을 보여 주고 이름을 말해 준다. 교사는 교재가 사용될 수 있는 방법의 예를 시범으로 보이고, 가능한 결과의 예를 보여 준다.

힌트 Hepiful Hint

만일 원으로 모이는 대집단 활동이 미술 활동 바로 앞에 이루어진다면 교사는 원으로 앉은 상태일 때 미리 시범을 보일 수 있다.

2. 미술 활동을 통한 목표 학습의 지원

조심스럽게 계획된 미술과 테이블 활동은 장애유아가 IEP와 발달적 목표를 성취하도록 도울 수 있다. 여기에서는 그러한 학습을 지원할 전략들을 제공할 것이다.

1) 소근육과 대근육 운동 기술

소근육 운동 기술의 장애는 종종 미술과 그 밖의 테이블 활동에의 완전한 참여에 몹시 곤란한 문제가 따른다. 유아교사는 자르기, 칠하기, 접기, 풀칠하기, 젓기, 따르기 같은 기술 수행에 필요한 동작과 협응을 체계적으로 격려하고 지원할 필요가 있다. 이러한 기술에는 소근육 동작(팔과 손의 조작, 눈—손의 협응)과 대근육 기술(앉기, 균형잡기, 몸통 · 머리 · 목의 통제)이 포함된다. 다음의 단순한 단계가 유아교사로 하여금 이러한 문제를 지닌 많은 유아에게 중요한 도움을 제공하도록 할 것이다.

(1) 동료 전문가로부터 타당한 정보 습득

작업치료사나 물리치료사는 유아가 가진 운동장애의 성격에 대해 의논할 수 있으며 미술과 테이블 활동의 경험을 촉진시키는 특별한 전략들을 제안해 줄 수 있다. 뇌성마비같이 중도의 지체장애유아에게는 2장에서 논의된 것처럼 적절한 좌석에 잘 앉히는 것이 결정적임을 기억하도록 한다. 만일 유아가 앉은 자세가 적절하지 않다면 다음과 같은 문제가 발생한다.

- 유아는 균형을 유지하는 데 에너지를 쓸 것이므로 제시된 어려운 소근육 과제에 집중할 수 없을지 모른다.
- 유아는 부적절한 자세로 앉으면 불편할지 모르고, 따라서 참여하려는 동기

가 저하된다.

- 자세 때문에 머리 움직임을 통제하는 데 지장을 초래할지 모르고, 교재에 시각적으로 집중하는 것을 어렵게 만들 수 있다.

유아를 좌석에 앉히는 자세에 있어 지침으로 사용될 수 있는 단순한 일반적 원칙은 각도 90도의 원칙(Rainforth & York, 1987)이다. [그림 9-1]처럼 유아의 팔꿈치–엉덩이–무릎이 약 90도 각도가 되어야 한다. 그러나 이러한 자세는 언제나 유아별로 물리치료사나 작업치료사와의 자문을 통해 결정되어야 한다.

(2) 과제 분석의 실행

일반 유아가 기술을 수행하는 것을 관찰하여 행동의 순서를 분석한다. 예를 들어, 물감 붓 사용하기에 요구되는 동작의 순서는 무엇인가? 5장에서 기술한 것처럼 활동/기준의 불일치(activity/standards discrepancy)를 결정한다.

- 유아는 붓의 손잡이를 쥔다. 더 효과적으로 쥐는 법이 있다.
- 유아는 붓 끝을 물감에 담근다.
- 유아는 붓을 물감통의 가장자리에 대고 불필요한 여분의 물감을 털어 낸다.
- 유아는 붓에 물감이 거의 남지 않을 때까지 종이 위에 물감을 세게 또는 가볍게 칠한다.
- 유아는 이상의 순서를 반복한다.

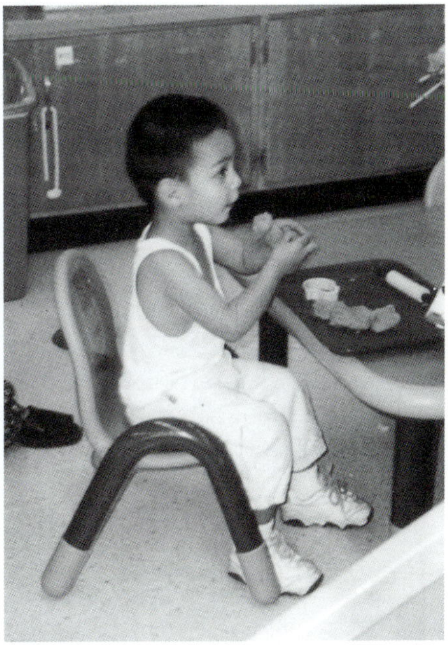

[그림 9-1] 테이블 활동을 위한 안락한 의자

(3) 장애유아의 과제 수행 과정의 세심한 관찰

이 과제의 어떤 부분들에 근접할 수 있는가? 어느 단계가 가장 어려운가? 예를 들면;

- 마이크는 붓의 손잡이를 쥘 수 있다.
- 마이크는 붓 끝을 물감에 담글 수 있다.
- 마이크는 여분의 물감을 털어 낼 수 없다. 마이크가 붓을 종이로 가져가면서 물감 방울들이 여기저기 떨어진다.
- 마이크는 붓을 종이 밖으로 나가지 않게 유지하는 데 어려움이 있다.

유아가 과제를 수행하게 하기에 딱 충분한 도움을 제공한다. 마이크의 경우에 두 가지 형태의 도움이 요구된다. 첫째, 마이크는 과도한 물감을 털어 내는 방법에 대한 직접적 교수가 필요하다. 교사는 먼저 과도한 물감을 털어 내는 동작을 시범 보인 다음, 손–위–손 전략을 사용해서 마이크가 해 보도록 돕는다. 또한, 마이크가 종이 안쪽에만 붓이 머물게 하도록 돕기 위해 조정이 필요하다. 가장 쉬운 해결책은 종이를 쟁반 안에 놓아 주는 것이다.

힌트 Hepiful Hint

어떤 유아에게는, 특히 중도 운동장애유아에게는 특별히 고안된 가위와 물감 붓같이 특히 큰 손잡이가 달려서 유아가 쥐기 쉽게 수정된 도구의 제공이 필요할 것이다. 또한 종이를 움직이지 않도록 테이블 위에 테이프로 고정시키거나 얕은 쟁반에 놓는 것([그림 9-2])도 도움이 된다.

[그림 9-2] 고정 및 가장자리 표시를 목적으로 낮은 쟁반에 종이 놓기

가능한 한 유아가 독립적으로 과제를 수행할 때까지 점차 도움의 양을 줄여 나간다.

2) 인지적 기술의 발달

장애유아는 종종 특정한 인지적 기술의 발달에 도움을 요구한다. 그중 한 예가 인지적 능력이 낮은 유아에게 있어서의 인과관계의 이해이며, 또 하나의 예는 주의집중의 유지와 정보처리에 어려움을 가진 유아에게 있어서의 과제 순서화이다.

(1) 원인과 결과

극적으로 변형을 나타내 보여 주는 활동들이 인지적 지체를 가진 유아가 인과관계를 이해하도록 돕는 데 특히 효과적이다. 이는 특히 교사가 사려 깊게 사건들을 유아의 경험 속에 지도처럼 자세히 나타내 주는 언어를 사용할 때 그러하다.

예를 들어, 식초와 베이킹 소다를 섞으면 그 결과로 극적인 거품 발생 효과가 나타난다. 교사는 "자, 이제 보자, 우리가 식초를 따르면 베이킹 소다에서 거품이 날 거야."와 같은 말을 반복한다. 교사는 식초를 붓고 덧붙여서 "봐, 우리가 식초를 따랐고 그러자 거품이 났다."라고 말한다. 인지적으로 지체된 유아는 특정한 사건의 효과를 관찰할 기회를 갖고 과제의 순서를 볼 수 있다.

언어적 지체가 없는 유아에게 이러한 종류의 대화는 좀 더 복잡한 문장구조를 발달시킬 기회가 될 수 있다. 교사는 활동에서 시범 보인 인과관계를 나타내는 복잡한 문장구조의 모델을 제시하고 반복할 수 있다. 예를 들어 유아에게 다음과 같이 말하도록 격려할 수 있다.

"우리가 식초를 따르면, 베이킹 소다에서 거품이 날 거야." 인지적으로 좀 더 발달된 유아에게 있어서 인과관계의 강조는 가설 검증과 실험의 기회가 될 수 있다. 예를 들어, 교사는 "우리가 베이킹 소다에 물을 부으면 어떻게 될 거라고 생각하니?"라고 묻는다. 몇 가지 다른 자료들을 섞을 수 있고 결과를 관찰·기술해 볼 수 있다.

(2) 과제의 순서화

과제의 순서화는 장애유아에게는 종종 어려운 문제이다. 다른 면에서는 매우 유능해 보이는 유아라 하더라도 여러 단계로 구성된 과제를 수행하는 것은 불가능할지 모른다.

과제를 시작하기 전에 활동의 단계를 설명하는 것은 인지적 문제와 정보처리 장애를 가진 유아에게 활동을 구성하는 행동과 사건의 순서를 학습하고 이해하기 위한 중요한 기회로 작용할 수 있다. 예를 들어, 교사는 활동의 단계들을 설명하고 그림 순서판([그림 9-3])을 사용해 시범을 보임으로써 유아가 사건을 예상하게 도울 수 있다.

1. 첫째, 우리는 산책을 가서 수집한 나뭇잎들을 모두 늘어놓을 거야.
2. 다음에, 우리는 우리 종이 위에 풀을 한 점 찍을 거야.
3. 그러고 나서 우리는 풀칠한 곳 위에 나뭇잎 한 개를 붙일 거야.
4. 다음으로 우리는 종이 위에 풀을 또 한 점 찍고 다른 나뭇잎 한 장을 붙일 거야.
5. 우리는 우리 종이가 가득 찰 때까지 이렇게 할 거야.
6. 끝으로, 풀이 마르면 그때 우리는 창문에 그걸 걸어 놓을 수 있단다.

1단계	2단계	3단계	4단계
	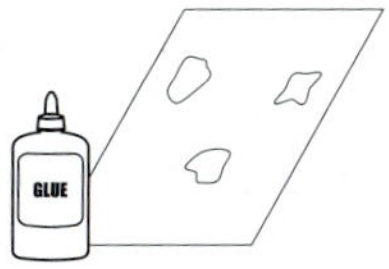		
나뭇잎 늘어놓기	종이 위에 풀칠하기	종이 위에 나뭇잎 붙이기	창문에 나뭇잎 그림 걸어두기

운동장애유아 힌트 Hepiful Hint

유아교사는 종종 이러한 정도로 지시적이며 구조적인 방법에 반대한다. 왜냐하면 좀 더 창의적이고 실험적인 과정을 막을 수 있기 때문이다. 여기에 제시된 방법은 모든 유아에게 이러한 식으로 해야 한다는 것이 아니다. 그러나 구조적 장애로 참여 능력이 저해되고 결과적으로 좌절이나 이탈을 야기하게 되는 유아에게는 이러한 종류의 과제의 인지적 처리 과정상의 도움이 과제를 더 잘 이해하도록 하기 때문에 중요한 차이를 가져올 수 있다.

3) 핵심 어휘와 개념 학습

장애유아에게 테이블 활동과 미술 활동은 어휘와 개념 발달의 중요한 기회이다. 만일 유아가 활동에 잘 참여한다면, 교사가 사건이 발생될 때마다 몇 번씩 사용하는 핵심 단어를 듣는 것이 어휘와 개념 발달을 위한 주요 기폭제를 제공하는 것이다.

앞에 나왔던 식초와 베이킹 소다 섞기 활동의 예에서 유아의 수준에 따라 '따르다'와 '거품나다'가 핵심 단어가 될 수 있으며 또는 '식초'와 '베이킹 소다'가 핵심 단어가 될 수도 있다. 그리고 '원인'과 '결과'라는 꽤 추상적인 말이 핵심 개념이 될 수 있을지 모른다.

이러한 활동이 언어장애유아의 어휘 발달을 지원하기에 효과적이 되도록 하려면 다음의 사항을 고려하도록 한다.

① 미리 어휘를 계획한다. 만일 필요하다면 보조원이 기억하기 쉽도록 핵심 단

어를 적어서 모든 사람이 일관성 있게 같은 말로 부르도록 한다.

② 핵심 단어들은 몇 번씩 반복한다. 또한 유아에게 단어를 말하도록 격려한다.

힌트 Heplful Hint

말을 못하거나 심각한 청각 손상이 있는 유아에게는 반드시 핵심 단어에 대한 신호를 소개하고, 유아가 그 신호를 해 보게 돕거나 핵심 어휘를 표상하는 그림을 지적하도록 해 준다. 앞을 못 보는 유아에게는 교사가 단어를 말하면서 어떤 종류의 촉각 단서를 사용한다. 시각장애유아는 물체를 따르는 행동을 즉각적으로 이해하지 못할 것이며, 다음과 같은 경험이 필요하다.

① 용기를 느낀다.
② 용기 안의 액체를 느낀다.
③ 따르기 위해 용기를 기울이는 동작을 느낀다.
④ 용기의 가장자리를 느낀다.
⑤ 용기에서 나오는 액체를 느낀다.
⑥ 식초가 베이킹 소다와 섞이면서 일어나는 혼합물의 변형을 느낀다.

일단 이상의 시범을 보인 다음에는 '따르다'란 말과 함께 사용할 수 있는 촉각 단서로 유아의 손을 움직여 따르는 동작을 하도록 하게 하거나 단순히 교사가, "좋아, 이제 우린 식초를 따를 거야."라고 말하면서 유아로 하여금 용기를 만지게 할 수 있다.

③ 활동을 몇 차례 반복한다. 장애유아는 대부분 어떤 사건이 매우 인상적인 것이 아니라면 그 하나의 사건으로부터 학습하기에 어려움이 있을 것이다.

힌트 Heplful Hint

유아교사가 가질 수 있는 잠재적 갈등은 일반적인 유아가 지루해 할 것이라는 걱정이다. 한 가지 해결책은 활동에 어느 정도 변화를 주는 것으로, 기본적이고 친근한 활동으로부터 시작해서 흥미로운 방법으로 확장해 가는 것이다. 따라서 정상유아에게는 흥미와 도전을 부가하면서 장애유아를 위해 반복을 유지시키는 것이다.

4) 표상 기술의 발달

미술 활동은 장애유아의 표상 기술 발달을 돕는 집중적 기회를 제공한다. 정상적으로 발달하는 유아와 달리 장애유아는 그림에 의한 이차원적 표상에 대한 이해가 발달되어 있지 못하거나 단순한 형태를 그리는 경험을 하지 못했을 수 있다. 시각적 주의집중의 문제, 인지적 지체, 그리고 시력 저하는 그림이 사물과 활동을 표상할 수 있다는 것을 이해하는 데 저해가 될 수 있다.

이러한 이해는 명백히 상징적 기술과 문식성 발달에 있어 결정적인 선행 조건이다. 또한 유아와 양육자 간에 즐거움을 공유하는 잠재적 근원이기도 하며 언어 발달의 촉진 기회를 제공하기도 한다.

유아교사는 장애유아의 표상적 기술 발달을 돕는 결정적 역할을 수행할 수 있다. 동화책 읽기는 명백한 표상으로서 그림 이해에 연관된 가장 의미 있는 활동이다. 그러나 어떤 장애유아는 아직 그림과 동화책의 의미를 이해할 준비가 안 되어 있을 것이다. 유아교사는 이러한 유아를 위해 다음과 같은 미술과 테이블 활동에서 표상 기술의 발달을 도울 수 있다.

- 단순한 모양과 물체 그리기 학습(원, 얼굴, 집, 꽃)
- 신체 부분 윤곽 그리기(손, 발, 몸 전체)
- 잡지에서 그림 찾아 오려서 특정 주제나 그림의 종류별로 콜라주나 소책자 만들기
- 폴라로이드 사진 찍고 앨범 만들기

5) 촉감 방어성을 가진 유아를 위한 전략

어떤 장애유아에게는 친숙하지 않은 질감의 여러 자료와 교재에 접촉하도록 요구하는 어떤 소근육 과제도 스트레스가 될 수 있다. 촉감적 접촉의 회피, 또는 촉감 방어성은 자폐유아에게 특히 일반적이다. 또한 중도의 시각장애유아 역시

종종 촉감에 있어 방어적인 것으로 나타난다. 그러나 때때로 앞을 못 보는 유아에게 있어서의 문제는 단순히 다음에 무슨 일이 일어날지 예상하도록 돕는 세심한 단서가 결여되는 것이다. 따라서 이 경우 촉감 자극을 회피하는 것은 촉감적 민감성이 증대되었다기보다는 오히려 공포와 불안에 기인할 수 있다.

다음은 촉감 방어성을 나타내는 유아에게 도움이 될 수 있는 전략들이다.

(1) 손-아래-손(hand-under-hand) 안내의 사용

유아의 손 위에 교사의 손을 놓고 요구되는 동작을 하도록 지도하는 손–위–손(hand-over-hand) 방법을 사용하기보다는, 교사가 활동에 참여하는 동안 유아의 손을 교사의 손 위에 놓게 한다. 이러한 손–아래–손(hand-under-hand) 안내는 유아로 하여금 처음에는 교사를 통해 활동을 경험하게 해 주어 유아 자신이 좀 더 통제할 수 있다는 느낌을 갖도록 해 준다. 일단 활동에 친숙해진 다음에는 유아의 손을 위에서 인도하는 방법을 시도할 수 있다(이 전략은 2장에 더 상세히 논의되어 있다. [그림 2-10] 참조).

(2) 프리맥의 원리 사용

프리맥의 원리(Zirpoli & Melloy, 1993)는 단순히 말하자면 유쾌하지 않은 과제나 활동 다음에는 반드시 즐겁거나 매우 원하는 활동이 뒤따라와야 한다는 것이다. 교사는 유쾌하지 않은 활동에 부분적으로 참여하도록 격려할 수 있고, 그러고 나서는 유아가 선호하는 활동에 참여하도록 허용한다. 예를 들어, 심지어는 유아가 다소 저항하더라도 핑거페인트 활동에 잠깐 참여하도록 격려하고, 그 다음에는 손을 씻으러 세면대에 가도록 허용한다. 이는 유아가 매우 좋아하는 활동의 하나이다. 또는 콜라주 활동에서 두세 개의 꽃을 풀로 붙이게 도와준 후 좋아하는 적목 영역으로 돌아가게 허용한다.

(3) 유아에게 안정감을 주는 물건 통합

특히 자폐유아의 경우에 교사는 활동에 유아가 좋아하는 물건을 사용할 수도 있다. 예를 들어, 한 유아가 작은 플라스틱 곰 세트를 매우 좋아해서 강박적으로 늘 가지고 다닌다. 그 유아는 지속적으로 점토놀이나 그러한 종류의 자료를 사용하는 활동을 거부한다. 어느 날 교사는 그 곰들을 점토 안에 묻었다. 잠깐 동요한 뒤 유아는 점토 안의 곰들을 찾기에 흥미를 갖게 되었다. 그리고 유아의 촉감 방어성은 의미 있게 감소되었다. 미술 활동 근처에 자신의 곰들을 가지고 있을 수 있는 한 유아는 매우 기꺼이 활동에 참여한다.

요 약

테이블 활동과 미술 활동은 장애유아에게 동기 유발적인 활동이 될 수 있으며, 만일 사려 깊게 선정되고 계획된다면, 그리고 유아에게 숙달감을 주기에 충분하도록 자주 반복된다면 특히 더 그러하다. 이러한 활동들은 또한 유아의 IEP의 일부인 특정한 기술에 관련된 작업을 위한 중요한 기회를 제공한다. 계획하기가 다시 한 번 중요한 열쇠이다. 테이블 활동은 또한 많은 유아에게 심각한 문제가 될지 모른다. 만일 유아가 활동을 이해하지 못하거나 활동 수행에 너무 많은 신체적 도전이 요구된다면 특히 그러하다. 몇 가지 전략의 사용은 이러한 활동에 유아가 더 성공적으로 참여하도록 할 수 있다.

사례연구

메리(Mary)의 저항

메리는 두 달 전에 포드(Ford) 선생님의 학급에 들어왔다. 처음에 메리는 아침 시작 시간에 극단적으로 동요해서 몸을 흔들고 손을 퍼덕거렸다. 또한 플라스틱 글자 M과 A에 사로잡혀서 언제나 가지고 다니려고 고집을 부렸다. 등원의 일상적 절차를 확실히 일관성 있게 만들어서 메리는 마침내 학급의 일상에 적응이 된 것처럼 보였다. 그러나 어떤 종류이든 테이블 활동은 메리가 전혀 상관도

하지 않는 활동의 하나이다.

메리를 며칠 동안 세심히 관찰한 유아특수교육자와의 상담 후에 포드 선생님은 메리가 친숙하지 않은 재료를 만지는 것을 극단적으로 불편해 하고 저항하지만 물놀이는 즐긴다고 결론지었다. 메리는 모든 테이블 활동에 대해 핑거페인트, 풀, 반짝이 자료와 연결된 것으로 보기에 이르렀다.

자문을 해 준 유아특수교육 전문가는 메리의 반응을 촉감 방어성이라고 보았다. 그녀의 설명에 의하면 이것은 메리가 커가면서 자연적으로 해결되는 문제가 아니며, 촉감적 자극에 대한 인내심을 증가시키도록 돕는 것이 도움이 될 것이라고 하였다. 그녀는 또한 메리가 다른 유아와 여럿이 있는, 혼잡하다고 느끼는 상황을 싫어한다고 지적하였다.

자문가와 포드 선생님은 메리를 위해 한 가지 계획을 작성하였다. 처음에 포드 선생님은 계획이 너무 지시적으로 보이기 때문에 다소 염려하였다. 포드 선생님은 학급의 모든 활동에 대한 선택을 허용하며, 메리에게 뭔가 원하지 않는 것을 하도록 강요하는 것이 편하지 않았다. 이에 대해 통합 자문가는 염려를 표하였는데, 메리가 심지어는 더 고립될 것이며 시간이 흐를수록 더 학급에서 이탈될 수 있다고 하였다. 그리고 이는 메리가 혼자 있는 것을 편안해 하고 고도로 반복적인 활동에 참여하기를 선호하기 때문이라는 것이었다. 두 사람은 한 달 동안 계획을 실행하고 그때 가서 재평가하기로 동의하였다.

계획에 따라 메리가 좋아하는 보조원 제인 선생님이 메리와 함께 테이블 가까이의 좀 더 작은 테이블에 앉았다. 여기에서 그들은 튜브 물놀이를 하며 메리에게 플라스틱 글자를 물 속에 넣고 뜨는 것을 보도록 격려하였다. 제인 선생님은 점차 다른 부가적인 교재들을 넣어서 실험하기 시작하였다. 물에 작은 양의 녹말을 넣는 것으로 시작하고, 메리의 글자들을 물 속에 넣고 메리에게 다시 건지라고 격려하였다.

제인 선생님은 더 많은 녹말을 넣어서 물의 농도를 좀 더 극적으로 변화시키면서 메리의 손을 자기 손 위에 놓게 하고는 녹말 섞은 물을 저었다. 제인 선생님은 또한 식용색소로 물의 색깔을 극적으로 변화시키면서 실험하였다. 메리는 이 흥미로운 변형에 매혹되게 되었다. 그러고 나서 제인 선생님은 이와 유사하게 핑거페인트를 섞어서 색의 변형을 시범 보였다. 그녀는 단지 집게손가락의 끝만 사용해서 핑거페인트에 담가 종이 위에 글자를 하나 만드는 것에 대해 모델링을 제공하였다. 메리는 글자 만들기를 매우 좋아하므로 이 새로운 쓰기 방법을 지켜보는 것에 계속 주의를 집중하였다. 부드럽게 손–위–손 전략을 사용해서 제인 선생님은 이제 메리의 집게손가락을 물감에 담그고 종이 위에 M(메리가 가장 좋아하는 글자!)을 만들기 시작하였다. 처음에 메리는 물감 만지기에 저항하고 동요하였다. 그러자 제인 선생님은 따뜻한 물이 들어 있는 단지를 테이블 위에 올려놓고 메리가 종이 위에 글자를 만들자마자 즉각 "좋아, 물감을 닦아 내자."라고 말하면서 손가락을 따뜻한 물에 넣어 주었다. 시간이 지나면서 메리는 풀과 반짝이 자료 같은 다양한 재료로 글자를 만드는 것에 매우 흥미를 갖게 되어 촉감 방어성과 불안 수준이 의미 있게 감소되었다.

사례연구 질문

1. 유아 중심 환경과 자유선택의 중요성과 메리의 사례에 사용된 좀 더 지시적인 전략 사이의 잠재적 갈등에 대해 어떻게 느끼는가?
2. 이 사례연구에서 기술된 전략에 있어 성공의 열쇠들은 무엇인가?
3. 테이블 활동에의 참여에 대한 저항을 다루도록 메리를 돕는 데 유용할 수 있었을 다른 전략들을 생각할 수 있는가?

주요 용어

각도 90도 원칙(90-degree angle rule)
과제 순서화(task sequencing)
그림 순서판(picture sequence board)
변형(transformations)
원인과 결과(cause and effect)
프리맥의 원리(Premack Principle)
표상 기술(representational skills)

참고 문헌

Rainforth, B., & York, J. (1987). Position and handling. In F. P. Orelove & D. Sobsey (Eds.), *Educating children with multiple disabilities* (pp. 67-78). Baltimore, MD: Paul H. Brookes.

Zirpoli, T. J., & Melloy, K. J. (1993). *Behavior Management: Applications for teachers and parents* (pp. 153-198). New York: Merrill/Macmillan.

CHAPTER 10

실외놀이

장애유아는 실내에서 실외로의 환경 변화를 좋아한다.
매일 실내에서 실외 환경으로의 변화는 필수적이다. 많은 장애유아는 대근육 활동을 학습하고 익힐 수 있는 기회가 필요한데, 대근육 활동은 실외에서 하는 것이 훨씬 쉽다.

- 장애유아는 실외놀이 시설을 어떻게 이용하는지를 배워야 한다. 실전을 위한 특별한 도움과 반복 경험 없이는 '자전거 타기, 공 잡기, 달리기, 미끄럼 타기'등을 배우지 못할 수도 있다.
- 실외 활동은 사회적 기술 발달의 기회를 제공한다. 사회적 기술에는 서로 순서 정하기, 가장놀이 하기, 다른 사람의 안전을 위해 조심해서 행동하기 등을 포함한다.
- 모래놀이와 물놀이 활동은 특정 장애유아에게는 훨씬 더 좋은 실외놀이가 될 수 있다. 교실에서의 활동은 마치 물놀이대 안에서 고기를 잡는 활동과 같이 개념을 강화하고 반복하기 위하여 실외 환경으로 확장될 수 있다.
- 적절한 안전과 접근방법을 위하여 특별한 고려와 적응이 필요할 것이다. 대근육 활동에 참여할 수 없는 유아는 '특별히 그들에게 맞게 제작된 그네를 타고 밀어 주거나 마차를 끌어 주는 것과 같은 활동'처럼 실외에서 그들이 할 수 있는 적합한 활동이 필요하다. 감촉이 대조적인 바닥표면을 사용하는 것은 독립적으로 운동장을 다닐 수 없는 시각장애유아를 도울 수 있다.
- 정기적인 발견하기 산책(discovery walk)은 매우 좋은 실외 활동이 될 수 있다. 장애유아를 위한 주의 깊은 계획은 그들의 목적을 충족시키기 위한 풍부한 기회를 만들 것이다.

일일 교육과정의 한 부분을 차지하는 실외놀이의 중요성은 평가절하 되어서는 안 된다. 유아와 교사는 환경의 변화를 필요로 한다. 뛰기, 올라가기, 자전거 타기 등의 대근육을 사용할 기회는 대부분 실내에서는 활용될 수 없다. 이러한 종류의 실외놀이는 가정에서는 더욱 제한적일 수 있다.

왜냐하면 실제 연습을 위한 기회가 한정되어 있으므로 대근육 놀이를 위한 기술 발달이 장애유아에게 도전의 기회를 제한시킬 수 있기 때문이다. 이것은 운동장애를 지닌 유아에게 분명한 사실이다. 그러나 실외에서도 밀착적인 감독을 필요로 하는 정신지체, 자폐, 시각적 손상과 관련된 장애유아에게도 마찬가지이다.

1. 실외 환경에서의 학습 기회

실외로 나가는 것은 단지 교실로부터 변화를 주는 것뿐만 아니라 대근육 운동 기술을 발달시킬 기회를 제공하고, 사회적 기술과 놀이를 강화시키는 것이다. '운동장 돌기와 이웃 둘러보기'를 할 수 있는 몇 가지 전략과 적응은 교실 활동을 확장시킬 수 있다.

1) 환경의 변화

만약 8~12명의 영아와 유아를 데리고 3시간 동안 교실 안에 있게 된다면 환경의 변화가 필요함을 깨닫게 될 것이다. 많은 사람들을 위해 실외는 평온한 효과를 갖는다. 자연의 빛, 신선한 공기, 다른 소리들, 뛰고 소리 지를 기회는 실내 환경으로부터 좋은 변화를 가져온다. 또한 하루 일과 동안 교실에서 실외로 이동하는 것은 유아에게 교실과는 다른 운동과 놀이 기술을 발휘할 기회를 제공한다. 만약 비나 극도의 날씨 상태로 인하여 밖으로 나가는 것이 불가능하다면, 교사는 규칙적으로 계획된 실외놀이 시간 동안 교실을 벗어나 다른 환경을 접할 수 있도록 시도하여야 한다.

- 만약 유아교육기관이 큰 빌딩 안에 있다면, 잘 다니지 않는 빌딩의 일부분을 통해 산책을 간다. 이것은 신기하기 때문에 흥미가 지속되는 동안 대근육을 연습할 기회를 유아에게 제공할 것이다.
- 다른 교사와 교실을 바꿔라. 이것은 비록 유아에게 대근육을 사용하는 것과는 거리가 있으나 적어도 환경의 변화를 제공할 것이다.
- 사용하지 않는 방 또는 복도를 활용하라. 유아에게 작은 공간이라도 기분을 분출시킬 수 있거나 장애물놀이를 할 수 있고, 가끔 실외와 대치해서 사용

할 수 있다.

공간과 활동의 세부적인 계획에 대해서는 이 장에서 다시 논의되어질 것이다.

2) 대근육 사용 기회

실외 환경은 유아의 발달 연령과 능력에 따라 다양한 활동의 기회를 제공할 수 있다. 이러한 활동은 교실에서 할 수 있는 활동과는 달라야 한다. 즉, 실외 공간은 대근육 또는 전체 운동 발달에 초점을 맞추어야 한다. 심각한 운동장애나 의학적으로 허약한 조건으로 인하여, 몇몇 유아는 대근육 활동에 참여할 수 없을지도 모른다. 특별한 적응은 이러한 유아를 위한 적절한 실외 활동이 제공되어야 할 필요가 있다. 그들의 참여는 마치 그네를 밀고 마차를 잡아당기고 휠체어를 타고 운동장을 간단히 도는 것처럼 좀 더 수동적일 필요가 있을지 모른다.

힌트 Heplful Hint

자폐나 과잉행동장애를 지닌 유아는 엄격한 연습의 규칙적인 단계가 도움이 된다.
– 점프하기, 춤추기, 달리기, 오르기.
이러한 활동은 실외놀이 시간에 쉽게 통합될 수 있다.

다음은 실외 영역에서 유아를 위해 활용되어야 할 대근육 시설이다.

- 고무바닥이 깔린 오르기 구조물과 미끄럼틀
- 오르기 구조물(키가 낮은 것)
- 그네(의자와 벨트 등이 적합한 것, [그림 10-1] 참조)
- 흔들리는 놀잇감(흔들리는 말이나 배)
- 꼭대기에 높은 테로 둘러진 다른 크기의 미끄럼틀
- 다양한 크기의 세발자전거

- 바퀴가 달린 스쿠터 타입의 놀잇감
- 다양한 크기와 촉감을 가진 공과 콩주머니
- 낮은 농구대, 던져서 넣을 수 있는 용기
- 밀거나 당길 수 있는 마차
- 페달이나 발로 움직일 수 있는 차

탈 수 있는 바퀴 달린 놀잇감을 위한 공간과 공을 넣을 수 있는 공간은 안전하게 계획되어야 하며, 시설을 사용할 수 있는 유아나 그렇지 못한 유아가 모두 자유롭게 움직일 수 있도록 계획되어야 한다.

전형적인 운동장 시설물을 위한 안전에 대한 정보는 제작사나 자격이 있는 회사에서 얻을 수 있다. 왜냐하면 불안정한 걸음걸이, 발작장애, 시각장애를 가진

[그림 10-1] 개작된 그네(adapted swing)

유아를 위해 부가적인 안전 대책은 바람직하기 때문이다. 예를 들어,

- 운동장 바닥은 탄력 있는 재질로 만들어야 한다.
- 시설물은 보기 어렵거나 시야가 좁지 않도록 돌출 부위를 피해서 설치되어야 한다.
- 그네는 의자 벨트가 있거나 특별한 의자로 제작되어야 한다([그림 10-1] 참조).
- 칸막이와 접착포가 있는 끈이 바퀴가 있는 페달에 장착될 수 있다.
- 천과 촉감을 이용한 단서들이 시각장애유아를 위해 고안될 수 있다. 예를 들어, 그네 주변과 모래상자 사이의 경계벽은 그네 아래의 고무 매트에 검정과 흰색 줄로 칠하고, 모래상자 주변은 잔디나 모래로 한다.
- 바퀴 달린 놀잇감을 위한 길은 대비되는 줄로 표시를 명확히 해야 한다. 멈춤 표시는 문해 발달과 안전을 위해 자전거 길에 있어야 한다.

3) 놀이 기술 발달

장애유아가 실외 환경에서 어떻게 놀이하는지를 배우는 데 도움을 주어야 한다. 예를 들어, 오르기나 미끄럼 타기는 훈련되어야 하나 장애유아에게 즐거운 도전이 되어야 한다. [그림 10-2]는 어떻게 미끄럼을 타는지 학습하는 데 있어서 첫 번째 단계로, 유아의 배를 바닥에 깔고 발이 미끄럼틀 아래로 먼저 도착하도록 적응하는 시범이다.

미끄럼 타기, 자전거 타기, 그네, 오르기나 모래놀이 방법을 학습하기 위한 것이며, 또한 기회를 주고받기, 간단한 게임하기, 차나 자전거를 가지고 가장놀이에 참여하기 위해서이다. 왜냐하면 몇몇 유아는 실외놀이 시간에 혼자 있는 기회를 가질지도 모르고 둘러싸인 교실 환경으로부터 회복될 기회를 가질지도 모른다. 교사는 실외놀이 시간에 유아를 주의 깊게 관찰하고 어떻게 많이 사회화되고 그들이 필요로 하는 단계에서 무슨 도움을 줄지 결정해야 한다.

실외놀이 시간은 유아들 간의 갈등을 어떻게 협상하는지를 배울 수 있는 좋은 기회이다. 단지 필요할 때 개입하거나 주의 깊게 상황을 관찰함으로써 그들 자신

[그림 10-2] 미끄럼틀의 공포 감소 적응을 위한 유아의 자세

의 갈등 해결을 시도하도록 허용하는 게 중요하다.

실외 시설을 적용하는 다양한 활동 계획은 놀이 기술을 발달시킬 수 있는 좋은 기회를 제공한다. 종종 교실 주제는 실외놀이를 하는 동안에 확장될 수 있다. 또한 미술 활동은 과정을 경험하기 위한 많은 시간을 필요로 하는 유아를 위해 실외에서 반복될 수 있다.

다음의 내용은 장애유아에게 전형적으로 나타나는 세부적인 실외놀이 제언이다.

장애유아를 위한 매력적인 실외놀이 활동

- 인형을 가지고 밥 먹이고 목욕시키고 그네를 태우고 미끄럼틀을 태우는 활동.
- 물고기나 동물 주제를 확장하고 실외의 모래상자나 물놀이대에서 플라스틱 모델을 가지고 노는 활동.
- 창문이나 문을 오려 낸 큰 상자를 가지고, 실외놀이를 하는 활동. 그 집에 유아가 집을 칠하고 그림을 그리도록 한다. 인지적으로 더 낮은 수준의 유아는 창문에서 하는 까꿍놀이를 좋아한다.
- 유아가 씨를 골라서 심을 수 있는 정원을 만들라. 그들은 미리 지어진 정원에서 물을 주고 잡초를 뽑을 수 있다.
- 유아가 기어가고 걷고 올라가고 점프할 수 있는 터널, 평균대, 계단, 네모난 카펫을 이용한 장애물 코스를 만들라.
- 양동이와 실외 시설을 씻을 수 있는 스펀지를 제공하라(자전거, 놀잇감, 오르기 구조물과 같은 실외 시설). 유아는 운동장을 잘 청소하는 동안 즐겁게 학습하게 된다.
- 유아가 다양한 도구(붓, 스펀지, 파리채, 심지어 유아의 손)를 가지고 그림을 그릴 수 있도록 미술 영역을 만들라. 유아는 시멘트나 종이에 큰 분필이나 면도크림, 옥수수녹말과 물로 들러붙도록 만든 것을 가지고 그릴 수 있다. 쉽게 닦아 낼 수 있도록 앞치마, 물, 수건을 주라.
- 장애유아에게 숨고 찾는 놀이를 가르쳐라. 최초의 또래가 도울 수 있도록 가르쳐라. 텐트나 큰 상자처럼 운동장에서 흥미 있게 숨을 수 있는 장소를 만들라.

4) 사회적 기술 발달

실외 환경은 장애유아에게 사회적 기술을 발달시킬 수 있는 최고의 기회를 제공한다. 사회적 기술을 도울 수 있는 세부적인 실외놀이 기회는 다음과 같다.

- 미끄럼틀 교대로 타기
- 끌차에 탄 친구 당겨 주기
- 세발자전거를 다른 사람과 타기 위해 협상하기, 자전거를 타고 앞사람 따라

가기

- 가벼운 공(foam ball)으로 야구하고 잡기 놀이
- 물이나 모래놀이대에서 놀잇감 나누어 사용하기
- 컵으로 양동이에 물 채우기나 큰 구멍 파기와 같은 간단한 협력 강화하기

5) 물놀이와 모래놀이를 위한 기회

실외놀이 시간은 유아에게 교실 안에서 쉽게 다룰 수 없는 활동을 경험하도록 한다. 모래와 물놀이는 다양한 활동으로 확장될 수 있는 두 가지 경험을 하게 한다.

실외놀이는 장애유아를 위해 실내보다 물과 모래를 위해 더 잘 구성될 수 있다. 교실에서 물과 모래놀이를 하는 것과는 달리 실외에서는 항상 재료가 거기에 있고 이 재료를 가지고 확장되고 심화된 수 있는 놀이 쉐마가 형성될 수 있다.

(1) 모래놀이대

모래놀이대는 아주 쉽게 구입되고 만들어질 수 있다. 질 높은 경험을 제공하기 위해 모래를 충분히 넣어 주는 것이 쉽지는 않겠지만, 그래도 가능한 한 많이 주어야 한다. 유아의 연령에 따라 살균된 모래를 구입하여야 하며, 모래를 가져오는 하치장이나 정원이 좋아야 한다.

모래놀이대는 사용하지 않을 때는 덮어 놓아야 한다. 만약 물이 스며들었다면 커버를 씌우기 전에 말려야 한다.

유아는 마른 모래나 질감을 변화시키기 위해 물을 넣어서 놀이할 수 있다. 다양한 놀잇감은 모래놀이를 하는 동안 활용될 수 있다([그림 10-3] 참조).

[그림 10-3] 모래놀이는 장애유아를 위한 중요한 감각 경험을 제공한다.

모래놀이 놀잇감

- 다양한 크기와 모양의 그릇들
- 가루를 만드는 체
- 깔때기
- 작은 플라스틱 동물과 사람
- 삽과 숟가락
- 물통
- 차, 트럭, 덤프트럭, 불도저 등

(2) 물놀이대

물놀이대는 많은 재료를 가지고 활용될 수 있는 다양한 시설물이다. 이러한 테이블은 테이블 주변에 모여 놀거나 다른 아이들과 가까이 서서 놀이하기 때문에 유아에게 사회적 놀이를 강화시키는 데 좋다. 서서 연습할 필요가 있는 신체장애 유아는 모래와 물놀이대에서 자연스럽게 놀 수 있다.

물놀이대는 유아에게 새로운 요소를 제공하는 데 사용될 수 있다. 그리고 촉각방어(tactile defensiveness)를 가진 유아에게 새로운 물질에 대한 것을 소개하는 데 사용될 수 있다.

물놀이대의 구성 요소

- 물놀이용 다양한 그릇과 깔때기, 국자, 체
- 음식 색깔을 첨가할 수 있는 물
- 모래놀이용 다양한 그릇과 깔때기, 국자, 체
- 물과 합쳐진 모래(물과 모래를 섞고 변화를 관찰할 수 있는 그릇 제공)
- 모래(물이 있거나 없는)와 다양한 물체들. 예를 들어, 플라스틱 동물, 물고기, 조개 등
- 그릇에 담긴 옥수수녹말, 밀가루 등
- 물과 옥수수녹말을 섞어서 질척거리게 만든 것
- 스티로폼 조각, 특히 물에 넣었을 때 흡수되지 않는 재활용품들

- 물감이 있는 그릇(깨끗하게 정돈되어 있는 것)
- 진흙/흙(작은 컵으로 구덩이를 파고 씨를 뿌리고 물을 주는 활동)
- 비눗방울 만들기(세제와 물)와 비눗방울 만들 도구(다양한 크기의 상업적인 막대기, 플라스틱 고리, 비눗방울을 만들 비누를 담을 수 있는 것들)
- 목욕시키고 스펀지로 문지르고 수건으로 닦을 수 있는 비눗물과 인형

2. 실외 환경 계획

실외놀이 환경을 계획한다는 것은 유아가 도전할 수 있는 목표를 달성하면서 유아에게 재미있고 다양한 활동을 제공하는 것이다. 다음에 제시한 방법들은 실외 환경을 계획하는 과정을 보다 쉽게 도와줄 것이다.

1) 사전 조사

실외놀이 공간의 몇 가지 중요한 영역을 위해 필요한 것들을 미리 생각해 두어야 한다.

- 오르기, 그네 타기, 흔들기, 미끄럼틀을 위한 안전한 공간
- 유아가 놀이하는 장소로부터 떨어진, 바퀴가 달린 놀잇감을 위한 세발자전거길
- 공놀이를 위한 공간
- 유아가 장시간 동안 태양에 노출되지 않도록 그늘진 공간
- 혼자 움직일 수 없는 유아를 위한 안락한 이동식 설비(movable soft area), 다양한 패드가 깔린 매트와 벽면([그림 10-4] 참조).

힌트 Hepiful Hint

발작이나 다른 유형의 건강 상태를 지닌 유아는 햇빛에 강한 알레르기 반응을 보일 수 있다. 신체장애를 가진 유아는 스스로 그늘이 있는 곳으로 이동할 수 없거나 너무 뜨거울 때 의사전달을 하지 못할 수도 있다. 그러므로 교사는 그늘에 있는 시간과 햇볕에 있는 시간의 균형을 맞춰야 한다.

- 부모를 위한 그늘지고 편안한 의자가 있는 공간(그늘막이 있는 기댈 수 있는 테이블은 부모와 방문자를 위한 좋은 장소이다.)
- 이젤과 큰 붓이 있는 미술 영역
- 모래놀이대
- 물놀이 영역
- 장애물 코스를 위한 공간

실외 영역을 깨끗하고 먼지가 적도록 해야 한다. 분수나 편안한 쿨러에서 유아가 마실 수 있는 물을 제공해야 하며, 티슈, 응급처치 상자, 고무장갑 등이 필요하다.

[그림 10-4] 안락한 이동식 설비에서 실내놀잇감을 가지고 노는 유아

힌트 Heplful Hint

어떤 유아는 큰 개방된 공간을 어려워하는 경우도 있다. 그러므로 그런 유아는 마당의 구석에 좀 더 둘러싸인 공간을 만들어 주는 것이 도움이 된다. 예를 들어, 큰 상자를 그러한 장소에 둘 수 있다.

2) 실외 영역의 교재·교구

너무 자주 놀잇감을 교체하지 말라. 장애유아는 교구를 사용하는 데 시간이 더 필요하고 반복해서 놀이함으로써 숙달된다.

다른 유아와 만나는 데 사용될 적절히 바퀴가 달린 놀잇감을 선택한다. 좀 더 인기 있는 주제로 된 놀잇감을 적어도 2개 이상 가지고 놀도록 한다. 왜냐하면 유아는 '공유하기'라는 개념을 어려워하기 때문이다.

다양함은 다른 영역의 놀이에서도 필수적이다. 공 영역에 여러 가지 '공'을 준비하라(작은 공, 큰 공, 비치볼, 콩주머니, 스펀지 공, 탁구공). 유아가 어느 정도 완성했거나 지겨워할 때 안락한 영역(soft area)의 놀잇감과 교구를 바꿔 주도록 한다. 이러한 영역에서는 유아 자신이 선택한 것을 스스로 시도할 수 없는지에 대해 주의 깊은 관찰을 해야 한다.

힌트 Heplful Hint

중증의 의사소통장애나 운동장애를 가진 유아는 보완대체 의사소통(Augmentative or Alternative Communication: AAC) 장치를 사용할 수 있다. 예를 들어, 유아의 선택을 장려하기 위해 운동장의 시설을 사진으로 찍어서 제시하여 유아가 원하는 것을 선택하게 한다.

미술 영역의 재료는 너무 자주 변화시켜서는 안 된다. 만약 미술 영역이 실외에 있다면 다른 도구나 재료와 함께 사용될 수 있도록 기본적인 계획이 있어야 유아의 흥미를 확장시킬 수 있다. 어떤 유아는 이 영역에서 며칠을 머무를 수도 있다. 그러므로 재료가 너무 자주 바뀌는 것은 흥미보다는 혼란을 줄 수 있다.

모래놀이대의 놀잇감은 좋은 조건에서 잘 조직되어야 한다. 모래에서는 바퀴가 잘 안 굴러 가고 놀잇감에 모래가 묻기도 한다. 규칙적인 점검과 손쉬운 선택을 위하여 잘 정리하고 충분한 그릇과 삽을 주는 것으로써 모든 유아가 직접 경험을 할 수 있도록 해야 한다.

물놀이대의 놀잇감도 주의 깊게 선택하여야 한다. 가능하면 물놀잇감으로부터 모래놀잇감을 분리하여 각각 준비하라. 그러나 물놀잇감이 너무 많은 작은 놀잇감들로 인해 거추장스러워지지 않게 유의하는 것이 좋다. 너무 많은 놀잇감은 놀이하는 데 오히려 악영향을 미친다.

장애물 코스는 며칠 동안 같은 계열로 구성해 놓으라. 장애유아는 코스를 마스터하는 것을 즐길 것이고, 자신감이 증대되는 경험을 할 수 있다. 다양성을 위해 그들은 마지막 부분부터 혹은 중간의 어느 부분부터 시도할 수 있다.

3. 실외 학습 계획의 예: 발견하기 산책(discovery walk)

실외놀이 시설에서 또 다른 활동으로 장애유아가 즐길 수 있는 것은 전형적인 모험과 발견하기 산책 활동이다. 발견하기 산책이 교통과 안전 문제로 인하여 운영하기 어렵다면 굳이 주변의 이웃동네를 돌아볼 필요는 없다. 그것은 단순히 빌딩을 돌아보는 것이나 주차장에 나가는 것일 수도 있다. 발견하기 산책이 장애유아에게 학습 경험을 만들어 주기 위한 사항을 다음과 같이 제시하고자 한다.

- 산책은 자주 해야 하는데, 적어도 1주일에 한 번 정도는 꼭 해야 한다.

힌트 Hepiful Hint

일반 유아는 혼자서 산책하는 것으로 학습이 이루어지지만, 장애유아는 산책을 학습하기 전에 몇 차례의 반복 경험이 필요하다.

- 길은 안전하게 계획되어야 하고, 유아가 길과 친숙해지도록 반복하여야 한다.

힌트 Hepiful Hint

시각장애유아는 길을 다니는 데 있어서 독립성을 발달시키기 위해 안내조력자와 운동전문가의 도움을 필요로 한다.

- 유아가 일단 길과 친숙해지면 흥미 있는 변화를 주고 변화된 길에서 자신의 주의를 집중시키려고 한다. "오늘, 우리는 차를 보지 않을 거야. 그 대신 우리는 매우 아름다운 꽃을 바라볼 거야."
- 길을 따라 규칙적으로 멈추는 지점을 포함해서 그들은 명확히 이름을 붙인다. 주제어와 개념을 생각하라. 예를 들면 다음과 같다.

"문 - 문을 열어라."
"우체통 - 우리는 여기서 우리 편지를 받을 수 있다."
"멈춤 - 멈춤 표시에서 멈춰라."
"짖는 개 - 짖는 개는 여기서 산다."
"돌 - 여기 매우 큰 돌이 있다."

힌트 Hepiful Hint

유아의 기본적인 수준을 확장시키기 위해 좀 더 높은 기능을 강화시킨다.

"나는 왜 개가 우리가 지나갈 때 짖는지 궁금해요."

"왜 우리가 멈춤 표시에 있어야 할까요?"

"어디서 바위가 생기나요?"

"무엇이 이 돌과 비슷하게 생겼나요?"

"우리가 우편함을 지나가고 난 후 그 속에 무슨 일이 일어나는지 누가 알까요?"

청각장애유아와 의사소통을 주로 신호로 사용하는 유아를 위해서 주된 대상을 지칭하는 신호를 가르쳐 주는 것이 필요하다.

- 사물을 수집하라. 유아는 자신이 발견한 것을 수집하고 자원할지도 모른다. 또는 돌, 나뭇잎, 막대기처럼 여행은 특별한 것을 수집하게 한다.
- 길을 따라 흥미 있는 보물을 숨겨라. 유아는 놀이할 때 쓰는 돈이나 놀잇감 보물을 담는 가방을 발견하는 데 흥미를 가질 것이다.
- 돌아와서 산책에서 있었던 일을 그림으로 그리고 수집한 것을 가지고 콜라주를 한다.
- 유아가 길을 배우도록 돕고, 방향감각을 발달시키도록 돕는다.

"그래, 나에게 어디서 돌아갈지 말해 줘."

"어느 길에서 우리가 돌아가니?"

"우리는 그 코너 주변에서 무엇을 볼 것인가?"

"우리가 개를 보러 가는 방향이 어디인지 나에게 알려 줘."

요 약

실외놀이는 학습을 돕기 위한 풍부한 기회를 제공하고 장애유아가 참여할 수 있는 기회를 제공할 수 있다. 실외놀이 경험의 좋은 계획과 세부적인 적응을 조직하는 것이 중요하다. 때때로 유아의 적응을 위하여 특별하게 계획되어야 하거나 시설물을 변형해야 한다. 특히 즐거운 실외 활동은 탐구를 위한 발견하기 산책이다. 효과 있는 학습 경험을 위해 장애유아는 자주 반복해서 길을 익히고 길을 올바르게 예측할 수 있도록 발달시켜야 한다.

사례연구

레일라(Leila)를 위한 창의적 공간

레일라는 다운증후군을 가진 3살 반 된 여아이다. 처음 2년 동안 레일라는 자주 아파 입원하였고, 발달이 많이 지연되었다. 레일라는 아직 균형감각도 떨어지고 가끔 넘어지기도 하지만 최근 독립적으로 산책을 가는 것을 배웠다. 떨어지고 가끔 넘어지기도 하지만 레일라는 교실에서 잘 적응해 가고 있는 편이다.

레일라는 밖에 잘 나가려 하지 않았고 단지 가끔 모래놀이 상자 근처에서 놀았다. 그러면서 모래상자에 올라가지는 않았고(계속 앉아만 있었다), 모래상자 밖에 앉아서 작은 삽으로 모래를 뜨면서 시큰둥하게 앉아 있었다.

레일라의 어머니는 레일라가 집에서 가장 좋아하는 활동이 그네 타기라고 교사에게 알려 주었다. 하지만 레일라의 그네는 안전한 아기용 의자였다. 유아교육기관에도 그네가 있었으나 레일라에게는 적절하지 못한 그네였다. 안전한 그네가 없어서 레일라는 그네를 탈 수 없었다. 그녀는 가끔 가장 안전하다고 보는 모래상자에서 걸어나와 그네를 바라보았다. 하지만 결코 그네를 타지는 않았다. 그네는 그녀에게 안전하지 못했기 때문에 직원들은 레일라가 그네를 타도록 돕지 않았다.

두 달 후, 레일라는 스스로 안전하다고 생각하는 모래상자에서 나오려 했다. 그녀의 교사 마르티네스는 레일라를 실외놀이에 좀 더 참여시키기로 결정하였다. 교실에서 레일라가 가장 좋아하는 놀잇감 몇 가지를 부드러운 영역에 두었다. 레일라는 재빨리 모래상자와 부드러운 영역 사이로 나와서 다시 돌아갔다. 이 영역은 안전하게 만들어졌고 그녀를 위해 분리된 공간이었다. 다른 유아는 종종 그녀와 놀기 위해 참여하였다.

교사 마르티네스는 다른 물리치료사와 만나서 레일라에게 맞는 그네를 고안하였다. 그리고 종종 레일라가 직원과 함께 그네를 타도록 강화하였다. 레일라는 그네를 위해 마당을 가로지르는 것을 즐거워했다. 하지만 레일라는 아직 독립적으로 마당을 산책할 준비가 되어 있지 못했다. 이러한 레일라를 위해 단순한 그림요구 카드 시스템(picture request card system)을 생각해 내었다. 레일라는 어른에게 다가가서 그 활동을 요구하기 위해 그네 그림을 그에게 주었다. 결국 한 아이가 레일라에게 관심을 보였다. 그녀는 종종 직접 레일라를 데리고 그네를 타러 갔고, 그녀는 가장 가까운 어른에게 그림요구 카드를 주는 것을 도왔다.

점차 레일라는 운동장에서 좀 더 편안해져 갔다. 그녀는 더 확고한 이동기술을 익혔고, 그녀의 에너지가 향상되었다. 그림요구 시스템은 너무나 성공적이어서 언어치료자가 이것을 동료들에게 가르쳤다. 여름에 레일라는 매우 다른 아이가 되어 있었다.

사례연구 질문

1. 레일라의 참석 기회를 증진시키는 데 사용할 수 있는 다른 방법들은 무엇이 있는가?
2. 어떻게 하는 것이 유아를 위한 실외놀이 환경을 완전하게 디자인하는 것인가? 당신이 계획한 디자인이 다양한 요구와 능력의 유아를 지원할 수 있는지 어떻게 확인할 수 있는가?
3. 영아를 위한 실외놀이 공간은 어떻게 다르게 디자인하겠는가?

주요 용어

그림 요구 카드 시스템(picture request card system)
발견산책(discovery walk)
변형된 그네(adapted swing)
보완대체 의사소통(augmentative or Alternative Communication: AAC)
스티로폼 공(foam ball)
이동식 자리(movable soft areas)
촉각방어(tactile defensiveness)

CHAPTER 11

간식시간

1. 간식 및 식사시간의 학습 기회
2. 장애 유형에 따른 영양학적 고려
3. 배변 훈련

장애유아는 음식 먹기와 관련하여 특별한 요구를 가지고 있다. 또한 간식시간은 다양한 기술을 배울 수 있는 강한 동기를 제공한다.

- 간식시간은 장애유아에게 중요한 학습 기회를 제공한다. 간식 및 식사시간은 그릇 전달하기, 기다리기와 같은 사회적 기술을 배울 수 있는 기회를 제공한다. 또한 요구하기나 선택하기와 같은 의사소통 기술을 증가시키기 위해 특별한 지도 전략들이 사용될 수 있다.
- 운동장애유아는 스스로 먹는 방법을 배워야 한다. 그들의 학습에는 수저, 컵, 유리잔의 사용법을 배우는 것도 포함된다. 적절한 자세는 장애유아가 음식을 잘 먹을 수 있도록 도와준다.
- 장애유아는 간식시간에 다른 자조 기술도 배울 수 있다. 이러한 자조 기술에는 주전자나 병에서 음료수 따르기, 병 열기, 빨대 사용하기, 음식 자르기, 식탁 치우기, 쓰레기 버리기 등이 포함된다.
- 어떤 장애유아의 경우에는 성인이 음식을 먹여 주어야 할 것이다. 그들은 씹고 삼키는 것을 배우는 데 매우 어려움을 가지기도 한다. 유아교사는 식사 문제에 전문적 지식을 가진 전문가로부터 지원을 받아야 한다. 간식시간은 부모나 교사가 식사 기술 모델링의 기회를 제공하여야 한다.
- 어떤 장애유아는 특별한 영양학적 고려가 필요하다. 음식 섭취에 특별한 문제가 있는지를 부모와 상의한다. 간식은 한번에 많은 음식을 먹지 못하는 유아에게 중요한 영양분을 제공할 수 있다.

대부분의 유아 프로그램은 매일 간식시간이 포함되어 있다. 아침과 점심만 제공되거나 아침과 점심 사이에 간식이 제공되는 곳도 있다. 오후 프로그램은 대부분 점심식사가 있으며, 오후 중간에 간식이 제공된다. 어떤 프로그램은 유아가 간식을 가지고 오는 것을 요구하고 다른 프로그램은 교육 과정의 한 부분으로 음식을 제공하기도 한다. 장애유아는 때때로 특별히 요구되는 규정식이 있거나 알레르기 또는 음식 공포증을 갖는 경우도 있어서, 각 가정에서 음식을 가져오기도 한다.

1. 간식 및 식사시간의 학습 기회

장애유아는 식사시간과 관련된 자조 기술과 사회 기술을 배움으로써 성취감을 획득할 수 있다. 그러므로 이러한 기술 증진에 필요한 격려와 지원 전략을 토의해야 한다.

1) 혼자 먹기 기술

도구로 식사하는 방법, 차별화된 도구를 사용하는 식사 방법, 그리고 컵으로 음료수를 마시는 방법을 배우는 기회는 간식시간을 토대로 가능하다. 만일 한 번도 숟가락과 컵을 사용해 보지 못한 유아라면 일대일 보조자가 필요할지도 모른다.

또한 자리배치에도 주의를 기울여야 한다. 일대일 보조원이 필요한 유아는 성인이 그들의 옆 또는 뒤에 앉아야만 한다. 가끔 정사각형이나 직사각형 테이블에 앉아 있는 장애유아를 성인이 함께 앉아서 편하게 돕기도 하지만, 여전히 근처의 다른 유아에게도 유용한 도움을 주어야 한다.

만약 유아가 평범한 식사 패턴에 지장을 주는 신체적 장애를 가졌다면 물리치료사, 작업치료사 또는 영양사에게 투입 지원을 요청해야 한다. 신체적 장애를 가진 유아는 올바른 자세를 취할 때까지 먹는 것이 불가능할지도 모른다. 예를 들면, 그들의 발과 몸 등은 적당하게 지탱되어야 하며 그들의 머리는 수직 자세로 붙들어 잡아 주어야 한다. 특수모양의 숟가락과 컵 장비는 유아가 성공적으로 먹고 마시는 데 도움을 준다. [그림 11-1]은 장애유아 혼자서 먹는 기술을 위한 자세를 도울 수 있도록 간단한 응용방법을 보여 준다.

스스로 음식 먹기를 위해 필요한 기술에 대해 과제를 분석할 필요가 있다. 이것은 숟가락으로 먹기, 컵으로 음료수 마시기와 같이 각각의 기술을 지도하기 위

[그림 11-1] 유아의 다리 밑에 전화번호 책을 놓아 그의 자세를 도와준다.

해 세분화된 지도 단계로 나누는 것을 의미한다.

숟가락 사용하기의 단계적 순서

① 유아가 숟가락을 손으로 단단히 잡는다.

② 숟가락을 음식 속에 넣어 손목을 돌린다.

③ 숟가락에 음식을 떠낸다.

④ 흘리지 않게 손목과 팔을 회전하여 숟가락을 입으로 가져간다.

⑤ 입을 벌린다.

⑥ 숟가락을 입 안의 적당한 자리에 가져다 놓는다.

⑦ 숟가락을 둘러싼 입술을 다문다.

⑧ 음식을 입 속으로 옮긴다.

⑨ 입에서 숟가락을 빼낸다.

> **힌트** Hepiful Hint
>
> 유아가 숟가락으로 먹을 수 있도록 가르치기 위한 절차 중 마지막 단계부터 시작하고, 각 단계에서 유아가 성공한 다음 그 전 단계로 거슬러 올라가는 역순행 연쇄방법이 최상의 훈련 방법이다.

(1) 어떤 유아의 경우에는 반드시 성인이 먹여 줘야 한다

특수한 의료적 또는 신경장애를 가진 유아는 반드시 성인이 먹여 줘야 한다. 이러한 유아는 때때로 이러한 기능을 수행하는 사람이 일대일로 도와서 수행하게 된다. 유아교사는 가족과 가까이 시내야 하고, 지극성 또는 구역질을 억제시키는 전략, 씹고 삼키기를 촉진시키는 전략이 포함된 식사 기술을 제공하는 전문가와 함께 가깝게 일해야 한다.

[그림 11-2] 한 부분을 잘라낸 컵(cut-out cup)

컵으로 음료수를 마실 때 보조가 필요한 유아를 위해 [그림 11-2]에서는 한 부분을 잘라낸 컵(cut-out cup)이라 불리는 개작된 컵의 예를 제시하고 있다. 이 컵은 성인이 음료수의 양을 볼 수 있게 하고, 머리를 똑바로 뒤로 제치지 못하고 마셔야 하는 어려움이 있는 유아에게 머리와 자세를 조절할 수 있도록 도와준다.

(2) 적절한 위치 확인하기

유아가 운동근육에 문제가 있거나 유아의 체격에 비해 의자가 너무 크다면 섭식을 위한 최상의 위치를 결정하기 위하여 물리치료사로부터 조언을 받아야 한다.

(3) 적합한 도구 사용하기

[그림 11-3]과 [그림 11-4]는 운동장애가 있는 유아가 스스로 좀 더 쉽게 먹을 수 있도록 도와주는 그릇, 컵 숟가락의 예이다.

(4) 식감과 음식 크기 조절하기

유아에 따라 음식의 식감을 조절하거나 음식 크기를 작게 조절해주어야 한다. 이 문제는 부모와 상담하여 결정 할 필요가 있다.

2) 다양한 자조 기술 교육

간식시간은 자조 섭식 기술과 더불어 또 다른 자조 기술들을 배우려는 장애유아에게 다양한 기회를 제공한다.

- 식탁에 앉기
- 병이나 종이팩으로부터 따르기
- 종이팩 열어 마시기
- 빨대 사용하기
- 음식 자르기
- 엎지른 것을 닦아 내기

[그림 11-3] 안정성을 위해 식판 위에 놓인 개작된 그릇과 스푼

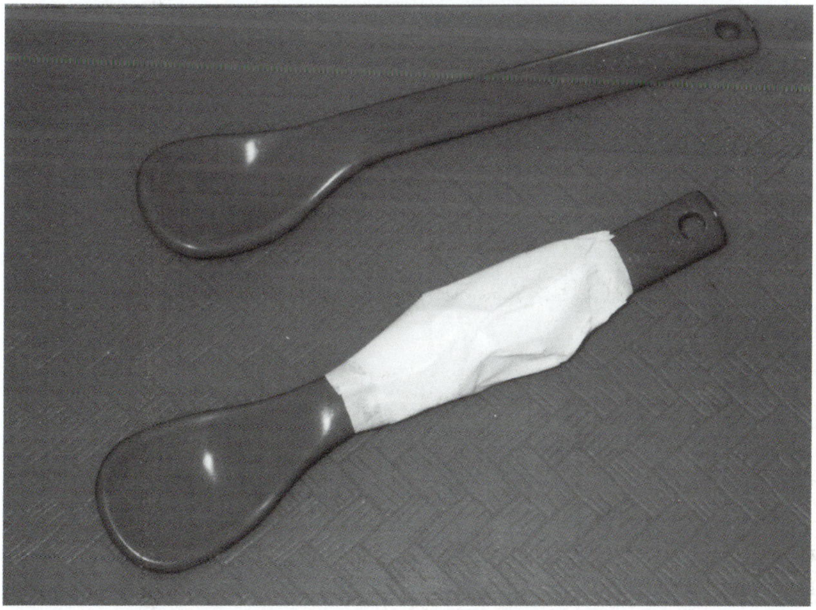

[그림 11-4] 손잡이 주위에 테이프를 붙여 개조한 스푼은 유아가 잡는 것을 용이하게 한다.

- 식탁 치우기
- 쓰레기 버리기

최종적으로 특별한 요구를 가진 어떤 유아는 식사 전후의 전환을 도와줄 필요가 있다. 사건의 순서를 따라가거나 처음에는 이러한 유아를 위해 최대한의 도움을 주다가 차츰 도움을 줄여 가는 것은 효과적인 전략이다.

다음의 예는 노래를 사용하여 간식시간 또는 식사시간으로의 전이를 도와주는 방법을 설명하고 있다.

식사 전이 전략

- 유아에게 식사시간이 가까워졌음을 알린다: "2분 있으면 식사시간이에요."
- 식사시간마다 같은 노래를 부르거나 같은 신호 표시를 사용하는 것은 식사시간으로의 전이를 시작하게 한다. 한 가지 예를 들면, '너는 자고 있니?' 노래를 '오늘은 월요일'로 바꾸는 것이다.

  오늘은 월요일, 오늘은 월요일
  우리는 무엇을 먹을까? 우리는 무엇을 먹을까?
  오늘은 스프를 먹을 거야. 오늘은 스프를 먹을 거야.
  얌, 얌, 얌, 얌, 얌, 얌

- 일상적인 일련의 행동을 따른다: 안으로 들어오기, 노래 부르기, 식탁 차리기, 손 씻기, 자리 찾기
- 식사를 마친 후 또 다른 일상적인 행동 따르기: 이닦기, 접시와 컵 정리하기, 조용한 영역으로 이동하여 책 보기

3) 사회적 기술 발달

간식시간 또는 식사시간 동안의 초기 사회적 상호작용 활동은 장애유아에게 중요한 배움의 기회가 된다. 왜냐하면 음식을 먹는 것은 높은 동기와 매력을 주기

때문이다.

사회적 기술의 예는 다음과 같다.

- 음식 나누기(만약 가정적 형태로 제공된다면)
- 나누어 담는 것 도와주기
- 음식이 돌아오는 것 기다리기
- 두 번째 도움 요청하기
- 식탁에서 자리를 뜰 때까지 기다리기

어떤 장애유아는 그릇에 담거나 기다리는 것을 어려워할지 모른다. 그들이 규칙적인 일과와 친숙해질 수 있도록 돕기 위해 더욱 성인의 지도가 필요하다.

만약 식사시간을 위한 사회적 규칙을 끊임없이 강화하였다면 시간이 지나면서 유아는 이 사회적 규칙을 이해하기 시작할 것이다.

어떤 유아는 식사시간을 둘러싼 사건의 순서를 이해하는 데 도움이 필요할지 모른다. 매일 진행되는 간식시간의 순서는 도움이 된다. 식사시간의 순서를 사진 또는 일련의 그림으로 전시하는 것도 유아에게 도움을 준다.

4) 의사소통 기술 발달

기관에서 매일의 일과를 보내면서 유아는 그들이 원하거나 필요한 것을 표현하기 위해 다양한 의사소통 형식을 사용한다. 어떤 장애유아는 다른 사람과의 의사소통 의도를 나타내지 않는데, 왜냐하면 그들은 그렇게 할 필요가 없다고 보기 때문이다. 그러나 간식시간은 유아가 음식을 좋아하고 배고파 하므로 다른 사람과 이야기 나누는 것에 대해 높은 동기를 갖게 한다. 만약 간식시간이 잘 조직된다면 실외놀이나 자유놀이 시간에 놓치기 쉬운 의사소통 의도나 단서에 교사들이 더욱 주의를 기울일 수 있게 한다.

간식시간 동안 의사소통과 사회적 기술 개발 전략

- 한 끼 식사에서 최소한에 해당하는 부분이라도 가정적인 형태로 제공한다(상자 안의 크래커, 접시 위에 깎아 놓은 과일, 큰 그릇에 담겨 있는 요구르트, 주스 또는 작은 주전자의 우유). 그리고 유아의 관점과 신호를 격려해 주고 또는 그들이 더 원할 때 말을 하도록 격려한다.
- 한 끼 식사의 최소한의 부분이라도 가정적 형태로 제공하고, 유아가 다른 사람들에게 그릇을 돌리고, 필요하다면 성인의 도움을 받아 그들 스스로 적절한 양을 그릇에 담도록 한다.
- 언어 습득 이전의 유아가 먹고 싶은 음식을 가리킬 때 유아가 당신의 주의를 끌기 위해 발성을 할 때까지 못 본 척해야 한다. 이러한 행동의 형태를 지속하는 것은 유아가 하고 싶은 적합한 단어를 말하게 해 준다.
- 말을 못하는 유아는 말을 하는 유아의 옆에 앉힌다.
- 성인의 도움을 필요로 하고 말을 못하는 유아는 옆에 앉힌다. 또한 말을 하는 유아는 말 못하는 유아를 돕기 위한 신호를 배울 수 있게 된다.
- 식사를 위해 필요한 모든 것(음식, 접시, 냅킨)을 배열한다. 단, 숟가락은 제외한다. 이럴 경우 유아는 기다리면서 그들에게 있어야 할 것이 없다는 것을 깨닫고 당신에게 숟가락을 요청할 것이다.

힌트 Hepful Hint

지역 중심 유아교육기관의 교사는 위에 제시한 전략들을 일반적인 간식시간에 사용하는 것이 어렵다고 생각할 것이다. 이러한 전략들은 좀처럼 의사소통을 시도하지 않으려는 유아에게 적절하며, 식사시간은 더욱더 높은 동기를 부여해 준다.

만약 특히 다른 활동 중에 사용되는 놀잇감이나 다른 매체들을 크게 선호하지 않거나 의사소통 요구를 창출해 내기 위한 방법이 없다면, 이 전략은 의사소통 시도를 북돋아 주는 유일한 기회가 될 것이다.

5) 식사 기술 교육

중증의 지체장애유아의 식사시간은 부모님이나 치료사들에게 효과적인 식사 제공 기술을 보여 줄 수 있는 기회가 될 것이다. 식사 제공 전략과 앉기 적응에 대해 물리치료사나 작업치료사 또는 섭식 전문가로부터 배우는 것은 매우 중요하다.

2. 장애 유형에 따른 영양학적 고려

장애유아에게는 특정한 영양학적 고려가 요구된다. 가장 일반적인 몇 가지 형태들이 다음과 같이 논의되고 있다.

1) 뇌성마비유아

유아의 특수교육보조원, 물리치료사 그리고 작업치료사와의 의사소통 진행은 중요하다. 음식 섭취는 혀 내밀기(tongue thrust: 혀를 앞으로 내미는 것), 힘없는 입 다물기, 긴장성 깨물기 반사(tonic bite reflex: 입이 특정한 방향으로 반응할 때 이가 힘차게 내려가는 것), 비정상적 씹기 반사(abnormal gag reflex: 과장되거나 약한 것 모두) 때문에 종종 줄어든다.

좌절, 피로, 불충분한 영양은 장시간에 걸친 식사시간 때문일 것이다. 유아는 적당하게 피곤을 줄이고 성공적인 씹기와 삼키기를 도울 수 있는 자세를 취하도록 하여야 한다. 음식은 가능한 최상의 영양 섭취를 제공하기 위해 선별되어야 한다. 뇌성마비유아가 쉽게 먹을 수 있는 영양식은 고구마, 으깬 콩, 과일 스프레드 등이 있다.

혀와 씹기 운동을 돕기 위해서 다양한 질감의 음식을 제공해야 한다. 항상 새로운 음식을 제공하기 전에 부모나 작업치료사에게 검토를 받아야 한다. 비전형적인 근육 상태나 제한된 신체 활동은 변비를 불러일으킨다는 것을 인식해야 한다. 유동식과 고식이섬유식 섭취의 증가로 이 문제들을 줄일 수 있을 것이다. 또한 [그림 11-5]에서 볼 수 있는 기립기(prone stander)에서와 같이 수직 위치에서 매일 짧은 시간을 쓰지 않는 유아는 규칙적인 장 운동을 촉진시켜야 한다.

물을 조절하고 삼키는 일이 매우 어려울 수 있다. 만약 유아가 액체를 힘겹게 삼킨다면 그것을 요거트나 베이비 시리얼로 걸쭉하게 만들면 유용할 것이다.

[그림 11-5] 수직으로 서 있는 자세는 움직일 수 없는 유아의 내장 기능을 촉진시킨다.

2) 발작장애유아

발작장애(epilepsy)가 있는 유아는 종종 치아 문제나 비정상적 체중 문제의 위험에 노출되어 있기 때문에 의사, 영양상담사와의 상담이 매우 필수적이다. 발작장애(seizure disorders) 유아의 최선의 영양문제는 항 경련성 치료(anticonvulsant medication)(Eicher, 1997)의 부작용과 상관이 있으며, 음식과 치료와의 상호작용 효과들과 관련이 있음을 인식해야 한다.

이와 같은 상호작용은 식욕 저하를 일으키거나 혈액 안의 칼슘과 엽산의 수치를 낮출 수 있다. 발작장애 치료약으로 만들어진 부풀어 있거나 부드러운 상태의 껌은 심각한 치아 문제를 야기하거나 식사를 방해할 수 있다. 또한 경련성 약은 비타민과 미네랄의 흡수를 방해할 것이다. 의사는 치료의 부작용을 경감시키기 위해 영양 보충을 처방할 것이다.

3) 저긴장성근육유아

저긴장성근육은 음식을 섭취하는 네 필요한 기술의 발달을 저해시킬 수 있다. 특히 다운증후군유아는 저긴장성근육 문제를 동반하는 경우가 있다. 저긴장성근육유아는 적절한 구강 자극을 받는 데 어려움이 있고, 적절한 긴장성을 유지하는 데 문제를 갖는다. 때때로 이 어려움은 과도한 침 흘리기와 연관되어 있다. 유아는 그들 입 안의 음식이나 액체가 있는 곳을 알지 못할 것이고, 혹은 그들의 입이 가득 차 있는 것을 모를 수도 있다. 이것은 질식의 위험을 증가시키는 결과이다.

어떤 유아는 씹기 반사를 일으키는 그들의 입을 지나치게 채워서 씹는 것조차 더 어렵게 만든다. 씹기 반사가 감소된 유아는 쉽게 질식할 수 있다.

만약 다운증후군유아가 나이가 더 들었을 때에도, 걷지 않고 활동이 저하되거나 약한 근육상태라면 그들은 비만 위험이 증가할 것이다. 유아교사는 활발한 운동 활동에 참여할 수 있도록 장려해야 하고, 고영양이면서 저칼로리인 음식을 섭취하도록 유아를 도와야 한다. 어떤 경우에는 영양학적 전문가에게 의뢰할 필요가 있다.

4) 자폐유아

장애유아, 특히 자폐유아는 특정 음식의 색, 질감, 맛의 형태에 따라 일반적이지 않은 선호도를 보인다. 그들은 특정 음식 먹기를 거부하고 음식공포증(food phobias)이 있을 수 있다.

때때로 유아에게서 한두 가지 음식만 고집하는 음식강박증(food obsessions)이 나타날 수 있다. 이 문제를 어떻게 대처할 것인가를 결정하기 위해 가족과 가까이 지내야 한다. 몇 가지 사례를 보면, 과자가 유아의 일일 영양의 아주 작은 부분을 제공할 뿐이지만, 가족들은 매일 그 유아가 선호하는 음식을 그냥 먹게 한다. 또 다른 사례를 보면, 극도의 혹은 파괴적인 음식강박증을 다루기 위해 행동계획이 필요한 경우도 있다.

5) Prader-Willi증후군 유아

Prader-Willi증후군은 희귀한 질병이다. 이것은 심각한 음식장애와 연관되어 있기 때문에 이 장에 포함된다. Prader-Willi는 염색체장애이다. Prader-Willi의 가장 대표적인 특징은 뇌의 시상하부 영역의 비정상적 상태에 의해 일어나는 지칠 줄 모르는 과식과 관련된 비만이다. 전형적인 행동 형태는 끊임없는 음식 요구와 음식 훔치기, 그리고 일반적인 충동과 고집의 모습들이다. Prader-Willi장애유아는 일반적으로 정상과 가까운 범위의 지적 능력을 갖지만, 과식과 행동장애로 인해 상당히 치료하기가 어렵다(Bray et al., 1983). 유아교사가 최선의 지원을 해주기 위해 전문가와 부모와 함께 일하는 것은 매우 중요하다.

6) 이식증유아

드물게 발생하는 식사장애 중에는 이식증(pica)이 있는데, 이러한 유아는 페인트나 먼지 같은 먹지 말아야 할 음식을 과도하게 먹는다. 몇 가지 사례에서 보면 이러한 결과는 특별한 영양 결핍으로 인한 경우가 있다. 저소득층과 낡은 집이 많은 지역에서의 위험은 이 유아가 납 성분이 든 페인트 조각을 섭취하는 것이다. 음식이 아닌 물질을 먹는 증상이 나타나는 유아들에 대해서는 장애유아에 대한 지식이 많은 영양사와 상의해야 한다.

7) 튜브섭식유아

어떤 유아는 혀로 음식을 먹지 못하거나 부족하여 충분한 영양을 섭취하지 못한다. 이는 운동신경장애의 결과로, 기본적인 빨기, 삼키기 기능을 방해하거나 폐로 음식을 빨아들이는 경향이 있다. 복잡하고 의도적 요구와 함께 유아는 종종 튜브로 음식을 섭취한다. 대부분의 튜브 형태는 위장관 튜브(Gastrostomy tube: G-tube)이다. 이러한 형태의 튜브는 복부의 작은 구멍을 통해 위장에 위치한다. 이러한 유아는 매일 몇 시간씩 튜브를 통해 전문 이유식과 부드러운 음식을 제공받는다. 부모나 소아과 간호사 인턴들은 이 과정에 관한 가장 좋은 정보의 근원이다. 튜브로 먹는 유아가 통합되어 있는 반에서는 일대일 보조원이 필히 있어야 한다.

3. 배변 훈련

장과 방광의 조절과 배변 훈련은 많은 장애가 있는 유아에게 명백한 도전일 수 있다. 몇몇 유아는 충분한 신경근육 조절이나 충분한 감각(뇌성마비나 이분척수와 같은 장애로 인한)을 갖지 못한다. 의사소통 기술을 제한하는 낮은 인지 능력, 그리고 두려움의 증가나 배변을 위한 반응들은 다른 요인일 것이다. 예를 들면, 자폐 유아는 변기 물 내리는 소리에 놀라게 될 것이다. 또한 운동장애를 가진 유아는 안정감을 느끼지 못하고, 안전한 장소도 그들을 편히 쉬도록 만들지 못한다.

이 책에서는 배변 훈련에 대한 충분한 고려를 하지 못하였지만, 현실적 기대가 어디에 있든지 성공적인 배변 훈련은 장애유아에게 있어 중요한 목표이다. 명백하게 그 유아의 연령이 높아질수록 그리고 기본적인 자조 기술의 부재가 많아질수록 불이익이 증가할 것이다. 유아교육자는 배변 훈련을 달성하기 위한 중재 전략을 세우기 위해 가능한 전문가와 행동전문가, 물리치료사, 부모와 긴밀하게 협력해야 한다.

요 약

특정한 장애를 가진 유아는 먹는 것과 관련된 특별한 도전을 갖게 될 것이다. 예를 들면, 경도의 신경장애를 가진 유아는 기본적인 씹기와 삼키기 기능을 수행하는 것에 어려움을 가질 것이다. 그러므로 그들은 어른들에 의해 섭취되어야 한다. 만약에 먹는 어려움이 심각하다면 어떤 유아는 위장관 튜브(G-Tube)를 통해서 섭취해야 한다. 또 다른 유아는 숟가락을 사용하는 것이나 컵으로 음료를 마시는 것을 어려워한다. 그리고 어떤 유아는 강박적으로 음식에 집착하거나 음식을 거부하는 증상을 보이는데, 간식시간은 직접적으로 이와 같은 문제를 고칠 수 있는 기회를 만든다. 게다가 간식시간은 또한 물을 붓거나 식탁을 치우는 것과 같은 자조 기술과 사회 의사소통 기술을 발달시킬 수 있는 기회를 제공한다. 배변 훈련은 장애유아에게 중요한 도전이 될 수 있고, 성공을 확신하기 위한 팀 접근 방식을 요구할 것이다.

사례연구

아론(Aaron)의 '고리 모양 과일맛 시리얼'

아론은 4살 된 남아이며 자폐유아이다. 그는 여러 면에서 밝아 보인다. 그는 많은 단어를 읽을 수 있으며 자동차와 트럭을 상당히 자세하게 그릴 수 있다. 그는 사교적이지 못하고 그의 언어구조는 상당히 복잡하다. 그는 친(Chinn) 선생님의 학급에서 잘 지내고 있지만 간식시간에 문제가 있다. 아론은 다른 친구들과 함께하기를 거부하였다. 그는 모든 음식을 가까이하는 것에 저항하면서도, 단지 고리 모양의 알록달록한 과일맛 시리얼에는 집착해 있다. 선생님은 수차례 아론의 행동을 고쳐서 다른 음식들도 먹을 수 있도록 시도하였으나 실패하였고, 그를 간식 탁자에 오게 하는 것을 포기하였다. 그는 다른 유아가 간식 탁자에 있을 동안 고리 모양의 과일맛 시리얼 그릇과 함께 교실을 돌아다니도록 내버려 두었다(이렇게 내버려 두는 것이 간식 탁자에 오지 않도록 하는 강화가 될 것이라고 추측했지만 이는 아론의 활동을 지속시켰다).

선생님은 아론의 음식강박증을 감소시키거나 간식시간에 대한 저항을 감소시키는 것에 대해 좌절했었다고 센터의 통합 지원 간사인 해리스(Harris)에게 말하였다. 아론의 간식시간에 관찰을 하고 그의 어머니와 이야기를 나눈 후 친 선생님과 보조원과 해리스와 학급 팀이 함께 재검토를 하여 다음과 같은 계획을 세웠다.

그들은 아론을 위해 쉽게 예측할 수 있는 일상적인 간식 일과를 만들어 간식시간의 스트레스를 적게 하는 일을 시도하기로 하였다. 그들은 아론이 글자를 읽는 것을 좋아하므로 모두의 이름을 알도록 하기 위하여 식탁 매트에 모두의 이름을 써 붙여 놓기로 하였다. 선생님은 특정한 자리를 각 유아에게 배정하고, 그들의 이름을 간식 탁자의 의자 뒤에 붙여 놓기로 하였다. 그는 작은 일과를 만들어 놓고 간식시간으로 전환될 때 식탁 매트 더미를 붙잡고 "자, 간식 시간이에요."라고 이야기하였다. 그가 아론에게 작은 자극과 함께 식탁 매트를 잡게 하면 모든 식탁 매트를 바르게 배치할 수 있게 된다.

아론은 이러한 활동적인 것을 좋아하였다. 그는 자기만의 식탁 매트를 갖는 것을 좋아하였고, 간식 탁자에 앉는 것을 좋아하여 간식 탁자에 앉는 것을 편안해 하게 되었다. 선생님은 새로운 음식을 시도해서 그를 괴롭히기보다는 아론을 도와주고 그에게 고리 모양의 과일맛 시리얼과 자기 용기를 줌으로써 그의 식탁 매트 앞에 앉히는 것을 강화하였다.

마침내 아론이 다른 유아와 함께 이러한 활동을 할 수 있게 되어 매우 기뻤다.

아론이 이러한 정형화된 일과에 점차 편안해지게 되었을 때 선생님은 그가 다른 유아의 음식을 바라보는 것을 알아차렸다. 선생님은 아론의 식탁 매트 가장자리에 새로운 음식을 놓기 시작하였다. 평소 그는 음식을 밀어내었다. 선생님은 간단하게 이야기를 해 주었다. "아, 막대 모양의 비스킷을 싫어하는구나."

때때로 아론은 새로운 음식을 먹으려 노력했고, 1년이 지나갈 무렵에는 그가 선호하는 음식에 물고기 모양 크래커와 건포도 같은 두 가지 새로운 음식을 포함시켰다.

친 선생님은 이 훌륭한 과정을 특별하게 생각하지 않았지만, 아론의 어머니는 매우 흥분하셨다.

사례연구 질문

1. 왜 아론은 오직 고리 모양 과일맛 시리얼만 먹었다고 생각하는가?
2. 아론을 식탁에 참여시키는 전략에 반응하는 그 반의 다른 유아에 대해 어떻게 생각하는가?
3. 이 사례에서 최고로 중요한 사건은 무엇이라고 생각하는가? 참여의 부족 또는 음식에 대한 강박관념인가? 왜 그런 것인가?

주요 용어

Prader-Willi증후군(Prader-Willi syndrome)
간질(epilepsy)
기립기(prone stander)
긴장성 깨물기 반사(tonic bite reflex)
비정상적 씹기 반사(abnormal gag reflex)
위장관 튜브(gastrostomy tube: G-tube)
음식 공포증(food phobias)
음식 강박증(food obsessions)

이식증: 무분별 탐식증(pica: eating nonfood items)
한 부분을 잘라낸 컵(cut-out cup)
항경련제(anticonvulsant medication)
혀말림(tongue thrust)

참고 문헌

Batshaw, M. L., & Perret, Y. M. (1992). Good nutrition, poor nutrition. In M. L . Batshaw & Y. M. Perret (Eds.), *Children with disabilities: A medical primer* (3rd ed., pp. 171-196). Baltimore, MD: Paul H. Brookes.

Bray, G. A., et al. (1983). The Prader-Willi syndrome: A study of 40 patients and a review of the literature. *Medicine, 62*, 59-80.

Eicher, P. M. (1997). Feeding. In M. L. Batshaw (Ed.), *Children with disabilities*. (4th ed., pp. 621-642). Baltimore, MD: Paul H. Brookes.

CHAPTER 12

음악과 리듬 활동

1. 음악과 리듬 활동의 장점
2. 언어 기술 발달을 위한 음악 활용

음악과 리듬 활동은 즐겁고 힘이 나는 활동일 뿐만 아니라 전체 집단에 장애유아가 참여할 수 있도록 기회를 제공한다.

- 음악과 리듬은 장애유아를 다른 활동과 다른 방식으로 격려할 수 있다. 예를 들면, 음악은 의사소통이 지체된 유아나 장애유아에게 가치 있는 교수 도구가 될 수 있다.
- 음악은 신체 활동을 강화한다. 음악은 다양한 템포와 리듬으로 움직일 때 공간 내에서 자신의 신체를 좀 더 잘 인식할 수 있는 기회를 제공한다. 신체장애나 움직임의 문제를 가진 유아는 음악에 맞춰서 제때에 움직이도록 도움을 받을 수 있다.
- 음악은 유아의 흥미를 지속시킨다. 주의집중에 어려움을 갖는 유아는 활동의 한 부분으로 음악이나 리듬이 흥미를 지속시키기에 훨씬 더 용이하다는 것을 발견할 수 있다. 또한 동작이 수반되는 노래가 말하기와 언어발달을 지원하기도 한다.
- 음악은 활동적인 유아와 비활동적인 유아를 움직이게 한다. 효율적인 음악 사용은 지나치게 활동적인 유아에게 적절한 방출구를 제공할 수 있다. 전형적으로 비활동적인 유아에게는 동기를 제공할 수도 있다.
- 음악을 통해 능력과 상관없이 집단에 대한 공동체 의식이 스며들 수 있다. 즐겁고 흥겨운 음악은 적극적으로 경험을 나누게 해 준다.

유아교육 환경에서의 음악과 리듬 활동의 가치는 충분히 검증된 바 있다. 음악의 여러 유형들은 교실 내의 전체적인 느낌에 영향을 미친다. 음악은 유아를 그룹 활동에 참여하도록 이끌기도 하고 자유놀이에서 하도록 유도하기도 한다.

1. 음악과 리듬 활동의 장점

음악과 리듬 활동은 유아가 참여하는 곳마다 창의적인 분위기를 고양시킨다. 교실 내에서 음악으로부터 파생되는 이점들과 장애유아에게 제공하는 기회들에 대해 살펴보자.

1) 대집단 활동에서의 활용

대집단 환경은 음악과 리듬에 반응하는 기회의 다양성을 제공한다. 유아는 음악에 각기 다른 방식으로 반응한다. 어떤 유아는 앉아 있거나 듣고, 어떤 유아는 또래들을 관찰하며, 또 어떤 유아는 일어나서 춤을 춘다. 음악에 대한 적극적인 반응은 장애유아에게 대그룹의 환경을 수용하게 한다. 춤추고 리듬에 맞춰 움직이는 데는 정해진 규칙도 없고 꼭 그렇게 해야 한다는 방식도 없다. 그러한 활동은 앉아 있거나 듣고 있거나 머리를 흔들거나 마라카스를 흔들거나 손뼉을 치거나 위아래로 뛰기에 상관없이 모든 유아에게 성공적이라는 느낌을 주는 기회를 제공한다.

리듬악기의 사용을 강조하기 위해서, 유아는 더 많은 재미를 창조하면서 스스로 간단한 악기를 만들 수 있다. 마분지로 만든 호일 속심에 색을 칠하기도 하고 불어 보기도 하고, 화장지 속심에 병뚜껑을 붙이고 끝을 덮어서 마라카스를 만들 수도 있다. 스스로 만든 악기로 리듬밴드에 참여하는 흥미를 고양시킨다.

2) 흥미 유발

주의집중에 어려움을 갖는 유아의 경우, 활동의 한 부분으로 음악과 리듬을 포함시켜서 흥미를 유지하도록 하는 것이 용이하다. 주의집중을 위해 이야기 읽기와 새로운 어휘와 구 학습 같은 교실 활동과 연결하여 사용된 음악과 노래들은 유아가 좀 더 오래 집중하도록 돕는다. 강렬한 리듬에 움직이도록 하는 기회는 이야기 듣기, 조작놀이에 참여하기와 같은 조용한 작업을 준비하게 하는 데 도움이 될 수도 있고, 자리에 앉기 전에 에너지를 발산하게 해 줄 수도 있다.

(A)

(B)

[그림 12-1] 간단한 리듬 활동은 참여를 증가시킨다.

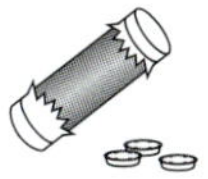

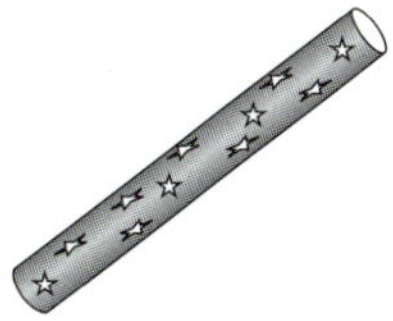

[그림 12-2] 리듬 활동을 위한 마분지 튜브 만들기

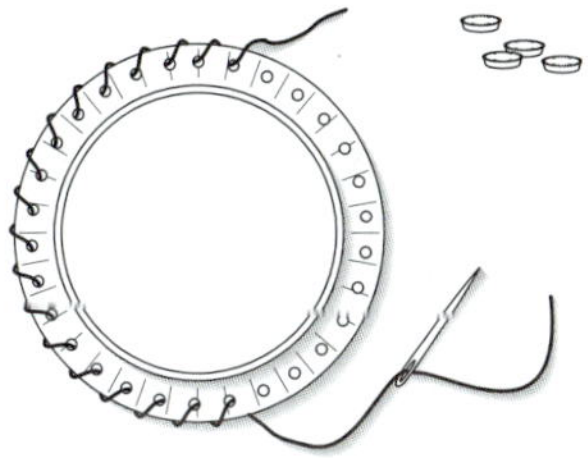

[그림 12-3] 종이접시 탬버린을 만들기

지미(Jimmy)의 사례

교사는 지미가 이야기 시간 내내 앉지 않는다고 불평하였다. 지미는 처음의 이야기를 위해 앉지만 교사가 두 번째 이야기를 시작하면 거의 항상 집단의 다른 친구들을 방해하기 시작한다. 다른 친구에게 기대거나 카펫의 앞뒤로 구르고 때로는 집단을 이탈할 때도 있다. 지미는 노래를 즐기고 손뼉을 치는 동안에 몸을 앞뒤로 흔들었다. 교사가 두 번째 이야기를 시작할 때 지미가 아직 앉아서 듣고 있다는 것을 발견하였다!

다음 주 동안 교사는 지미가 두 가지 이야기를 하는 동안 앉아 있는 날이 언제였는지, 또 어떤 날 방해하기 시작했는지 유심히 지켜봤다. 지미는 활동적인 노래와 손유희에 의해 진행되는 이야기에 두 번째 이야기보다 더 잘 참여하였다. 그러므로 그는 에너지의 일부를 이완할 수 있었고, 두 번째 책이 진행되는 동안 보다 주의 깊게 집중하고 남아 있을 수 있었다.

3) 동기 유발

효율적인 음악의 사용은 활동적인 유아의 억압된 에너지를 방출하게 도와주고 비활동적인 유아를 위한 동기 유발의 역할이 되기도 한다. 음악을 틀고 유아를 움직이도록 격려하면 하루 일과 중 어떤 시간에나 발생할 수 있다. 대집단 활동에서도 일어나고 자유놀이 활동에서도 일어날 수 있다. 음악은 각기 다른 유아를 움직이고 춤추게 하기 때문에 다양한 유형이 가능하다. 한 가지 노래를 반복하는 것은 친숙한 음조를 인지하고 박자에 맞춰 움직이는 것이 편안하게 느껴지기 때문에 일부의 유아를 동작에 참여하도록 할 수도 있다.

어린 유아에게 춤추고 움직이는 기회를 줌으로써 적절하고 적합한 경쟁의 방법으로 에너지가 방출될 수 있다. 춤추는 것은 교실을 뛰어다니는 것에 대해 끊임없이 교사와 친구들로부터 질책을 받는 것보다 훨씬 더 재미있다! 유아에게 춤출 수 있는 기회를 주는 것은 다른 유아를 넘어뜨리거나 밀치는 것처럼 피해를 주는 것과 같은 움직임의 유형을 불러일으킬 수 있다. 교사는 명확하고 적절한 동작을 하도록 제시하고, 모든 유아의 안전을 위한 고려를 강조해야 한다. 과도하게 제멋대로 행동하는 유아는 율동시간에 교사의 손을 잡도록 하는 것이 필요할 수도 있다.

근육의 저긴장 상태나 신체장애와 같은 문제로 많이 움직이지 못하는 유아는 매력 있는 리듬의 음악이 연주되면, 보다 동기가 유발될 수 있다. 교사는 이러한 유아가 처음에는 교사의 손을 잡고 움직여 보게 하고 춤추는 것을 도와주면서 격려하는 것이 필요하다. 어떤 유아는 성인에 의해 리듬에 움직임의 감정을 느끼도록 이끌림 받을 필요가 있다. 휠체어에 있는 유아를 붙들어 주기가 불가능하다면 의자에 앉아 있는 동안 박자감을 느끼고 리듬을 실제로 경험하도록 움직여 주어야 한다.

4) 공동체 의식 고취

음악을 통해 모든 사람은 능력에 관계없이 소속감을 경험한다. 전체 집단으로 모이게 하는 음악이 규칙적으로 사용될 때 모든 유아에게서 공동체 의식을 불러일으킨다.

음악시간 동안의 장애유아를 위한 보조는 장애유아에게 음악시간에 충분하게 참여하게 하여 공동체 의식과 학급에 대한 소속감을 가지게 할 수 있다. 이러한 것은 교사와 부모 모두에게 마찬가지이다. 하루 일과를 마칠 때의 대집단 음악은 마침과 함께하는 느낌을 가지게 한다.

노래를 포함한 민족의 문화와 일상생활을 반영하는 활동을 위해 선정되는 음악은 중요하다. 예를 들어, 라틴계의 유아는 '반짝 반짝 작은 별'이나 '네가 행복하다면 그것을 안다'는 즐겁게 배울 수 있고, 라틴 박자와 스페인 리듬을 가진 음악들에 대해서 보다 친숙하여 강하고 긍정적인 효과를 볼 수 있다. 랩 음악은 노래 가사들이 화면으로 제공되어야 할지라도 많은 유아에게 특별히 관심을 끌 수 있다.

신체장애를 가진 유아에게 음악은 시작과 멈춤을 통제해 볼 수 있는 기회를 제고하며, 이것은 통제와 참여의 느낌을 허용할 수 있다(이 장의 마지막에 있는 데비의 사례연구 참조).

5) 의사소통 격려

노래는 의사소통이 지체되거나 장애가 있는 유아에게 가치 있는 교수도구이다. 언어발달을 촉진하기 위해 노래와 손유희를 사용하는 것은 유아기 교사에게 새로운 활동이 아니다. 유아는 음악활동에 참여하는 동안, 수를 세며 손가락을 사용하며 노래 따라 하는 법을 배우게 된다.

주요 단어를 강조하는 동작이 명확하고 단순한 노래는 유아기의 말하기와 언어발달에 훌륭한 보조수단이 된다. 예를 들어, '거미가 줄을 타고 올라갑니다'에서 거미가 기어 올라가는 것처럼 팔을 위로 올리는 동작 '햇님이 반짝 솟아오르면' 다음에 '비가 오면' 부분에서는 팔을 내리고, 유아의 개념 이해를 강조하는 것

[그림 12-4] 음악은 유아의 감정을 고취시키고 참여를 증가시킨다.

뿐만 아니라 결과적으로는 유아가 그 단어를 말하게 할 수도 있다.

인지장애나 운동장애가 있는 유아의 경우 노래가 많이 반복되며, 노래들이 비교적 단순하고 너무 빠르지 않다면 이러한 접근으로도 배울 수 있다.

6) 신체적 인식 강화

음악은 유아가 공간 내에서의 다양한 속도와 리듬으로 움직일 때 자신의 신체를 보다 더 잘 인식하는 기회를 제공한다. 춤추기, 행진하기, 흔들기, 발구르기, 손뼉치기는 음악이 연주될 때 몸으로 할 수 있는 행동의 일부일 뿐이다. 어린 유아가 다양한 리듬의 형태에 맞춰 자기의 몸을 움직일 때, 그들은 움직임으로써 할 수 있는 것과 할 수 없는 것을 인식하게 된다([그림 12-4]). 대부분의 유아는 자신의 신체 일부를 음악에 맞춰 움직일 수 있으며, 중증 운동장애유아도 휠체어를 붙잡고 춤출 수 있다. 다양한 박자에 맞춰 움직이는 것은 유아가 박자에 맞추기 위해 어떤 방법으로 자신의 몸을 조직하여 움직여야 하는지를 깨닫도록 돕는다. 박자는 실제적으로 유아의 주변에 어떤 일이 일어날지에 대해 보다 많은 주의를 기울이도록 돕는다.

청각장애유아 힌트 Heplful Hint

청각상실이 있는 유아에게 진동은 중요하다. 울림이 있는 두드림과 강한 저음의 음조로 된 음악을 선택하라.

7) 음악 사용 기회의 확대

유아를 위한 노래 목록은 다양한 음악 경험으로 점차적으로 확장될 수 있다.

(1) 음악에 맞춰 행진할 기회를 추가한다

유아가 악기 사용에 익숙해진 후에는 교실 전체에서 이루어지는 퍼레이드로 연결해 본다. 휴대용 카세트를 들고 기관의 다른 공간이나 실외로 확장한다.

힌트 Heplful Hint

너무 많은 청각적 정보와 불협화음이 나는 악기의 사용은 어려울 수 있다. 자폐증으로 진단을 받은 유아에게는 소리들이 너무 크지는 않은지 불협화음이 유발되지는 않는지 고통의 징후들을 관찰하고, 해당 유아가 진정할 수 있도록 경우에 따라서는 다른 공간으로 분리시킨다.

(2) 음악이나 노래의 친근감을 강조하기 위해 다양한 물체를 사용한다

놀잇감이나 집에서 만든 악기, 낙하산, 인형 같은 것을 사용하여 음악활동에의 참여를 격려하라. 같은 노래도 악기소리가 다르면 좀 다르게 느껴진다. 노래를 강조하기 위해 인형을 사용하는 것은 반복과 친숙함을 제공하는 동안 새로운 경험을 더해 준다.

2. 언어 기술 발달을 위한 음악 활용

율동을 위해 음악을 첨가할 때 노랫말과 행동이 들어 있는 노래들은 한정된 언어 기술을 지원한다. 다음의 제안은 언어발달 지체를 가진 유아가 노래와 음악에 참여할 수 있도록 지원하는 방법들이다.

1) 간단한 노래 선택

유아가 쉽게 부르고 좋아하는 노래와 찬트를 골라서 가끔 반복한다. 그러고 나서 핵심단어를 빼고 노래를 불러 주면서 유아에게 빠진 부분을 채워 가며 노래를 불러 보도록 한다. 가끔 유아에게 어떤 방향제시도 할 필요가 없을 때도 있다. 단순하게 노래를 부르고 유아가 원하는 부분에서 멈춘다. 속도를 낮추면서 천천히 불러 주는 것은 장애유아에게 반응할 수 있는 충분한 시간을 줌으로써 훨씬 쉽게 활동할 수 있게 한다. 장애가 없는 유아는 친숙한 노래를 느린 박자로 바꿔 부른 것이 재미있는 방식이라는 것을 알게 될 수도 있다.

"거미가 _____ 내려옵니다.
_____ 끊어집니다."

2) 개념의 강조

예를 들면, '멈춰라', '계속 해라', '빠르게', '느리게' 등의 개념은 다음의 전략을 사용하면서 가르칠 수 있다.

① 음악을 틀고 모든 유아가 음악를 맞춰 움직이게 하거나 악기를 연주하고 깃발이나 스카프, 작은 낙하산 같은 것을 흔들고 제자리 걷기 등을 하게 한다.
② 갑자기 음악을 끄고 멈추라고 말하거나 신호를 보낸다.
③ 모두가 멈추고 조용해질 때까지 말없이 기다린다.
④ 유아의 참여를 확인하고 음악을 다시 켜서 동작하도록 한다.

힌트 Hepfiful Hint

이러한 접근법은 음악을 껐다 켰다 하는 활동을 통해 악기나 낙하산을 쥐고 흔드는 것에 어려움을 갖는 운동장애유아에게 좋은 참여의 기회를 제공한다. 또한 마라카스와 같은 리듬악기는 벨크로 접착포를 부착하여 사용할 수 있도록 한다. 유아의 손을 단순하게 움직이는 것은 음악에 맞춰 다시 시작할 때 통제해 보는 경험을 제공하기도 한다.

멈춤과 계속하기에 덧붙여서 음악과 리듬은 빠르게와 느리게를 가르치는 데 사용될 수 있다.

- 리듬악기와 행진하기를 사용하여 빠르게와 느리게를 가르친다.
- 빠른 곡과 느린 곡의 음악을 틀고 박자에 맞춰서 움직이거나 낙하산을 흔들어 보게 한다. 빠르고 느린 느낌을 극적으로 표현하고, 각각의 개념을 과장해서 표현한다.
- 같은 곡을 빠르게, 느리게 흥얼거리거나 부른다.
- 개념을 가르칠 수 있는 어린이 음악을 선택한다.

힌트 Hepfiful Hint

언어 표현이 지체되는 유아나 신호언어 사용을 학습하고 있는 청력상실유아를 위해서는 자연스러운 환경에서 모든 유아와 함께 주요 단어를 위한 간단한 신호를 연습하는 것이 좋은 기회가 된다.

요 약

장애유아의 참여와 학습은 리듬과 음악으로 강화할 수 있다. 다양한 능력과 도전감을 가진 유아에게 흥미를 줄 수 있는 음악을 선정할 때 기억할 몇 가지 도움말은 다음과 같다.

1. 어떤 음악은 느린 박자로 부르는 것이 모든 유아를 참여하게 할 수 있다.
2. 리듬과 노랫말이 반복되는 곳을 선정한다. 예를 들어, '호키포키'를 느리게 부를 수 있고, 노래의 반복이 장애유아에게 단어를 배울 많은 기회를 주며, 도움을 받아 전신을 움직여 보는 기회를 제공한다.
3. 간단한 개념을 나타내는 쉬운 동작이 수반되는 음악은 좋은 학습 기회를 제공한다.
4. 라틴이나 록 같은 비트의 댄스음악은 그룹과 함께 참여할 때 즐거움을 느낄 수 있다. 장애유아는 그들의 몸을 움직이기 위해 안전한 방식에서 도움을 받아야 한다는 사실을 명심해야 한다.
5. 다른 유아가 가까이 오는 것을 참기 어려운 유아는 창의적으로 표현하는 율동을 하는 활동에서 편안함을 느끼게 하기 위해 초기의 적응지도가 필요할 수도 있다.

사례연구

데비(Debbie)의 스위치

데비는 중증 뇌성마비장애를 가진 3세 유아이다. 데비는 특수의자에 앉아 원하는 것과 필요한 것에 대한 의사소통을 눈과 얼굴 표정으로 한다. 데비는 건전지로 작동하거나 전기제품에 연결되어 있는 커다란 스위치를 누르는 데 손을 사용할 수 있고, 켰다 껐다 할 수 있다.

데비의 선생님은 데비가 보통 다른 사람이 그것을 하라고 하면 그만두는 경향이 있다는 사실을 발견하게 되었다. 다른 사람이 음식을 줄 때 먹고, 어디로 데리고 가야만 활동 영역에서 놀이할 수 있다. 데비는 스스로 움직이는 것이 어렵기 때문에 항상 무엇을 원하는지 이해하는 엄마나 다른 유아, 또는 성인에게 의존한다.

데비의 엄마와 선생님들은 데비가 교실 내의 음악시간을 정말로 좋아한다는 것을 안다. 교사와 엄마는 가끔 데비를 붙잡고 율동을 하거나 음악의 박자에 맞춰서 팔다리를 움직여 보도록 돕는다. 어느 날, 한 교사가 데비의 스위치 중 하나를 테이프 플레이어에 연결하여 손으로 살짝 눌러서 음악을 시작하고 멈추는 것을 해 볼 수 있도록 제안하였다.

데비는 처음에는 다소 망설였다. 음악을 끄거나 계속되게 할 수 있을지에 대해 확신하지 못했기 때문이다. 다른 유아는 음악이 처음으로 멈췄을 때 다소 놀랐고, 누가 그렇게 했는지 돌아보았다. 이후로 데비가 계속해서 활동에서의 자신의 통제를 실험할 때, 다른 유아는 음악이 멈출 때마다 웃기 시작하고 얼어붙는 동작을 해야 했다. 곧 모든 유아가 음악을 멈추거나 계속하게 할 때 데비를 불렀으며 데비가 스위치를 조절하는 데에 따라서 멈추고 춤을 추었다.

사례연구 질문

1. 이 사례에서 기술된 적응은 왜 데비에게 중요한가? 단순한 스위치 적응에 발달의 어떤 영역이 필요한가?
2. 다른 유아가 참여하는 활동을 어떻게 정교화시킬 수 있는가?
3. 데비를 도와주기 위한 기법을 사용하는 데 어떤 전문가가 중요할까?

CHAPTER 13

장애유아의 문식성 지원

1. 문식성 지원 기회

2. 그림과 문자 사용을 통한 장애유아 지원

교실에서 문자(print)와 그림(pictures) 사용은 유아의 문식성 출현을 지원할 뿐 아니라 장애유아의 의사소통 지원도 제공할 수 있다.

초기 문식성 기술의 발달은 장애유아에게 중요한 혜택을 제공할 수 있다. 유아교사는 유아가 말을 하지 못하면 읽기도 배울 수 없다고 가정해서는 안 된다. 장애유아의 경우에 따라 문식성 기술이 의사소통을 지원할 수 있는 경우도 있다.

- 문식성 발달에 특별한 어려움을 갖고 있는 유아가 있다. 문식성 기술 출현을 격려할 수 있는 많은 동기화 전략들은 매일의 각 활동 속에서 사용될 수 있다.
- 문자와 그림은 언어가 없는 유아의 표현 언어 지원을 하는 데 사용될 수 있다. 의사소통판(communication board)과 그림 교환 의사소통 체계(PECS: The Picture Exchange Communication System)는 의사소통을 위해 그림을 사용하는 일반적인 방법이다.
- 그림과 문자는 유아의 언어 이해와 기억을 지원할 수 있다. 그림을 사용하는 것은 유아가 매일의 일과 속에서 일어나는 사건과 복잡한 과제의 순서를 이해하고 예견하도록 도와줄 수 있다.
- 그림을 사용하여 일상적인 사건을 유아가 이해하도록 한다면 유아의 문제 행동이 감소될 수도 있다. 많은 유아는 구어를 이해하지 못하거나 기억하지 못할 수도 있다. 이러한 유아에게 있어 그림, 시간표, 전이 표시는 도움이 된다.

역사적으로 교육자들은 읽기와 쓰기는 유아가 말을 배우고 난 후에 발달하는 기술이라고 생각해 왔다. 장애유아의 경우, 언어발달이 매우 지체되어 있기 때문에, 유치원 시기에 이들에게 문식성 활동 도입이 주저되어 왔다. 그러나 Watson, Layton, Pierce, Abraham(1994)은 유아의 말과 언어 능력에 상관없이 모든 유아에게 일찍 문식성 활동을 제공하는 것이 중요하다고 지적하였다.

최근에는 유아교육 프로그램에 음운인식(phonemic awareness) 활동이 포함되어야 한다고 새롭게 강조되고 있다. 이 활동들은 청각장애유아, 의사소통 지체유아, 그리고 학습장애유아에게 듣기, 소리 변별, 말소리 생성(speech sound production)의 특별한 기술을 또한 지원할 수 있다.

특별히 다른 사람이 알아들을 수 있는 명료한 구어를 구사하지 못하는 유아에게는 문자와 그림을 사용하는 것이 대안적 방법이라는 것을 인식해야 한다.

1. 문식성 지원 기회

대부분의 유아교육 현장에서는 읽기 전 기술(prereading skill)을 지원할 수 있는 많은 기회들이 있다. 장애유아를 문식성에 노출시킬 수 있는 단순하지만 흥미로운 다양한 방법들을 고려해 보자.

1) 환경적 문자(environmental print)

환경적 문자 인식은 정상적으로 발달하는 유아에게는 별다른 노력 없이도 발달될 수 있으나, 장애유아는 로고, 상표, 상징들을 인식할 수 있는 지원 학습이 매일 필요할 수도 있다.

- 냅킨, 종이컵, 그리고 맥도날드, 이마트, 코카콜라와 같이 친숙한 상업용 로고가 있는 쇼핑백과 포장지 같은 것을 가져온다.
- 식료품 가게나 식당놀이와 같은 가장놀이 활동에 로고가 있는 품목을 사용한다.
- 신문, 잡지에서 똑같은 로고들을 찾아보게 한다.
- 동네를 걸을 때와 견학을 갔을 때 똑같은 로고를 찾아보게 한다.

2) 기능적 문자(functional print)

성인은 하루 일과를 통해 기능적이며 흥미로운 문자 사용을 보여 주어야 한다.

- 출석 점검: 유아는 이름 카드라는 것을 알고, 갯수를 세어 본다.

> **힌트** Hepiful Hint
>
> 시각장애유아의 경우 이름 카드에 촉각적 재료를 붙여서 그들이 스스로 확인해 볼 수 있도록 한다. 만일 점자(Braille)를 익힌 유아라면, 이름 카드 위에 점자를 써 놓아 손 끝으로 점자를 읽어서 모든 유아의 이름 카드를 확인할 수 있도록 한다.

- 점심 메뉴 함께 보기: 칠판이나 게시판에 메뉴를 적어 놓는다. 그러면 글씨를 읽을 수 있는 유아는 점심에 무엇이 나오는지 보기 위해 점심시간 전에 다시 와서 본다.
- 역할 분담하기: 유아는 '간식 준비하기', '줄 세우기', '금붕어 먹이 주기' 등의 밑에 누구의 이름이 있나를 보게 된다.
- 메모 쓰기: 다른 교사로부터 온 메모를 읽는다. 다른 사람에게 보낼 메모를 쓴다. 그런 다음 유아에게 그것을 갖다드리라고 한다. 어떤 것을 생각하기 위해 메모를 한다.
- 카탈로그 보고 주문하기: 주문표를 쓰고, 학급 전체 유아가 봉투에 주소를 써서 우체통이나 우체국에 걸어서 간다. 물건을 받게 되면 포장지의 주소를 읽는다.
- 이름표 붙이기: 놀이 재료들을 비슷한 용기나 교구장에 둠으로써 유아가 안에 무엇이 있는가를 알기 위해서는 라벨을 읽어야만 한다.

3) 놀이 활동

(1) 보물찾기

비록 유아가 아직 읽을 수 없다 해도 보물찾기는 문자의 기능을 아주 잘 보여 줄 수 있는 활동이다. 각 노트는 교사가 그것을 판독하기 전에 모든 유아가 쉽게 볼 수 있도록 큰 글씨로 써야 한다.

(2) 가상놀이에서 편지 쓰기

가상놀이, 또는 교실의 도서 영역에 쓰기 탁자를 설치한다. 펜과 굵은 펜, 봉투, 카드, 편지지 등을 준비한다. 그 밖에 교실의 다른 영역이나 실외놀이 공간에도 놀잇감 우체통을 설치해 놓는다. 유아들끼리 서로서로, 그리고 가족들에게 편지를 쓰도록 격려한다.

힌트 Heplful Hint

필기도구를 다룰 수 없거나 글씨를 받아쓸 수 없는 심한 신체장애유아의 경우에는, 잡지에서 단어와 그림을 선택하도록 도와줄 수 있다. 컴퓨터 AAC(대체의사소통) 기구를 사용하는 유아는 자신의 편지 등을 인쇄할 수 있을 것이다.

(3) 익숙한 책에서 여러 장 복사하기

특별한 요구가 있는 유아는 책이 완전히 익숙해질 때까지는 책에 흥미를 보이지 않을 수 있다. 집단 활동 시간에 아주 빈번히 읽게 되는 이야기책을 여러 장 복사하는 것이 도움이 된다. 이러한 책들은 또한 부모가 유아에게 읽어 주도록 집으로 보낼 수 있다.

힌트 Heplful Hint

시각장애유아를 위해 흥미로운 촉감이 있는 책, 또는 책의 면에 작은 물체가 달려 있는 책을 준비하면 좋다. 인지적으로 매우 어린 유아의 경우에는 명료한 그림, 친숙한 개념, 그리고 반복적이고 리듬감 있는 내용의 책이 좋다.

(4) 사진앨범 만들기

앨범 만들기는 장애유아가 쉽게 동참할 수 있는 활동이다.

- 친숙한 사람들과 활동의 사진을 찍는다.
- 잡지에서 재미있는 사진을 찾아 오려서 앨범에 붙이게 한다.
- 만약 사진앨범이 너무 비싸다면, 잘 보이는 지퍼락을 사용하여 자신의 앨범을 만들 수 있다.
- 각 사진 밑에 핵심단어나 짧은 문장을 써서 각 사진을 확인할 수 있게 한다. 진하고 굵은 마커펜을 사용하여 대문자로 쓰라.
- 모든 앨범은 유아 이름이 붙어 있는 선반에 둔다.
- 유아와 함께 자주 앨범을 본다. 항상 문자를 강조하라. "이 사진은 무엇이지, 뭐라고 쓰여 있는지 나에게 읽어 줄래?"

4) 일일계획을 통한 문식성 활동

하루 일과의 각 주요 요소들은 장애유아에게 도움이 되는 문식성 활동들을 쉽게 통합할 수 있어야 한다. 다음의 제안들은 Watson 등(1994), Cook, Tessier와 Klein(2000)을 참고로 하여 적용한 것들이다.

(1) 도착

도착하게 되면 유아는 자신의 이름과 사진이 명확히 표시되어 있는 그들의 사물함에 도착한다. 만약 어떤 유아가 교사에게 줄 메모나 부모 알림장 등을 가지고 부모 없이 도착했다면 교사는 유아에게 이것이 중요한 의사소통 양식이라는 것을 보여 주기 위해 씌여진 내용을 짤막하게 읽어 주어야 한다.

(2) 일일계획표 게시하기

대문자로 게시되어 있는 하루 일과를 보여 준다. 각 주요 활동마다 사진이나 그림이 들어 있다([그림 13-1] 참조). 하루를 통해 다양한 시간마다 그것을 읽어 주어 상기시킨다.

[그림 13-1] 일일 계획안

언어발달과 시간개념 발달을 지원하기 위해 다음과 같은 질문을 한다. "간식시간 다음에 무엇을 하지요?" 그리고 일일계획표에 나타난 그림 순서를 언급한다.

(3) 집단 활동 시간

카페트 안이나 의자에 유아 이름이나 그림을 확인하게 이름 카드를 사용하여 출석체크를 한다. 작업 제목(job heading) 아래의 이름을 살펴봄으로써 하루의 과제를 수행하는 당번을 확인시킨다. 차트에 간식 또는 점심 메뉴를 쓰게 하고 나중에 참고할 수 있게 한다.

힌트 Heplful Hint

문자로 자신들의 이름을 인식하고 구별하는 학습과정은 인지 기술이 낮은 유아에게는 시간이 오래 걸릴 수 있다. 카드에 유아의 사진을 넣으면 유아의 참여가 보다 수월해진다. 교사는 유아가 글자를 먼저 보고 그 다음에 사진을 볼 수 있도록 하여 문자를 인식하는 것을 격려할 수 있다. 마침내 유아는 문자만으로 인식하기 시작할 것이다. 만약 모든 유아의 이름이 사진과 동반된다면 인지 능력이 낮은 유아는 다른 유아의 이름도 이해할 수 있게 될 것이다. 그러나 정신지체유아 중에는 사진조차 인식하지 못하는 경우도 있을 것이다. 이 절차는 이러한 유아의 사진 표상 이해를 돕게 할 것이다.

교사는 또한 유아와 함께 달력을 읽음으로써 달력 보기 시간(calendar time)을 문식성 활동 시간으로 사용할 수 있다. 인지 능력이 낮은 유아를 위해 달력 보기 시간을 어떻게 의미 있게 수행할 수 있는지에 대해서는 8장에 상세히 나와 있다.

각자 가장 선호하는 노래나 이야기책을 나타내는 카드를 가지게 한다. 카드에 노래와 이야기책의 주요 요소를 나타내는 그림을 넣는다. 커다란 판에 벨크로로 카드를 붙여 놓아 유아가 번갈아 가며 교실에서 부른 노래와 읽은 이야기책을 선택하게 한다.

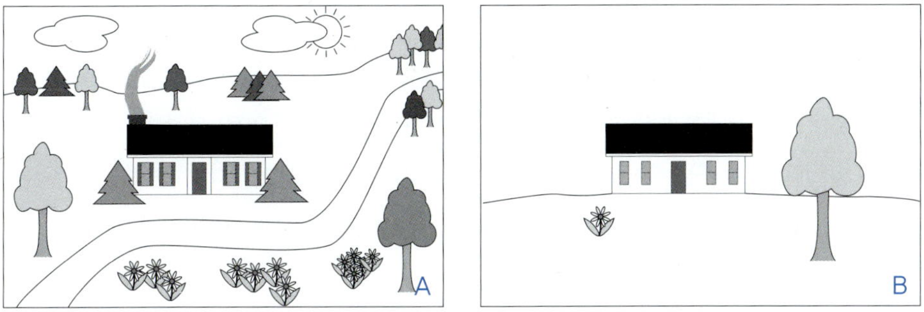

[그림 13-2] 많은 장애유아에게 그림 A는 그림 B보다 어려울 것이다.

(4) 이야기 시간(storytime)

이야기 시간은 명백히 장애유아의 문식성 출현 기술을 발달시키도록 돕는 중요한 활동이다. 그러나 이 활동은 장애가 있는 유아에겐 도전일 수 있는데, 특히 시각장애 또는 인지적으로 지체된 유아에게 그러하다.

- 사진이 종종 너무나 작아서 분명하게 볼 수 없거나 너무 흐트러져 있어서 배경과 전경이 구별되지 않기도 한다. [그림 13-2]의 예가 이 문제를 보여 준다.
- 많은 학령 전기 이야기책의 어휘는 수준이 너무 높을 수 있는데, 특히 다른 보조문구나 시각적 보조물(visual aids)이 없다면 더욱 그러하다.
- 이야기에 나오는 개념과 경험이 유아에게 친숙하지 않거나 너무 복잡할 수 있다. 장애유아가 흥미를 느낄 수 있는, 의미 있는 이야기와 삽화를 찾는 것이 책략이다.

다음의 제안들은 이야기 시간을 훌륭한 학습의 장으로 만들 수 있게 한다.

① 이야기를 자주 반복하기: 반복적인 이야기의 중요성은 점점 더 강조되고 있는데, 심지어 좀 더 연령이 높은 유아에게도 해당된다. 반복과 친숙성은 장애유아에게 결정적으로 중요하다. 유아가 이야기에 점점 더 친숙해져 감에 따라 그들은 교사와 함께 읽기에 참여할 수 있게 된다[그림 13-3]. 아직 읽기를 못하는 유아도

함께 읽기에 참여하는 것을 즐거워할 수 있는데, 왜냐하면 빈번한 반복을 통해 이야기를 기억하게 될 것이기 때문이다. 언어가 제한된 유아는 "너는 나를 잡을 수 없어!"와 같은 간단한 반복적인 어구를 함께 따라 하는 것으로 시작할 수 있다.

② 발달적으로 단순한 주제가 있는 이야기 포함시키기: 인지 능력이 낮은 유아에게 익숙하고 개념적으로 간단한 주제의 예들은 다음과 같다.

- 친숙한 매일의 일과 활동
- 가족 구성원
- 음식
- 숨겨진 물건 찾고 놀라기
- 친숙한 TV쇼와 영화와 관련된 책
- 친숙한 동물들
- 신체 부위 및 의복
- 큰 것, 작은 것
- 입체 책

[그림 13-3] 교사와 함께 책 읽기

③ 사진앨범 만들기: 최근의 학급 활동을 반영하는 사진을 사용한다. 혹은 좋아하는 물건과 활동을 나타내는 오래된 잡지의 사진을 잘라 사용한다.

④ 유아의 주의집중을 유지하는 데 도움을 주도록 이야기에 소도구 첨가하기: 이야기 속의 물건 복제품, 펠트지로 만든 사람 모양, 작은 동물 인형, 그리고 손인형 등을 사용한다.

⑤ 반복되는 리듬과 예측 가능한 구절이 있는 책 선택하기: 많은 장애유아의 참여를 증가시킬 뿐 아니라 모든 유아의 음운론적 인식을 증가시키는 시와 동요를 사용한다.

⑥ 큰 글씨의 책 선택하기: 이것은 특히 저시력 유아에게 중요할 것이다.

⑦ 책을 자주 읽을 수 있게 여분의 복사본을 도서 영역에 배치하기: 유아 스스로 책을 읽을 수 있게 격려한다.

⑧ 이야기를 읽을 때 능동적 참여 격려하기: 예를 들어, 유아는 이야기의 주요 장면을 실행해 볼 수 있다. 페이지를 넘기기 전에 다음에 무슨 일이 일어날지 생각해 보라고 질문한다.

⑨ 유아가 이야기를 극화할 수 있도록 도움 주기: 이야기에 익숙해지고 나면 동극을 해 볼 수 있게 한다. 예를 들어, 유아에게 『아기 돼지 삼형제』의 역할놀이를 번갈아 가며 해 보게 한다([그림 13-4]).

(5) 도서 영역

도서 영역은 문식성이 풍부한 영역임을 분명히 하고, 특징을 가진 책과 더불어 다음의 것들을 갖추어야 한다.

힌트 Hepiful Hint

제한된 소근육 기술을 가진 유아는 수정된 쓰기 도구가 필요하다. 가장 간단한 수정의 하나는 펜 또는 마커에 꼭 맞는 고무튜브(rubber tube)이다. 이것은 쓰기 도구를 더 크게 만들 수 있으므로 손에 쥐기가 더 쉽다.

펜, 마커, 크레용

편지지와 편지봉투

글자와 수가 적힌 잉크 스탬프

우표로 사용할 수 있는 스티커

TV 가이드가 있는 잡지와 유아의 가정 문화가 나타나 있는 신문

카세트 테이프가 있는 책

요리책

개인용 수표책(checkbooks)

읽기 전 기술을 발달시키는 컴퓨터 소프트웨어

촉각 및 후각적 특징이 있는 도서(예컨대, 천, 뚜껑, 입체, 그리고 긁어서 향기 나는 것들 등)

[그림 13-4] 동화책 읽고 극화놀이 하기

힌트 Hepiful Hint

인지 기술이 높은 근육장애유아에게 있어, 컴퓨터 기술은 학문적 및 의사소통 영역의 발달에 결정적일 것이다. 팔과 손 운동 장애가 있는 유아가 컴퓨터를 잘 다룰 수 있도록 컴퓨터를 변형시키는 데는 장애 전문가의 도움이 필요하다.

힌트 Hepiful Hint

시각장애유아는 천으로 된 책 또는 점자로 된 판이 있는 책을 좋아한다(이 장의 끝부분에 있는 다알리아 사례연구 참조). 저시력 유아에게 적합한 확대경 선택에 시각장애 전문가의 도움이 필요하다. 정상 시력을 가진 유아도 확대경을 통해 물건 보기를 좋아한다.

이 목록에 있는 많은 재료들은 가장놀이, 소꿉놀이, 그리고 옷 입기 영역에도 비치할 수 있다.

(6) 간식시간

이 장의 앞 부분에서 제시하였듯이 유아와 함께 메뉴판의 글자를 매일 함께 읽어 본다. 알파벳 모양의 알맹이가 있는 수프, 과자, 시리얼, 글자 모양 과자, 그리고 기타 흥미를 돋우는 형태의 재미있는 간식 음식 등이 포함된다. 유아와 함께 간식을 준비하면서 상자나 깡통의 라벨을 읽고, 간단한 요리순서도 따라 해 본다. 큰 차트 종이에 요리 재료들을 쓴다. 만약 유아가 읽기를 할 수 있다면 어떤 요리 재료를 다음에 넣어야 하는지 질문한다.

(7) 미술 활동

장애유아는 얼굴, 꽃, 공과 같은 친숙한 물건의 표상을 그리는 데 직접적 지원을 요구할 수 있다. 유아에게 실물을 먼저 보여 주고 그것을 그들이 그리도록 도와줌으로써, 그들은 사진이 실제 사물과 경험을 표상한다는 것을 배우게 될 것이다.

유아의 이름을 유아 미술 작품에 쓰는 것은 매우 신나는 활동이다. 사인펜을 사용하여 꽤 큰 글씨를 써 본다. 유아에게 "네가 그린 그림에 이름을 써 볼까? 자, 봐라. 제인의 스펠링이 어떻게 되지?" 그런 다음 쓰여진 유아의 이름을 명확하게 각 글자마다 읽어 준다. 이것은 유아가 문자와 각각의 철자에 관심을 둘 수 있게 돕는다. 좀 지난 후 유아는 자신의 이름을 찾을 수 있으므로, 당신은 유아가 자신의 작품을 찾는 것을 도울 수 있다. 그림 아랫부분에 당신이 뭔가 써 주기를 원하는지 유아에게 물어본다.

미술 재료에 붙어 있는 상표에 관심을 두라. 어떤 재료들은 내용물을 투명하게 보이지 않는 용기에 둠으로써 오직 문자상표에 의해서만 무엇이 있는가를 알게 한다.

(8) 실외놀이

각 실외놀이 영역의 그림과 제목이 담긴 차트를 문 근처에 붙이도록 한다. 유아가 실외놀이터로 나가려고 하기 전에 어느 영역으로 갈 것인지 질문한다.

그림 카드를 사용하여 '사이몬 가라사대' 놀이를 한다. 교사 또는 유아는 카드를 쥐고 '달려라', '뛰어라', '앉아라'와 같이 이야기하고, 유아는 그 지시에 따르도록 한다.

(9) 귀가

하루 일과가 끝날 무렵 유아가 집으로 가져갈 작품에서 자신들의 이름을 찾아보도록 격려한다. 그리고 자기 소지품과 사물함의 이름을 확인함으로써 찾아보게 한다. 유아에게 부모님께 가져갈 안내문을 준다. 유아에게 안내문의 한 부분은 읽어 준다.

2. 그림과 문자 사용을 통한 장애유아 지원

많은 장애유아는 구어를 처리하고 주의를 기울이고 이해하는 데 어려움이 있고, 언어적으로 의사소통하는 데도 어려움을 가지고 있다. 이러한 유아의 경우, 그림 사용은 그들이 주변 세계를 이해하는 데 커다란 도움이 된다. 또한 사진과 상징들은 그들이 원하는 것과 필요한 것을 전달하는 수단을 제공할 수 있다. Hodgdon(1996)은 이러한 전략들을 상세히 소개하고 있다.

1) 표현 언어의 대안적 수단으로서의 그림과 문자

많은 장애유아는 의사소통 기술이 지체되어 있다. 어떤 유아는 전혀 구어를 사용할 수 없을 것이다. 그림과 문자를 사용하여 필요한 것과 원하는 것을 전달하는 것은 말을 못하거나 잘 알아들을 수 없게 말하는 유아에게 도움이 될 수 있다. 4장에서 이미 언급하였듯이, 많은 문제 행동들은 유아가 적절한 방법으로 의사소통하지 못하여 발생할 수 있기 때문이다.

자폐유아 힌트 Heplful Hint

어떤 자폐유아는 인쇄된 단어와 그림으로 의사소통하는 것을 선호한다. 어떤 자폐유아는 읽고 쓰기까지도 할 수 있다. 그러나 불행히도, 중재 없이는 이러한 흥미가 반복적이거나 자기 자극적인 것으로 되어 버리기도 한다. 따라서 이러한 유아에게는 의미 있는 방법으로 문자를 사용할 수 있는 기회를 매일 주는 것이 중요하다.

(1) 표현언어를 지원하는 그림과 문자 사용 방법의 예

대집단 활동 시간에 큰 포스터 보드에서 그림 카드를 떼어 내거나 손가락으로 지적하게 함으로써 노래나 이야기를 선택하게 한다.

유아가 가장 말해야 할 필요가 있을 것 같은 사물을 표상하는 사진과 핵심단어 카드를 만든다. 만약 유아가 걸을 수 있다면 카드를 커다란 열쇠 고리에 붙인다. 그림 카드가 달려 있는 고리를 유아의 벨트에 부착한다. 보조원은 따라다니면서 유아가 적절한 때 적절한 카드를 사용하는 법을 배우도록 도움을 줄 수 있다.

- 화장실에 가고 싶어요.
- 기분이 안 좋아요.
- 배가 아파요. 머리가 아파요.
- (인형, 적목 등) 가지고 놀고 싶어요.
- 누가 나를 괴롭혀요.
- 누가 내 놀잇감을 빼앗아 갔어요.

각 흥미 영역에서의 활동에 대한 중요한 메시지를 나타내는 그림을 유아 눈높이의 벽에 붙여 놓는다. 예를 들어, 놀이터에 모래놀이, 미끄럼틀, 공과 같은 유아가 선택하여 놀 수 있는 선택 가능한 놀이 종류를 나타내는 포스터를 붙여 놓을 수 있다. 이것은 언어가 부족한 유아뿐만 아니라 움직이기 어려운 유아에게도 특별히 도움이 될 수 있다.

엘레나(Elena)

엘레나는 뇌성마비로 인해 움직임이 자유롭지 못한 유아이다. 휠체어를 타고 있으나 혼자서 휠체어를 움직이는 법을 배우지는 못했다. 엘레나는 무슨 말을 하고자 하지만 다른 사람들은 그녀의 말을 잘 알아들을 수가 없다.

엘레나는 바깥에 있는 것을 좋아하며 몇 개의 실외놀이 활동을 즐기고는 한다. 그러나 엘레나는 어떤 특정 시간에 자신이 원하는 특정한 활동을 하기만을 매우 원한다. 엘레나는 교사가 자기가 원하는 것에 대해 잘못 이해하면 실망한다.

특수교육 상담자는 그림판을 엘레나의 휠체어 앞의 판에 설치할 것을 제안하였다. 그림판에는 각 실외 활동을 간단히 그린 그림과 단어를 써 놓았다. 엘레나는 그녀의 주먹을 그림 위에 갖다 놓음으로써 원하는 것을 지목할 수 있다. 그리하여 그녀가 원하는 것을 명확히 전달할 수 있게 되었다.

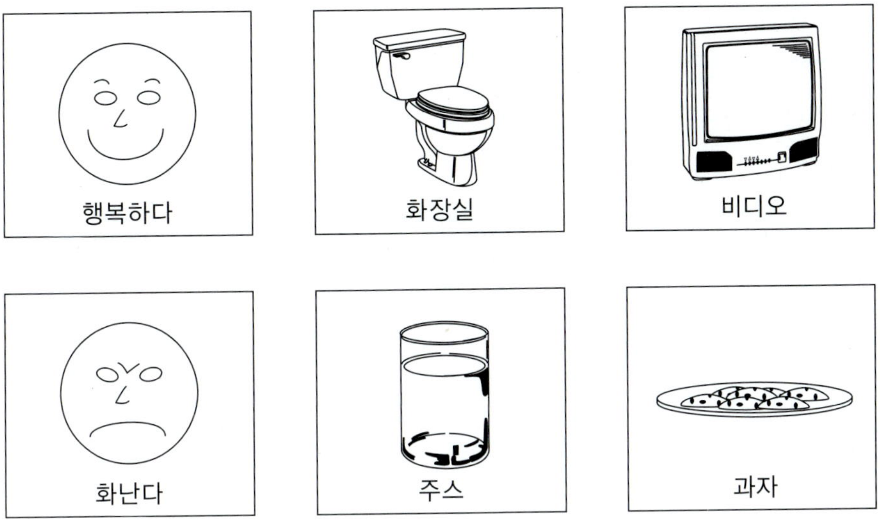

[그림 13-5] 간단한 의사소통판

(2) 의사소통판 또는 그림교환 체계 사용

의사소통판과 그림교환 체계는 표현 언어 능력을 가지지 못한 유아를 위해 일반적으로 사용된다(의사소통판과 그림교환 의사소통 체계(PECS)).

① 의사소통판

의사소통판은 심한 신체장애유아를 위한 것으로, 컴퓨터화된 AAC 장치 사용 이전 단계에서 사용된다. 알아들을 수 없는 말을 하거나 구어가 없는 유아를 지원하는 간단한 형태로 사용될 수 있다. 전문가는 판 디자인에 도움을 줄 수 있다(제2장 AAC에 대한 논의 참조).

의사소통판은 판 위에 사진을 놓거나 단순한 선으로 그린 그림들을 붙인다. 유아는 자기가 말하거나 하기를 원하는 것을 나타내는 어떤 그림을 지목한다([그림 13-5]). 어떤 경우에는 몇 개의 작은 주제로 나누어질 다른 판을 만들어서 화장실, 실외 환경, 또는 대집단 영역과 같이 유아가 특정 어휘나 일련의 표현을 원하는 장소에 보관하는 것이 보다 편리할 수 있다.

보행할 수 있는 유아의 경우에는 의사소통 카드를 큰 열쇠고리에 넣어 그들 벨트에 매달아 줄 수 있다.

중도의 신체장애유아 힌트 Heplful Hint

말을 할 수 없거나 손으로 지적할 수도 없는 중도의 신체장애유아는 시선을 이용하여 투명한 아크릴판 그림들을 선택할 수 있다. 판은 유아와 교사 또는 보조원 사이에 둔다. 유아는 원하는 항목을 나타내는 그림을 그냥 쳐다보면 된다. 그림들의 간격이 많이 떨어져 있다면 교사는 유아가 무엇을 보고 있는지를 쉽게 분별할 수 있다.

② PECS(picture exchange communication system)

그림교환 의사소통 체계(Frost & Bondy, 1994)가 최근 유행하고 있다. 이것은 특히 자폐나 기능적 언어가 거의 없는 비언어적 유아에게 널리 사용되고 있다. 이 시스템은 유아에게 원하는 물건이나 활동 또는 말하고 싶은 것을 나타내는 그림을 선택하여 교환하도록 가르치는 행동 전략을 사용한다. 유아가 발전되어 감에 따라 그들은 그림을 가지고 단어 조합을 만드는 것을 학습할 수도 있다([그림 13-6] 참조).

유아가 매우 선호하여 흥미를 나타내는 그림들은 보드에 벨크로 접착포를 붙이거나 바인더의 페이지에 보관한다. 의사소통판과 달리 유아는 PECS를 사용하여 그림을 지적하지는 않는다. 그보다는 원하는 사물이나 활동을 교환하여 그림을 떼서 다른 사람에게 그것을 건넨다. 그러므로 PECS는 의사소통이 효율적으로 되기 위해 더 큰 사회적 상호작용을 요구한다.

2) 이해와 기억을 돕기 위한 그림 사용

그림은 언어 이해력과 기억 능력이 제한된 유아 지원에도 사용될 수 있다. 그

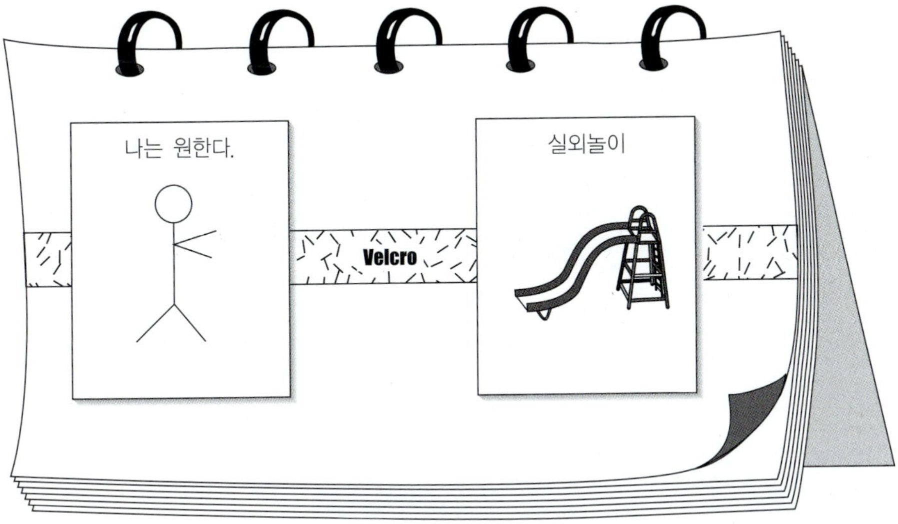

[그림 13-6] PECS 카드

림들은 손 씻기, 매일의 일과를 이해하고 수행하기나 한 활동에서 다른 활동으로의 전이 이해와 같은 과제 순서를 기억하도록 돕는 데 도움을 줄 수 있다. 유아가 다음 활동을 예견하거나 또는 어려운 과제를 어떻게 하는 것인지 이해하도록 돕기 위해 그림들이 사용될 때, 문제 행동들은 의미 있게 감소될 수 있다.

이해를 돕기 위해 그림을 사용하는 전략

손 씻기나 이 닦기의 순서를 유아가 기억할 수 있도록 돕기 위해 싱크대 위 눈높이에 그림을 붙이도록 하라. 각 전이마다 유아에게 다음에 어떤 활동을 하는지 그림을 보여 주라. 또는 특정한 전이, 예컨대 도착에서 자유놀이까지에 필요한 단계들을 나타내는 그림 순서 보드를 만드는 것도 바람직하다([그림 13-7]).

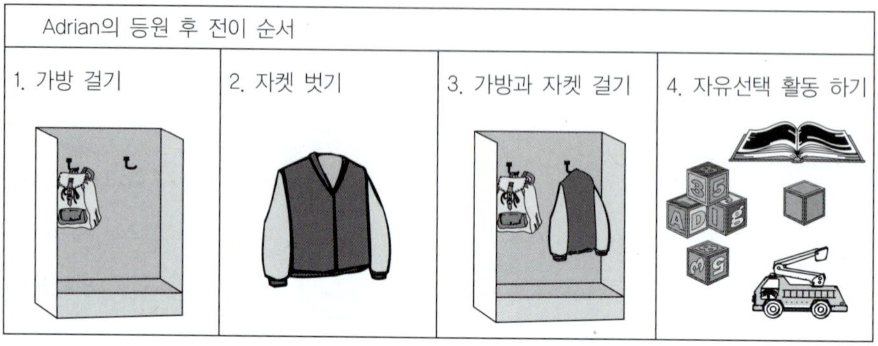

[그림 13-7] 전이 순서판의 예

주디(Judy)의 전이

주디는 전이에 매우 어려움이 많은 유아이다. 각 활동을 마친 후 목적 없이 왔다갔다 방황하고, 만약 성인이 주디를 다음 활동으로 안내하면 주저주저 한다. 주디는 기관의 전형적인 매일의 활동에 참여하는 데도 어려움을 보였다. 주디의 가장 큰 흥미는 책과 문자인 것처럼 보이는데, 그것을 계속해서 베껴 쓰고는 한다.

교사는 한 활동에서 다른 활동으로 주디를 전이시키는 것을 돕기 위해 이러한 흥미를 사용할 것을 결심하였다. 주디와 하루의 각 활동을 나타내는 글과 그림이 있는 책을 만들었다. 각 활동이 끝날 무렵 교사는 다음 활동의 그림이 있는 책을 펼쳐서 그것을 주디에게 보여 주었다. 이것은 유아가 다음 활동을 예견하고 집중하는 것을 보다 쉽게 만들어 준 것 같다.

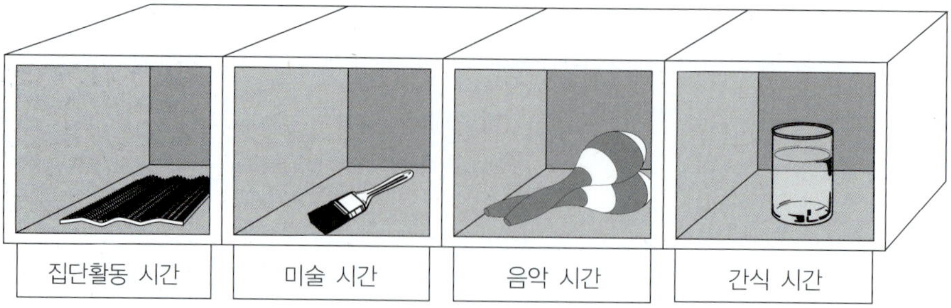

[그림 13-8] 사건 순서 상자

힌트 Hepiful Hint

청각장애를 가진 시각장애유아에게 있어 사건 순서 상자는 도움이 될 수 있다. [그림 13-8]에서 볼 수 있듯이, 하루의 각 활동을 나타내는 실제 사물이 상자 안에 넣어져 있다(작은 우체통 같음). 예를 들어 작은 카페트 조각은 집단 활동 시간을 나타내고, 그림붓은 미술 활동을, 컵은 간식 시간을 나타낸다. 유아는 활동이 끝날 때마다 상자 쪽으로 가는데 사물이 안에 들어 있는 다음 상자 앞으로 간다. 왼편의 상자들은 모두 비어 있는데, 그 이유는 이 활동들은 이미 끝난 것이기 때문이다. 이것은 다음에 무슨 활동이 있는지 이해하도록 돕는다.

자유놀이 시작 시간에 유아에게 선택할 수 있는 그림들을 보고, 그들이 선호하는 활동을 지목하게 한다. 하루 일과를 마친 후 회상시간 동안에 그날의 주요 활동을 나타내는 카드를 보여 준다. 유아에게 가장 즐거웠던 것을 나타내는 그림을 가리키게 한다.

요 약

이 장에서는 장애유아에게 있어 두 가지 중요한 영역을 고려해 보았다. 첫 번째는 시각장애 및 인지 능력이 낮은 유아를 포함한 다양한 장애유아의 문식성 출현을 지원하는 방법들에 관한 것이다. 하루 일과를 통해 예측할 수 있는 방법으로 문자 사용을 동기화하는 것은 유아가 문어 의사소통을 이해하기 시작할 수 있게 도와줄 수 있다.

이 장에서 논의된 두 번째 영역은 표현 언어와 수용언어 모두를 지원하기 위해 그림과 글자를 어떻게 사용하느냐에 대한 것이다. 이것은 유아의 하루 일과 계획, 과제 순서, 그리고 전이 활동의 이해를 도와주는 것으로서 그림을 사용하는 것과 의사소통 표현을 위한 의사소통판과 PECS와 같은 그림 교환의사소통 체계의 사용을 포함한다.

사례연구

다알리아(Dahlia)가 좋아하는 책

다알리아는 수줍음 많은 4살 된 유아이다. 이 아이는 두꺼운 안경을 쓰고 있는 매우 시력이 좋지 않은 유아이다. 따라서 다알리아는 책이나 그림을 한 번도 본 적이 없으며 동화시간을 좋아하지 않는 것처럼 보였다. 왕(Wang) 교사는 단순한 그림으로 된 큰 책으로 이 아이의 관심을 끌려고 하였으나 다알리아는 아무런 흥미도 느끼지 못했다.

시각장애 전문가 스미스(Smith) 씨는 왕 교사에게 촉각적인 것과 물건들을 사용한 특수한 이야기책을 만들어 이 아이를 도울 수 있게 하여 다알리아를 격려할 것을 제안하였다. 다알리아는 잔존시력이 있기 때문에 스미스 씨는 이 아이가 점자 사용자가 되리라고 생각하지 않았다. 그는 왕 교사에게 드디어 다알리아가 다양한 문자 촉진 기술을 사용하는 것을 학습하였다고 설명하였다. 그러나 그는 책과 문자에 대한 그녀의 관심을 발달시키도록 돕기 위해 촉각적인 단서와 조절(accommodation)이 필요하다는 데에 동의하였다.

다알리아와 왕 교사는 함께 유아가 다양한 물건들을 탐색하는 보물에 관한 책 한 권을 고안하였다. 각 물건의 그림과 함께 그들은 반대편 페이지에 각각의 보물을 나타내는 물건 또는 촉각적 자극을 포함시켰다. 초록색 양말 그림 반대 면에는 작은 초록색 양말이 있다. 빨간 꽃 그림 맞은편 면에는 말린 빨간 꽃을 붙여 놓았다. 스폰지 그림 옆면에는 작은 스폰지 조각이 있다. 왕 교사는 그 밑에다가 각 물건의 이름을 써 놓았다.

스미스 씨는 또한 그녀의 보물책에 있는 그림과 물건뿐 아니라 더 작은 책의 글씨를 유아가 볼 수 있도록 하기 위해 그녀의 시력에 맞춰 적절한 성능의 작은 확대경을 제공하였다. 왕 교사는 확대경을 끈으로 매달았다. 다알리아는 이 책을 매우 좋아하였다. 그녀는 혼자 책을 읽고 친구들에게도 읽어 주며 다른 친구들과 번갈아 가며 확대경으로 글씨와 그림을 들여다 보았다. 곧바로 그녀는 확대경을 사용하여 다른 책의 글씨를 보기 시작하였다.

마침내 그 책은 다른 많은 아이들이 가장 좋아하는 책이 되었다. 그 결과 왕 교사는 진짜 보물 주위를 도는 1주간의 활동을 개발시켰고, 모든 유아는 그들 자신의 책을 만들게 되었다. 그녀 또한 모든 아이들에게 비싸지 않은 확대경을 제공하여 매우 인기를 끌게 되었으며 많은 과학 활동을 이끌게 되었다.

왕 교사는 처음엔 다알리아의 장애와 관련된 하나의 문제처럼 보였던 어떤 것이 모든 유아에게 멋지게 몰입할 수 있는 활동으로 변형되었다고 깨닫게 되었다.

사례연구 질문

1. 어떤 전략들이 다알리아에게 도움을 주는가?
2. 어떤 수정된 활동들이 장애유아의 문식성에 효과적인가?
3. 사용된 전략을 어떻게 요약할 수 있는가?

주요 용어

그림교환의사소통체계(picture exchange communication system: PECS)

보완대체의사소통(augmentative and alternative aommunication)

사건순서상자(cvont sequence box)

시선 따라가기(directed eye gaze)

의사소통판(communication board)

참고 문헌

Cook, R., Tessier, A., & Klein, M. D. (2000). *Adapting early childhood curricula for children in inclusive settings* (5th ed.). Cloumbus, OH: Merrill/Prentice Hall.

Frost, L., & Bondy, A. (1994). *The picture exchange communication system training manual.* Cherry Hill, NJ: PECS, Inc.

Hodgdon, L. A. (1996). *Visual strategies for improving communication. Volume 1: Practical supports for school and home*. Troy, MI: Quirk Roberts Publishing.

Watson, L. R., Layton, T. L., Pierce, P. L., & Abraham, M. A. (1994). Enhancing emerging literacy in a language preschool. *Language, Speech and Hearing Services in Schools, 25*(3), 136-145.

PART 03

유아특수교육 팀의 활동

CHAPTER 14

가족과의 의사소통

1. 부모와 전문가 집단의 파트너십 개발을 위한 안내
2. 부모-전문가 파트너십 형성을 위한 지침
3. 가족의 정서적 반응
4. 의사소통: 파트너십을 만드는 주요 방법

장애유아의 성공적인 통합은 부모와 전문가들 사이의 파트너십에 의해 좌우된다.

- 부모만큼 본인의 아이에 대해 잘 아는 사람은 없다. 부모는 장애에 대한 정보 중재 방법에 대한 전략을 가장 잘 알고 있다.
- 유아교육 전문가는 부모와의 파트너십을 유지해야 한다. 가족과의 소통과 가족에 대한 존중은 성공적인 파트너십의 핵심이다.
- 장애유아 부모들은 일상생활에 있어서 다양한 차원의 스트레스와 어려움을 겪는다. 부모는 장애유아를 양육하면서 좌절을 포함한 다양한 정서적 반응을 경험한다.
- 대부분의 장애유아 부모들은 자신의 유아가 장애로 진단받았을 때, 힘든 감정의 반응을 보인다. 이는 슬픔과 상실감으로 나타날 수 있는 심리 반응이다.

1. 부모와 전문가 집단의 파트너십 개발을 위한 안내

최근 유아교사와 특수교사들 사이에서 유아의 교육을 지원할 때, 가족의 요구를 우선순위에서 높게 고려하고 다양한 방향에서 가족이 참여할 수 있도록 돕고 있다. 그들이 시행하고 있는 교육 프로그램을 살펴보면 가족의 참여를 유도하는 활동들을 다양하게 전개하고 있으며 일상생활 면에서도 다양한 방법으로 가족의 요구에 부응하는 도움을 지원하고 있다. 그러나 장애유아의 부모들을 위해서는 보다 더 많은 요구와 도움이 있어야 하므로 더 포괄적으로 연계하여 탄탄한 동반자로서의 관계를 유지하는 것이 필요하다. 특히 어린 유아를 위한 특수교육 상황에서는 부모의 적극적인 참여가 가장 최적의 결과를 가져온다. 사실 부모와의 연계 없이 장애유아에게 효율적인 지원을 한다는 것은 실질적으로 불가능할 것이다.

2. 부모-전문가 파트너십 형성을 위한 지침

다음은 장애유아에게 효과적으로 통합교육을 제공하고 부모와의 연계성을 유지하기 위해 어떠한 관계를 형성해야 하는지에 대한 구체적인 지침들이다.

1) 신뢰감 형성

부모와 교사 및 전문가들 사이에 진정한 파트너십을 위해 없어서는 안 될 요소는 바로 '신뢰의 형성'이다. 신뢰감은 우선 부모가 스스로 안전하다고 느낄 때 형성되기 시작한다. 사생활에 대한 보장, 모든 사항에 대한 비밀 유지, 그들이 유아나 본인 가족을 위해 내린 결정에 대한 존중 등이 무엇보다도 필요하다.

특히 중증의 장애유아 부모의 경우, 아이의 심각한 장애로 인해 많은 전문가나 기관들과 오랫동안 관계를 유지하면서 거북하거나 부정적인 관계에 노출된 경험들을 가지고 있을 것이다. 이러한 부정적 경험이 있는 부모들의 경우에는 새로운 관계를 형성함에 있어 부정적이거나 의심하는 등 어려움을 갖게 될 수 있다. 이러한 경우에는 더더욱 신뢰의 관계로 발전하는 데 오랜 시간이 소요될 수 있다. 신뢰감을 형성하기 위해 더 많은 지원과 노력이 요구될 것이다. 하지만 이전에도 원만한 파트너십을 유지했던 경험을 가진 부모의 경우에서 많은 활동에서 부모가 적극적으로 참여하는 것을 기대하면서 긍정적으로 시작한다.

2) 장애에 대한 부모의 전문성 인식

유아교사는 유아의 장애에 있어서 부모가 알고 있는 지식과 부모의 전문성에는 어떤 것들이 있는지에 대해 정확히 파악하고 있어야 한다. 보통 부모는 장애유아를 주로 돌보는 사람들이며 유아와 가장 많은 시간을 함께하는 사람들이다. 그러므로 자연스럽게 그들은 유아의 장점과 요구, 유아가 보이는 습관과 관련된 다양한 정보에 대해 누구보다 더 정확히 파악하고 있다. 그래서 유아교사는 유아의 부모와 이러한 정보를 함께 공유할 수 있도록 편안한 관계를 유지하여야 하며, 그들이 가지고 있는 의견과 정보에 대해 존중하는 자세를 취해야 한다. 다시 말해 유아가 제공받는 교육이나 서비스를 결정하는 주 결정권자는 가족임을 잊지 말아야 한다.

유아교사는 환경이나 경제적 수준을 막론하고 유아의 성장과 발달에 지대한 관심을 보이며, 기회와 지식이 주어진다면 실질적으로 유아의 발달과 교육에 많은 영향을 미치게 될 것이라는 사실을 늘 명심하고 있어야 한다. 부모는 전문가를 통해 본인이 유아를 위해 하는 노력들이 효과적인 것들인지에 대해 확인받고 싶어 한다. 유아가 통합교육을 받는 동안 많은 좌절을 경험한 부모들은 '통합교육'에 대해 회의를 갖기도 하고, 자신의 결정이 잘못된 것은 아닌지에 대해 의심하게 된다. 대개 가족들은 유아의 교육 지원팀의 필수적인 구성원으로 인정되길 바란다([그림 14-1 참조]).

[그림 14-1] 교사와 부모로 구성된 팀

3) 부모가 유아의 생활에 지속적인 영향을 주는 존재임을 이해

교육적인 시스템에서 전문가는 바뀐다고 하더라도 가족만큼은 유아와 늘 함께하는 존재이다. 그러므로 교사는 가족이야말로 유아에게 가장 중요하고 가장 지속적인 요인이 된다는 점을 늘 명심하고 있어야 한다. 교사는 유아의 가족이 가지고 있는 지원책, 다양한 교육적 전략들을 강화시키고 지원할 책임을 가진다. 특히 이러한 가족들을 대할 경우 '결함 가족'이라는 접근은 피해야 함을 명심해야 한다. 전문가들 가운데는 장애유아가 있는 가족은 결함이 있는 가족이라고 생각하는 사람들이 있기 때문이다. 장애유아가 있는 가정도 일반 가정과 마찬가지로 그 가정만의 강점이 있으며, 장애유아의 양육에 관심과 강점을 가진다는 것을 이해하여야 한다. 전문가는 이러한 강점을 더 강화시켜 줄 수 있도록 노력해야 할 사람들이다.

4) 가족의 요구에 맞는 프로그램 개발

유아교사는 가족의 가치관, 요구사항, 우선순위를 고려하면서 동시에 기관의 프로그램 접근, 교육 목표, 지원책들을 고려해야 한다. 개별화가족지원계획(Individual Family Service Plans: IFSPs)은 장애유아를 위한 법적 보장으로서, 매년 작성하게 되어 있다. 교사는 가족의 요구사항과 우선순위를 잘 고려하여 개별화가족지원계획에 유아의 교육 목표와 철학을 반영해야 한다. 특히 가족들이 유아에게 지원하길 바라는 서비스는 어떠한 것들이 있는지, 발달해야 할 영역들이 어떠한 것이라고 보는지에 대해 구체적인 답변을 듣고 이러한 내용이 교육계획에 포함될 수 있도록 해야 한다. 법규정에도 이러한 교육을 계획할 때, 팀 구성원에 반드시 가족들을 포함시켜 그들의 요구나 의견이 반영될 수 있도록 기회를 제공해야 한다고 명시되어 있다.

(1) 가족을 전체로 보는 관점

종종 부모가 원하는 것과 그들이 지원받는 것이 일치하지 않는 경우가 있다. 전문가의 입장에서 유아에게 필요하다고 생각되는 영역과 가족의 요구가 달라서 발생되는 불일치이다. 이는 전문가가 유아를 가족 구성원의 일원으로 보지 않아서 발생할 수 있는 문제점 중의 하나이다. 유아는 가족 내에서의 유기적인 개체이므로 독립적이지 않으며, 가족이라는 시스템 안에서는 한 사람의 구성원이 다른 가족 구성원에게 밀접한 영향을 미치게 된다. 가족 구성원 한 사람 한 사람을 봤을 때는 최적의 상황이 아닐 수 있지만, 가정이라는 하나의 시스템이 가동되기 위해 조금씩 양보하기도 하면서 시스템을 작동시키기도 한다. 만약 장애유아의 교육에만 너무 많이 초점을 기울이게 되면 그 가족은 균형을 잃게 될 수 있다. 유아의 교육을 고려하기 전에, 기본적으로 가족이 기능을 하기 위한 요소, 즉 음식, 주택, 직업, 교통수단이 우선적으로 고려되어야 할 필요가 있다. 이러한 철학을 '가족 구조 접근(family system approach)'이라고 하며, 자세한 내용은 Turnbull과 Turnbull(1997) 연구에 잘 기술되어 있다.

(2) 다양한 가족 형태에 대한 존중

유아교사는 양육 방식에 대해 잘 이해하고 있다고 생각하는 경향이 있지만 그 방법이 모든 가정에 동일하게 적용될 것이라고 생각해서는 안 된다. 그러한 방법은 자신의 경험과 중산층의 가정을 대상으로 쓰여진 여러 교재에 나와 있는 방법으로 경험과 교재에 의해 터득한 것이기 때문이다. 근래에 들어 가족의 구조도 많이 변하고 있으며, 다양한 사회·문화적 배경을 가진 가정에서 자란 유아가 증가하고 있다. 미국만 보더라도 이혼 가정, 양부모 가정, 그룹홈, 조부모 가정, 10대 부모 가정 등 가정의 형태가 다양하며, 다문화적인 상황, 즉 다양한 나라에서 이민 온 사람들이 많아지면서 그러한 가정에서 자란 유아도 많다. 그러므로 각 가정이 가지는 고유한 특성과 그 가정이 중시하는 가치와 문화에 대한 이해가 무엇보다도 중요하다. 종교나 문화에 따라 유아의 장애에 대해 죄책감을 갖기도 하고, 수치스럽게 생각하는 등 그 접근이 다양함을 명심해야 한다.

5) 가족 스트레스의 발견

장애유아가 있는 가정에는 특히 부가적인 스트레스가 있으며, 이러한 스트레스를 지속적으로 경험할 수 있는 여지에 대해 이해하는 것이 중요하다.

(1) 다양한 요구, 다양한 기관 및 다양한 전문가와 함께하기

장애유아의 가정에서는 유아의 다양한 요구와 유아로 인해 가족에게 미치는 다양한 영향으로 부가적인 스트레스를 경험한다. 장애유아는 일반유아에 비해 병원을 방문하거나 치료를 받아야 하는 횟수가 잦으며, 장애로 인해 유아는 수면에 문제를 보이거나 용변 처리가 제때 되지 않기도 하고, 섭식에 문제를 보이는 등 양육에도 문제를 동반한다.

다음에서 그 사례를 살펴본다.

> "우리 가족에 지속되는 스트레스는 다양하다. 장애가 있는 유아는 더 많은 도움과 주의가 필요하기 때문에 장애가 없는 형제자매는 이로 인해 분노가 지속되기도 한다. 남편과 함께 사랑을 주는 데 균형을 가질 수 있도록 노력한다. 그러나 상황이 개선되지 않는 이유는 5살이 되었는데도 아직 배변 훈련이 안 되고, 수면에 문제가 있어 밤에도 자주 깨고, 음료수를 엎지르거나 과자를 상자째 흩어 놓거나 하게 되면 녹초가 된다. 언제 배변 훈련이 끝날 것인지 아니면 계속 지속되면 어떡하나 하는 염려 등이 나를 힘들게 한다."

이렇듯 과도한 스트레스로 인해 의미 있는 가족 참여를 유도하는 데 오히려 어려움을 겪기도 한다.

(2) 시간적 요구의 증가 및 우선순위의 필요성

장애유아를 키우면서 다양한 문제로 인해 가족은 물리적으로 더 많은 시간이 요구되기 때문에 결과적으로 모든 것을 전부 수행하기 어렵게 된다. 그러므로 일의 우선순위를 마련해야 할 필요가 있다. 유아교사는 부모와의 관계를 긍정적으로 유지하여 부모가 기관과의 연계를 우선순위에 놓고 지속적으로 연계할 수 있도록 해야 한다. 이미 언급한 바와 같이 여러 가지의 복합적인 일들로 인해 장애유아의 가족은 귀중한 시간을 어떻게 활용해야 하는지에 대해 늘 주목하고 있으며 그로 인해 스트레스를 받기도 한다. 그러므로 유아교사는 스트레스를 가중시키지 않도록 유의해야 한다. 시간이 부족한 상황에서 가족과 협력하는 방법을 살펴보면 다음과 같다.

- 부모에게 정기적으로 전화하고, 긍정적인 소식을 나눈다. 부모는 대개 기관에서 전화가 오면 좋지 않은 소식을 전할 경우가 많다고 생각하기 때문에 좋은 뉴스를 가지고 정기적으로 전화를 하다 보면 부모는 교사의 전화를 기다리게 된다. 가끔은 소식이 없더라도 가족의 안부를 묻는 전화가 좋은 관계 형성에 도움이 된다.
- 의사소통 노트를 이용한다(이 장 마지막 부분에 제시되어 있음).
- 모든 가족들에게 도움이 되는 행사를 개최한다.

부활절 달걀 찾기

곤잘레스(Gonzalez)는 도시의 유아교육기관의 원장이다. 장애유아의 부모가 참여할 수 있는 방안을 연구하던 중 부활절 달걀 찾기 행사 때 모든 가족을 초대하기로 결심하였다. 그 지역 대학의 특수교육과 학생 자원봉사자를 동원하여 가족들이 다른 가족들과 기관의 직원들을 만날 수 있도록 주선하였다. 전체 가족 중에 80% 정도에 해당하는 정도의 많은 가족이 참여하였고, 이러한 만남을 통해 두 달 후 각자 한 가지씩 음식을 가져오는 '포트럭' 파티도 자연스럽게 개최하게 되었다.

3. 가족의 정서적 반응

1) 가족의 정서적 반응에 대한 이해

각 가정은 장애유아가 태어났다는 사실에 대해서 다르게 반응한다. 문헌에 나타난 부모의 반응을 보면 사랑하는 사람을 잃었거나 죽음을 맞았을 경우에 보이는 슬픔과 유사한 반응을 보인다. 이 이론이 제시하는 것은 장애유아가 태어남으로 인해 본인이 원하는 아이를 잃었다는 것과 비슷한 경험을 하기 때문이다. 모든 부모가 각각의 슬픔의 단계를 겪는 것은 아니지만 장애유아의 부모는 상당히 심한 정도의 정서적인 반응을 보인다. 심한 반응은 특히 처음 장애라고 진단받을 당시에 나타난다. 하지만 이러한 반응은 전 생애 주기를 통해 다양하게 나타날 수도 있다. 가령, 가정에서 하는 프로그램을 진행하다가 유아교육기관에 가게 되거나 학교에 진학하게 되는 전환기 시점에 그동안 드러나지 않고 있었던 슬픔의 감정들이 다시 표출되기도 한다. 또한 통합 상황으로의 전환은 장애유아에게 일반유아와의 첫 만남이므로 상당히 다른 경험을 겪게 한다. 그러므로 유아와 부모는 이 시기에 좀 더 많은 정서적인 지원을 제공받아야 할 것이다.

다음에서 또하나의 사례를 살펴보자.

> "나는 장애유아가 한 명도 배치되어 있지 않은 이웃 어린이집에 내 딸을 반일제로 보내기로 결심했다. 내 딸은 사회성의 어려움이 없으며 적응도 잘하는 편이지만, 나는 좀 우울한 성격으로 경우에 따라서는 쉽게 당황하고 외로움을 많이 느끼는 사람이다. 처음 몇 주간은 내 딸의 분리불안을 해소시키기 위해 어린이집에 계속 머물러 있었다. 때로는 눈물이 나서 교실에서 빠져나오는 경우도 있었다. 3살짜리의 일반유아가 어떻게 그렇게 말을 잘할 수 있는지, 어떻게 그

렇게 잘 적응할 수 있는지를 지켜보다 보면 내 딸은 정말이지 많이 뒤처져 있음을 끊임없이 느꼈기 때문이다."

유아교사는 장애유아의 가정에서 경험하는 일반적인 감정 변화에 대하여 이해하고 있어야 한다. 위에서 언급한 바와 같이 장애유아의 출현은 사랑하는 사람을 잃었을 때와 유사한 감정상태를 보인다. 그들은 슬픔 뿐만 아니라 죄책감, 부정, 분노와 우울 같은 감정을 경험하기도 한다. 가족 구성원은 각기 다른 속도로 적응의 단계에 도달한다. Cook, Tessier와 Klein(2000)은 가족이 정서적인 어려움을 보일 때, 도움이 되는 방법을 다음과 같이 제시해 놓았다(〈표 14-1〉 참조).

〈표 14-1〉 부모의 슬픔에 대한 반응과 조기교육 전문가의 대처 방안의 예

슬픔에 대한 반응	조기교육 전문가의 대처 방안
충격, 부정, 불신	수용적 태도로 듣기, 도움을 제공하고, 정서적으로 부모와 교감하며, 필요한 정보를 제고하기, 부모 대 부모 모임과 같은 정보도 필요에 따라 제공하기
화, 분노	경청하기, 좌절에 대해 깊이 공감하기, 이러한 감정이 정상적인 현상임을 인식시키기
좌절	유아의 성취에 초점 맞추기, 가까운 미래를 계획하기, 활동 참여 유도하기, 다른 부모들과의 모임에 연계할 수 있는 기회 제공하기, 필요하다면 좌절감에 도움이 되는 전문적 지원 제공하기
수용	지속적인 관계 유지하기, 다른 사람들과의 만남을 갖도록 지원하기, 부모가 적절한 목표를 계획할 수 있도록 지원하기

2) 가족의 정서적 반응에 대처하는 기술

다음은 부모의 정서적인 반응에 대처하는 일반적인 기술들이다.

(1) 쉽게 판단하고 결정하지 않기

유아의 부모가 장애나 특수한 요구의 범위에 대해서 받아들이려고 하지 않을

경우, 부인의 단계나 장애에 대한 비현실적인 단계에 머물러 있다고 대부분의 교사는 쉽게 판단하는 경향이 있다. 슬픔의 단계를 살펴보면, '부정'이라는 단계는 본인이 슬픔을 감당할 수 있는 시간을 제공해 주는 단계로, 일반적으로는 건강한 시기라고 볼 수 있다. 유아교사는 본인의 가정에 장애가 있는 가족 구성원이 있지 않는 한 그 가족이 겪게 될 모든 일을 이해한다고 생각해서는 결코 안 된다.

(2) 정서적인 지원과 구체적인 도움을 제공하기

교사는 부모에게 지원을 하되 교사 본인이 결정권자가 되지 않도록 하는 것은 물론 부모에게 다음과 같은 구체적인 지원을 할 수 있도록 노력해야 한다.

- 특수교육 지원센터를 알려 주고 장애유아가 있는 다른 부모와의 프로그램이나 부모협회 등에 대한 정보를 알려 준다(통합교육지원을 도와주는 사람은 위와 같은 정보를 부모에게 제공할 수 있어야 한다). 위에 언급한 프로그램은 단지 부모만을 위한 것이 아니라 가족 구성원 모두가 참여할 수 있도록 지원해야 하며 가족 구성원 모두가 장애유아를 효율적으로 양육하는 데 필요한 교육적인 지원을 제공할 수 있어야 한다. 또한 그러한 단계를 이미 거쳐간 다른 가정을 알게 하는 기회를 제공하는 것도 중요하다. 일단 이러한 일을 경험하고 이러한 감정에 의해서 고통받는 가정이 우리 가정만이 아니라는 것에서 상당한 도움이 된다.
- 교사는 그 지역에 있는 장애유아 관련 기관과 협력적인 관계를 유지하고, 장애유아 관련 협의회에 가입하여 장애유아 지원체계에 대한 좀 더 많은 지식을 습득하고 지원 체계를 이해할 수 있도록 노력해야 한다. 이러한 일은 교사가 효율적으로 가족지원을 할 수 있도록 하는 것에 도움이 된다.
- 서비스 코디네이터(혹은 케이스 메니저)와도 돈독하게 지내도록 한다. 그들은 당신이 담당하고 있는 가족에게 필요한 서비스를 제공하는 책무를 가진 사람들이다. 이러한 사람들과 기관의 직원들과의 돈독한 관계 형성은 그

가족이 가지고 있는 요구를 충족시켜 주는 효율적인 방법이 될 수 있다.

- 교사는 지역사회에서 제공받을 수 있는 서비스나 서비스 제공자에 대한 목록표를 작성해야 한다. 목록표에는 지역사회 내의 장애인 지원단체, 탁아시설, 여가프로그램, 의료지원 서비스, 평생교육원, 공공사회기관(재정지원, 주거지원, 이동지원) 등이 포함되어야 한다.
- 장애유아 부모에게 관심 있는 자료나 서적 등을 비치해 놓아야 한다.
- 그 지역사회에서 동원할 수 있는 다양한 전문가를 초빙하여 장애유아의 교육적인 기회를 높일 수 있도록 강연하도록 한다. 강연 내용으로는 장애유아 관련 법, 부모의 인권, 국가적 책임, 교실에서의 다양한 방법 및 교재, 개별화가족서비스프로그램(IFSP), 개별화교육계획(IEP), 유치원으로의 전환(공교육으로의 전환) 등이 있다.

(3) 지원 단체 또는 부모 모임에 참여할 수 있도록 격려하기

많은 부모 모임은 특정한 장애로 결성되는 경우가 많다. 대표적인 예로는 '다운증후군아동부모협의회'와 '자폐아동부모협의회'가 있다. 이러한 부모회의 역할은 유아에게 교육의 기회를 증진시키는 방법에 대해 제공하는 것뿐만 아니라 비슷한 어려움과 경험을 가진 부모들이 본인이 가지고 있는 경험이나 정보를 교환하기 위해 마련된 자발적 모임이다.

부모 대 부모 지원 서비스는 동료 지원을 해 줄 수 있도록 특별하게 훈련받은 부모를 통해 받는 서비스이다. 이러한 형태의 서비스는 좀 더 개인적이어서 최근에 장애 진단을 받은 유아의 가정의 경우에는 적합하지 않을 수도 있다. 이렇게 밀착된 서비스에 대해 아직 받아들일 준비가 안 되어 있을 수 있기 때문이다. 유아교사는 장애유아의 부모가 보이는 이러한 반응에 대해서도 존중할 수 있어야 하며, 그 이후에 서비스를 받을 수 있도록 연기하는 것도 바람직하다.

4. 의사소통: 파트너십을 만드는 주요 방법

유아교사는 효율적인 의사소통 기술을 통해 정보를 제공하고 장애유아의 가족이 유아교육 프로그램에 적극적으로 동참할 수 있도록 격려할 수 있어야 한다. 의사소통도 교육과 마찬가지로 쌍방 간의 활동이다.

1) 정보 제공

유아교사는 오리엔테이션 모임, 핸드북, 특별활동 및 소식지 등을 통해 기관이 실시하는 프로그램이나 지원하는 서비스에 관련된 정보를 제공해야 하는 책임이 있다. 통합교육을 받는 경우의 부모에게도 이러한 정보는 필수적이다. 유아가 모든 프로그램에 참여하지 못할지라도 통합교육을 받는 유아의 부모는 교육기관에서 제공되는 프로그램의 모든 영역을 알 권리가 있다. 유아교사는 부모가 제공받는 정보를 정확하게 이해했는지를 확인할 필요가 있다.

(1) 개별 유아의 특성을 고려한 의사소통의 제공

장애유아의 가족은 정기적으로 유아의 발달에 대한 정보를 알기 원한다. 유아교육기관에 입학하기 전에 장애유아는 여러 차례 평가를 받고 재평가를 받아왔기 때문에 유아교육기관에 입학한 후에도 정기적으로 유아에 대한 정보를 제공받기 원한다. 많은 가족들 중에는 일반유아와 비교하는 평가에 대해 속상해 하기도 하지만, 아이의 발달에 대해서 지속적으로 관심을 보인다. 특히 유아 개개인의 우선순위로 놓여 있는 발달 영역의 성장에 더 많은 관심을 보일 것이다. 교사는 예리한 관찰과 기록을 통해 부모에게 필요한 정보를 제공할 수 있도록 노력해야 한다.

(2) 정기적으로 의사소통하기

부모는 교사로부터 걸려오는 전화는 대부분이 나쁜 소식이라고 불평한다. 효율적인 의사소통 기술의 하나는 정기적인 모임이나 정기적인 전화통화이다. 이러한 모임이나 전화통화는 유아의 향상 또는 유아가 지닌 현재의 문제점에 관해 부모에게 간략하게 전달해 줄 수 있다. 이러한 경우 문제점뿐만 아니라 긍정적인 코멘트나 즐거운 일화를 포함해야 됨을 명심해야 한다. 일단 정해 놓은 정기적인 모임이나 전화통화가 일관성 있게 이루어지면 부모는 결국 교사로부터 유아에 대한 긍정적인 소식을 듣게 되기를 기대하고 이러한 모임을 정보나 감정을 교환하는 창구로 활용하게 된다.

(3) 일일 알림장 활용하기

간단하지만 효과적인 방법 중의 하나는 일일 알림장을 활용하는 방법이다. 교사와 부모가 이 알림장을 통해 본인이 원하는 내용을 적을 수 있다. 이러한 쌍방 커뮤니케이션은 교사와 부모에게 정보를 제공하는 것뿐만 아니라 많은 장애유아가 보이는 문제점을 해결하는 전략을 이용하는 데 함께 도움이 되기도 한다.

2) 효율적인 의사소통 기술 개발

부모와 전문가 간의 의사소통의 효율성을 높이기 위한 몇 가지 방법은 다음과 같다.

(1) 경청

- 교사는 충분히 주의를 집중할 수 있는 시간을 부모에게 제공하라.
- 아이들의 등하교 시간이나 바쁜 시간에 많은 대화를 나누려고 하지 말라.
- 충분한 시간을 두고 부모가 대화를 이끌어 나갈 수 있도록 기회를 제공하고 경우에 따라서는 다음과 같은 대화를 시도할 수도 있다.

"요즈음 제프(Jeff)에 대해 걱정하는 일이 있나요?"
"제프가 우리 기관에서 잘 지내고 있다고 생각하세요?"
"집에서는 어떻게 지내나요?"

(2) 반영적 경청

다른 사람이 자신의 말을 주의 깊게 경청하고 있다고 생각되면 대부분 자기 자신에 대해 계속해서 편안하게 얘기할 수 있게 된다. 또한 듣는 사람이 수용하는 자세로 코멘트하거나 함께 걱정을 표현하는 등의 반응을 보이면 적극적으로 자기 자신에 대한 이야기를 할 수 있게 된다. 다음은 그 예이다.

부모: 저는 케리가 그렇게 오랫동안 물리치료를 받았는데도 아직 걷지 못한다는 것이 이해가 되지 않아요.
교사: 케리가 그 부분에 대해 향상되지 않아 조금 좌절하신 듯하네요.

이러한 반응은 교사가 부모의 걱정이나 감정에 관심이 있다는 것을 알려 줄 수 있다. 교사가 보이는 이러한 반응을 통해 부모는 적극적으로 자신의 감정이나 걱정을 표현할 수 있게 되고 직접적인 해답을 구할 수도 있다. 위의 이러한 기술은 적극적인 경청(active listening)이라고 부르는 것으로, 모든 교사들이 활용하기에 효율적인 방법이다.

(3) 전문 용어 사용의 절제

교사는 부모에게 친숙하지 않은 전문 용어나 약자를 쓰지 않도록 노력해야 한다. 대개의 많은 부모는 이러한 용어에 대해 물어보지 않는 경향이 있고, 이렇게 되면 효율적인 의사소통을 하는 데 방해가 된다.

(4) 부정적인 정보의 주의 깊은 전달

부모와 의사소통을 할 때에는 항상 긍정적인 내용을 먼저 시작하고 전체적으로 긍정적인 인상을 심어 줄 수 있도록 노력해야 한다. 부정적인 정보조차도 긍정적인 방법으로 재구성하는 것이 중요하다. 예를 들면, 유아가 교사의 주의를 끌기 위하여 수업시간에 충동적으로 말을 하거나 모든 활동에서 중심이 되고자 하는 경우 교사는 이러한 문제를 다음과 같은 방법으로 기술할 수 있다.

> "이야기 나누기 시간에 한 아이가 반 아이들에게 발표하고 있었는데 제니가 생각하는 것을 얘기하고 싶어 하는 것을 잘 참지 못하는 것 같더라구요."
> "자꾸만 맨 앞줄에 앉으려고 해서, 혹시나 잘 못 듣거나 잘 보지 못해서 그럴지 모른다고 생각하고 시력과 청력을 검사해 봤어요. 둘 다 정상인데도 불구하고 제니가 지속적으로 그러한 행동을 보여서 조금 통제해 보려고 노력하고 있어요. 제니가 집에서 주의집중을 원할 때 어머니는 어떻게 해 주시나요?"

요 약

장애유아를 적극적으로 지원하기 위해 전문가는 교사와 긴밀한 파트너십을 유지해야 한다. 부모보다 그 아이에 대해서 잘 아는 전문가는 없다. 유아교사는 장애유아 가정의 정서적인 영향에 대해서 전반적으로 파악하고 있어야 하며, 유아가 받아야 하는 서비스나 교육 때문에 발생하는 역동적인 상황을 이해하고 있어야 한다. 장애유아 부모를 효율적으로 지원할 수 있는 기술을 개발하고 정서적으로 부모와 연계할 수 있으며, 긍정적으로 의사소통하는 능력을 향상시켜 유아교사가 가족과 유아에게 최적의 서비스를 제공할 수 있도록 노력해야 한다.

사례연구

알프레도(Alfredo)의 엄마

알프레도는 리(Lee) 선생님이 운영하는 어린이집에 몇 달째 다니고 있으며 전체적으로 평탄하게 잘 지내는 편이다. 처음 이 어린이집에 들어왔을 때는 상당히 오랫동안 울음을 그치지 않았다. 특히 엄마가 센터를 떠난 아침에는 더욱 심했다. 알프레도의 엄마는 한 시간 이상을 센터에 머무르려고 했는데, 아마도 이러한 원인으로 인해 알프레도의 분리불안이 오래 지속되는 경향이 있었던 것으로 생각된다. 실은 알프레도의 엄마 역시 알프레도와 떨어지는 것을 어렵게 생각하는 경향이 있었다. 때문에 시간이 가면 갈수록 향상되기는 했지만 결석이 잦았고, 결석 후에는 분리불안이 다시 문제가 되기도 했다.

알프레도는 또래 아이들에 비해 몸집이 작고 상당히 뒤떨어져 있는 편이다. 현재 3살 반 정도인데, 언이발달 영역을 보면 3~4개의 단어만을 사용하는 정도이다. 우는 것을 빼면 크게 문제되는 행동을 보이지는 않는다. 교사는 알프레도보다는 엄마에게 더 큰 문제가 있다고 생각하였다. 알프레도의 엄마는 알프레도를 극도로 과잉보호하였으며, 알프레도가 코만 조금 훌쩍거려도 학교에 보내지 않으려고 하였다. 요구하는 것도 많고 건강이나 안전 문제에 대해 많은 질문을 쏟아내기도 하였다. 알프레도의 엄마는 알프레도의 사회적 상호작용에 대해 비일관적으로 대응하는 경향이 있다. 활동적인 아이들이 알프레도를 괴롭힐까 봐 걱정한다고 하면서도 알프레도가 더 많은 친구들과 어울리기를 원한다고 표현하기도 한다. 알프레도의 엄마는 불평이 심해 어린이집 교사들이 만나기를 꺼려 한다. 어린이집 교사는 알프레도가 지속적으로 프로그램에 참여한다면 조금 더 좋아질 것이라고 생각하였다.

상담가는 리 선생님이 알프레도의 정보에 대해서 잘 파악하고 있지 못한다는 사실을 알아차렸다. 알프레도는 27주 만에 태어난 미숙아였으며, 태어날 당시 1kg에도 못 미치는 극도의 저체중아였다. 그로 인하여 몇 달 동안이나 병원에 입원하여 있었고, 알프레도의 의사는 알프레도가 생존할 수 있을지에 대한 여부조차 불투명하다고 하였다. 알프레도의 엄마는 버스를 3번씩이나 갈아타면서 신생아 중환자실을 매일 방문하였다. 또한 교회에 매일 들러 알프레도를 위해 촛불을 켜고 기도하기도 하였다. 알프레도의 엄마는 알프레도는 진정한 기적이고 신이 주신 선물이라고 생각하였다. 이러한 측면에서 볼 때, 알프레도의 발달은 어머니에게는 기적과도 같은 것이고, 알프레도의 발달지체와 경도의 정신지체에도 불구하고 조금씩이라도 향상하는 것 자체가 그 어머니에게는 기적일 수 있다. 상부호흡기 문제로 그 이후에도 여러 차례 병원에 입원해 있어야 했고, 이로 인해 감기 걸리는 횟수가 잦았다. 감기는 폐렴으로 전이되는 경우가 종종 있었고, 이에 대해 유아교육 상담가는 리 선생님에게 이러한 양상은 모든 조산아들에게 비슷하게 나타나는 현상이라고 설명하였다.

알프레도의 아버지는 직장에서 사고로 사망하였고 알프레도 엄마의 가족은 멀리 다른 나라에 있음을 알려 주었다. 가족의 지원이 없었음에도 불구하고 알프레도의 엄마는 꼬박꼬박 알프레도를 위해 병원을 찾았고, 알프레도가 입원해 있는 동안 늘 옆에서 알프레도를 지켜 주었다. 그녀의 헌신과 조심스러운 양육으로 인해 알프레도는 조금씩 발달하고 있다 해도 과언이 아닐 것이다. 리 선생님은 이러한 정보를 공유한 것에 대하여 유아교육 상담가에게 감사를 표하였고, 그 이후에도 필요한 정보를 지원받기 원했다. 리 선생님은 상담가를 통해서 받은 정보를 어린이집의 다른 교사들과 함께 공유하였고, 왜 알프레도의 엄마가 알프레도를 과잉보호했는지, 왜 알프레도가 오랫동안 결석을 하는지에 대한 이유를 설명할 수 있게 되었다. 이 정보를 통해 교사는 새로운 측면을 생각해 보게 되었고, 심지어는 알프레도의 어머니를 존경하게 되었다.

사례연구 질문

1. 직장에서 혹은 개인생활에서 한 개인에 대하여 정확하게 안 이후에 그에 대한 자신의 생각이 변화된 경험이 있는가?
2. 알프레도의 엄마가 알프레도를 어린이집에 데리고 왔을 때, 이러한 정보를 모두 공유했더라면 엄마와 교사들 사이에 다른 종류의 관계가 형성되었을 것이라고 생각하는가?
3. 당신이 만약 어느 기관의 기관장이라면 처음에 어떤 절차를 거쳐 필요한 정보를 받겠는가? 또한 알프레도의 사례와 같은 일이 일어나지 않도록 하기 위해서는 어떤 대화기술을 통하여 상담을 이끌어 가야 하겠는가?

주요 용어

가족체계접근(family systems approach)
결함 지향(deficit orientation)
반영적 경청(reflective listening)
부모 간 지원(parent-to-parent support)
부모 전문가 파트너십(parent-professional partnerships)
서비스 조정자(service coordinator)
슬픔에 대한 반응(grief reactions)

참고 문헌

Cook, R., Tessier, A., & Klein, M. D. (2000). *Adapting early childhood curricula for children in inclusive settings*. Columbus, OH: Merrill/Prentice Hall.

Klein, M. D., & Chen, D. (2001). *Working with young children from culturally diverse backgrounds*. Albany, NY: Delmar.

Lynch, E. W., & Hanson, M. J. (Eds.). (1998). *Developing cross-cultural competence: A guide for working with young children and their families*. Baltimore, MD: Paul H. Brookes.

Turnbull, A. P., & Turnbull, H. R. (1997). *Families, professionals, and exceptionality: A special partnership*. Englewood Cliffs, NJ: Merrill/Prentice Hall.

CHAPTER 15

장애유아 통합교육 지원을 위한 팀 협력

1. 유아특수교사
2. 말 · 언어치료사(Speech-Language Teraphist: SLT)
3. 물리치료사(Physical Therapist: PT)
4. 작업치료사(Occupational Therapist: OT)
5. 시각장애 전문가(시각장애교사)
6. 청각장애 전문가(청각장애교사)
7. 행동 문제 전문가
8. 통합지원
9. 보조원과의 효과적 협력
10. 유아교사, 보조원, 장애 전문가들이 이루는 협력 팀

이 장에서는 장애 전문가, 치료사 및 보조원들이 함께 협력하여 장애유아의 학습 활동을 증진시킬 수 있는 방법에 대해 논의하고자 한다.

- 유아특수교사: 유아특수교사는 장애영유아의 교육 및 발달에 도움을 줄 수 있도록 특별하게 훈련을 받은 전문가이다. 최근에는 유치원이나 보육시설에서 장애유아의 통합교육을 지원하는 경향이 높다.
- 말·언어치료사: 대부분의 장애유아는 의사소통 측면에서 크고 작은 어려움을 가지고 있다. 말·언어치료사는 발성 및 발화, 수용 언어 및 표현 언어의 지체, 화용론적 문제와 말의 속도 및 음성의 특질 등을 다룬다.
- 물리치료사: 물리치료사는 대개 이분척추나 뇌성마비와 같이 운동능력에 결함을 보이는 유아와 함께 일한다. 치료사는 유아가 운동성 및 자세 조절을 발달시킬 수 있도록 치료적 지원을 한다.
- 작업치료사: 작업치료사의 역할은 물리치료사와 유사하기는 하나 물리치료사는 서기나 걷기 등과 같은 하반신 활동에 좀 더 주력하는 반면, 작업치료사는 상반신의 역할, 특히 팔이나 손으로 하는 활동에 그 초점을 맞추고 있다. 작업치료사는 또한 섭식의 기능 면에서 지원을 하며 감각통합 기술을 활용하기도 한다.
- 시각장애 전문가: 시각장애 전문가는 맹유아나 약시유아의 교육을 위해 특별히 훈련을 받은 교사들을 일컫는다. 시각장애 전문가는 다양한 안구 질환이나 시각의 조건에 대해 이해하며, 유아의 기능적인 시력을 측정하기 위한 방법을 이해하고 있다. 시각장애 학생들의 수가 적기 때문에 보통 순회교육을 하고 있는데, 순회교육을 통해 유아의 교육은 물론, 최적의 조도, 적합한 안경이나 저시력 도구, 유아의 잔존시력에 도움이 되는 색대비, 촉각 단서 등의 사용에 대해 교사와 학생에게 조언과 지원을 해 주는 역할을 한다.
- 보조원: 보조원은 통합 현장에서 유아에게 직접적인 지원을 해 주는 중요한 역할을 맡는다. 그들의 역할과 책임은 분명하게 명시되어야 하며, 보조원도 필요한 팀 구성원으로 포함되어야 한다.
- 조기중재 협력 팀: 부모, 전문가, 보조원들이 함께 팀이 되어 일할 때 장애유아에게 가장 효율적인 서비스를 제공할 수 있다.

유치원과 보육시설에 통합된 장애유아는 다양하고 특수한 문제를 갖는 경우가 있다. 그러므로 유아교사는 장애유아가 전문가의 필요적절한 도움을 받을 수 있도록 힘써야 한다. 다양한 유형의 전문가는 장애유아의 다양한 문제에 접근할 수 있을 것이다. 이 장에서는 이러한 전문가의 특별한 역할이나 잠재적인 공헌에 대해 논하고자 한다.

힌트 Heplful Hint

유아특수교사 외의 다른 전문가들이 중도의 중복 장애유아에 대해 잘 알고 있다고 가정해서는 결코 안 된다. 왜냐하면 대부분 이러한 전문가의 대학 교육을 살펴보면 장애유아에 중점을 두지 않는 경향이 있기 때문이다.

1. 유아특수교사

1) 유아특수교사의 요건

최근 통합교육 현장에 장애유아에게 전반적인 지원을 하는 유아특수교사가 점점 늘고 있다. 장애유아의 교육을 담당하는 유아특수교육 분야는 신생학문으로, 유아특수교사의 교육적 배경과 역할에 대해 생소할 수 있다.

유아특수교육 전문가는 일반적으로 교사 자격증만 가지고 있거나 석사학위를 동시를 가지고 있는 경우가 있는데, 장애유아나 장애 위험이 있는 영아에서 5세까지의 유아의 발달과 교육을 지원할 수 있도록 훈련받은 교사들이다. 유아특수교사는 유아의 전인교육을 하며 교육과 발달을 지원하고, 유아 각각의 발달 영역을 평가하고 그 영역들이 어떻게 상호작용하는지에 대해 이해할 수 있도록 훈련받은 사람들이다. 특히 유아특수교사는 유아를 그 유아가 속한 가정 내의 구성원으로 바라본다.

유아특수교사는 발달에 영향을 주는 모든 장애 영역을 포괄적으로 다룬다.

- 언어 및 인지
- 운동 및 적응 기술
- 정서 및 사회적 발달

특별한 문제를 수반한 중증의 장애유아가 특별한 훈련을 필요로 하는 경우, 유아특수교사는 그러한 영역에 도움을 줄 수 있는 전문가들과 협력한다. 예를 들면, 물리치료사, 작업치료사, 언어치료사, 시각·청각 전문가들이 이러한 전문가에 속한다. 대부분의 장애유아는 통합 유아교육기관 이외에도 이러한 관련된 치료를 일주일에 몇 차례 받는 경우가 많다. 부모뿐만 아니라 유아특수교사도 유아가 받는 이러한 서비스에 대해 정확하게 인지하고 있어야 한다.

유아특수교사는 부모와 협력자의 자세로 일할 수 있도록 훈련받았다. 이전에는 유아특수교사는 가정에서 유아를 지도하거나 유아특수교육기관에서 이러한 유아를 지도하였는데, 근간에 들어 유치원과 보육시설에 통합된 장애유아가 많아지면서 일반 유아교사에게 적절한 상담과 지원을 하는 유아특수교사의 중요한 역할이 부각되기 시작하였다. 장애유아가 통합교육 현장에서 원만하게 통합될 수 있도록 유아특수교사와 유아교육교사 간의 협력이 요구된다.

2) 유아특수교사의 역할

유아특수교사는 유아의 교육 목표를 가장 친밀하게 알고 있다. 장애유아는 교육 목표와 유아와 가족을 위한 서비스 목록을 포함하는 개별화가족지원계획(IFSP)이나 개별화교육계획(IEP)과 같은 공식적인 자료를 필요로 한다.

유아특수교사는 유아의 특별한 문제를 해결하기 위한 교육적 조치 및 조기중재 전략에 대해 다양하게 알고 있어야 한다. 케이스에 따라 유치원이나 보육시설에서 유아를 직접 지도하는 경우도 있다. 사안에 따라서는 유아교사와의 논의를 통해 좀 더 효과적으로 접근하고, 필요한 적용 방법을 제공할 수 있다. 장애유아에게 적절한 방법을 제공하기 위해 관찰기록지와 같은 것을 사용할 수 있다. 이는

〈표 15-1〉에 나타나 있다. 개별지도(유아특수교사는 유아를 일반 유아집단으로부터 분리시킨 상태에서의 개별적인 접근)는 효과가 떨어질 수 있다. 다른 전문가와는 달리 유아특수교육 전문가는 치료사가 아니다.

유아특수교사는 유아의 발달 상황을 모니터해야 하는 책임이 있다. 개개 유아의 교육 목표는 다양한 발달 영역, 즉 인지 · 언어 · 운동 · 적응행동 · 사회적 기술 · 정서발달을 포함한 유아의 발달과 기술에 대한 특별한 진단평가에 의해 결정된다. 또한 다른 교육 목표는 유아의 건강, 영양, 문제 행동에 관련이 되어 있을 수 있다. 유아특수교사는 유아교사와 함께 일하면서 각각의 목표에 도달하는 진보상황을 모니터하는 가장 적절한 방법을 결정해야 한다.

〈표 15-1〉 통합 지원 방안 양식

통합 지원 방안		
통합교육 관찰 기록 양식		
날짜: _____ 유아명: __________ 기관명: __________ 교사명: ________		
통합지원자: ________________		
활동 및 시간	관찰 내용	지원 활동/편의 제공
등원 8:00	조슈아(Joshua)가 놀잇감을 가지고 노는 동안 엄마는 몰래 빠져나간다. 엄마가 가 버렸다는 사실을 알게 된 조슈아는 속상해서 보채기 시작했다. 특수교육 보조원이 다가와서 달래기 시작했는데 조슈아는 더욱더 막무가내로 엄마를 찾았다.	일관적인 '작별인사' 활동을 만들어, 매일 동일한 보조원과 그 활동을 하도록 한다.
물놀이 영역에서 물놀이 9:15	조슈아는 근처로 다가오는 아이들을 밀쳐냈다. 애들은 피해서 가 버리고 조슈아는 물놀이 영역에 혼자 남았다.	1. 다른 유아에게 조슈아가 밀거나 강압적인 행동을 할 경우 "하지 마." 하고 단호하게 말할 수 있도록 지도한다. 2. 조슈아가 많은 아이들과 좀 더 편안해질 수 있을 때까지 조슈아 근처에 너무 몰리지 않도록 유아를 주의시킨다.

2. 말 · 언어치료사(Speech-Language Therapist: SLT)

1) 말 · 언어치료사의 요건

많은 장애유아는 의사소통 측면에서 발달에 지체가 있거나 어려움을 가지고 있다. 말 · 언어치료사는 유아와 성인의 의사소통 발달을 위해 교육시킬 수 있도록 훈련받은 사람들이다. 이들은 미국 말 · 언어청각협회(American Speech-Language Hearing Association: ASHA)를 통해 전문가 자격을 취득한 사람들이다. 말 · 언어치료사는 다양한 범위의 의사소통 문제를 교육시킬 수 있도록 훈련받았다.

(1) 조음장애

조음장애가 있는 유아의 말은 이해하기 힘들다. 조음장애의 특성과 원인은 다양하다. 대개 조음장애를 가지고 있는 유아는 말과 언어 영역 모두에 문제를 수반하고 있다. 경우에 따라서는 다른 장애를 수반하지 않는 경우도 많다. 말장애는 운동 영역의 문제를 수반하는 경우가 있는데, 그 대표적인 경우가 뇌성마비이다. 또는 다른 복합적인 운동능력 장애를 수반하는 경우도 있다(Love, 1999). 조음장애의 원인은 현재까지는 불확실한 경우가 대부분이다.

(2) 언어장애

조음장애가 운동 영역이나 소리나 음소를 생성하는 능력과 관련이 있다고 한다면, 언어장애는 어휘 발달과 단어의 의미에 대한 이해, 단어를 조합하는 방법, 단어의 올바른 형태(예: 문법) 사용과 관련이 있다. 그러므로 말장애와 언어장애는 결코 동일한 것이 아니다. 언어를 적절한 방법으로 사용하는 데 어려움이 있는 유아는 적절한 사회적 의사소통, 즉 화용론적 문제를 동반하게 된다.

많은 장애유아는 말하는 것을 배우는 데 어려움을 가지고 있다. 장애유아 중에는 전혀 말을 하지 못하는 경우도 있고, 한 단어나 두세 단어를 조합하는 수준의 언어능력을 가지고 있는 경우도 있다. 언어 문제는 다양한 요인과 관련이 되어 있다. 대개 이러한 유아는 발달지체를 보이는 경향이 있다. 언어장애는 중도의 정서적 불안이나 자폐와 관련이 있는 경우도 있다. 중도 중복장애가 있는 유아들 중에는 심각하게도 의사소통체계 형성과 같은 근본적인 문제를 가지고 있는 경우도 있다. 예를 들면, 중복장애유아들 중에는 의사소통 시도조차 하지 못하는 경우도 있고, 몸짓이나 시선, 소리 내기와 같은 비언어적 의사소통 수단조차도 사용하지 않는 경우도 있다.

(3) 유창성장애

말 · 언어치료사는 말더듬이와 같은 유창성 문제를 가진 유아나 성인에게 언어치료를 제공할 수 있도록 훈련받은 사람들이다. 그들은 유아기에 전형적으로 보이는 언어의 비유창성과 실질적인 말더듬이 행동을 구분하여 진단할 수 있다. 말더듬이는 흔한 언어장애는 아니다.

(4) 음성장애

장애유아에게 나타나는 음성장애의 가장 전형적인 유형은 소리를 지르거나 고함을 치는 등과 같은 목소리의 무분별한 사용으로 인한 쉰 목소리와 관련이 있거나 상부호흡기 감염과 관련이 있는 경우도 있다. 때로는 소리의 높낮이(예: 고음의 목소리)나 강도(예: 지나치게 작은 소리)를 조절하지 못하는 유아도 있다.

2) 말 · 언어치료사의 역할

의사소통과 언어발달은 매우 복잡한 과정이므로, 유아의 의사소통 문제를 이해하기 위해서는 다양하고 깊이 있는 진단과 평가 절차가 필요하다. 말·언어치료사는 사정 후에 특별한 교육적인 전략이나 언어적 제한점을 제공해야 한다.

의사소통의 다양한 측면을 위해 말·언어치료사는 유아를 담당하고 있는 교사와 협력하고, 상담자의 역할도 할 수 있어야 한다. 아직 언어발달이 시작되지 않는 경우나 초기 언어발달 단계에 있는 유아의 경우에는 이러한 지원이 좀 더 적극적으로 필요하다. 초기 언어 기술 발달을 돕기 위한 최적의 공간은 일상생활이 이루어지는 환경, 즉 유아가 속한 교실이나 유치원이나 보육시설, 그리고 가정이다. 다양한 전략이 유아의 언어발달을 지원할 수 있는데, 유아교사는 이에 필요한 조기중재 방법에 대해 확실하게 인지하고 있어야 한다. 다른 유형의 의사소통장애, 예를 들면 심한 조음장애, 말더듬이의 경우에는 좀 더 직접적인 조기중재 프로그램이 필요하다. 그러나 유아교사는 말 · 언어치료사가 그 유아가 속한 교실에서 지원하는 방법과 관련된 교육 목표와 전략에 대해 기본적으로 이해하고 있어야 한다.

말·언어치료사가 해야 할 다른 영역으로는 운동능력에 문제가 있어 말을 하지 못하는 유아나 인지발달이나 그 밖의 언어발달에 문제가 있는 중도 중복장애유아에게 보완대체 의사소통 기재를 사용할 수 있도록 방법을 지원하는 것이다. 그러나 많은 말·언어치료사들은 보완대체 의사소통에 대한 훈련이나 중도 중복장애를 위한 교육에 있어서 제대로 된 훈련을 받지 않았을 수도 있다는 사실을 교사는 알고 있어야 한다.

3. 물리치료사(Physical Therapist: PT)

1) 물리치료사 요건

운동능력에 장애가 있는 유아, 즉 뇌성마비나 이분척수를 가진 유아를 위해 자격있는 물리치료사의 치료와 상담이 제공되어야 한다. 물리치료사는 주정부의 기관을 통해 자격을 인정받고, 등록된 사람들이다. 그들은 석사과정 수준의 철저한 교육을 받은 사람들로서, 해부학이나 운동역학 등에 대한 지식을 가지고 있고, 전형적인 운동발달과 다양한 치료 기술에 대한 이해가 있어 이동과 자세를 조절하는 최적의 발달을 지원할 수 있다. 그들은 또한 팔 교정기, 다리 교정기 그리고 보조의자와 같은 보조 장비의 디자인 및 평가에 대한 전문가들이다. 유아가 일상적인 환경 내에서 효과적으로 기능할 수 있도록 보조 장치를 만들고, 다양한 활동에 유아가 참여할 수 있도록 지원할 수 있다. 물리치료사는 유아를 위해 다음과 같은 것들에 관여한다.

- 지지대 없이 앉을 수 있는 능력, 머리와 목을 안정시키는 능력, 앉은 자세에서 선 자세로 이동할 수 있는 능력과 관련된 자세 교정의 발달
- 균형을 유지하고, 넘어지는 것으로부터 보호하는 보호 반사나 움직임 발달

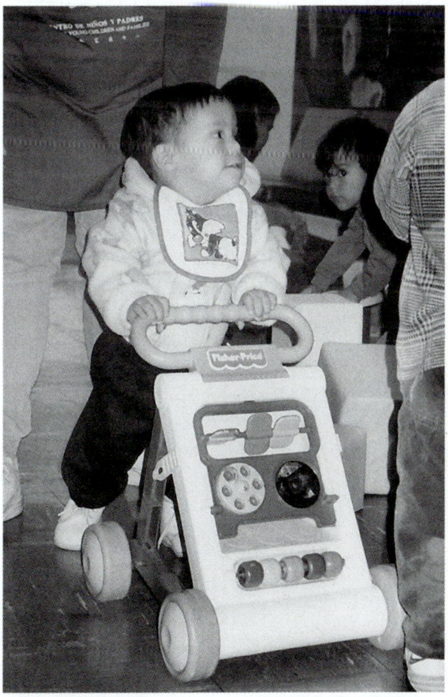

[그림 15-1] 물리치료사는 유아의 운동 목표를 지원하기 위해 간단하고 기능적인 보조도구(이 유아에게는 보행기)를 사용하도록 제안하였다.

- 신체 상하부의 최적의 운동발달. 여기에는 손을 뻗고, 물건을 잡고, 한 손에서 다른 손으로 물건을 옮겨 잡는 소근육 운동을 포함하고, 기기나 걷기와 같은 대근육 운동을 포함
- 보조장비에 관련된 평가 및 추천(다리 교정기, 팔부목, 머리와 목의 지지대, 헬맷, 특별한 보조의자)

2) 물리치료사의 역할

물리치료사는 운동능력에 장애가 있는 유아에게 중요한 지원을 제공할 수 있다. 이러한 서비스들은 단지 운동기술 발달을 지원하는 것뿐만이 아니다. 물리치료사가 제공하는 특정한 치료 절차와 보조도구는 유치원이나 보육시설에 참여하는 유아의 능력에 커다란 차이를 가져온다. [그림 15-1]은 유아의 운동성을 발달시키기 위한 기능적인 보조도구이다. 물리치료사는 유아를 위해 다음과 같은 서비스를 제공할 수 있다.

- 미술 활동을 할 때 손을 사용할 수 있도록 위치 제안
- 특정 섭식 기술
- 자세를 조절하고 과도한 피로를 막아 주는 보조의자를 사용할 수 있도록 실제적인 제안
- 물건을 좀 더 쉽게 잡을 수 있도록 도와주는 팔 지지대의 고안
- 유아의 보행기 사용을 도와주는 전략의 제공

4. 작업치료사(Occupational Therapist: OT)

1) 작업치료사의 요건

작업치료사는 미국작업치료협회에 의해 등록된 사람들이다. 작업치료사는 소근육 운동 기술, 섭식 공간 내에서의 신체의 이동과 같은 기능적 기술에 도움을 주는 사람들이다. 작업치료사의 역할과 물리치료사의 역할은 중복되는 점도 없지 않다. 이론상으로는 물리치료사가 자세 조절과 대근육 운동 같은 발달에 좀 더 깊이 관여하는 경향이 있다. 대근육 운동에는 앉기, 서기, 걷기, 이동하기, 중심 잡기, 머리 중심 잡기와 같은 것이 포함된다.

작업치료사는 좀 더 소근육 운동과 관련되어 있어서 감각의 발달에 중점을 두는 경향이 있다. 입력된 감각의 정보를 통합하고 분리하고 사용하는 것과 관련되어 있다.

작업치료사는 감각통합의 원리와 기술을 습득할 수 있도록 훈련받은 사람들이다. 감각통합의 이론과 치료적 기술은 Jean Ayres(1973) 박사에 의해 개발되었다. 감각통합 치료는 다음 세 가지 영역의 상호작용을 필요로 한다.

- 입력된 감각 자극을 처리하고 통제하는 능력
- 자기 조절 능력
- 운동 기술의 발달

장애유아들 중에는 감각 정보를 처리하고 통제하는 데 어려움을 보이는 경우도 있다. 작업치료사나 혹은 감각 통합 기술을 따로 훈련받은 치료사들은 감각 통합에 어려움을 보이는 유아에게 적합한 치료적 기술과 중재 활동을 제공할 수 있다. 다음은 장애유아가 어려움을 보이는 감각 정보의 예이다.

(1) 시각

- 반짝거리는 불빛
- 시각적 혼란
- 급작스러운 변화의 시각 자극

(2) 청각(소리)

- 극도의 시끄러운 환경
- 몇 사람이 한꺼번에 말하는 상황
- 배경 음악
- 시끄러운 선풍기 소리나 모터 소리
- 화장실 물 내려가는 소리나 수돗물 소리
- 사이렌이나 휘파람 소리 같은 고주파 소리

(3) 촉각

- 특정한 사물이나 옷감에 대한 피부 저항
- 다른 사람이 만지거나 잡히는 것에 대한 반응
- 페인트나 풀, 음식과 같은 끈적거리는 것이 손에 닿을 때의 느낌
- 입 안에서 느껴지는 음식의 다양한 느낌

(4) 신체 부위의 움직임(자기수용감각, 근육감각)

- 신체 부위의 움직임에 대한 인식(근육이나 관절의 이완, 수축)
- 신체나 머리의 회전, 몸 굽히기, 쭈그려 앉기, 한쪽으로 몸 비틀기, 받침대 없는 의자에서 균형 유지하기

(5) 신체 부위의 위치에 대한 감각

- 신체와 대상이 어느 정도 가까운지에 대한 인식

- 계단을 오르거나 내려갈 때 어느 정도 발을 올려야 하는지에 대한 이해
- 공을 칠 때 얼마나 세게 베트를 휘둘러야 되는지에 대한 인식

(6) 공간 내의 신체의 움직임

- 공간을 이동하면서 신체의 위치나 움직임에 대한 감각, 물건 줍기, 중력으로부터 저항하여 움직이기
- 신체가 공간상의 어디에 위치해 있는지에 대한 인식

(7) 후각과 촉각

- 향수나 페인트와 같은 강한 냄새
- 향신료나 오렌지와 같은 강한 맛

작업치료사는 신체의 하지보다는 상지의 기능적 움직임에 중점을 두는 경향이 있다. 예를 들면,

- 물건에 손 뻗기와 스스로 도구를 사용하여 밥 먹기 등에 관련된 팔의 움직임과 손목의 회전
- 손으로 잡기, 조작하기, 물건 이동하기와 같이 손을 사용한 소근육 운동
- 씹기, 삼키기 등의 활동에 요구되는 입 주변 근육의 통제와 움직임

2) 작업치료사의 역할

작업치료사는 다양한 영역에서 장애유아에게 도움을 준다. 그 영역은 크게 두 가지로 나누어지는데, 섭식의 문제와 감각 통합의 문제이다. 특히, 감각 입력에 극도로 민감한 유아나 촉각 방어 현상을 보이는 유아의 감각 통합의 문제를 다루게 된다.

작업 치료 기술은 특화되어 있고, 훈련받은 치료사에 의해서 이루어지거나, 철저한 감독하에 이루어져야 한다. 그러나 작업치료사는 철저한 사전검사를 통해

유아교사가 유아가 겪는 운동과 감각의 어려움을 이해할 수 있도록 도움을 주고, 유아의 감각적 환경을 구성하기 위한 다양한 방법을 제안할 수 있다. 예를 들면, 작업치료사는 다음과 같은 도움을 유아교사에게 제공할 수 있다.

- 지저분한 활동이나 특정 재료에 대해 거부하는 유아의 저항을 어떻게 감소시킬 수 있는가?
- 유아가 손으로 음식을 먹는 방법을 어떻게 도와줄 수 있는가?
- 유아가 선택하는 음식의 범위(다양한 맛과 감촉의 음식)를 어떻게 확장시켜 줄 수 있는가?
- 어떻게 침 흘리기를 감소시킬 수 있는가?
- 유아가 스스로 옷을 입을 수 있도록 어떻게 도와줄 수 있는가?
- 유아가 소근육 운동을 할 수 있도록 어떻게 도와줄 수 있는가?
- 극도로 긴장되거나 저하된 근육을 어떻게 다룰 수 있는가?

5. 시각장애 전문가

시각장애와 관련된 전문가는 대개 시각장애 전공으로 교사 자격을 취득한 특수교사이다. 그들은 다양한 안구의 조건이나 시각장애의 원인에 대한 지식을 가지고 있다. 그들은 대개 순회교사로서 활동하며, 각 교육구청에 있는 몇 개 학교를 순회하면서 유아를 지도한다.

대부분의 시각장애유아는 전맹(totally blind)인 경우가 드물다. 시각장애 전문가는 유아의 시각적 문제에 대해 이해할 수 있도록 유아교사를 돕는 역할을 한다.

- 눈의 병리학적 특성
- 잔존시력의 범위(유아가 빛을 구분할 수 있을 정도만 보이는가? 가까운 거

리에 있다면 대상의 유무는 파악하는가? 유아가 가장 잘 볼 수 있는 적정거리는 얼마인가?)

- 유아의 시야에 대한 이해
- 유아에게 적합한 조도
- 선호하거나 가장 쉽게 접근할 수 있는 색 대비

1) 시각장애교사의 역할

다음은 시각장애유아를 돕기 위해 시각장애교사가 하는 교육적 서비스들이다.

(1) 시기능 평가

시각장애 전문가는 시기능 평가를 통하여 유아의 시력, 시야, 색각에 대한 중요한 정보를 유아교사에게 제공할 수 있다. 시기능 평가를 통해 나온 정보는 유아의 교육 전략을 개발하는 데 있어서 안과의사의 소견보다 실질적으로 더 많은 도움을 줄 수 있다.

(2) 조도

시각장애 전문가는 유아가 잔존시력을 최대한 사용할 수 있는 가장 좋은 정도의 빛 유형과 각도에 대해 제안할 수 있다.

(3) 대비

시각장애 전문가는 시각장애유아를 위해 색대비 효과를 극대화시키기 위한 방법들에 대해 알려 줄 수 있다. 예를 들면, 진한 색의 접시에 흰색의 그릇을 놓게 하거나 시각장애유아가 사용하는 사물함의 색깔을 선명한 색깔로 칠하여 쉽게 구분하게 하는 방법들이다.

(4) 촉각 단서의 사용

시각장애 전문가는 유아가 촉각 단서를 활용하게 함으로써 도움을 줄 수 있다. 가령, 유아가 사용하는 사물함에 다른 감촉의 재질을 사용하여 촉각단서를 활용하여 자신의 사물함을 찾을 수 있도록 지원해 준다.

(5) 개념 학습을 위한 전략

시각장애유아에게 가장 큰 어려움 중의 하나는 시각에 기초한 개념을 학습시키는 것이다. 예를 들어, 공간의 위치, 크기, 또는 색깔이 바로 그것이다. 시각장애 전문가는 이러한 영역에 있어서의 교육 방법에 대해 특별한 제안을 할 수 있다.

2) 보행훈련 전문가의 역할

시각장애 영역에서의 중요한 전문가의 한 형태는 보행훈련 전문가이다. 하지만 미국의 전 지역에서 어린 장애유아에게 보행훈련 서비스를 제공하지는 않지만 많은 주(州)에서 유아의 보행훈련을 지원하고 있다. 보행훈련 전문가는 기본적으로 유아가 한 장소에서 원하는 다른 장소로 안전하고 독립적으로 이동할 수 있도록 도움을 주는 것과 깊이 관련되어 있다. 또한, 그들은 유아가 공간 안에서 자신의 위치를 파악하는 능력을 기를 수 있도록 도움을 준다. 그들은 유아가 필요에 따라서는 지팡이를 사용할 수 있도록 지도하고, 다양한 지팡이 사용법을 지도한다. 지팡이를 사용하지 않을 경우에는 시각장애유아가 실내에서 활용할 수 있는 자기보호 기술을 지도한다.

보행훈련 전문가는 유아교육 환경에서 시각장애유아가 어떻게 안전하게 이동할 수 있을지를 교육하게 된다. 그들은 또한 유아교사와 협력을 이루면서, 유아교육 환경이 물리적으로 일관성 있게 유지될 수 있도록 조언을 하고, 이로 인해 유아의 이동 기술이 향상될 수 있도록 협력한다. 교실 환경 내에는 시각장애유아가 사용할 수 있는 촉각적 단서나 청각적 단서를 활용하는 방법을 제공한다.

6. 청각장애 전문가(청각장애교사)

1) 청각장애 전문가의 요건

청각장애 전문가는 청력이 손실된 유아를 위한 교육 전문가이다. 그들 중에는 부전공으로 유아교육을 한 경우도 있다. 청력장애유아를 위한 서비스는 말·언어치료사를 통한 서비스 또는 청각사를 통한 서비스도 포함될 수 있다. 청각장애 전문가는 유아의 교육과 발달의 요구에 대한 풍부한 지식, 말·언어 발달에 필요한 임상적 요구, 보청기에 관련된 지식을 가지고 있다. 그러나 그들은 청각학적 진단과 평가, 보청기 평가는 실시하지 않는다(이는 청각사의 역할이기 때문이다).

청각장애 전문가는 수화와 구화에 능해야 한다.

2) 청각장애 전문가의 역할

유아교사는 청각장애 전문가로부터 다음과 같은 정보와 서비스를 받을 수 있다.

(1) 청력도의 해석

청각장애 전문가는 보청기를 사용하거나 사용하지 않거나 하는 상태에서 유아의 가청 범위에 대해 기능적으로 설명할 수 있어야 한다. 기능적인 설명이라 함은 유아가 어느 정도 큰 소리를 듣는지, 그리고 어떠한 소리 유형(예: 고음 대 저음)에 좀 더 쉽게 반응하는지 등을 포함하고 있어야 한다. 예를 들면, 어떤 유아는 건청인(정상 청력을 가진 사람)에게는 통증으로 느낄 정도로 고음의 사이렌 소리 정도만을 어렴풋하게 들을 수 있고, 또 어떤 유아는 /sh/소리와 /f/소리와 같은 자음을 구분하지 못할 수도 있다.

(2) 환경음의 제거 및 과도한 반향음 제거에 대한 조언

청각장애 전문가는 교실의 음향적 특성을 분석할 수 있고, 유아가 편안한 소리 환경에서 목소리를 구분해 낼 수 있도록 잡다한 환경음을 제거하거나 개선하는 데 필요한 간단한 수정 방법을 제안할 수 있다.

(3) 가족이 선호하는 의사소통 방법에 관련된 전략

청력을 손실한 유아는 수화를 학습할 수도 있고, 가정에 따라서는 구화에 좀 더 집중하는 경우도 있고, 잔존청력을 좀 더 활용하는 방법을 학습하기도 하고 두 가지 이상의 방법을 함께 사용하기도 한다. 다양한 요인으로 인하여 선택되는 의사소통 방법이 달라질 수도 있고, 유아가 성공적으로 사용하는 방법 또한 달라질 수 있다. 청각장애 전문가는 유아교사가 이러한 다양한 접근방법을 사용할 수 있도록 도우며, 유아의 의사소통과 학습에 도움이 되는 실질적인 제안을 제공할 수 있다.

(4) 보청기 사용의 정보 및 시연

청각장애 전문가 또는 부모는 간단한 보청기 사용법, 건전지 체크, 보청기 삽입, 보청기 세팅에 관해 유아교사에게 정보를 줄 수 있다. 만약 보청기에 어떠한 문제가 발생했을 시에는 청각장애 전문가는 청각사에게 의뢰할 수 있다.

7. 행동 문제 전문가

1) 행동 문제 전문가의 요건

논의한 바와 같이 문제 행동을 가진 유아는 성공적인 통합을 하는 데 어려움을 가질 수 있다. 다음과 같은 전략이나 유아특수교사들에 의해 제공된 제안점들만으로는 충분하지 않을 때에는 행동 문제 전문가를 통해 지원을 받을 수 있다. 행동 문제 전문가는 아직까지는 특정한 전문가 그룹으로 확연하게 분류되어 있지는 않다. 많은 주에서 행동 문제 전문가는 아직까지 별개의 전문가로 되어 있거나 관련 정책을 가지고 있지 않은 상태이다. 자격을 가지고 있는 경우라 할지라도, 현재는 그들이 받는 교육이나 요구되는 훈련 면에서 지역마다 일관성이 없는 상태이다. 그러나 문제 행동에 대한 요구에 대해 조만간 일관성 있는 자격 기준이 개발될 것으로 사료된다.

행동 문제 전문가로서 그들이 하는 서비스에는 전통적 행동 수정 접근이 있다(4장 참조). 행동 문제 전문가는 또한, 기능적 행동분석(functional behavior analysis), 긍정적 행동 지원(positive behavior support) 방법도 활용한다.

2) 행동 문제 전문가의 역할

일반적으로 행동 문제 전문가를 통한 서비스는 다음과 같다.

(1) 다양한 환경, 활동, 시간에 따른 주의 깊은 관찰

행동 문제 전문가는 유아관찰을 통한 정보 수집의 결과를 통해 문제 행동의 빈도와 강도를 평가할 수 있으며, 문제 행동의 선행 사건과 사후 결과에 대한 분석을 하기도 한다.

(2) 행동중재 계획

문제 행동 진단과 평가와 부모나 교사를 통한 인터뷰 자료를 가지고, 행동 문제 전문가는 행동의 원인과 의미에 관한 기능적인 분석을 실시한다. 행동을 유발한 사건이나 행동이 강화되거나 유지되는 원인에 대한 분석도 포함된다. 평가를 통해 수정해야 할 문제 행동이 결정되면, 유아의 환경을 어떻게 개선해야 되는지에 대한 계획이 수립되고, 유아와의 상호작용에 있어서의 일관적 방법과 분명한 행동의 결과에 관련된 계획이 포함된다. 행동 계획은 항상 주의 깊은 데이터 수집과 일관성이 요구된다.

(3) 계획의 실행

궁극적으로 가장 효율적인 방법으로는 유아가 접하는 모든 사람에 의해 행동 계획이 실행되는 것이다. 행동 문제 전문가가 겪는 가장 큰 어려움 중에 하나는 행동 문제 전문가의 부족이다.

행동 문제 전문가가 행동 계획을 수립하기 전에 많은 시간을 관찰하고 일정한 환경이 아닌, 다양한 환경에서 계획을 실행하거나 수정되는 것이 이상적이다. 점차 자신의 역할을 줄이고 부모나 교사가 역할을 잘 할 수 있도록 연결하는 것이 중요하다. 행동 문제 전문가는 행동 계획이 잘 실행되고 있는지에 대해 평가를 실시하고, 유아의 조기중재 팀을 위해 상담을 실시한다. 또한 필요에 따라서는 행동 계획을 수정할 수 있어야 한다.

8. 통합지원

유아교사는 장애유아를 지원해 줄 수 있는 다양한 전문가들에게 어떻게 접근해야 하는지에 대해 알고 있어야 한다. 유아의 요구가 너무 복잡해서 어떠한 개인도 모든 답을 줄 수 없는 경우도 있다. 그러므로 성공적인 통합을 위해서는 협력적인 팀 접근이 필수 불가결하다. 위에 언급한 지원 팀은 유아교사에게 접근 가능하지 않을 수도 있다. 그러나 모든 유아는 이러한 서비스에 대해 법적인 권리를 가지고 있기 때문에 지원에 대한 요구를 하는 것은 필요하다. 그러나 불행하게도, 미국의 많은 지역에서는 다양한 전문가가 부족한 상태이다. 그들은 대개 할당된 유아의 수가 많거나 순회교사로서 상당히 넓은 지역을 담당하는 경우도 많다. 그러므로 유아교사는 끊임없이 요청해야 한다. 일단 서비스가 시작되면 또 다른 어려운 점이 출현할 수도 있다. 교실로 방문하는 전문가들로 인해 유아교사는 다소 곤란을 겪기도 한다. 너무 많은 사람들이 교실을 드나들어 교실의 분위기가 쉽게 흐트러질 수 있고, 결국 비효율적일 수도 있다. 그러므로 유아교사는 유아특수교사의 도움을 받아 이러한 전문가 집단과 어떻게 협력해야 하는지에 대해 도움을 받을 수 있다. 다음은 통합교육 지원을 위한 유아전문가를 위한 간단한 안내이다.

효율적인 통합교육 지원을 위한 유아교사를 위한 제언

- 이용 가능한 정보와 서비스에 대한 파악

  부모
  서비스 코디네이터
  사회복지사
  치료사
  말 · 언어치료사
  작업치료사
  물리치료사
  행동 문제 전문가
  장애 전문가
  시각장애 전문가
  청각장애 전문가
  지체장애 전문가
  기타 전문가 및 서비스 제공
  특정장애에 대한 정보(웹사이트, 도서관, 협회)

- 정보와 서비스의 요구

  유아는 이러한 서비스에 대한 법적 권리가 있다.

- 부모와 전문가 사이의 파트너십 형성

- 전문가와는 대화만 할 것이 아니라 시연할 수 있도록 요구
- 정보와 제안점에 관련된 문서 요구
- 일대일 특수교육 보조원의 활용
- 일대일 보조원의 역할과 의무 파악하기
- 일대일 보조원이 장애유아를 또래유아와 멀리 있게 하거나 과잉보호하는 것을 미연에 방지하기
- 보조원은 전문적인 교사가 아니므로 많은 훈련을 받지 않은 사람이라는 사실을 명심하기

9. 보조원과의 효과적 협력

효율적인 통합교육을 통해 장애유아의 편의와 전문가 및 교육자를 지원하는 보조원들과의 협력이 필요할 수 있다. 교육 보조원은 교육에 관련된 기술뿐만 아니라 교사와 다른 전문가들과의 상호작용과 관련된 능력도 필요로 한다.

1) 프로그램 운영자로서의 유아교사 활동

유아교사는 교실의 책임자로서 수업 보조원의 서비스를 결정하는 사람이고, 다음과 같은 경영 및 감독의 기능을 수행해야 한다.

(1) 보조원이 수행할 수 있는 특정계획을 개발하여 제공하기

수업 보조원은 교실 활동이나 수업을 본인이 계획하고 실행하지 않는다. 그들은 유아의 활동을 계획하고 적용하고, 창의적으로 수행하는 방법을 훈련받은 사람들이 아니다. 간혹 교사는 어떠한 특별한 지시 없이도 수업 보조원이 유아에게 충분한 교육을 할 수 있을 거라고 잘못 생각하는 경우가 많다. 전문가는 보조원에

게 적절하고 분명한 지시를 내리고, 필요한 활동을 계획하여 제공할 수 있도록 훈련받은 사람들이며, 교사들에게는 그러한 책임이 있다. 그러므로 수업 계획에 관련된 것들은 문서상으로 잘 기록되어야 한다. 다시 말하면, 적절한 감독을 위해서는 보조원에게 요구되는 내용이 확실하게 규정되어 있어야 하며, 분명하게 전달되어야 한다.

(2) 수업 스케줄을 계획하고 운영하기

대부분의 하루일과 수업 계획은 무엇을 어떻게 할 것인지를 나타내고 있고, 스케줄은 이러한 활동이 언제, 어디서 진행되는지에 대한 정보를 나타낸다. 수업 보조원을 성공적으로 기능하도록 하기 위해서는 시간, 장소를 포함한 수업 활동의 자세한 계획이 사전에 전달되어야 한다.

(3) 활동을 적절하게 주도하기

통합 현장에서 수업 보조원 제도를 활용하는 목적은 활동을 계획하거나 유아의 발달 상황을 모니터하거나 또는 장애유아를 위해 활동을 새롭게 구성하는 것과 같은 역할을 대신하기 위해서가 아니다. 수업 보조원이 상황을 매끄럽게 할 수는 있지만, 유아에 대한 모든 책임은 유아교사에게 있음을 잊지 말아야 한다. 교사는 수업 활동의 결과에 대해 전적으로 책임을 진다. Cook, Tessier와 Klein(2000)는 수업 보조원이 대신할 수 있는 활동을 다음과 같이 제시하고 있다.

- 수업 준비(각 영역의 준비, 교재·교구 정리)
- 유아와 인사하기 및 일상 활동 보조
- 적절한 행동 지원
- 교사에 의해 계획된 특정한 활동의 수행
- 섭식과 배변에서의 유아 보조하기
- 전문가의 지도에 따른 유아의 착석 및 이동에 대한 보조
- 긍정적인 사회 통합을 돕는 적절한 지원 제공

- 교육용 게임과 교재 정리 및 준비
- 간식과 미술 활동을 위한 자료 준비
- 정리 및 귀가지도에 대한 지원
- 보조기구의 세척 및 관리 보존
- 유아의 수행에 관한 관찰 기록

(4) 필요에 따라서는 일대일 특수교육 보조원을 배치하기

일대일 특수교육 보조원이 모든 경우에 필요한 것은 아니다. 간혹 장애유아와 일대일 보조원의 관계가 너무 밀접해져서 또래 유아와 다른 성인들과의 관계가 서먹해지는 경우도 있으므로 유의해야 한다. 하지만 가령, 뛰쳐나가는 습관이 있거나 공격적이고 자해행동을 하거나 혹은 의학적으로 각별히 조심해야 하는 유아를 위해서는 일대일 보조원을 배치하는 것이 바람직하기도 하다.

힌트 Hepiful Hint

통합교육 현장에서 유아교사가 자칫 범하는 쉬운 실수 중에 하나는 일대일 특수교육 보조원이 배치되었을 경우 발생할 수 있다. 일대일 보조원에게 너무 의지하여 본인은 다른 유아의 수업만을 하는 경향이 있는데, 장애유아의 교육과 발달은 전적으로 유아교사의 책임임을 명심하고, 장애유아를 개별적으로 그리고 소집단 활동 속에서 교육할 수 있는 기회를 제공해야 한다.

(5) 수업 보조원의 강점과 부족한 점을 사전에 파악하기

교사는 수업 보조원의 활동을 관찰하는 가운데 보조원의 장점(교육에 대한 지식, 기술 등)과 훈련이 요구되는 점을 파악할 필요가 있다. 교사로서 전문적인 훈련을 받지 않았기 때문에 유아교육과 유아특수교육 분야에 적절한 훈련이 필요하다. 그들 중에는 간혹 정규교육을 받지는 못했지만 교사로서의 경험이 풍부하고, 장애에 대한 풍부한 지식을 소유하고 있는 사람들도 있다. 이러한 경우에 교사는 더 곤란함을 느끼기도 한다. 그들의 교육적인 능력을 인정하면서 리더로서의 자세를 적절하게 유지해야 하기 때문이다. 그러므로 이러한 경우는 좀 더 협력적인 모델을 활용하는 것이 요구된다.

유아가 다른 문화권의 배경을 가진 경우 그 유아가 사용하는 문화나 언어적인 배경 때문에 특별히 같은 문화권의 보조원이 배치된 경우도 있다. 이러한 경우 보조원은 가족과 기관 그리고 교사들과 연계할 수 있도록 도와주는 중요한 역할을 맡게 된다. 보조원의 능력에 따라 교사의 역할이나 접근방법도 다양하게 변화될 필요가 있다. 아직은 많이 부족하거나 경험이 적은 보조원과 일할 경우에는 좀 더 직접적인 감독과 교육이 요구되며, 경험이 풍부하고 교육적인 지식이 많은 경우에는 스스로 자신을 평가하고 감독할 수 있는 기회를 제공하고, 스스로 학습할 수 있는 정보와 교재를 제공하는 것이 더 바람직하다.

보조원을 모니터한다는 의미는 보조원이 하는 모든 행동을 감독하는 것을 의미하는 것은 아니다. 독립적으로 행동하고 스스로 모니터하는 기회를 제공하는 것이 좋으며, 이때에도 가장 초점을 맞추어야 하는 것은 '유아의 발달 및 교육 성과'이므로 어떠한 것이 유아를 위해 가장 적합한지에 대해 항상 고려한다.

(6) 시기적절하고 생산적인 피드백을 위한 시스템 마련하기

모든 기술을 한꺼번에 배울 수는 없다. 유아교사는 수업 보조원들이 다양한 활동을 익힐 수 있도록 충분한 시간을 제공해야 한다. 과제 수행 활동에 대한 피드백을 지속적으로 해 줘야 하는데, 이때 피드백은 옳고 그름을 판단하기보다는 좀 더 기술적이고 생산적으로 표현할 수 있어야 한다. 즉, 의견에 근거하기보다는 관찰 가능한 사건이나 행동을 통해 피드백을 해 주는 것이 좋다. 좋은 코치는 필수적인 정보가 제공된 구체적인 피드백을 제공하여 곧바로 변화할 수 있도록 돕는다. 예를 들면, 보조원들에게 좀 더 잘 정리하라고 말하는 것은 별로 도움이 되지 않는다. 그 대신에 크레용은 이 장소에 두고 가위는 바구니 안에 넣으며 유아가 다치지 않게 테이블은 한쪽 편에 위치해야 한다고 말하는 것이 좀 더 구체적이고 명확하다. 코칭과 모델링은 보조원들의 잠재력을 계발시킬 수 있도록 도울 것이다.

(7) 좋은 활동에 대해 파악하고 보상하기

매일매일 보조원의 질적 수행능력을 파악하는 것은 중요하다. 피드백과 같이 칭찬도 구체적이어야 한다. 예를 들면 다음과 같다.

① 제인 선생님, 오늘 수업시간에 필요할 때 맞춰 도와주셔서 너무 감사드려요.
② 제인 선생님, 오늘 아이들이 포도 주스를 엎질렀을 때 바로 도움을 주어서 고마워요. 만약 제인 선생님의 도움이 없었다면 아이들이 그걸 밟고 지나가서 얼마나 지저분할 뻔했어요?

분명 위의 두 코멘트는 긍정적이다. 그러나 두 번째 코멘트는 보조원 제인 선생님이 오늘 한 행동 중에 어떠한 것에 대해 칭찬하는지가 분명히 드러나 있으며 이러한 행동이 미래에도 반복되길 원하는 바가 분명히 제시되어 있다. 이러한 코멘트는 유아교사가 모든 상황에 대한 책임을 가지고 있으면서 보조원의 행동에 대해서도 관찰하고 있음을 알리는 역할을 한다. 칭찬은 구체적이고 진지해야 한다. 하루의 일과가 끝났을 때 가볍게 던지는 말 한 마디는 그저 쉽게 잊혀질 수 있으므로 따로 시간을 내어 정확하고 진지하게 칭찬하는 센스가 필요하다. 또한 부정적인 코멘트를 할 때는 유아로부터 떨어진 자리로 불러 진지하게 말해야 할 것이다.

2) 코치로서의 활동

특수교육 보조원의 통합교육 현장 배치가 지속적으로 증가하고 있다. 그러나 보조원은 전문적인 훈련을 받지 않은 사람들이기 때문에 유아교사는 이들에게 매일 정기적으로 필요한 코칭과 모니터링을 제공해야 한다. 특히 장애유아의 경우에는 유아들마다 특수한 요구나 제한된 기능을 가지고 있어서 특수교육 보조원들은 이와 같은 유아와 효과적으로 활동하기 위한 다양한 방법들을 학습해야 한다. 그러므로 유아교사는 장애유아의 요구와 능력을 적절히 평가하여 그 결과에 기초한 교육을 특수교육 보조원에게 제공해야 한다. 끝으로 코칭이란 신뢰할 수 있는 분위기에서 좀 더 성공적일 수 있다. 코칭의 목표는 수업 보조원의 장점과 자원을 가정 최적으로 사용할 수 있도록 돕는 역할을 한다.

3) 의사교환자로서의 활동

유아교사와 보조원들 사이의 효율적인 의사소통은 성공의 열쇠가 된다. 보조원과 유아교사는 자신들의 기대치와 경험에 대해서 본인의 생각을 교환할 수 있어야 한다. 유아교사의 기대 수준은 늘 일관적이어야 하고 분명해야 하며 현실적이어야 한다. 보조원은 각 유아를 위한 수업목표와 결과에 대해 정확히 이해하고 있어야 한다. 수업 보조원들도 각 유아를 위한 개별화교육계획 회의에 참여해야 한다. 그리고 각 유아에게 시행될 행동 수정 방법을 알고 있어야 하며 왜 각 유아마다 다른 행동 수정방법들이 적용되는지에 대해서도 이해해야 한다. 특수교육 보조원들이 각 유아에 대해서 좀 더 잘 이해할 수 있도록 정기적으로 시간을 갖고 교사와 의사소통할 수 있는 시스템이 개발될 필요가 있다.

(1) 회의는 정기적으로 개최되어야 한다

유아교사와 특수교육 보조원은 하나의 팀으로서 그 역할을 수행해야 하고, 그러기 위해서는 정기적인 모임이 필요하다. 이 모임을 통해 교육계획이 구성되고 필요한 전략들에 대한 논의가 이루어질 것이다. 또한 유아를 위한 교육 목표나 결과에 대해 토론할 수 있는 기회의 장이 마련될 것이다. 효과적인 전략을 구성해내고 다양한 문제를 해결할 수 있는 방법을 논의하며 위기 상황들을 대처하는 방법에 대해서도 토론할 수 있다. 정기적으로 미팅을 하는 시간 동안에는 교육 실습생을 활용하거나 자원봉사 및 부모를 동원하여 그 시간을 커버할 수 있도록 미리 준비해야 한다. 종일제 프로그램은 일주일에 한 번 실시하는 낮잠 시간에 하는 것도 바람직하다. 하지만 대부분의 경우 프로그램이 시작되기 전 시간이나 프로그램이 끝나고 난 후의 개인적인 시간에 이러한 회의가 이루어지기도 한다. 이러한 어려움에도 불구하고 정기적으로 모임을 갖고 의사소통하는 것은 매우 중요한 일이므로 간과해서는 안 된다.

(2) 보조원에 대한 평가는 정기적으로 시행되어야 한다

정기적으로 평가회를 마련하여 생산적인 피드백을 제공하고 경우에 따라 문제해결의 기회로 활용할 수 있다. 또한 유아의 다양한 프로그램에 대해 논의하고 적절한 전략에 대해 알려 주는 또 하나의 기회의 장이 될 수 있다. 한 가지 좋은 전략은 보조원 스스로가 자기 평가를 할 수 있도록 하는 것이다. 〈표 15-2〉는 자기-평가 양식의 하나의 예이다.

〈표 15-2〉 보조원을 위한 자기-평가 체크리스트

보조원을 위한 자기-평가 체크리스트			
나는 다음의 내용을 일관적으로 실행하였는가?	드물게	가끔	항상
1. 나의 책임과 역할이 불분명할 때 질문하였는가?			
2. 교사가 개별 학생에게 사용하는 전략들에 대해 잘 관찰하고 이해하였는가?			
3. 하루 일과와 그날그날 해야 할 활동에 대해 자세한 내용을 이해하고 있는가?			
4. 나에게 부가된 일이 아니라고 할지라도 명백하고 도움이 요구되는 상황에서 자발적으로 도움을 제공하였는가?			
5. 학생들을 세밀히 관찰하여 좋아하는 것과 싫어하는 것, 강점과 부족한 점 등을 기록하였는가?			
6. 선택의 기회를 유아에게 제공하였는가?			
7. 유아의 노력이나 적절한 행동에 대해 칭찬하였는가?			
8. 유아가 시도하는 대화를 주의 깊게 듣고 반응하려고 노력하였는가?			
9. 유아가 사용하는 보조기구의 사용법에 대해 잘 이해하고 있는지에 대해 확인하였는가?			
10. 부정적이지 않는 행동 수정 전략을 효과적으로 사용하였는가?			
11. 유아에게 대답하거나 활동을 하는 것에 대해 충분히 기다려 주었는가?			
12. 속상해하지 않고 교사가 주는 건설적인 비평이나 피드백을 받아들였는가?			
내가 좀 더 노력해야 할 일이나 좀 더 알기를 원하는 것들			

10. 유아교사, 보조원, 장애 전문가들이 이루는 협력 팀

장애유아와 함께 성공적인 활동을 하기 위해서는 효과적인 팀을 구성해야 한다. 아무리 전문성이 뛰어나다고 하더라도 한 사람의 전문가가 장애유아의 복잡한 요구를 전부 충족시키기는 거의 불가능하다고 감히 말할 수 있다. 이상적인 팀의 구성은 유아교사, 보조원, 그리고 다양한 장애 전문가들이 포함되며([그림 15-2] 및 [그림 15-3] 참조) 부모도 역시 중요한 역할을 담당하는 한 팀의 구성원으로 포함되어야 한다. 성공적인 팀으로 기능하기 위해서는 서로를 존중하는 분위기, 신뢰감, 그리고 적절한 의사교환이 이루어지는 분위기를 만들어야 한다. 팀이 최적의 상황으로 기능하기 위해 필요한 특성은 다음과 같다.

- 팀 구성원들이 자신을 팀의 한 구성원으로 자각해야 한다.
- 구성원들은 함께 일하려는 의지를 가지고 있어야 한다
- 구성원들은 정해진 목표에 초점을 맞추어야 한다.

[그림 15-2] 교사는 보조원들과 통합지원 교사를 만나고 있다.

[그림 15-3] 유아교사는 부모와 함께 통합지원 계획에 대해 논의하고 있다.

- 구성원들은 팀 안에서 자신의 역할과 책임을 분명히 파악하고 있어야 한다.
- 구성원들은 심리적으로 안전한 분위기에서 자신의 생각과 의견을 표현할 수 있는 기회를 부여받아야 한다.

1) 협력적 문제 해결

팀으로서 활동을 하는 것의 중요한 부분 중의 하나는 문제해결과 관련되어 있다. 팀으로서 활동하다 보면 다분히 감정적이고 불만족스러운 상황을 경험할 수도 있다. 이러한 경우, 좀 더 효과적이고 성공적으로 문제를 해결하기 위해서는 다음과 같이 구체적 절차가 요구된다(Heron & Harris, in press). 다음에 제시한 예는 이러한 문제 해결 절차가 적용될 것이다.

1. 문제점을 명확히 정의하라. 이는 종종 팀구성원들은 문제를 다르게 해석하

고 파악하는 경우가 있기 때문이다. 그러므로 다른 사람들의 관점에 대해서도 분명히 이해하고 접근하는 것이 바람직하다. 사람들은 문제를 접할 때도 자기 관점을 가지고 접하고 파악하기 때문에 모든 사람이 동일한 생각을 갖고 있을 것이라고 가정해서는 안 된다. 간혹 팀 구성원 한 명이 리더가 되어 모든 문제를 제대로 파악하지도 못한 상태에서 즉시 처리하려고 하는 경우가 많이 있을 수 있지만 이러한 방법은 현명하지 못하다.

2. 문제해결을 위해 사전에 팀구성원을 통해 동의를 구한 방법을 사용함을 알린다.
3. 문제가 되는 상황을 구체적으로 적고, 다른 사람들의 다양한 견해를 들어 모든 사람들이 볼 수 있도록 차트에 적어 제시한다. 상반되는 견해, 갈등상황을 파악해 내서 따로 제시한다.
4. 해결책에 대해 결정한다. 모든 구성원들이 참여할 수 있도록 생각의 시간을 주고 각자가 생각해 낸 해결책을 차트 종이에 적게 한다. 한 사람의 의견이 전적으로 반영되지 않도록 주의하고, 모든 사람의 참여를 유도한다.
5. 직접적으로 관련 있는 사람에게 차트에 제시된 내용 중에 시도하기 적절한 것을 선택하게 한다.
6. 이러한 해결책을 시도하기 위한 구체적 활동 계획을 마련한다(〈표 15-3〉 참조). 이러한 해결책이 이루어지려면 누가, 언제, 어디서, 무엇을, 어떻게 해야 하는지에 대한 상황들이 구체적으로 명시되어야 한다.
7. 성공 여부를 평가한다. 활동계획이 성공적으로 수행되었는지를 평가하고, 그 계획이 별로 성공을 거두지 못했을 경우에는 다른 해결책을 생각해 내는 시간을 갖고, 서로의 동의를 구한 또 하나의 해결책을 마련한다. 이때 어떤 사람의 생각이 해결책으로 선정되었으나 실패를 했을 때, 그 사람의 실패로 여겨지지 않도록 하는 것이 중요하다.
8. 필요에 따라서는 다시 첫 번째 절차부터, 즉 문제를 정의하는 절차부터 시도한다.

〈표 15-3〉 활동 계획을 위한 간편 양식

통합지원 팀을 위한 활동 계획

날짜: ______________ 유아 이름: ______________

참석한 팀원

이름: ______________ 역할: ______________

이름: ______________ 역할: ______________

이름: ______________ 역할: ______________

이름: ______________ 역할: ______________

활동 계획의 목적/원하는 결과

절차/중재 실시 절차

1.
2.
3.
4.

책임자: ______________

종료일자: ______________

추수지도 계획:

다음 모임 또는 전화 회의 날짜 계획

일정: ______________ 시간: ______________ 참여 가능자:

평가: 사용한 전략이 유용했는지 아래에 기술하시오.

요 약

대개 유아교사들이나 다른 장애 전문가는 프로그램을 이끌어가는 팀 운영자로서의 역할을 수행할 수 있도록 준비되어 있지 않은 경우가 많다. 그래서 프로그램을 운영하고 조정하는 팀 운영자로서의 역할을 수행하는 데 어려움이 있음을 스스로 자각하게 된다. 이 장에서는 이러한 기술을 향상시킬 수 있는 기회와 정보를 제공하고 있다.

사례연구

마크(Mark)의 이야기

마크의 엄마 에이미는 어린 마크를 동네에 있는 보육시설에 보내는 것을 고려하고 있다. 그러나 에이미는 음식이 목에 잘 걸리고, 아직은 걷지 못하는 마크가 교실에서 잘 적응할 수 있을지가 우선 걱정된다. 마크는 다운증후군으로 진단을 받은 유아이다. 마크의 물리치료사는 내년 쯤에 마크가 걸을 수 있게 될 것이라고 확신을 주었다. 에이미는 보육시설의 원장에게 전화를 걸어 유아의 상태와 걱정거리를 나누었다. 원장도 역시 마크의 경우에는 교실에서 활동을 함에 있어서 보조적인 지원이 필요할 것으로 동의하였다. 보조원은 유아가 물건을 붙들고 일어서게 하는 기회를 주고, 걷거나 뛰는 활동에 도움을 줄 것이며, 간식시간이나 식사시간에 유아를 주의 깊게 관찰함으로써 너무 큰 덩어리가 그대로 넘어가 목에 걸리게 되는 것을 막아 줄 수 있을 것이다.

에이미는 마크의 발달과 교육을 지원해 주는 기관의 서비스 조정자와 염려하는 것들을 의논하였다. 기관 직원들도 마크가 보육시설에 있는 동안에 마크를 지속적으로 지원해 줄 수 있는 일대일 보조원이 필요하는 사실에 대해 동의하였다.

하지만 보조원을 찾는 일 역시 만만치 않은 일이다. 마크의 경우에는 에이미가 직장을 다시 다니려고 하기 때문에 보육시설에서 당장 도움을 줄 보조원을 구해야 하는데, 이러한 경우는 더욱더 어려웠다. 그래서 당분간은 간호 보조원이 고용되어 마크의 섭식 문제를 도와주고 있다. 그 보조원은 마크를 잘 보살피고 있지만 어린 유아를 위한 교육에 대해서는 문외한이다. 그는 마크가 그림 그리기 수업을 마치고 나면 청소하는 데 너무 오랜 시간을 보내는 경향이 있다. 또한 마크가 다른 아이들과 함께 놀이를 하도록 도와주지도 않을 뿐 아니라 그 보조원이 마크에게 전적인 보살핌을 제공하기 때문에 교사는 뭔가를 제공할 이유를 찾지 못하는 형편이다. 이러한 보조원의 전적인 보살핌은 오히려 마크로 하여금 같은 반의 또래 유아나 교사들과의 상호작용을 막는 결과를 가져오게 되었다. 그러나 한편으로 긍적적인 면은 그 보조원이 상주하는 동안에는 목걸림 현상이 전혀 나타나지 않았다는 것이다.

그 이후, 일반 유아발달에 대한 경험을 가진 보조원이 고용되었다. 그 시점에 마크를 지원하는 팀은 통합교육 지원 교사가 투입되어 마크의 교사를 지원할 수 있도록 결정하였고, 새롭게 고용된 보조원에게도 필요한 교육을 실시할 수 있도록 하였다. 마크의 특수한 요구에 부응함과 동시에 유아가 소외되거나 과잉보호되지 않고, 또한 교사에게 너무 힘든 책임이 되지 않으면서 여러 활동에 참여시키기 위하여 통합교육 지원이 요구되었다. 보조원이 마크와 함께 활동하기에 앞서 통합교육 지원교사는 센터의 교사들을 비롯하여 원장, 보조원, 마크의 엄마 에이미가 함께 모임을 갖도록 주선하였다. 모임의 목적은 마크가 어떻게 교실 상황에 적응할 수 있는가에 대한 논의였으며, 더불어 마크가 교실에 있음으로 인해 교사들이 느끼는 감정을 나누고, 간호보조원이었던 이전 보조원의 역할이 어떠했었는지, 교사는 마크를 어떻게 활동에 참여시킬 수 있을 것이라고 생각하는지에 대해 여러 의견을 교환하는 것이었다.

일반적으로 일치하는 내용을 살펴보면, 마크는 전반적으로 교실에서 이루어지는 매일의 일과에 잘 적응하고 있고, 비록 기어다니기는 하지만 독립적으로 교실을 이동할 수 있고, 대집단 활동을 즐거워한다는 점이다. 하지만 동시에 그들은 첫 번째 보조원이었던 간호 보조원과 있을 때, 대집단 활동에 있어서 쉽게 제외되기도 하고, 보조원은 마크가 자발적으로 교실을 탐험하는 것을 허락하지 않을 때도 많았다고 입을 모았다. 교사들이 말하기를 마크의 곁에 언제나 그 보조원이 있어서 마크에게 다가가는 것이 좀 불편했을 뿐만 아니라 그에게 접근하여 활동하는 데 오히려 어려움이 있었다고 털어놓았다.

모임이 끝날 무렵에는 새롭게 배치될 보조원의 책임이나 활동 계획이 주의 깊게 구성되었다. 우선 식사시간에 마크가 목에 음식이 걸리지 않도록 가까이 앉아 주의 깊게 살펴야 하지만 또한 보조원은 마크가 독립적으로 식사할 수 있도록 격려해 주기도 해야 한다. 다른 시간에는 보조원이 마크의 이동을 도와주되 마크가 다른 또래 유아와 함께 활동할 수 있도록 격려해 주고 도와주어야 한다.

그 결과 미리 준비된 계획은 성공적이었다. 교사들과 다른 유아는 마크를 좀 더 잘 알게 되어 기뻐했고, 점차 마크와의 활동을 즐거워하는 듯했다. 마크는 점차 자신감을 얻게 되었고, 그 해가 지나갈 무렵 마크는 스스로 걸을 수 있게 되었으며, 더 이상 음식이 목에 걸려 힘들어하는 일도 없어졌다. 마크에게는 이제 좋은 친구들이 생겼고, 에이미는 비로소 안심할 수 있게 되었다.

사례연구 질문

1. 전문 인력이 부족한 일반 유아원에서 팀 문제 해결 접근 방법을 이행하는 데 있어서의 어려운 점들은 무엇인가?
2. 새로운 일대일 보조원이 배치될 때, 어떻게 준비시킬 수 있을까? 보조원이 학급의 다양한 활동에서 어떻게 기능하는 것을 선호하는가?
3. 교사 자신과 일반 유아를 위한 보조원 그리고 일대일 보조원의 책임과 역할 및 의사소통 양식을 어떻게 구체화시킬 수 있는가?

주요 용어

고유 감각 수용기(proprioception)
대근육 운동 기술(gross motor skills)
발성장애(speech production (articulation) disorders)
보조 장비(adaptive equipment)
보행훈련 전문가(orientation and mobility(O&M) specialist)
보호반사(protective reflexes)
소근육 운동 기술(fine motor skills)
순회교사(itinerants)
시야(visual field)
언어장애(language disorders)
운동감각(kinesthetic sensation)
유창성 장애(fluency disorders)
음성장애(voice disorder)
전정 감각(vestibular sensation)
청각장애 전문가 또는 청각장애교사(deaf and hard of hearing(DHH) specialist)
청력도(audiogram)
트레일링 기법(trailing techniques)
화용론(pragmatics)
환경 소음(ambient noise)

참고 문헌

Ayers, J. (1973). *Sensory integration and learning disorders*. Los Angeles: Western Psychological Services.

Cook, R., Tessier, A., & Klein, M. D. (2000). *Adapting early childhood curricula for children in inclusive settings* (5th ed.). Columbus, OH: Merrill/Prentice Hall.

Heron, T., & Harris, K. C. (In press). The consultation process. In *The educational consultant: Helping professionals, parents and mainstreamed students* (4th ed., pp. 1-36). Austin, TX: Pro-Ed.

Love, R. J. (1999). *Childhood motor speech disability* (2nd ed.). Boston: Allyn & Bacon.

APPENDIX 부록

다양한 종류와 기록표

교사 일일계획표	
(IEP 목표가 각 일상활동에서 목표로 설정되도록 나타내시오)	
이름: ____________	날짜: ____________
	학급계획표
IEP 목표	

통합지원 추천		
통합 관찰 기록 양식		
날짜: ______ 유아: ______ 센터: ______		
교사: ______ 통합촉진자: ______		
스케줄	관찰 (촉진자가 관찰한 것)	지원 / 보조 (유아가 활동에 참여할 수 있도록 도와주는 교사를 위한 제언)

출처: NCR 문서에 수록되어 있음-위 양식은 방문을 마치고 부모나 교사를 위해 제공됨.

통합 행동 계획

연간목표: ____________________　　유아: ____________________

교사: ____________________　　날짜: ____________________

활동	기대되는 결과	책임자	스케줄	평가

IEP 한눈에 보기		
유아: ______________	날짜: ______________	교사: ______________
연간목표 #1 ______________ 목표 a) b) c) d)	연간목표 #2 ______________ 목표 a) b) c) d)	연간목표 #3 ______________ 목표 a) b) c) d)
연간목표 #4 ______________ 목표 a) b) c) d)	연간목표 #5 ______________ 목표 a) b) c) d)	연간목표 #6 ______________ 목표 a) b) c) d)

일일활동에 참여하는 수준

유아 이름: ________________ 날짜: ________________

활 동	월	화	수	목	금
자유놀이					
대집단 활동					
실외놀이					
간식					
화장실					
흥미 영역					
컴퓨터					
귀가 지도					

X = 참여 거부
A = 도움을 받아 참여함
I = 독자적으로 참여함

통합을 위한 역할과 책임

유아 이름: ________________ 날짜: ________________

책임: ____________________ 누가 책임지는가? ________________

	유아보육교사	유아특수교육교사	특수교육 보조원(필요시)	행정가
유아 목표 개발				
책임 할당하기와 1:1 보조원 감독하기				
환경이나 교육과정 수정하기				
수업 계획 실시하기				
유아 진보 모니터링하기				
부모와 의사소통하기				
다른 서비스 제공자와 상담하기				
팀 회의를 준비하고 설계하기				
기타				

코드: P = 1차적 책임 S = 2차적 책임 E = 동등한 책임 I = 의사결정 과정에서 참여

활동별 목표 분석표				
유아 이름: ______________		날짜: ______________		
목표				
활 동				

특별 활동 계획	
유아 이름: ________________ 기록일: ________________	
활 동	전 략
설명:	또래들:
목적과 목표:	
자료:	성인:
평 가	
성과: 추후 활동을 위한 제언:	

개별적인 지원 스케줄	
유아 이름: ______________ 날짜: ______________ 교사: ______________ 센터: ______________ 통합 상담자: ______________________________	
스케줄	구체적 지원 / 보조 (교사는 유아가 활동에 참여하도록 돕기 위하여 무엇을 할 것인가?)
도착	
오전 활동(자유놀이)	
정리정돈하기	
화장실 가기 / 손 씻기	
간식	
대집단활동 시간	
소그룹(작업시간)	
실외놀이)	

활동/기준 목록

유아 이름: ________________ 기록일: ________________

상 황	또래 행동 또래들이 어떻게 참여하는가?	대상유아의 행동	참여의 방해요인

통합보조 체크리스트

- 직원

_________ 추가지원 필요 없음
_________ 부분적 추가지원이 필요함(하루 중 특별한 부분)
_________ 전담 추가지원(특수 보조원)

- 신체적 보조

_________ 신체적 보조가 필요 없음
_________ 필요 시 신체적 도움
_________ 부분적 신체적 도움
_________ 전적인 신체적 도움

- 교육과정

_________ 낮은 수준의 인지력을 위한 수정
_________ 시각장애를 위한 수정
_________ 청각장애를 위한 수정
_________ 지체장애를 위한 수정

- 각 활동 시 속도와 시간의 양

_________ 다른 유아와 같은 동일한 속도와 시간
_________ 다른 유아보다 시간을 덜 주는 경우(예를 들어, 적은 주의시간)
_________ 다른 유아보다 시간을 더 주는 경우(예를 들어, 천천히 하도록 함)
_________ 이해할 수 있도록 천천히 진행하는 경우
(예를 들어, 이해하고 행동하는 데 더 많이 기다려 주기)

- 촉구의 사용

_________ 활동을 완성시키기 위해 전적으로 도움 주기
_________ 활동을 완성시키기 위해 부분적으로 도움 주기
_________ 활동을 완성시키기 위해 직접적인 언어로 상기시켜 주기(예를 들어, 앉아라)
_________ 활동을 완성시키기 위해 간접적인 언어로 상기시켜 주기(예를 들어, 필요한 것이 뭐니?)
_________ 활동을 완성시키기 위해 몸동작 보여 주기(예를 들어, 지시하기)

- 환경

_________ 좌석개조(예를 들어, 너무 높은 의자, 또래집단 옆에 잘 앉게 해 줌)
_________ 방해가 되거나 자극 주는 것을 감소시키기
_________ 한계를 정해 주기(예를 들어, 육체적으로 또는 행동적으로)

- 행동

_________ 한계를 정해 주기(예를 들어, 육체적으로 또는 행동적으로)
_________ 긍정적 강화 사용하기
_________ ABC(전력, 행동, 결과) 사용을 통해 행동 또는 결정하기

역자 소개

유수옥
우석대학교 유아특수교육과 교수

문연심
강남대학교 유아교육과 교수

김호연
강남대학교 중등특수교육과 교수

송미선
김포대학 유아교육과 교수

김혜경
기독교TV 영유아문화원 본부장

심성경
원광대학교 사범대학 유아교육과 교수

박주희
원광대학교 유아교육과 강의전담 교수

영유아 교육현장

장애유아 통합교육 전략

초판 1쇄 발행 2006년 9월 15일
초판 12쇄 발행 2024년 3월 11일

지 은 이 | Klein, Cook, Richardson-Gibbs
옮 긴 이 | 유수옥 · 문연심 · 김호연 · 송미선
김혜경 · 심성경 · 박주희
펴 낸 이 | 김기섭
책임편집 | 이윤희
펴 낸 곳 | 창지사 www.changjisa.com
08589 서울시 금천구 가산디지털 1로 83 파트너스타워 1차 9층
전화 (02) 719-2211~3
팩스 (02) 701-9386
등 록 | 1977년 4월 28일 · 제1-421호

ISBN 978-89-426-1071-6 (93370)

값 22,000원